2026

전면개정 제37회 공인중개사 시험대비 방송대학TV 무료강의 | 첫방송 2

박문각 공인중개사

합격예상문제 2차

부동산공법

박문각 공인중개사연구소 편

합격까지 박문각
합격 노하우가 다르다!

이 책의 **머리말**

부동산공법의 합격전략을 제시하는 최적화된 문제집!!!

부동산공법은 그 내용이 방대하고 복잡할 뿐만 아니라 법령의 개정이 빈번하여 수험생들에게는 쉽게 접근하기 어려운 과목이라는 것이 일반적인 생각입니다. 이러한 수험생들의 고민을 해결하고 부동산 공법이 더 이상 공포의 과목이 아닌 즐겁고 재미있고 친숙한 과목으로 수험생들에게 접근하도록 하기 위하여 본서를 집필하게 되었습니다.

본서의 구성은 다음과 같습니다.

01 · **중요 기출문제와 응용문제를 연계하여 문제적응력을 높였습니다.**

최근 공인중개사 시험은 단순 암기식 문제가 아니라 전체적인 내용을 얼마만큼 이해하고 정리했는지를 묻는 종합적인 유형으로 출제되고 있기 때문에 실제 시험에서 목표하는 점수를 받기 위해서는 "이론 – 기출문제 – 응용문제"라는 3단계 학습방법이 필요합니다. 이 3가지 요소를 모두 반영하여 문제집을 집 필하였습니다.

02 · **중요 문제를 완벽하게 정리할 수 있도록 구성하였습니다.**

부동산공법에서 출제가능성이 높은 중요한 부분은 반복 정리할 수 있도록 매년 출제되는 문제를 다양 하게 수록하여 시험적응력을 높일 수 있도록 문제를 구성하였습니다. 그리고 단원별 문제를 통하여 부 동산공법을 체계적으로 학습할 수 있도록 구성하였으며 관련된 기출문제를 재구성하여 수험생들이 실 전에 완벽하게 대비할 수 있도록 정리하였습니다.

03 · **개정 법령을 완벽하게 반영하였습니다.**

부동산공법 중 「국토의 계획 및 이용에 관한 법률」과 「주택법」은 다른 법률에 비하여 자주 개정되기 때 문에 수험생 여러분은 개정될 내용에 항상 관심을 기울여야 합니다. 개정되는 내용은 시험에 출제될 가 능성이 높기 때문입니다. 본서에는 최근 개정 법령까지 완벽하게 반영하여 수험생들이 별도로 보완하 여야 하는 번거로움을 줄여 학습에만 집중할 수 있게 하였습니다.

저자는 본 교재가 제37회 공인중개사 시험을 대비하기 위한 최고의 문제집으로서의 역할을 할 수 있도록 마지막까지 최선을 다하여 연구하고 노력할 것을 약속드립니다.

제2의 도약을 위한 뜨거운 열정으로 합격을 위해 노력하시는 모든 수험생 여러분이 본서를 통하여 합격하시기를 진심으로 기원합니다.

2026년 4월
편저자 씀

공인중개사 개요 및 전망

"자격증만 따면 소자본만으로 개업할 수 있고 '나'의 사업을 능력껏 추진할 수 있다."

공인중개사는 자격증만 따면 개업하고, 적당히 돌아다니기만 해도 적지 않은 수입을 올릴 수 있는 자유직업. 이는 뜬구름 잡듯 공인중개사가 되려는 사람들의 생각인데 천만의 말씀이다. 예전에도 그랬고 지금은 더하지만 공인중개사는 '부동산 전문중개인다워야' 제대로 사업을 유지할 수 있고 괜찮은 소득도 올릴 수 있는 최고의 자유직업이 될 수 있다.

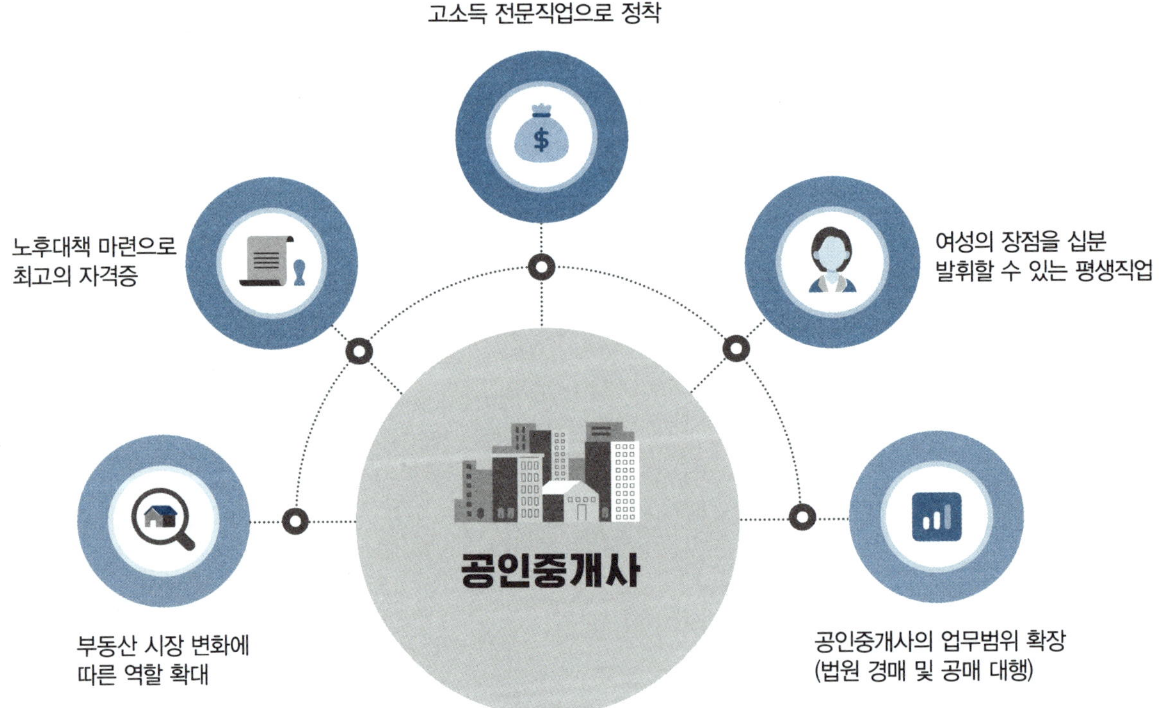

"자격증 취득하면 무슨 일 할까?"

공인중개사 자격증에 대해 사람들이 가장 많이 궁금해하는 점이 바로 '취득 후 무슨 일을 하냐'이다. 하지만 공인중개사 자격증 취득 후 선택할 수 있는 직업군은 생각보다 다양하다.

개업공인중개사로서의 공인중개사 업무는 알선·중개 외에도 중개부동산의 이용이나 개발에 관한 지도 및 상담(부동산컨설팅)업무도 포함된다. 부동산중개 체인점, 주택 및 상가의 분양대행, 부동산의 관리대행, 경매 및 공매대상 부동산 취득의 알선 등 부동산의 전문적 컨설턴트로서 부동산의 구입에서 이용, 개발, 관리까지 폭넓은 업무를 다룰 수 있다.

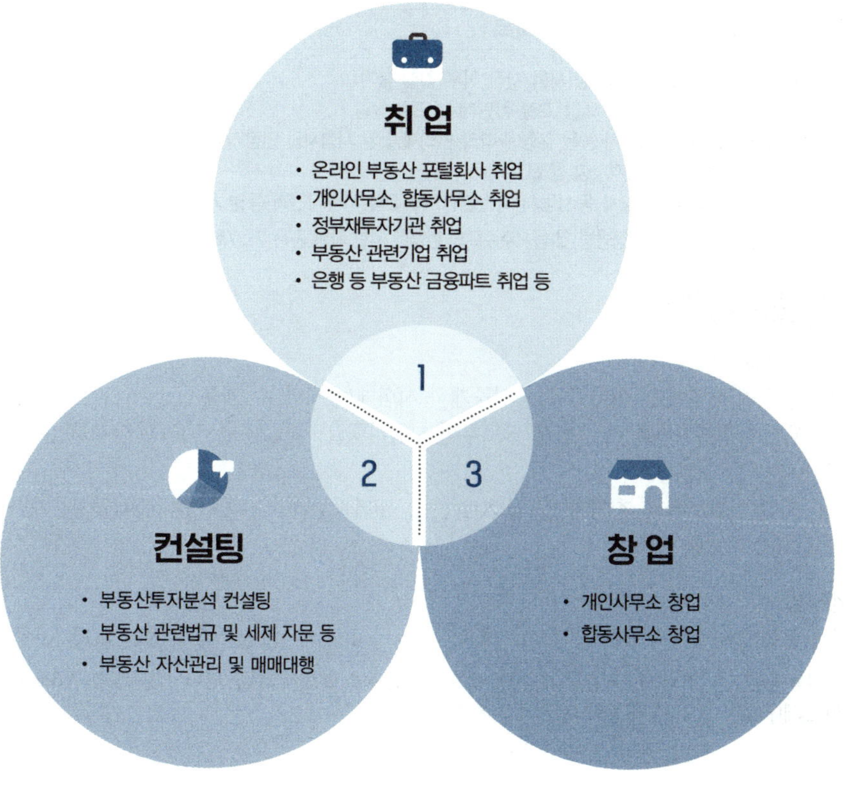

공인중개사 시험정보

시험일정 및 시험시간

1. 시험일정 및 장소

구 분	인터넷 / 모바일(App) 원서 접수기간	시험시행일	합격자발표
일 정	2026. 8. 3. ~ 8. 7.	2026. 10. 31.	2026. 12. 2.
장 소	원서 접수시 수험자가 시험지역 및 시험장소를 직접 선택		

TIP 1. 제1·2차 시험이 동시접수·시행됩니다.
　　 2. 빈자리 접수(2일간)는 정기접수 환불로 발생한 수용인원 범위 내에서 선착순으로만 이루어져 조기마감될 수 있습니다.

2. 시험시간

구 분	교시	시험과목 (과목당 40문제)	시험시간	
			입실시간	시험시간
제1차 시험	1교시	2과목	09:00까지	09:30 ~ 11:10(100분)
제2차 시험	1교시	2과목	12:30까지	13:00 ~ 14:40(100분)
	2교시	1과목	15:10까지	15:30 ~ 16:20(50분)

＊ 수험자는 반드시 입실시간까지 입실하여야 함(시험 시작 이후 입실 불가)
＊ 개인별 좌석배치도는 입실시간 20분 전에 해당 교실 칠판에 별도 부착함
＊ 위 시험시간은 일반응시자 기준이며, 장애인 등은 유형에 따라 편의제공 및 시험시간 연장가능(유형별 편의제공 및 시험시간 연장 등 세부내용은 큐넷 공인중개사 홈페이지 공지사항 참조)
＊ 2차만 응시하는 시간연장 수험자는 1·2차 동시응시 시간연장자의 2차 시작시간과 동일 시작

TIP 시험일시, 시험장소, 시험방법, 합격자 결정방법 및 응시수수료의 환불에 관한 사항 등은 '제37회 공인중개사 자격시험 시행공고'시 고지

응시자격 및 합격자 결정방법

1. 응시자격: 제한 없음

다만, 다음의 각 호에 해당하는 경우에는 공인중개사 시험에 응시할 수 없음
① 공인중개사시험 부정행위자로 처분 받은 날로부터 시험시행일 전일(2026. 10. 30)까지 5년이 지나지 않은 자(공인중개사법 제4조의3)
② 공인중개사 자격이 취소된 후 합격자발표일(2026. 12. 2)까지 3년이 지나지 않은 자(공인중개사법 제6조)
③ 이미 공인중개사 자격을 취득한 자

2. 합격자 결정방법

제1·2차 시험 공통. 매 과목 100점 만점으로 하여 매 과목 40점 이상, 전 과목 평균 60점 이상 득점한 자

TIP 제1·2차 시험 응시자 중 제1차 시험에 불합격한 자의 제2차 시험은 무효로 합니다(「공인중개사법 시행령」 제5조 제3항).
＊ 제1차 시험 면제대상자: 2025년 제36회 제1차 시험에 합격한 자

시험과목 및 출제비율

구 분	시험과목	시험범위	출제비율
제1차 시험 (2과목)	부동산학개론 (부동산 감정평가론 포함)	부동산학개론 •부동산학 총론[부동산의 개념과 분류, 부동산의 특성(속성)] •부동산학 각론(부동산 경제론, 부동산 시장론, 부동산 정책론, 부동산 투자론, 부동산 금융론, 부동산 개발 및 관리론)	85% 내외
		부동산 감정평가론(감정평가의 기초이론, 감정평가방식, 부동산가격 공시제도)	15% 내외
	민법 및 민사특별법 중 부동산중개에 관련되는 규정	민 법 •총칙 중 법률행위 •질권을 제외한 물권법 •계약법 중 총칙·매매·교환·임대차	85% 내외
		민사특별법 •주택임대차보호법 •집합건물의 소유 및 관리에 관한 법률 •가등기담보 등에 관한 법률 •부동산 실권리자명의 등기에 관한 법률 •상가건물 임대차보호법	15% 내외
제2차 시험 1교시 (2과목)	공인중개사의 업무 및 부동산 거래신고 등에 관한 법령 및 중개실무	공인중개사법	70% 내외
		부동산 거래신고 등에 관한 법률	
		중개실무	30% 내외
	부동산공법 중 부동산중개에 관련되는 규정	국토의 계획 및 이용에 관한 법률	30% 내외
		도시개발법	30% 내외
		도시 및 주거환경정비법	
		주택법	40% 내외
		건축법	
		농지법	
제2차 시험 2교시 (1과목)	부동산공시에 관한 법령 및 부동산 관련 세법	부동산등기법	30% 내외
		공간정보의 구축 및 관리 등에 관한 법률 제2장 제4절 및 제3장	30% 내외
		부동산 관련 세법(상속세, 증여세, 법인세, 부가가치세 제외)	40% 내외

TIP 답안은 시험시행일에 시행되고 있는 법령 등을 기준으로 작성

제36회 공인중개사 시험총평

2025년 제36회 공인중개사 시험
"1차는 비교적 쉬웠고, 2차는 어려웠다."

제36회 공인중개사 시험에서 1차 과목인 부동산학개론은 계산문제가 11문제 출제되었지만 9문제가 전형적인 패턴의 문제여서 풀이에 어려움이 없었고, 이론문제가 쉽게 출제되어 전체적인 난이도는 '하' 수준이었다. 민법은 전체적으로 평이하게 출제되었지만 민사특별법 부분에서는 다소 어렵게 출제되어 체감 난이도는 전년도와 비슷하였다.

2차 과목의 공인중개사법·중개실무는 최근 2년간의 시험보다 쉽게 출제되었고, 부동산세법과 부동산공시법령, 부동산공법은 비교적 평이하거나 전년도와 비슷한 중상 수준으로 출제되었다. 하지만 부동산공시법령과 부동산공법에서 일부 생소한 유형의 문제, 지엽적인 법률 문제가 출제되어 수험생들의 체감 난이도는 높아졌다고 볼 수 있다.

제36회 시험의 과목별 출제 경향은 다음과 같다.

1차

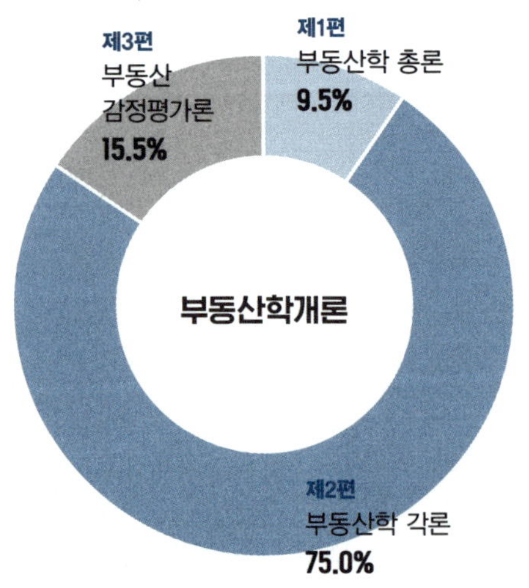

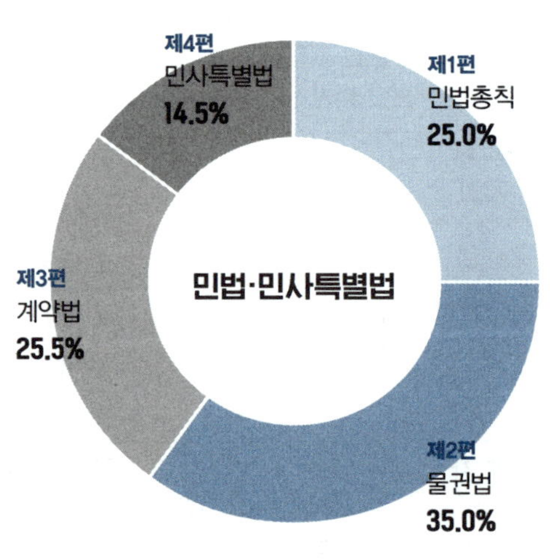

부동산학개론은 계산문제가 11문제 나왔지만 전형적인 패턴의 문제여서 충분히 풀 수 있었고, 이론문제가 쉽게 출제되어 전체적으로 역대급 쉬운 시험이었다.

전체적으로 평이하게 출제되었지만, 민사특별법 부분에서 다소 어렵게 출제되었다.

2차

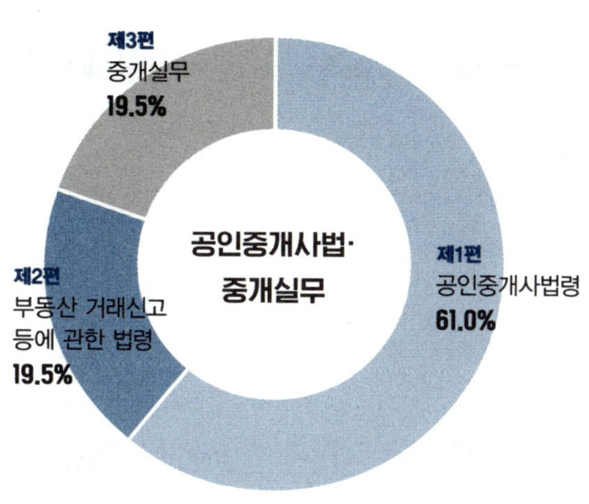

공인중개사법·중개실무는 최근 2년간의 시험보다 쉽게 출제되어 안정적인 고득점이 가능하였다.

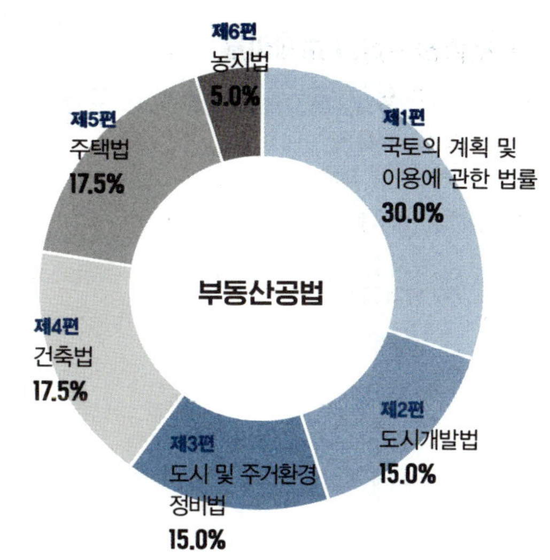

부동산공법의 전체적인 난이도는 전년도와 비슷하게 출제되었으나, 일부 법률에서 최근 출제된 적 없는 매우 지엽적인 문제가 출제되어 체감 난이도는 높아졌다.

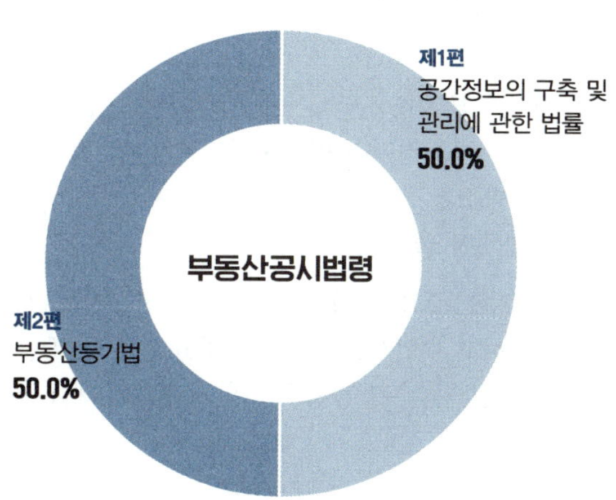

'공간정보관리법'은 기출유형을 크게 벗어나지 않은 평이한 난이도를 유지했고, '부동산등기법'은 생소한 모습의 극상 문제들이 일부 출제되어 다소 까다로웠다.

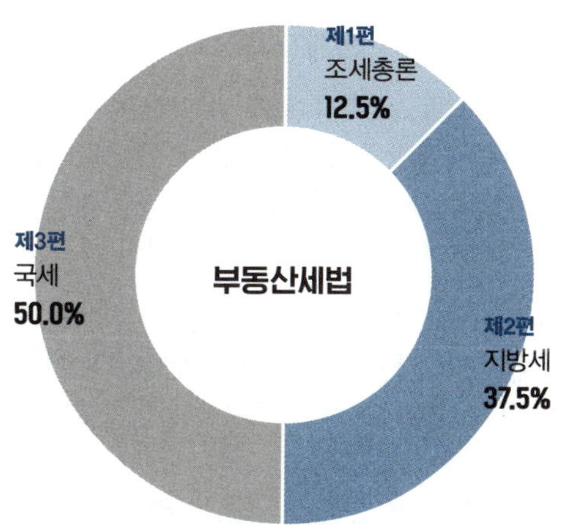

부동산세법은 기본개념을 이해하였는지를 중점적으로 물어보았고 단순 법조문을 묻는 문제, 사례형 문제, 계산문제를 혼합하여 출제하였다.

출제경향 분석 및 수험대책

📝 어떻게 출제되었나?

1. 부동산공법의 출제비율

구 분	제32회	제33회	제34회	제35회	제36회	총 계	비율(%)
국토의 계획 및 이용에 관한 법률	12	12	12	12	12	60	30.0
도시개발법	6	6	6	6	6	30	15.0
도시 및 주거환경정비법	6	6	6	6	6	30	15.0
건축법	7	7	7	7	7	35	17.5
주택법	7	7	7	7	7	35	17.5
농지법	2	2	2	2	2	10	5.0
총 계	40	40	40	40	40	200	100.0

2. 총평 – "이제는 버릴 줄 아는 것이 실력이다."

그런데 버릴 때 주의할 사항은 법률 전체를 버려서는 안되고 해당 법률 중에서 어려운 논점만 버려야 한다는 것이다. 각 법률마다 아주 쉬운 논점의 문제가 50%는 꼭 있었다.

"체계와 원리 중심의 학습"과 "아는 것은 반드시 맞춘다."는 "선택과 집중"이 필요하다.

이번 제36회 부동산공법 문제는 서술형 문제가 20문제, 단답형 문제가 10문제, 박스형 문제가 10문제(괄호 넣기 문제가 4문제)로 구성되었다.

각 법률별로 국토의 계획 및 이용에 관한 법률(긍정형 5문제, 부정형 5문제, 박스형 2문제), 도시개발법(긍정형 2문제, 부정형 2문제, 박스형 2문제), 도시 및 주거환경정비법(긍정형 2문제, 부정형 3문제, 박스형 1문제), 주택법(긍정형 4문제, 부정형 1문제, 박스형 2문제), 건축법(긍정형 0문제, 부정형 6문제, 박스형 1문제), 농지법(박스형 2문제)으로 구성되어 출제되었다.

전체적으로 보면 전혀 풀 수 없는 극상 문제가 10문제, 상 8문제, 중 14문제, 하 8문제, 긍정형 23문제와 부정형 17문제의 비율로 출제되었다. 어려운 10문제를 패스하고 수업시간에 강조한 중요 논점인 30문제 중 중·하급 문제인 22문제에 집중했다면 22~24개 정도의 합격점수가 가능하도록 출제된 문제였다.

3. 출제경향 – 선택과 집중이 부동산공법의 핵심이다.

최근 출제경향을 분석해 보면, 시험의 방향이 종합적인 사고와 원리를 요구하는 방향으로 전환되고 있으며, 일부 법률에서는 매우 지엽적인 문제가 출제되어 부동산공법을 고득점 하는 것은 어려웠지만 합격하는 점수에는 영향을 주는 정도는 아니었다. 그러므로 꼭 암기가 필요하다고 강조되는 부분을 제외하고는 전체적인 체계와 기본적인 원리를 학습하는 것이 중요하다.

🖥 이렇게 준비하자!

▶ 제1편 국토의 계획 및 이용에 관한 법률

이 법은 12문제가 출제된다. 부동산공법 중 가장 중요한 법률로서 다른 법률을 이해하기 위해서는 선행적으로 학습이 이루어져야 하는 법률이기도 하다. 전체적인 법률의 체계를 잡은 후 개별적인 내용을 정리하면서 학습하는 것이 효율적인 법률이다. 이 법에서 특히 비중을 두고 공부하여야 할 부분은 광역도시계획, 도시·군기본계획, 도시·군관리계획, 공간재구조화계획, 용도지역의 지정 특례, 용도지역에서의 행위제한, 용도지구의 의의, 용도구역(시가화조정구역, 도시혁신구역), 도시·군계획시설사업의 시행, 장기미집행 도시·군계획시설부지의 매수청구, 지구단위계획구역 지정과 지구단위계획, 개발행위허가, 성장관리계획, 개발밀도관리구역, 기반시설부담구역, 청문에 관한 부분이다.

▶ 제2편 도시개발법

이 법은 6문제가 출제되며, 도시개발사업의 시행절차에 관한 절차법이기 때문에 전체적인 체계를 정리하고 세부적인 사항으로 정리하는 학습방법이 필요한 법률이다.
이 법에서 특히 비중을 두고 공부하여야 할 부분은 개발계획 수립, 도시개발구역의 지정과 도시개발사업의 시행, 도시개발조합, 실시계획, 수용방식, 환지계획, 환지예정지, 환지처분, 체비지, 청산금, 도시개발채권 등에 관한 부분이다.

▶ 제3편 도시 및 주거환경정비법

이 법은 주거환경개선사업, 재개발사업, 재건축사업이라는 3가지 분야를 하나의 법에서 다루고 있으며, 6문제가 출제된다. 최근에 다소 난이도가 높게 출제되는 경향으로 심화학습이 필요하다. 정비사업의 개념과 전체적인 정비사업의 체계를 먼저 정리한 후 용어정의, 정비기본계획, 정비구역해제, 정비사업조합, 정비사업 시행방법, 사업시행계획, 사업시행을 위한 조치, 관리처분계획, 준공인가등에 관한 부분을 중심으로 정리하는 것이 효율적인 학습방법이다.

▶ 제4편 건축법

이 법은 7문제가 출제되며, 국토의 계획 및 이용에 관한 법률과 함께 다른 법률을 이해하기 위한 기초적인 내용이 많이 포함되어 있어 기본적인 개념을 중심으로 학습하고, 암기도 요구되기 때문에 전체적인 체계를 잡아서 숫자 중심으로 반복적인 학습이 이루어진다면 고득점이 가능한 법률이라고 할 수 있다. 이 법에서 특히 비중을 두고 공부해야 할 부분은 용어 정의, 건축물, 건축물의 건축, 대수선의 개념, 건축물의 용도분류, 건축허가, 건축물의 대지 및 도로, 면적과 높이제한, 건축협정, 특별건축구역에 관한 부분이다.

▶ 제5편 주택법

이 법은 7문제가 출제되며, 특히 비중을 두고 공부해야 할 부분은 용어 정의, 등록사업자, 주택조합, 사업계획승인, 사용검사, 주택상환사채, 분양가 상한제 적용주택, 공급질서 교란금지, 투기과열지구, 전매제한의 예외, 리모델링에 관한 부분이다.

▶ 제6편 농지법

이 법은 2문제가 출제되며, 심화학습보다는 간단히 개념정리 한다는 생각으로 정리하면 충분히 해결할 수 있다. 이 법에서 특히 비중을 두고 공부해야 되는 부분은 농지의 개념, 농지의 소유제한과 소유상한제도, 농지취득자격증명, 위탁경영 사유, 농지의 임대차, 농업진흥지역, 농지의 전용을 중심으로 정리하는 것이 효율적인 학습방법이다.

공인중개사 공략법

📖 학습 정도에 따른 공략법

type 01

입문자의 경우

공인중개사 시험 준비 경험이 전혀 없는 상태라면 먼저 시험에 대한 전체적인 파악과 과목에 대한 이해가 필요하다. 서점에서 공인중개사 관련 서적을 살펴보고 공인중개사 시험에 대한 대략적 지식을 쌓은 후 학원에서 수험상담을 받는 것이 좋다.

type 02

학습경험이 있는 경우

잠시라도 손을 놓으면 실력이 급격히 떨어질 수 있으므로 문제풀이를 통해 학습한 이론을 정리하고, 안정적 실력 향상을 위해 꾸준히 노력해야 한다. 강의 또한 평소 취약하다고 느끼는 과목에 대해 집중 심화학습을 해야 한다. 정기적인 모의고사를 실시하여 결과에 따라 약점을 보완하는 동시에 성적이 잘 나오는 과목에 대해서도 소홀하지 않도록 지속적인 복습을 해야 한다.

type 03

시간이 부족한 직장인 또는 학생의 경우

시험에 올인하는 수험생에 비해 절대적으로 학습시간이 부족하므로 시간을 최대한 아껴가며 효율적으로 공부하는 방법을 찾는 것이 무엇보다도 중요하다. 평소에는 동영상 강의 등을 활용하여 과목별 이해도를 높이고 자투리 시간을 활용하여 지하철이나 버스 안에서 자기만의 암기카드, 핸드북 등을 보며 학습하는 것이 좋다. 주말은 주로 기본이론보다는 주중에 학습한 내용의 심화학습 위주로 공부해야 한다.

🔍 **학습 방법**에 따른 공략법

type **01** 독학할 경우

 + 

신뢰할 수 있는 기본서를 선택하여 기본이론을 충실히 학습하면서 문제집 또는 모의고사집을 통하여 실전에 필요한 문제풀이 방법을 터득하는 것이 관건이다. 주기적으로 모의고사 등에 응시하여 자신의 실력을 확인하면서 체계적인 수험계획을 세우고 이에 따라서 공부하여야 한다.

TIP 관련 법령 개정이 잦은 공인중개사 시험의 특성상 시험 전 최신 수험정보를 확인해 보는 자세가 필요하다.

※ 최신 수험정보 및 수험자료는 박문각 홈페이지(www.pmg.co.kr)에서 박문각출판 참고

type **02** 학원강의를 수강할 경우

 + 

보통 학원에서는 2달을 기준으로 기본서, 문제집, 모의고사 등에 관련된 강의가 개설·진행되는데 그에 맞춰서 수험 전체의 일정을 잡는 것이 좋다. 학원수업 후에는 개인공부를 통해 실력을 쌓아 나가고, 쉬는 날에도 공부의 흐름을 놓치지 않도록 그 주에 공부한 부분을 가볍게 훑어보는 것이 좋다. 학원 내 스터디 모임과 학원의 전문상담원을 통하여 수험정보를 빠르고 쉽게 접할 수 있는 장점도 있다.

type **03** 동영상강의를 수강할 경우

 + 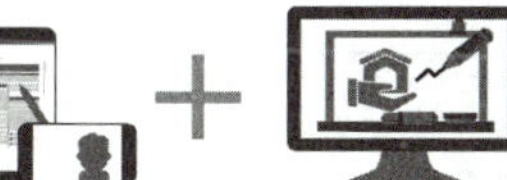 = 

동영상을 통하여 이론 강의와 문제풀이 강의를 동시에 수강할 수도 있고, 단원별로 이론강의 수강 후에 문제풀이 강의로 즉시 실력을 점검할 수도 있다. 그리고 이해가 안 되거나 어려운 부분은 책갈피해 두었다가 다시 볼 수 있다. 패키지 강좌, 프리미엄 강좌 등을 이용하면 강의료가 할인된다.

※ 공인중개사 동영상강의: www.pmg.co.kr
　박문각 공인중개사 전화문의: 02-6466-7201

이 책의 구성 및 특징

01 실전에 강한 기출·예상문제

실전예상문제

철저한 최신출제경향 분석을 통해 출제가능성이 높은 문제를 수록함으로써 실전능력을 기를 수 있도록 하였다.

대표유형

단원 내에서 키워드가 유사한 문제를 모아 테마를 만들고, 그 테마를 대표하는 문제를 통해 시험에 자주 출제되는 문제의 유형을 제시하였다.

난이도·핵심키워드· 포인트 표시

난이도를 3단계로 표시하고 포인트와 핵심키워드를 통해 보다 정확한 문제 분석을 제시함으로써 수험생 스스로 셀프테스트가 가능하도록 구성하였다.

Chapter
01 총 칙

대표유형

국토의 계획 및 이용에 관한 법령상 용어에 관한 설명으로 옳은 것은?

① 광역도시계획은 시·군·구의 관할 구역에 대하여 기본적인 공간구조와 장기발전방향을 제시하는 종합계획이다.

② 지구단위계획은 도시·군계획 수립 대상지역의 전부나 일부를 체계적·계획적으로 관리하기 위하여 수립하는 도시·군관리계획이다.

③ 성장관리계획구역에서의 난개발을 방지하고 계획적인 개발을 유도하기 위하여 수립하는 계획은 도시혁신계획이다.

④ 성장관리계획은 성장관리계획구역에서의 난개발을 방지하고 계획적인 개발을 도모하기 위하여 수립하는 계획을 말한다.

⑤ 도시·군계획시설이란 기반시설 중 도시·군기본계획으로 결정된 시설을 말한다.

해설 ① 광역도시계획은 광역계획권의 장기발전방향을 제시하는 계획을 말한다.
② 지구단위계획은 도시·군계획 수립 대상지역의 일부를 체계적·계획적으로 관리하기 위하여 수립하는 도시·군관리계획이다.
③ 성장관리계획구역에서의 난개발을 방지하고 계획적인 개발을 유도하기 위하여 수립하는 계획은 성장관리계획이다.
⑤ 도시·군계획시설이란 기반시설 중 도시·군관리계획으로 결정된 시설을 말한다.

▶▶ 정답 ④

Point 01 용어정의

국토의 계획 및 이용에 관한 법령의 내용으로 틀린 것은?

① 도시·군계획이란 특별시·광역시·특별자치시·특별자치도·시 또는 군(광역시의 관할 구역에 있는 군은 제외)의 관할 구역에 대하여 수립하는 공간구조와 발전방향에 대한 계획으로서 도시·군기본계획과 도시·군관리계획으로 구분한다.

② 도시·군계획시설사업이란 도시·군계획시설을 설치·정비 또는 개량하는 사업을 말한다.

③ 도시·군기본계획은 광역도시계획 수립의 지침이 되는 계획이다.

④ 도시·군관리계획을 시행하기 위한 「도시 및 주거환경정비법」에 따른 정비사업은 도시·군계획사업에 포함된다.

⑤ 국가계획이란 중앙행정기관이 법률에 따라 수립하거나 국가의 정책적인 목적을 이루기 위하여 수립하는 계획 중 도시·군관리계획으로 결정하여야 할 사항이 포함된 계획을 말한다.

PART 01 국토의 계획 및 이용에 관한 법률

제1장 총 칙

Answer

01 ③	02 ⑤	03 ①	04 ②	05 ⑤	06 ⑤	07 ③	08 ①

01 ③ 도시 · 군기본계획은 도시 · 군관리계획 수립의 지침이 되는 계획이다.

02 ⑤ 기반시설부담구역이란 개발밀도관리구역 외의 지역으로서 개발로 인하여 도로, 공원, 녹지 등 대통령령으로 정하는 기반시설의 설치가 필요한 지역을 대상으로 기반시설을 설치하거나 그에 필요한 용지를 확보하게 하기 위하여 지정 · 고시하는 구역을 말한다. 지문은 '개발밀도관리구역'에 대한 설명이다.

03 ② 도시 · 군기본계획의 내용이 광역도시계획의 내용과 다를 때에는 광역도시계획의 내용이 우선한다.
③ 특별시장 · 광역시장 · 특별자치시장 · 특별자치도지사 · 시장 또는 군수가 관할 구역에 대하여 다른 법률에 따른 환경 · 교통 · 수도 · 하수도 · 주택 등에 관한 부문별 계획을 수립할 때에는 도시 · 군기본계획의 내용에 부합되게 하여야 한다.
④ 도시 · 군계획은 도시 · 군기본계획과 도시 · 군관리계획으로 구분한다.
⑤ 국토교통부장관은 도시의 지속 가능하고 균형 있는 발전을 위하여 도시의 지속 가능성을 평가할 수 있다.

04 ② 대학은 기반시설부담구역에서 설치가 필요한 기반시설에 해당하지 않는다.

05 ① 도시 · 군계획은 도시 · 군기본계획과 도시 · 군관리계획으로 구분한다.
② 용도구역의 지정 및 변경에 관한 계획은 도시 · 군관리계획으로 결정한다.
③ 성장관리계획구역의 지정은 도시 · 군관리계획으로 결정하여야 하는 사항에 해당하지 않는다.
④ 도시 · 군계획시설이란 기반시설 중 도시 · 군관리계획으로 결정된 시설을 말한다.

06 ① 도시 · 군계획은 도시 · 군기본계획과 도시 · 군관리계획으로 구분한다.
② 개발제한구역, 시가화조정구역의 지정 또는 변경에 관한 계획은 도시 · 군관리계획으로 결정한다.
③ 정비사업은 도시 · 군계획사업에 포함된다.
④ 도시 · 군계획시설은 기반시설 중 도시 · 군관리계획으로 결정된 시설을 말한다.

이 책의 차례

PART 01

국토의 계획
및 이용에
관한 법률

PART 02

도시개발법

도시 및
주거환경정비법

건축법

부 록

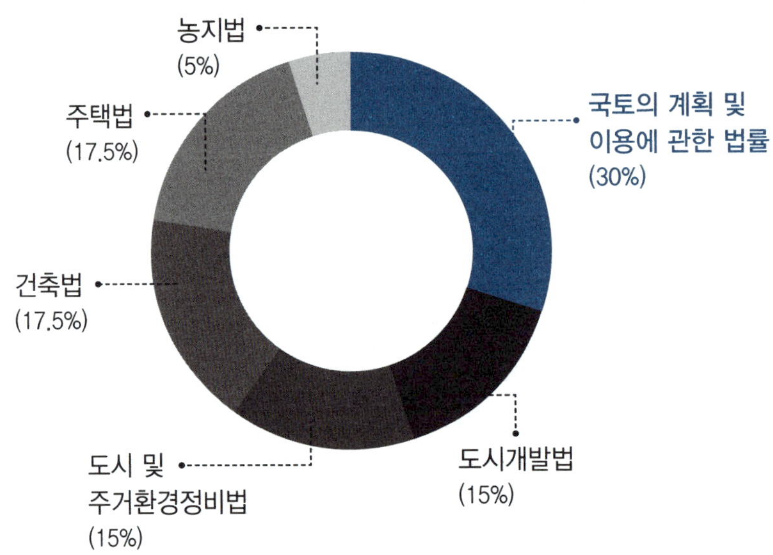

📎 최근 5개년 출제경향 분석

부동산공법 중 가장 중요한 법률로서 출제비중이 가장 높고 다른 법률을 이해하기 위하여 선행적으로 학습해야 하는 법률이다. 이 법에서 특히 비중을 두고 공부하여야 할 부분은 광역도시계획, 도시·군기본계획, 도시·군관리계획의 수립, 용도지역지정 특례, 용도지역에서의 행위제한, 용도구역의 지정권자, 최대건축 연면적 산정방법, 장기미집행 도시·군계획시설부지의 매수청구제도, 지구단위계획구역지정과 지구단위계획, 개발행위허가, 이행강제금, 과태료 부과대상 등에 관한 부분이다.

국토의 계획 및 이용에 관한 법률

국토의 계획 및 이용에 관한 법령상 용어에 관한 설명으로 옳은 것은?

① 광역도시계획은 시 · 군 · 구의 관할 구역에 대하여 기본적인 공간구조와 장기발전방향을 제시하는 종합계획이다.

② 지구단위계획은 도시 · 군계획 수립 대상지역의 전부나 일부를 체계적 · 계획적으로 관리하기 위하여 수립하는 도시 · 군관리계획이다.

③ 성장관리계획구역에서의 난개발을 방지하고 계획적인 개발을 유도하기 위하여 수립하는 계획은 도시혁신계획이다.

④ 성장관리계획은 성장관리계획구역에서의 난개발을 방지하고 계획적인 개발을 도모하기 위하여 수립하는 계획을 말한다.

⑤ 도시 · 군계획시설이란 기반시설 중 도시 · 군기본계획으로 결정된 시설을 말한다.

해설 ① 광역도시계획은 광역계획권의 장기발전방향을 제시하는 계획을 말한다.

② 지구단위계획은 도시 · 군계획 수립 대상지역의 일부를 체계적 · 계획적으로 관리하기 위하여 수립하는 도시 · 군관리계획이다.

③ 성장관리계획구역에서의 난개발을 방지하고 계획적인 개발을 유도하기 위하여 수립하는 계획은 성장관리계획이다.

⑤ 도시 · 군계획시설이란 기반시설 중 도시 · 군관리계획으로 결정된 시설을 말한다.

▶▶ 정답 ④

Point

01

용어정의

국토의 계획 및 이용에 관한 법령의 내용으로 틀린 것은?

① 도시 · 군계획이란 특별시 · 광역시 · 특별자치시 · 특별자치도 · 시 또는 군(광역시의 관할 구역에 있는 군은 제외)의 관할 구역에 대하여 수립하는 공간구조와 발전방향에 대한 계획으로서 도시 · 군기본계획과 도시 · 군관리계획으로 구분한다.

② 도시 · 군계획시설사업이란 도시 · 군계획시설을 설치 · 정비 또는 개량하는 사업을 말한다.

③ 도시 · 군기본계획은 광역도시계획 수립의 지침이 되는 계획이다.

④ 도시 · 군관리계획을 시행하기 위한 「도시 및 주거환경정비법」에 따른 정비사업은 도시 · 군계획사업에 포함된다.

⑤ 국가계획이란 중앙행정기관이 법률에 따라 수립하거나 국가의 정책적인 목적을 이루기 위하여 수립하는 계획 중 도시 · 군관리계획으로 결정하여야 할 사항이 포함된 계획을 말한다.

02 국토의 계획 및 이용에 관한 법령상 용어에 관한 설명으로 **틀린** 것은?

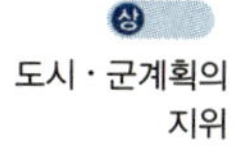

① 용도지역이란 토지의 이용 및 건축물의 용도, 건폐율, 용적률, 높이 등을 제한함으로써 토지를 경제적·효율적으로 이용하고 공공복리의 증진을 도모하기 위하여 서로 중복되지 아니하게 도시·군관리계획으로 결정하는 지역을 말한다.

② 용도지구란 토지의 이용 및 건축물의 용도·건폐율·용적률·높이 등에 대한 용도지역의 제한을 강화하거나 완화하여 적용함으로써 용도지역의 기능을 증진시키고 경관·안전 등을 도모하기 위하여 도시·군관리계획으로 결정하는 지역을 말한다.

③ 도시·군기본계획이란 특별시·광역시·특별자치시·특별자치도·시 또는 군의 관할 구역 및 생활권에 대하여 기본적인 공간구조와 장기발전방향을 제시하는 종합계획으로서 도시·군관리계획 수립의 지침이 되는 계획을 말한다.

④ 도시·군관리계획이란 특별시·광역시·특별자치시·특별자치도·시 또는 군의 개발·정비 및 보전을 위하여 수립하는 토지이용, 교통, 환경 등에 관한 계획을 말한다.

⑤ 기반시설부담구역이란 개발로 인하여 기반시설이 부족할 것이 예상되나 기반시설의 설치가 곤란한 지역을 대상으로 건폐율 또는 용적률을 강화하어 적용하기 위하여 지정하는 구역을 말한다.

03 국토의 계획 및 이용에 관한 법령상 도시·군계획의 지위에 관한 설명으로 옳은 것은?

① 도시·군계획은 특별시·광역시·특별자치시·특별자치도·시 또는 군(광역시의 관할 구역에 있는 군은 제외)의 관할 구역에서 수립되는 다른 법률에 따른 토지의 이용·개발 및 보전에 관한 계획의 기본이 된다.

② 광역도시계획이 수립되어 있는 지역에 대하여 수립하는 도시·군기본계획은 그 광역도시계획에 부합되어야 하며, 도시·군기본계획의 내용이 광역도시계획의 내용과 다를 때에는 도시·군기본계획의 내용이 우선한다.

③ 특별시장·광역시장·특별자치시장·특별자치도지사·시장 또는 군수가 관할 구역에 대하여 다른 법률에 따른 환경·교통·수도·하수도·주택 등에 관한 부문별 계획을 수립할 때에는 도시·군관리계획의 내용에 부합되게 하여야 한다.

④ 도시·군계획이란 광역도시계획과 도시·군기본계획을 말한다.

⑤ 특별시장·광역시장·특별자치시장·특별자치도지사·시장 또는 군수는 도시의 지속 가능하고 균형 있는 발전을 위하여 도시의 지속 가능성을 평가할 수 있다.

04 국토의 계획 및 이용에 관한 법령의 내용으로 **틀린** 것은?

용어정의

① 개발밀도관리구역이란 개발로 인하여 기반시설이 부족할 것이 예상되나 기반시설의 설치가 곤란한 지역을 대상으로 건폐율이나 용적률을 강화하여 적용하기 위하여 지정하는 구역을 말한다.
② 기반시설부담구역이란 개발밀도관리구역 외의 지역으로서 개발로 인하여 도로, 공원, 대학 등 기반시설을 설치하기 위하여 지정·고시하는 구역을 말한다.
③ 광역도시계획은 국가계획의 내용에 부합되어야 하며, 광역도시계획의 내용이 국가계획의 내용과 다를 때에는 국가계획의 내용이 우선한다.
④ 도시·군계획의 내용이 국가계획의 내용과 다를 때에는 국가계획의 내용이 우선한다.
⑤ 도시·군기본계획의 내용이 광역도시계획의 내용과 다를 때에는 광역도시계획의 내용이 우선한다.

05 국토의 계획 및 이용에 관한 법령상 용어에 관한 설명으로 **옳은** 것은?

용어정의

① 도시·군계획은 광역도시계획과 도시·군기본계획으로 구분한다.
② 용도구역의 지정 및 변경에 관한 계획은 도시·군기본계획으로 결정한다.
③ 성장관리계획구역의 지정은 도시·군관리계획으로 결정한다.
④ 기반시설은 도시·군계획시설 중 도시·군관리계획으로 결정된 시설을 말한다.
⑤ 「택지개발촉진법」에 따른 택지개발사업은 도시·군계획사업에 포함되지 않는다.

06 국토의 계획 및 이용에 관한 법령상 도시·군계획 등에 관한 설명으로 **옳은** 것은?

도시·군계획

① 도시·군계획은 광역도시계획과 도시·군기본계획으로 구분한다.
② 개발제한구역, 시가화조정구역의 지정 또는 변경에 관한 계획은 도시·군기본계획으로 결정한다.
③ 도시·군관리계획을 시행하기 위한 정비사업은 도시·군계획시설사업에 포함된다.
④ 도시·군계획시설은 기반시설 중 도시·군기본계획으로 결정된 시설을 말한다.
⑤ 차량검사 및 면허시설과 그 시설의 기능 발휘와 이용을 위하여 필요한 부대시설 및 편익시설은 기반시설에 해당한다.

07 국토의 계획 및 이용에 관한 법령상 기반시설부담구역에 설치가 필요한 기반시설에 해당하지 **않는** 것은? (단, 조례는 고려하지 않음)

기반시설부담구역

① 도로(인근의 간선도로로로부터 기반시설부담구역까지의 진입도로를 포함)

② 공원

③ 학교(고등교육법에 따른 학교를 포함)

④ 수도(인근의 수도로부터 기반시설부담구역까지 연결하는 수도를 포함)

⑤ 하수도(인근의 하수도로부터 기반시설부담구역까지 연결하는 하수도를 포함)

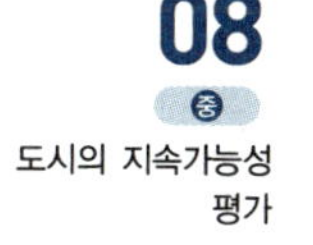

08 국토의 계획 및 이용에 관한 법령상 도시의 지속가능성 및 생활인프라 수준평가에 관한 설명으로 **틀린** 것은?

도시의 지속가능성 평가

① 도시의 지속가능성 및 생활인프라 수준의 최종평가 주체는 시·도지사이다.

② 지속가능성 평가기준에서는 토지이용의 효율성·환경친화성·생활공간의 안전성·쾌적성·편의성 등에 관한 사항을 고려하여야 한다.

③ 국가와 지방자치단체는 지속가능성 및 생활인프라 수준평가 결과를 도시·군계획의 수립 및 집행에 반영하여야 한다.

④ 생활인프라 평가기준에서는 보급률 등을 고려한 생활인프라 설치의 적정성, 이용의 용이성·접근성·편리성 등에 관한 사항을 고려하여야 한다.

⑤ 「도시재생활성화 및 지원에 관한 특별법」에 따른 도시재생 활성화를 위한 비용의 보조 또는 융자에 지속가능성 및 생활인프라 수준 평가결과를 활용하도록 할 수 있다.

대표유형

국토의 계획 및 이용에 관한 법령상 광역도시계획의 수립권자에 관한 설명으로 **틀린** 것은?

① 광역계획권이 같은 도의 관할 구역에 속하여 있는 경우에는 관할 시장 또는 군수가 공동으로 수립하여야 한다.

② 광역계획권이 둘 이상의 시·도의 관할 구역에 걸쳐 있는 경우에는 관할 시·도지사가 공동으로 수립하여야 한다.

③ 국토교통부장관은 시·도지사가 요청하는 경우와 그 밖에 필요하다고 인정되는 경우에는 관할 시·도지사와 공동으로 광역도시계획을 수립할 수 있다.

④ 광역계획권을 지정한 날부터 3년이 지날 때까지 관할 시·도지사로부터 광역도시계획의 승인신청이 없는 경우에는 국토교통부장관이 수립하여야 한다.

⑤ 시장 또는 군수가 협의를 거쳐 요청하는 경우에는 도지사가 관할 시장 또는 군수와 공동으로 광역도시계획을 수립할 수 있지만, 단독으로 광역도시계획을 수립할 수는 없다.

해설 ⑤ 도지사는 시장 또는 군수가 요청하는 경우와 그 밖에 필요하다고 인정하는 경우에는 관할 시장 또는 군수와 공동으로 광역도시계획을 수립할 수 있으며, 시장 또는 군수가 협의를 거쳐 요청하는 경우에는 단독으로 광역도시계획을 수립할 수 있다.

▶▶ **정답** ⑤

Point
01

광역계획권

국토의 계획 및 이용에 관한 법령상 광역계획권의 지정에 관한 설명으로 **틀린** 것은?

① 광역계획권이 둘 이상의 시·도의 관할 구역에 걸쳐 있는 경우에는 국토교통부장관이 지정할 수 있다.

② 광역계획권이 도의 관할 구역에 속하여 있는 경우에는 도지사가 지정할 수 있다.

③ 중앙행정기관의 장, 시·도지사, 시장 또는 군수는 국토교통부장관이나 도지사에게 광역계획권의 지정 또는 변경을 요청할 수 있다.

④ 광역계획권은 인접한 둘 이상의 특별시·광역시·특별자치시·특별자치도·시 또는 군의 관할 구역 단위로 지정하여야 하며, 그 관할 구역의 일부만을 광역계획권에 포함시킬 수 없다.

⑤ 국토교통부장관 또는 도지사는 광역계획권을 지정하거나 변경하면 지체 없이 관계 시·도지사, 시장 또는 군수에게 그 사실을 통보하여야 한다.

02

광역도시계획의 내용

국토의 계획 및 이용에 관한 법령상 광역도시계획의 내용에 포함되지 <u>않는</u> 것은?

① 경관계획에 관한 사항
② 광역시설의 배치·규모·설치에 관한 사항
③ 공간구조 및 인구의 배분에 관한 사항
④ 광역계획권의 녹지관리체계와 환경 보전에 관한 사항
⑤ 광역계획권의 교통 및 물류유통체계에 관한 사항

03
광역도시계획

국토의 계획 및 이용에 관한 법령상 광역도시계획에 관한 설명으로 <u>틀린</u> 것은?

① 광역도시계획은 광역계획권의 장기발전방향을 제시하는 계획을 말한다.
② 국토교통부장관은 광역계획권을 지정하려면 관계 시·도지사, 시장 또는 군수의 의견을 들은 후 중앙도시계획위원회의 심의를 거쳐야 한다.
③ 국토교통부장관은 시·도지사가 요청하는 경우에는 관할 시·도지사와 공동으로 광역도시계획을 수립할 수 있다.
④ 도지사는 시장 또는 군수가 협의를 거쳐 요청하는 경우에는 단독으로 광역도시계획을 수립할 수 있다.
⑤ 시장 또는 군수는 광역도시계획을 수립하려면 국토교통부장관의 승인을 받아야 한다.

04
광역도시계획

국토의 계획 및 이용에 관한 법령상 광역도시계획의 수립 및 승인절차에 관한 설명으로 <u>틀린</u> 것은?

① 시·도지사는 광역도시계획을 수립하거나 변경하려면 미리 인구, 경제, 사회, 문화, 토지이용, 환경, 교통, 주택 등을 대통령령으로 정하는 바에 따라 조사하거나 측량하여야 한다.
② 시장 또는 군수는 광역도시계획을 수립하거나 변경하려면 미리 공청회를 열어 주민과 관계 전문가 등으로부터 의견을 들어야 하며, 공청회에서 제시된 의견이 타당하다고 인정하면 광역도시계획에 반영하여야 한다.
③ 광역도시계획의 경미한 변경사항에 대해서는 공청회를 거치지 아니할 수 있다.
④ 시·도지사는 광역도시계획을 수립하려면 국토교통부장관의 승인을 받아야 한다.
⑤ 국토교통부장관이 광역도시계획을 승인하려면 관계 중앙행정기관의 장과 협의한 후 중앙도시계획위원회의 심의를 거쳐야 한다.

05

국토의 계획 및 이용에 관한 법령상 광역도시계획의 조정에 관한 설명으로 틀린 것은?

① 광역도시계획을 공동으로 수립하는 시·도지사는 그 내용에 관하여 서로 협의가 되지 아니하면 공동이나 단독으로 국토교통부장관에게 조정을 신청할 수 있다.

② 국토교통부장관은 단독 또는 공동으로 조정의 신청을 받은 경우에 기한을 정하여 당사자 간에 다시 협의를 하도록 권고할 수 있으며, 기한까지 협의가 이루어지지 아니하는 경우에는 직접 조정할 수 있다.

③ 국토교통부장관은 조정의 신청을 받거나 직접 조정하려는 경우에 중앙도시계획위원회의 심의를 거쳐 광역도시계획의 내용을 조정하여야 한다.

④ 광역도시계획을 공동으로 수립하는 시장 또는 군수는 그 내용에 관하여 서로 협의가 되지 아니하면 공동이나 단독으로 도지사에게 조정을 신청할 수 있다.

⑤ 광역도시계획을 수립하는 자는 조정 결과를 광역도시계획에 반영하여야 한다.

06

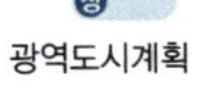

국토의 계획 및 이용에 관한 법령상 광역계획권 및 광역도시계획에 관한 설명으로 옳은 것은?

① 중앙행정기관의 장은 국토교통부장관에게 광역계획권의 지정 또는 변경을 요청할 수 없다.

② 시장 또는 군수가 광역도시계획을 변경하려면 국토교통부장관의 승인을 받아야 한다.

③ 시·도지사가 협의를 거쳐 요청하는 경우에는 국토교통부장관이 광역도시계획을 단독으로 수립할 수 있다.

④ 국토교통부장관이 광역계획권을 지정하려면 지방도시계획위원회의 심의를 거쳐야 한다.

⑤ 국토교통부장관, 시·도지사, 시장 또는 군수가 기초조사정보체계를 구축한 경우에는 등록된 정보의 현황을 5년마다 확인하고 변동사항을 반영하여야 한다.

07

국토의 계획 및 이용에 관한 법령상 광역도시계획에 관한 설명으로 틀린 것은?

① 광역계획권이 둘 이상의 인접한 시·도의 관할구역에 걸쳐 있는 경우 국토교통부장관이 광역계획권을 지정한다.

② 광역도시계획에는 광역계획권의 지정목적을 이루는 데 필요한 경관계획에 관한 사항이 포함되어야 한다.

③ 국토교통부장관은 광역도시계획을 수립하거나 변경하려면 미리 공청회를 열어야 한다.

④ 광역도시계획을 공동으로 수립하는 시·도지사는 그 내용에 관하여 서로 협의되지 아니하면 공동으로 조정을 신청하여야 한다.

⑤ 광역도시계획 협의회에서 광역도시계획의 수립에 관하여 조정을 한 경우에는 그 조정내용을 광역도시계획에 반영하여야 한다.

08 국토의 계획 및 이용에 관한 법령상 광역도시계획의 수립에 관한 설명으로 틀린 것은?

광역도시계획

① 국토교통부장관은 시·도지사가 요청하는 경우 관할 시·도지사와 공동으로 광역도시계획을 수립할 수 있다.

② 시·도지사가 광역도시계획을 수립하는 경우 미리 공청회를 열어 주민과 관계 전문가 등으로부터 의견을 들어야 한다.

③ 국토교통부장관은 관계 행정기관의 장에게 광역도시계획의 수립을 위한 기초조사에 필요한 자료를 제출하도록 요청할 수 있다.

④ 시·도지사가 광역도시계획을 수립하는 경우 미리 관계 행정기관과 협의한 후 중앙도시계획위원회의 심의를 거쳐야 한다.

⑤ 시·도지사가 광역도시계획의 승인을 받으려는 때에는 광역도시계획 안에 기초조사 결과를 포함한 서류를 첨부하여 국토교통부장관에게 제출해야 한다.

09 국토의 계획 및 이용에 관한 법령상 광역도시계획에 관한 설명으로 옳은 것은?

광역도시계획

① 군수는 도지사에게 광역계획권의 지정을 요청할 수 없다.

② 도지사가 광역계획권을 변경하려면 중앙도시계획위원회의 심의를 거쳐 관계 중앙행정기관의 장의 승인을 받아야 한다.

③ 국토교통부장관은 광역계획권을 변경하면 지체 없이 관계 중앙행정기관의 장에게 그 사실을 통보하여야 한다.

④ 광역계획권을 지정한 날부터 2년이 지날 때까지 시장·군수의 광역도시계획 승인 신청이 없는 경우에는 관할 도지사가 광역도시계획을 수립한다.

⑤ 국토교통부장관은 기초조사정보체계를 구축한 경우 등록된 정보의 현황을 5년마다 확인하고 변동사항을 반영하여야 한다.

대표유형

국토의 계획 및 이용에 관한 법령상 도시 · 군기본계획에 관한 설명으로 **틀린** 것은?

① 특별시장 · 광역시장 · 특별자치시장 · 특별자치도지사 · 시장 또는 군수는 관할 구역에 대하여 도시 · 군기본계획을 수립하여야 한다.

② 광역도시계획이 수립되어 있는 지역에 대하여 수립하는 도시 · 군기본계획의 내용이 광역도시계획의 내용과 다를 때에는 광역도시계획의 내용이 우선한다.

③ 도시 · 군기본계획에는 생활권의 설정과 생활권역별 개발 · 정비 및 보전 등에 관한 사항이 포함되어야 한다.

④ 수도권에 속하지 아니하고 광역시와 경계를 같이하는 인구 10만명 이하의 시 또는 군은 도시 · 군기본계획을 수립하지 아니할 수 있다.

⑤ 관할 구역 전부에 대하여 광역도시계획이 수립되어 있는 시 또는 군으로서 당해 광역도시계획에 도시 · 군기본계획에 포함될 사항이 모두 포함되어 있는 시 또는 군의 경우에는 도시 · 군기본계획을 수립하지 아니할 수 있다.

해설 ④ 「수도권정비계획법」의 규정에 의한 수도권에 속하지 아니하고 광역시와 경계를 같이하지 아니한 시 또는 군으로서 인구 10만명 이하인 시 또는 군의 경우에는 도시 · 군기본계획을 수립하지 아니할 수 있다.

▶▶ 정답 ④

Point

01

도시 · 군기본계획

국토의 계획 및 이용에 관한 법령상 도시 · 군기본계획에 관한 설명으로 옳은 것은?

① 국토교통부장관은 특별시장 · 광역시장 · 특별자치시장 또는 특별자치도지사의 의견을 들은 후에 도시 · 군기본계획을 수립할 수 있다.

② 도시 · 군기본계획의 수립권자가 생활권계획을 따로 수립한 때에는 해당 계획이 수립된 생활권에 대해서는 도시 · 군관리계획이 수립된 것으로 본다.

③ 시장 또는 군수가 도시 · 군기본계획을 수립한 후 3년 이내에 도지사의 승인을 받지 못한 경우에는 도지사가 도시 · 군기본계획을 수립하여야 한다.

④ 특별시장 · 광역시장 · 특별자치시장 또는 특별자치도지사는 도시 · 군기본계획을 수립하거나 변경하려면 국토교통부장관의 승인을 받아야 한다.

⑤ 시장 또는 군수는 5년마다 관할 구역의 도시 · 군기본계획에 대하여 타당성을 전반적으로 재검토하여 정비하여야 한다.

02
(상)
도시·군기본계획의
내용

국토의 계획 및 이용에 관한 법령상 도시·군기본계획은 다음에 대한 정책방향이 포함되어야 한다. 해당하지 **않는** 것은?

① 공원·녹지에 관한 사항
② 토지의 이용 및 개발에 관한 사항
③ 기반시설의 설치·정비 또는 개량에 관한 계획
④ 지역적 특성 및 계획의 방향·목표에 관한 사항
⑤ 방재·방범 등 안전에 관한 사항

03
(상)
도시·군기본계획의
수립기준

국토의 계획 및 이용에 관한 법령상 도시·군기본계획의 수립기준으로 틀린 것은?

① 특별시·광역시·특별자치시·특별자치도·시 또는 군의 기본적인 공간구조와 장기발전방향을 제시하는 토지이용·교통·환경 등에 관한 종합계획이 되도록 할 것
② 계획의 연속성을 유지하도록 하고 구체적이고 상세한 계획이 되도록 할 것
③ 도시·군기본계획을 정비할 때에는 종전의 도시·군기본계획의 내용 중 수정이 필요한 부분만을 발췌하여 보완함으로써 계획의 연속성이 유지되도록 할 것
④ 도시와 농어촌 및 산촌지역의 인구밀도, 토지이용의 특성 및 주변환경 등을 종합적으로 고려하여 지역별로 계획의 상세 정도를 다르게 하되, 기반시설의 배치계획, 토지 용도 등은 도시와 농어촌 및 산촌지역이 서로 연계되도록 할 것
⑤ 도시지역 등에 위치한 개발 가능 토지는 단계별로 시차를 두어 개발되도록 할 것

04
(중)
도시·군계획

국토의 계획 및 이용에 관한 법령상 광역도시계획과 도시·군계획에 관한 설명으로 옳은 것은?

① 광역도시계획은 광역시의 장기발전방향을 제시하는 계획이다.
② 광역도시계획과 도시·군기본계획은 장기발전방향을 제시하는 계획으로서 5년마다 관할 구역의 타당성을 재검토하여 이를 정비하여야 한다.
③ 도시·군관리계획은 특별시·광역시·특별자치시·특별자치도·시 또는 군의 개발·정비 및 보전을 목적으로 수립하는 계획이다.
④ 관할 구역 전부에 대하여 광역도시계획이 수립되어 있는 시 또는 군으로서 당해 광역도시계획에 도시·군기본계획의 내용이 일부 포함되어 있는 시 또는 군은 도시·군기본계획을 수립하지 아니할 수 있다.
⑤ 시장 또는 군수가 도시·군기본계획을 수립하거나 변경하려면 지방도시계획위원회의 심의를 거쳐야 한다.

Point 05 _하
도시 · 군기본계획

국토의 계획 및 이용에 관한 법령상 도시 · 군기본계획에 관한 설명으로 옳은 것은?

① 도시 · 군기본계획을 변경하는 경우에는 공청회를 거치지 아니할 수 있다.

② 시장 · 군수는 관할 구역에 대해서만 도시 · 군기본계획을 수립할 수 있으며, 인접한 시 또는 군의 관할 구역을 포함하여 계획을 수립할 수 없다.

③ 이해관계자를 포함한 주민은 지구단위계획구역의 변경에 관한 사항에 대하여 도시 · 군기본계획의 입안을 제안할 수 있다.

④ 도시 · 군기본계획 입안일부터 5년 이내에 토지적성평가를 실시한 경우에는 토지적성평가를 하지 아니할 수 있다.

⑤ 도시 · 군기본계획의 내용이 광역도시계획의 내용과 다를 때에는 국토교통부장관이 결정한다.

06 _하
도시 · 군기본계획

국토의 계획 및 이용에 관한 법령상 도시 · 군기본계획을 수립하지 아니할 수 있는 지방자치단체는? (단, 수도권은 「수도권정비계획법」상의 수도권을 의미함)

① 수도권에 속하는 인구 10만명 이하의 군

② 수도권에서 광역시와 경계를 같이하는 인구 10만명 이하의 시

③ 관할 구역 일부에 대하여 광역도시계획이 수립되어 있는 시로서 광역도시계획에 도시 · 군기본계획의 내용이 모두 포함되어 있는 시

④ 관할 구역 전부에 대하여 광역도시계획이 수립되어 있는 군으로서 광역도시계획에 도시 · 군기본계획의 내용이 일부 포함되어 있는 군

⑤ 수도권 외의 지역에서 광역시와 경계를 같이하지 않는 인구 10만명 이하의 시

Point 07 _상
도시 · 군기본계획

국토의 계획 및 이용에 관한 법령상 도시 · 군기본계획에 관한 설명으로 옳은 것은?

① 시장 또는 군수는 도시 · 군기본계획의 수립을 위한 공청회 개최와 관련된 사항을 일간신문에 공청회 개최예정일 7일 전까지 2회 이상 공고하여야 한다.

② 도시 · 군기본계획에는 기후변화 대응 및 에너지 절약에 관한 사항에 대한 정책방향이 포함되어야 한다.

③ 시장 또는 군수는 3년마다 관할 구역의 도시 · 군기본계획에 대하여 그 타당성을 전반적으로 재검토하여 정비하여야 한다.

④ 시장 또는 군수가 도시 · 군기본계획을 변경하려면 지방의회의 승인을 받아야 한다.

⑤ 시장 또는 군수는 대통령령이 정하는 바에 따라 도시 · 군기본계획의 수립기준을 정한다.

08 국토의 계획 및 이용에 관한 법령상 도시·군기본계획에 포함되어야 하는 내용으로 옳은 것을 모두 고른 것은?

도시·군기본계획의 내용

> ㉠ 토지의 용도별 수요 및 공급에 관한 사항
> ㉡ 기후변화 대응 및 에너지절약에 관한 사항
> ㉢ 방재 및 안전에 관한 사항
> ㉣ 경관에 관한 사항

① ㉠, ㉣　　　　　　　　　② ㉡, ㉢
③ ㉠, ㉡, ㉢　　　　　　　④ ㉡, ㉢, ㉣
⑤ ㉠, ㉡, ㉢, ㉣

09 국토의 계획 및 이용에 관한 법령상 도시·군기본계획에 관한 설명으로 옳지 <u>않은</u> 것은?

도시·군기본계획

① 다른 법률에 따른 지역·지구 등의 지정으로 인하여 도시·군기본계획의 변경이 필요한 경우에는 토지적성평가를 하지 아니할 수 있다.
② 광역시장은 도시·군기본계획을 변경하려면 관계 행정기관의 장과 협의한 후 지방도시계획위원회의 심의를 거쳐야 한다.
③ 시장 또는 군수는 도시·군기본계획을 변경하려면 도지사의 승인을 받아야 한다.
④ 시장 또는 군수는 10년마다 관할구역의 도시·군기본계획에 대하여 그 타당성을 전반적으로 재검토하여 정비하여야 한다.
⑤ 수도권정비계획법에 의한 수도권에 속하지 아니하고, 광역시와 경계를 같이 하지 아니한 시로서 인구 10만명 이하인 시의 시장은 도시·군기본계획을 수립하지 아니할 수 있다.

제 1 절 **도시 · 군관리계획**

대표유형

국토의 계획 및 이용에 관한 법령상 도시 · 군관리계획에 관한 설명으로 옳은 것은?

① 시 · 도지사는 개발제한구역의 지정 및 변경에 관한 도시 · 군관리계획을 직접 결정하여야 한다.

② 도시 · 군기본계획은 광역도시계획과 도시 · 군관리계획에 부합되어야 한다.

③ 도시 · 군관리계획의 수립기준, 도시 · 군관리계획도서 및 계획설명서의 작성기준 · 작성방법 등은 대통령령으로 정하는 바에 따라 시 · 도지사가 정한다.

④ 주민은 산업 · 유통개발진흥지구의 지정 및 변경에 관한 사항에 대하여 도시 · 군관리계획을 입안할 수 있는 자에게 도시 · 군관리계획의 입안을 제안할 수 있다.

⑤ 도시 · 군관리계획은 계획의 상세 정도, 기반시설의 종류 등에 대하여 도시 및 농 · 산 · 어촌지역의 인구밀도, 토지이용의 특성 및 주변환경 등을 종합적으로 고려하여 균등하게 입안하여야 한다.

해설 ① 개발제한구역의 지정 및 변경에 관한 도시 · 군관리계획은 국토교통부장관이 결정한다.
② 도시 · 군관리계획은 광역도시계획과 도시 · 군기본계획에 부합되어야 한다.
③ 도시 · 군관리계획의 수립기준, 도시 · 군관리계획도서 및 계획설명서의 작성기준 · 작성방법 등은 대통령령으로 정하는 바에 따라 국토교통부장관이 정한다.
⑤ 도시 · 군관리계획은 계획의 상세 정도, 도시 · 군관리계획으로 결정하여야 하는 기반시설의 종류 등에 대하여 도시 및 농 · 산 · 어촌지역의 인구밀도, 토지이용의 특성 및 주변환경 등을 종합적으로 고려하여 차등을 두어 입안하여야 한다.　　　　　▶▶ 정답 ④

Point

01

도시 · 군관리계획의
내용

국토의 계획 및 이용에 관한 법령상 도시 · 군관리계획에 해당하지 <u>않는</u> 것은?

① 도시개발사업이나 정비사업에 관한 계획

② 성장관리계획

③ 복합용도계획

④ 도시혁신계획

⑤ 도시 · 군계획시설입체복합구역의 지정 또는 변경에 관한 계획

02   국토의 계획 및 이용에 관한 법령상 도시 · 군관리계획에 해당하지 <u>않는</u> 것은?

도시 · 군관리계획의 내용

① 복합용도구역의 지정 또는 변경에 관한 계획
② 특정용도제한지구의 변경에 관한 계획
③ 도시혁신구역의 지정 또는 변경에 관한 계획
④ 정비사업에 관한 계획
⑤ 기반시설부담구역 지정에 관한 계획

03   국토의 계획 및 이용에 관한 법령상 도시 · 군관리계획의 입안에 관한 설명으로 <u>틀린</u> 것은?

도시 · 군관리계획의 입안

① 특별시장 · 광역시장 · 특별자치시장 · 특별자치도지사 · 시장 또는 군수는 관할 구역에 대하여 도시 · 군관리계획을 입안하여야 한다.
② 국가계획과 관련된 경우에는 국토교통부장관이 도시 · 군관리계획을 입안할 수 있다.
③ 둘 이상의 시 · 도에 걸쳐 지정되는 용도지역 · 용도지구 · 용도구역은 도지사가 직접 도시 · 군관리계획을 입안할 수 있다.
④ 인접한 특별시 · 광역시 · 특별자치시 · 특별자치도 · 시 또는 군의 관할 구역에 대한 도시 · 군관리계획은 관계 특별시장 · 광역시장 · 특별자치시장 · 특별자치도지사 · 시장 또는 군수가 협의하여 공동으로 입안하거나 입안할 자를 정한다.
⑤ 도시 · 군관리계획을 입안할 때에는 대통령령으로 정하는 바에 따라 도시 · 군관리계획도서와 이를 보조하는 계획설명서를 작성하여야 한다.

04   국토의 계획 및 이용에 관한 법령상 도시 · 군관리계획을 입안하는 경우, 토지적성평가를 실시하지 않아도 되는 경우가 <u>아닌</u> 것은?

토지적성평가

① 개발제한구역 안에 기반시설을 설치하는 경우
② 해당 도시 · 군계획시설의 결정을 해제하려는 경우
③ 해당 지구단위계획구역 안의 나대지 면적이 구역 면적의 2%에 미달하는 경우
④ 도시 · 군관리계획 입안일부터 5년 이내에 토지적성평가를 실시한 지역에 대하여 도시 · 군관리계획을 입안하는 경우
⑤ 해당 지구단위계획구역의 지정 목적이 해당 구역을 정비 또는 관리하고자 하는 경우로서 지구단위계획의 내용에 너비 12m 이상 도로의 설치계획이 있는 경우

05 
도시·군관리계획

국토의 계획 및 이용에 관한 법령상 도시·군관리계획에 관한 설명으로 옳은 것은?

① 도시·군관리계획결정은 지형도면을 고시한 날의 다음 날부터 효력이 발생한다.
② 국가계획과 연계하여 시가화조정구역의 지정이 필요한 경우, 시·도지사가 직접 그 지정을 도시·군관리계획으로 결정한다.
③ 도시·군기본계획을 수립한 지역에 대하여는 도시·군관리계획을 입안하지 아니할 수 있다.
④ 도시·군관리계획의 입안을 제안받은 자는 도시·군관리계획의 입안 및 결정에 필요한 비용의 전부를 제안자에게 부담시킬 수 없다.
⑤ 개발제한구역 안에 기반시설을 설치하는 경우에는 도시·군관리계획을 입안할 때 토지적성평가를 실시하지 않아도 된다.

06 
도시·군관리계획

국토의 계획 및 이용에 관한 법령상 도시·군관리계획에 관한 설명으로 틀린 것은?

① 「도시개발법」에 따른 도시개발사업의 경우에는 환경성 검토를 실시하지 아니할 수 있다.
② 주민(이해관계자 포함)은 기반시설의 설치에 관한 사항에 대하여 도시·군관리계획의 입안을 제안할 수 있으며, 입안권자는 제안일부터 45일 이내에 그 도시·군관리계획 입안에의 반영 여부를 제안자에게 통보하여야 한다.
③ 국토교통부장관, 시·도지사, 시장 또는 군수는 도시·군관리계획의 입안을 위한 기초조사의 내용에 환경성검토, 토지적성평가와 재해취약성분석을 포함하여야 한다.
④ 도시·군관리계획에 있어 계획의 상세 정도, 도시·군관리계획으로 결정하여야 하는 기반시설의 종류 등은 지역 여건을 고려하여 차등을 두어 입안하여야 한다.
⑤ 도시·군관리계획은 광역도시계획 및 도시·군기본계획 등에서 제시한 내용을 수용하고 개별 사업계획과의 관계 및 도시의 성장 추세를 고려하여 수립하여야 한다.

07
도시·군관리계획

국토의 계획 및 이용에 관한 법령상 도시·군관리계획에 관한 설명으로 옳은 것은?

① 시장 또는 군수가 입안한 지구단위계획구역의 지정·변경에 관한 도시·군관리계획은 도지사가 결정한다.
② 공업지역에서 도시·군관리계획을 입안하는 경우에는 재해취약성분석을 실시하지 아니할 수 있다.
③ 도시·군관리계획의 결정권자가 도시·군관리계획을 결정하고자 하는 때에는 미리 지방의회의 의견을 들어야 한다.
④ 도시지역의 축소에 따른 용도지역의 변경을 도시·군관리계획으로 입안하는 경우에는 지방의회 의견청취절차를 생략할 수 없다.
⑤ 도시·군관리계획은 계획의 상세 정도, 도시·군관리계획으로 결정하여야 하는 기반시설의 종류 등에 대하여 도시 및 농·산·어촌지역의 인구밀도, 토지이용의 특성 및 주변환경 등을 종합적으로 고려하여 차등을 두어 입안하여야 한다.

08
상
도시·군관리계획

국토의 계획 및 이용에 관한 법령상 도시·군관리계획에 관한 설명으로 틀린 것은?

① 개발제한구역의 지정에 관한 도시·군관리계획은 국토교통부장관이 결정한다.

② 입안권자가 주민의 의견을 청취하려는 때에는 지방자치단체의 공보나 2 이상의 일간신문에 게재하고, 해당 지방자치단체의 인터넷 홈페이지 등에 공고해야 하며, 도시·군관리계획안을 14일 이상 일반이 열람할 수 있도록 해야 한다.

③ 국토교통부장관, 시·도지사, 시장 또는 군수는 열람기간 내에 제출된 의견을 도시·군관리계획안에 반영할 것인지 여부를 검토하여 그 결과를 열람기간이 종료된 날부터 30일 이내에 해당 의견을 제출한 자에게 통보해야 한다.

④ 주민은 도시·군계획시설입체복합구역의 지정 및 변경에 관한 사항에 대하여 도시·군관리계획의 입안을 제안할 수 있다.

⑤ 도시·군관리계획의 수립기준, 도시·군관리계획도서 및 계획설명서의 작성기준·작성방법 등은 대통령령으로 정하는 바에 따라 국토교통부장관이 정한다.

09
중
도시·군관리계획의
입안제안

국토의 계획 및 이용에 관한 법령상 주민이 도시·군관리계획의 입안을 제안하는 경우에 관한 설명으로 틀린 것은?

① 제안서에는 도시·군관리계획도서뿐만 아니라 계획설명서도 첨부하여야 한다.

② 주민은 용도지역의 지정 또는 변경에 관한 사항과 기반시설의 설치·정비 또는 개량에 관한 사항을 제안할 수 있다.

③ 도시·군관리계획의 입안을 제안받은 자는 제안일부터 45일 이내에 도시·군관리계획입안에의 반영 여부를 제안자에게 통보하여야 한다. 다만, 부득이한 사정이 있는 경우에는 1회에 한하여 30일을 연장할 수 있다.

④ 도시·군관리계획의 입안을 제안하려는 자가 토지소유자의 동의를 받아야 하는 경우 국·공유지는 동의대상 토지 면적에서 제외한다.

⑤ 도시·군관리계획의 입안을 제안받은 자는 제안자와 협의하여 제안된 도시·군관리계획의 입안 및 결정에 필요한 비용의 전부 또는 일부를 제안자에게 부담시킬 수 있다.

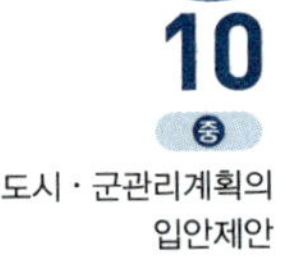

Point 10 국토의 계획 및 이용에 관한 법령상 도시·군관리계획의 입안제안에 관한 설명으로 옳은 것은?

도시·군관리계획의
입안제안

① 지구단위계획구역의 지정 및 변경과 지구단위계획의 수립 및 변경에 관한 사항에 대한 입안을 제안하려는 자는 국·공유지를 제외한 대상 토지 면적의 5분의 4 이상의 동의를 받아야 한다.

② 산업·유통개발진흥지구의 지정을 제안할 수 있는 대상 지역의 면적은 $10만m^2$ 이상이어야 한다.

③ 산업·유통개발진흥지구의 지정에 관한 사항에 대한 입안을 제안하려는 자는 국·공유지를 포함한 대상 토지 면적의 3분의 2 이상의 동의를 받아야 한다.

④ 기반시설의 설치·정비·개량에 관한 사항에 대한 입안을 제안하려는 자는 국·공유지를 제외한 대상 토지 면적의 2분의 1 이상의 동의를 받아야 한다.

⑤ 주민은 생산관리지역에 산업·유통개발진흥지구를 지정하여 줄 것을 내용으로 하는 도시·군관리계획의 입안을 제안할 수 있다.

11 국토의 계획 및 이용에 관한 법령상 도시·군관리계획결정에 관한 설명으로 틀린 것은?

도시·군관리계획의
결정

① 시·도지사는 도시·군관리계획을 결정하려면 관계 행정기관의 장과 미리 협의하여야 하며, 국토교통부장관이 도시·군관리계획을 결정하려면 관계 중앙행정기관의 장과 미리 협의하여야 한다.

② 시·도지사가 지구단위계획을 결정하려면 「건축법」에 따라 시·도에 두는 건축위원회와 도시계획위원회가 공동으로 하는 심의를 거쳐야 한다.

③ 시·도지사는 국토교통부장관이 입안하여 결정한 도시·군관리계획을 변경하려면 미리 국토교통부장관과 협의하여야 한다.

④ 「지방자치법」에 따른 서울특별시와 광역시 및 특별자치시를 제외한 인구 50만 이상의 대도시의 경우에는 국토교통부장관이 직접 결정한다.

⑤ 국토교통부장관이나 시·도지사는 국방상 또는 국가안전보장상 기밀을 지켜야 할 필요가 있다고 인정되면(관계 중앙행정기관의 장이 요청할 때만 해당된다) 그 도시·군관리계획의 전부 또는 일부에 대하여 협의와 심의절차를 생략할 수 있다.

12
(하)
입안제안시 동의요건

국토의 계획 및 이용에 관한 법령상 주민이 도시·군관리계획의 입안을 제안하려는 경우 요구되는 제안 사항별 토지소유자의 동의요건으로 **틀린** 것은? (단, 동의대상 토지 면적에서 국·공유지는 제외함)

① 기반시설의 설치에 관한 사항: 대상 토지 면적의 5분의 4 이상
② 기반시설의 정비에 관한 사항: 대상 토지 면적의 3분의 2 이상
③ 지구단위계획구역의 지정과 지구단위계획의 수립에 관한 사항: 대상 토지 면적의 3분의 2 이상
④ 산업·유통개발진흥지구의 지정에 관한 사항: 대상 토지 면적의 3분의 2 이상
⑤ 도시·군계획시설입체복합구역의 지정에 관한 사항: 대상 토지 면적의 5분의 4 이상

13
(하)
공동심의

국토의 계획 및 이용에 관한 법령상 시·도지사가 도시·군관리계획을 결정하는 경우 건축위원회와 도시계획위원회가 공동으로 하는 심의를 거쳐야 하는 것으로 옳은 것은?

① 도시자연공원구역의 지정에 관한 사항
② 기반시설의 개량에 관한 사항
③ 개발밀도관리구역의 변경에 관한 사항
④ 지구단위계획으로 대체하는 용도지구 폐지에 관한 사항
⑤ 복합용도지구의 지정에 관한 사항

14
(중)
도시·군관리계획

국토의 계획 및 이용에 관한 법령상 도시·군관리계획 등에 관한 설명으로 옳은 것은?

① 도시·군관리계획결정은 지형도면을 작성한 날부터 효력이 발생한다.
② 수산자원보호구역의 변경은 국토교통부장관이 도시·군관리계획으로 결정할 수 있다.
③ 시가화조정구역의 지정에 관한 도시·군관리계획결정 당시 승인받은 사업이나 공사에 이미 착수한 자는 허가를 받아 그 사업이나 공사를 계속할 수 있다.
④ 도시·군관리계획의 입안을 제안받은 자는 제안자와 협의하여 제안된 도시·군관리계획의 입안 및 결정에 필요한 비용의 전부 또는 일부를 제안자에게 부담시켜야 한다.
⑤ 도시·군관리계획을 조속히 입안할 필요가 있다고 인정되면 도시·군기본계획을 수립할 때에 도시·군관리계획을 함께 입안할 수 있다.

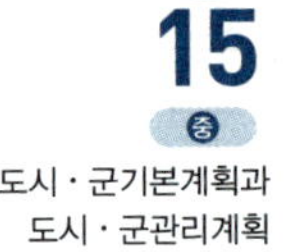

Point
15
도시·군기본계획과
도시·군관리계획

국토의 계획 및 이용에 관한 법령상 도시·군기본계획과 도시·군관리계획에 관한 설명으로 틀린 것은?

① 시장 또는 군수는 도시·군기본계획을 수립하거나 변경하려면 도지사의 승인을 받아야 한다.

② 도시·군기본계획 입안일부터 5년 이내에 재해취약성분석을 실시한 경우에는 재해취약성분석을 하지 아니할 수 있다.

③ 하천·유수지·저수지 등 방재시설의 설치·정비 또는 개량에 관한 계획은 도시·군관리계획에 속한다.

④ 둘 이상의 시·군에 걸쳐 용도지역·용도지구·용도구역을 지정하는 도시·군관리계획은 도지사가 직접 입안할 수 있다.

⑤ 도시·군계획시설부지에서 도시·군관리계획을 입안하는 경우에는 환경성검토를 실시하지 아니할 수 있다.

16
지형도면
작성 및 고시

국토의 계획 및 이용에 관한 법령상 지형도면의 작성 및 고시에 관한 설명으로 틀린 것은?

① 특별시장·광역시장·특별자치시장·특별자치도지사·시장 또는 군수는 도시·군관리계획결정이 고시되면 지적(地籍)이 표시된 지형도에 도시·군관리계획에 관한 사항을 자세히 밝힌 도면을 작성하여야 한다.

② A도 B군수가 지구단위계획구역의 지정 및 변경에 관한 지형도면을 작성하면 A도지사의 승인을 받아야 한다.

③ 지형도면의 승인신청을 받은 도지사는 그 지형도면과 결정·고시된 도시·군관리계획을 대조하여 착오가 없다고 인정되면 30일 이내에 그 지형도면을 승인하여야 한다.

④ 국토교통부장관이나 도지사는 도시·군관리계획을 직접 입안한 경우에는 관계 특별시장·광역시장·특별자치시장·특별자치도지사·시장 또는 군수의 의견을 들어 직접 지형도면을 작성할 수 있다.

⑤ 국토교통부장관, 시·도지사, 시장 또는 군수는 직접 지형도면을 작성하거나 지형도면을 승인한 경우에는 이를 고시하여야 한다.

17 _하
공청회

국토의 계획 및 이용에 관한 법령상 행정계획을 수립하거나 변경하려면 공청회를 열어서 주민과 관계 전문가의 의견을 들어야 하는 경우로 옳은 것은?

> ㉠ 광역도시계획　　　　　　　　　㉡ 지구단위계획
> ㉢ 도시·군기본계획　　　　　　　　㉣ 도시·군관리계획

① ㉠, ㉡　　　　　　　② ㉠, ㉢　　　　　　　③ ㉡, ㉢
④ ㉡, ㉣　　　　　　　⑤ ㉢, ㉣

18 _상
도시·군관리계획의
수립기준

국토의 계획 및 이용에 관한 법령상 국토교통부장관이 도시·군관리계획의 수립기준을 정할 때 고려하여야 하는 사항이 <u>아닌</u> 것은?

① 공간구조는 생활권 단위로 적정하게 구분하고 생활권별로 생활·편익시설이 고루 갖추어지도록 할 것
② 녹지축·생태계·산림·경관 등 양호한 자연환경과 우량농지, 국가유산 및 역사문화환경 등을 고려하여 토지이용계획을 수립하도록 할 것
③ 수도권 안의 인구유발시설이 수도권 외의 지역으로 이전하는 경우 종전의 대지에 대하여는 그 시설의 지방이전이 촉진될 수 있도록 토지이용계획을 수립하도록 할 것
④ 도시의 개발 또는 기반시설의 설치 등이 환경에 미치는 영향을 미리 검토하는 등 계획과 환경의 유기적 연관성을 높여 건전하고 지속 가능한 도시발전을 도모하도록 할 것
⑤ 광역계획권의 미래상과 이를 실현할 수 있는 체계화된 전략을 제시하고 국토종합계획 등과 서로 연계되도록 할 것

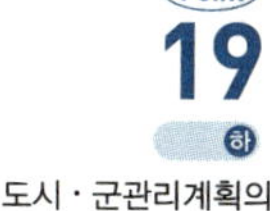

Point
19 _하
도시·군관리계획의
입안제안

국토의 계획 및 이용에 관한 법령상 주민이 도시·군관리계획의 입안권자에게 도시·군관리계획 입안을 제안할 수 있는 사항을 모두 고른 것은?

> ㉠ 시가화조정구역의 지정 및 변경
> ㉡ 기반시설의 설치·정비
> ㉢ 지구단위계획의 수립 및 변경
> ㉣ 산업·유통개발진흥지구의 지정 및 변경

① ㉠, ㉡　　　　　　　　　　② ㉠, ㉢
③ ㉡, ㉣　　　　　　　　　　④ ㉡, ㉢, ㉣
⑤ ㉠, ㉡, ㉢, ㉣

Point 20 중
공간재구조화계획

국토의 계획 및 이용에 관한 법령상 공간재구조화계획에 관한 설명으로 옳지 않은 것은?

① 국토교통부장관은 특화발전 및 지역 균형발전을 위하여 필요한 때에는 관할 시장 또는 군수의 요청에 따라 공간재구조화계획을 입안할 수 있다.
② 주민이 복합용도구역의 지정을 위하여 공간재구조화계획의 입안을 제안하려면 대상 토지면적(국유지 포함)의 3분의 2 이상의 토지소유자의 동의를 받아야 한다.
③ 주거지역에 공간재구조화계획을 입안하는 경우에 토지적성평가를 생략할 수 있다.
④ 시·도지사가 결정하는 공간재구조화계획 중 복합용도구역 지정 및 입지 타당성 등에 관한 사항은 중앙도시계획위원회의 심의를 거친다.
⑤ 지형도면이 필요 없는 경우에 공간재구조화계획 결정의 효력은 그 계획 결정을 고시한 날부터 발생한다.

제 2 절 용도지역 · 용도지구 · 용도구역

대표유형

국토의 계획 및 이용에 관한 법령상 용도지역 · 용도지구 · 용도구역에 관한 설명으로 옳은 것은?

① 도시지역 · 관리지역 · 농림지역 또는 자연환경보전지역으로 용도가 지정되지 아니한 지역에 대하여는 용도지역의 용적률의 규정을 적용할 때 자연환경보전지역에 관한 규정을 적용한다.
② 생산녹지지역에는 자연취락지구를 지정할 수 없다.
③ 관리지역에서 「농지법」에 따른 농업진흥지역으로 지정 · 고시된 지역은 자연환경보전지역으로 결정 · 고시된 것으로 본다.
④ 시·도지사, 대도시 시장은 보안상 도시의 개발을 제한하기 위하여 필요한 경우에는 도시자연공원구역의 지정 또는 변경을 도시 · 군관리계획으로 결정할 수 있다.
⑤ 관리지역이 세부 용도지역으로 지정되지 아니한 경우, 건폐율의 규정을 적용할 때에 계획관리지역에 관한 규정을 적용한다.

해설 ② 생산녹지지역에는 자연취락지구를 지정할 수 있다.
③ 관리지역에서 「농지법」에 따른 농업진흥지역으로 지정 · 고시된 지역은 이 법에 따른 농림지역으로 결정 · 고시된 것으로 본다.
④ 시·도지사, 대도시 시장은 도시의 자연환경 및 경관을 보호하고 도시민에게 건전한 여가 · 휴식공간을 제공하기 위하여 도시지역 안의 식생이 양호한 산지(山地)의 개발을 제한할 필요가 있다고 인정하는 경우에는 도시자연공원구역의 지정 또는 변경을 도시 · 군관리계획으로 결정할 수 있다.
⑤ 관리지역이 세분되지 아니한 경우 건폐율에 대하여는 보전관리지역에 관한 규정을 적용한다.　　▶ 정답 ①

01 
용도지역

국토의 계획 및 이용에 관한 법령상 용도지역에 관한 설명으로 옳은 것은?

① 용도지역의 지정 또는 변경은 도시·군기본계획으로 결정·고시한다.
② 용도지역은 도시지역, 준도시지역, 농림지역 및 자연환경보전지역으로 구분된다.
③ 계획관리지역은 도시지역으로의 편입이 예상되는 지역이나 자연환경을 고려하여 제한적인 이용·개발을 하려는 지역으로서 계획적·체계적인 관리가 필요한 지역이다.
④ 도시지역은 주거지역, 상업지역, 공업지역, 녹지지역 및 보전지역으로 구분된다.
⑤ 주거지역 중 전용주거지역은 주택의 층수에 따라 제1종, 제2종 및 제3종으로 세분된다.

02 (Point) 
관리지역

국토의 계획 및 이용에 관한 법령상 관리지역에 관한 설명으로 틀린 것은?

① 생산관리지역은 농업·임업·어업 생산 등을 위하여 관리가 필요하나, 주변 용도지역과의 관계 등을 고려할 때 농림지역으로 지정하여 관리하기가 곤란한 지역이다.
② 관리지역 안의 취락을 정비하기 위하여 취락지구로 지정할 수 있다.
③ 보전관리지역에서 건축할 수 있는 건축물은 4층 이하의 범위 안에서 도시·군계획조례로 따로 층수를 정하는 경우에는 그에 따른다.
④ 국토환경보전을 위하여 필요한 경우라도 생산관리지역은 농림지역과 중복하여 지정할 수 없다.
⑤ 관리지역의 산림 중 「산지관리법」에 따라 보전산지로 지정·고시된 지역은 그 고시에서 구분하는 바에 따라 이 법에 따른 자연환경보전지역으로 결정·고시된 것으로 본다.

03
용도지역

국토의 계획 및 이용에 관한 법령상 용도지역에 관한 설명이 바르게 연결된 것은?

① 제1종 일반주거지역 - 단독주택 중심의 양호한 주거환경을 보호하기 위하여 필요한 지역
② 일반상업지역 - 도심·부도심의 업무 및 상업기능의 확충을 위하여 필요한 지역
③ 준공업지역 - 경공업 그 밖의 공업을 수용하되, 주거기능·상업기능 및 업무기능의 보완이 필요한 지역
④ 생산녹지지역 - 도시의 자연환경·경관·산림 및 녹지공간을 보전할 필요가 있는 지역
⑤ 보전관리지역 - 농업·임업·어업 생산 등을 위하여 관리가 필요하나, 주변의 용도지역과의 관계 등을 고려할 때 농림지역으로 지정하여 관리하기가 곤란한 지역

04 
도시지역

국토의 계획 및 이용에 관한 법령상 도시지역에 관한 설명으로 **틀린** 것을 모두 고른 것은?

> ㉠ 도시지역 중 주거지역에서는 「농지법」에 따른 농지취득자격증명제를 적용하지 아니한다.
> ㉡ 도시지역이 세부 용도지역으로 지정되지 아니한 경우 적용되는 건폐율의 최대한도는 40%이다.
> ㉢ 주로 농업적 생산을 위하여 개발을 유보할 필요가 있는 지역은 보전녹지지역이다.
> ㉣ 「항만법」에 따른 항만구역으로서 도시지역에 연접한 공유수면은 이 법에 따른 도시지역으로 결정·고시된 것으로 본다.

① ㉠, ㉡ 　　　　　　　　② ㉠, ㉣
③ ㉡, ㉢ 　　　　　　　　④ ㉠, ㉡, ㉣
⑤ ㉠, ㉡, ㉢, ㉣

Point
05 중
용도지역
지정절차

국토의 계획 및 이용에 관한 법령상 공유수면(바다만 해당한다)매립지의 용도지역 지정에 관한 설명으로 **틀린** 것은?

① 용도지역이란 도시지역·관리지역·농림지역·자연환경보전지역을 말한다.
② 공유수면의 매립 목적이 그 매립구역과 이웃하고 있는 용도지역의 내용과 같으면 그 매립준공구역은 도시·군관리계획을 입안·결정하여 지정하여야 한다.
③ 공유수면의 매립 목적이 그 매립구역과 이웃하고 있는 용도지역의 내용과 다른 경우, 그 매립구역이 속할 용도지역은 도시·군관리계획결정으로 지정하여야 한다.
④ 공유수면의 매립구역이 둘 이상의 용도지역에 걸쳐 있는 경우, 그 매립구역이 속할 용도지역은 도시·군관리계획결정으로 지정하여야 한다.
⑤ 공유수면의 매립구역이 둘 이상의 용도지역과 이웃하고 있는 경우, 그 매립구역이 속할 용도지역은 도시·군관리계획결정으로 지정하여야 한다.

06 
도시지역으로
결정·고시 의제

국토의 계획 및 이용에 관한 법령상 다른 법률에 의하여 지정된 지역이 도시지역으로 결정·고시된 것으로 볼 수 있는 경우에 해당하지 <u>않는</u> 것은?

① 「항만법」에 따른 항만구역으로서 도시지역에 연접한 공유수면
② 「어촌·어항법」에 따른 어항구역으로서 도시지역에 연접한 공유수면
③ 「산업입지 및 개발에 관한 법률」에 따른 농공단지
④ 「택지개발촉진법」에 따른 택지개발지구
⑤ 「전원개발촉진법」에 따른 전원개발사업구역 및 예정구역(수력발전소 또는 송·변전 설비만을 설치하기 위한 전원개발사업구역 및 예정구역은 제외)

Point
07
중
용도지역
지정의제

국토의 계획 및 이용에 관한 법령상 용도지역 지정 등이 의제되는 경우에 관한 설명으로 옳은 것은?

① 「어촌·어항법」에 따른 어항구역은 도시지역으로 결정·고시된 것으로 본다.
② 「전원개발촉진법」에 따른 수력발전소는 도시지역으로 결정·고시된 것으로 본다.
③ 관리지역에서 「농지법」에 따른 농업진흥지역으로 지정·고시된 지역은 자연환경보전지역으로 결정·고시된 것으로 본다.
④ 농림지역에 「택지개발촉진법」에 따른 택지개발지구로 지정·고시되었다가 택지개발사업의 완료로 택지개발지구의 지정이 해제되면 그 지역은 농림지역으로 환원된 것으로 본다.
⑤ 관리지역의 산림 중 「산지관리법」에 따라 보전산지로 지정·고시된 지역은 농림지역 또는 자연환경보전지역으로 결정·고시된 것으로 본다.

08
상
용도지역에서의
건축제한

국토의 계획 및 이용에 관한 법령상 제3종 일반주거지역 안에서 도시·군계획조례가 정하는 바에 따라 건축할 수 있는 건축물을 모두 고른 것은?

> ㉠ 문화 및 집회시설 중 공연장
> ㉡ 위험물저장 및 처리시설 중 주유소
> ㉢ 업무시설로서 그 용도에 쓰이는 바닥면적의 합계가 2,000m²인 것
> ㉣ 제2종 근린생활시설 중 안마시술소
> ㉤ 의료시설 중 격리병원

① ㉠, ㉡, ㉢
② ㉠, ㉡, ㉣
③ ㉡, ㉢, ㉣
④ ㉡, ㉢, ㉤
⑤ ㉢, ㉣, ㉤

09
하
용도지역에서의
건축제한

국토의 계획 및 이용에 관한 법령상 아파트를 건축할 수 <u>없는</u> 용도지역으로 옳은 것은? (단, 도시·군계획조례는 고려하지 않음)

① 제1종 전용주거지역
② 제2종 전용주거지역
③ 준주거지역
④ 제3종 일반주거지역
⑤ 준공업지역

10
(상)
개별법에 의한
건축제한

국토의 계획 및 이용에 관한 법령상 용도지역 안에서 건축물의 건축제한 등이 개별 법률에 의하여야 하는 경우가 있다. 각 경우와 그 근거법률의 연결이 **틀린** 것은?

① 농림지역 중 농업진흥지역 – 「농지법」
② 자연환경보전지역 중 지정문화유산 – 「문화유산의 보존 및 활용에 관한 법률」
③ 국가산업단지 – 「산업입지 및 개발에 관한 법률」
④ 농림지역 중 초지 – 「초지법」
⑤ 자연환경보전지역 중 공원구역 – 「자연공원법」

11
(종)
건폐율의 최대한도

국토의 계획 및 이용에 관한 법령상 용도지역 안에서 건폐율의 최대한도를 옳게 연결한 것은?
(단, 도시 · 군계획조례로 규정한 사항은 제외)

① 제2종 전용주거지역 – 60% 이하　　② 제2종 일반주거지역 – 50% 이하
③ 유통상업지역 – 70% 이하　　④ 계획관리지역 – 40% 이하
⑤ 자연환경보전지역 – 40% 이하

Point
12
(상)
건폐율의 최대한도

국토의 계획 및 이용에 관한 법령상 도시 · 군계획조례로 정할 수 있는 건폐율의 최대한도를 연결한 것으로 **틀린** 것은?

① 공업지역에 있는 「산업입지 및 개발에 관한 법률」에 따른 국가산업단지 – 80% 이하
② 계획관리지역에 지정된 산업 · 유통개발진흥지구 – 50% 이하
③ 자연녹지지역에 지정된 개발진흥지구 – 30% 이하
④ 「산업입지 및 개발에 관한 법률」에 따른 농공단지 – 70% 이하
⑤ 수산자원보호구역 – 40% 이하

Point
13
(종)
건폐율의 최대한도

국토의 계획 및 이용에 관한 법령상 건폐율의 최대한도가 <u>다른</u> 것끼리 연결된 것은? (단, 도시 · 군계획조례로 규정한 사항은 제외)

① 제2종 전용주거지역 – 제3종 일반주거지역
② 전용공업지역 – 일반상업지역
③ 보전녹지지역 – 생산관리지역
④ 일반공업지역 – 준공업지역
⑤ 준주거지역 – 근린상업지역

14
건폐율의 최대한도

국토의 계획 및 이용에 관한 법령상 도시지역인 A지역이 세부 용도지역으로 지정되지 <u>않은</u> 경우, 이 지역에 적용되는 건폐율의 최대한도(%)는? (단, 조례는 고려하지 않음)

① 20% 이하　　　　　　　　　② 30% 이하
③ 40% 이하　　　　　　　　　④ 50% 이하
⑤ 60% 이하

15
용적률의 최대한도

국토의 계획 및 이용에 관한 법령상 다음에서 설명하는 용도지역과 해당 용적률의 최대한도를 옳게 연결한 것은?

> 농업·임업·어업 생산 등을 위하여 관리가 필요하나, 주변 용도지역과의 관계 등을 고려할 때 농림지역으로 지정하여 관리하기가 곤란한 지역

① 보전녹지지역 − 80% 이하　　　② 생산녹지지역 − 100% 이하
③ 보전관리지역 − 80% 이하　　　④ 생산관리지역 − 80% 이하
⑤ 계획관리지역 − 100% 이하

Point
16
용적률의 최대한도

국토의 계획 및 이용에 관한 법령상 용적률의 최대한도를 옳게 연결한 것은? (단, 도시·군계획조례는 고려하지 않음)

① 준주거지역 − 500% 이하　　　② 유통상업지역 − 1,300% 이하
③ 일반공업지역 − 400% 이하　　　④ 생산녹지지역 − 80% 이하
⑤ 계획관리지역 − 80% 이하

Point
17
건폐율과 용적률

국토의 계획 및 이용에 관한 법령상 건폐율과 용적률의 최대한도를 순서대로 옳게 연결한 것은? (단, 도시·군계획조례는 고려하지 않음)

① 제3종 일반주거지역 − 60% 이하, 300% 이하
② 근린상업지역 − 70% 이하, 900% 이하
③ 자연녹지지역 − 20% 이하, 80% 이하
④ 생산관리지역 − 40% 이하, 80% 이하
⑤ 농림지역 − 20% 이하, 100% 이하

18 
미세분지역에서의 행위제한

국토의 계획 및 이용에 관한 법령상 용도지역이 세부 용도지역으로 지정되지 아니한 경우에 관한 설명이다. (   )에 들어갈 내용이 옳게 연결된 것은?

> 도시지역 또는 관리지역이 세부 용도지역으로 지정되지 아니한 경우에는 건축물의 건축제한, 건폐율, 용적률을 적용할 때에 해당 용도지역이 도시지역인 경우에는 (㉠)에 관한 규정을 적용하고, 관리지역인 경우에는 (㉡)에 관한 규정을 적용한다.

	㉠	㉡
①	보전녹지지역	보전관리지역
②	보전녹지지역	계획관리지역
③	생산녹지지역	생산관리지역
④	자연녹지지역	계획관리지역
⑤	생산녹지지역	보전관리지역

Point 19 
용도지구

국토의 계획 및 이용에 관한 법령상 용도지구에 관한 설명으로 옳은 것은?

① 용도지구는 토지의 이용 및 건축물의 용도·건폐율 등에 대한 용도지역의 제한을 강화하거나 완화하여 적용하기 위하여 도시·군기본계획으로 결정한다.

② 시·도지사 또는 대도시 시장은 경관지구를 자연경관지구, 수변경관지구, 시가지경관지구로 세분하여 지정할 수 있다.

③ 복합개발진흥지구는 주거기능, 공업기능, 유통·물류기능 및 관광·휴양기능 외의 기능을 중심으로 특정한 목적을 위하여 개발·정비할 필요가 있는 지구를 말한다.

④ 시·도지사 또는 대도시 시장은 지역 여건상 필요하면 시·도 또는 대도시 조례로 법정된 용도지구 외의 용도지구의 지정 또는 변경을 도시·군관리계획으로 결정할 수 있다.

⑤ 특화경관지구는 산지·구릉지 등 자연경관을 보호하거나 유지하기 위하여 필요한 지구를 말한다.

20
복합용도지구

국토의 계획 및 이용에 관한 법령상 일반주거지역에 지정된 복합용도지구에서 허용되는 건축물로 옳은 것은? (단, 조례는 고려하지 않음)

① 관람장

② 제2종 근린생활시설 중 총포판매소

③ 제2종 근린생활시설 중 안마시술소

④ 장례시설

⑤ 동물 및 식물 관련 시설

21 ^중 용도지구의 종류와 내용

국토의 계획 및 이용에 관한 법령상 용도지구의 종류와 그 내용으로 틀린 것은?

① 시가지경관지구 : 지역 내 주거지, 중심지 등 시가지의 경관을 보호 또는 유지하거나 형성하기 위하여 필요한 지구

② 자연방재지구 : 토지의 이용도가 낮은 해안변, 하천변, 급경사지 주변 등의 지역으로서 건축제한 등을 통하여 재해 예방이 필요한 지구

③ 역사문화환경보호지구 : 국가유산·전통사찰 등 역사·문화적으로 보존가치가 큰 시설 및 지역의 보호와 보존을 위하여 필요한 지구

④ 집단취락지구 : 녹지지역·관리지역·농림지역 또는 자연환경보전지역 안의 취락을 정비하기 위하여 필요한 지구

⑤ 산업·유통개발진흥지구 : 공업기능 및 유통·물류기능을 중심으로 개발·정비할 필요가 있는 지구

22 ^중 복합용도지구 지정 대상

국토의 계획 및 이용에 관한 법령상 복합용도지구로 지정할 수 있는 용도지역을 모두 고른 것은?

① 제3종 일반주거지역, 일반공업지역, 계획관리지역

② 전용주거지역, 준공업지역, 생산관리지역

③ 준주거지역, 준공업지역, 계획관리지역

④ 제2종 일반주거지역, 일반공업지역, 생산관리지역

⑤ 제1종 전용주거지역, 일반공업지역, 보전관리지역

23 ^중 용도지구의 세분

국토의 계획 및 이용에 관한 법령상 용도지구의 세분으로 옳게 연결된 것은?

① 취락지구 – 자연취락지구, 주거취락지구, 보호취락지구

② 개발진흥지구 – 주거개발진흥지구, 상업개발진흥지구, 관광·휴양개발진흥지구, 복합개발진흥지구, 특정개발진흥지구

③ 보호지구 – 문화자원보호지구, 중요시설물보호지구, 생태계보호지구

④ 경관지구 – 자연경관지구, 일반경관지구, 특화경관지구

⑤ 방재지구 – 시가지방재지구, 자연방재지구

24 
용도지구

국토의 계획 및 이용에 관한 법령상 용도지구에 관한 설명으로 틀린 것은?

① 용도지구 안에서의 도시·군계획시설에 대하여는 건축물의 용도·종류 및 규모의 제한에 관한 규정을 적용하지 아니한다.

② 방재지구의 지정을 도시·군관리계획으로 결정하는 경우 도시·군관리계획의 내용에는 해당 방재지구의 재해저감대책을 포함하여야 한다.

③ 시·도지사 또는 대도시 시장이 법령에서 정한 용도지구 외의 용도지구를 신설하는 경우, 해당 용도지역 또는 용도구역의 행위제한을 강화하는 용도지구를 신설하여서는 아니 된다.

④ 시·도지사 또는 대도시 시장이 법령에서 정한 용도지구 외의 용도지구를 신설하는 경우, 용도지구 안에서의 행위제한은 용도지구의 지정 목적 달성에 필요한 최소한도에 그치도록 하여야 한다.

⑤ 시·도지사 또는 대도시 시장은 지역 여건상 필요한 때에는 해당 시·도 또는 대도시의 조례로 정하는 바에 따라 특정용도제한지구를 세분하여 지정할 수 있다.

Point
25 
용도지구에서의
건축제한

국토의 계획 및 이용에 관한 법령상 용도지구에서의 건축제한에 관한 설명으로 옳은 것은?

① 경관지구 안에서는 그 지구의 경관의 보전·관리·형성에 장애가 된다고 인정하여 도시·군관리계획으로 정하는 건축물을 건축할 수 없다.

② 고도지구 안에서 건축물을 신축하는 경우 도시·군계획조례로 정하는 높이를 초과하는 건축물을 건축할 수 없다.

③ 자연취락지구 안에서는 층수가 3층인 제2종 근린생활시설 중 일반음식점을 건축할 수 있다.

④ 자연취락지구 안에서의 건축제한에 관하여는 개발제한구역의 지정 및 관리에 관한 특별조치법령이 정하는 바에 의한다.

⑤ 특정용도제한지구 안에서는 주거기능 및 교육환경을 훼손하거나 청소년 정서에 유해하다고 인정하여 도시·군계획조례가 정하는 건축물을 건축할 수 없다.

26

용도구역

국토의 계획 및 이용에 관한 법령상 용도구역에 관한 설명으로 **틀린** 것은?

① 시·도지사는 직접 또는 관계 행정기관의 장의 요청을 받아 도시지역과 그 주변지역의 무질서한 시가화를 방지하고 계획적·단계적인 개발을 도모하기 위하여 시가화조정구역의 지정 또는 변경을 도시·군관리계획으로 결정할 수 있다.

② 개발제한구역에서의 행위제한이나 그 밖에 개발제한구역의 관리에 필요한 사항은 따로 법률로 정한다.

③ 국토교통부장관은 도시자연공원구역의 지정 또는 변경을 도시·군관리계획으로 결정할 수 있다.

④ 도시자연공원구역의 행위제한 등 도시자연공원구역의 관리에 필요한 사항은 따로 법률로 정한다.

⑤ 해양수산부장관은 직접 또는 관계 행정기관의 장의 요청을 받아 수산자원을 보호·육성하기 위하여 필요한 공유수면이나 그에 인접한 토지에 대한 수산자원보호구역의 지정 또는 변경을 도시·군관리계획으로 결정할 수 있다.

27
Point
중
용도구역

국토의 계획 및 이용에 관한 법령상 용도구역에 관한 설명으로 **옳은** 것은?

① 개발밀도관리구역과 기반시설부담구역은 도시·군관리계획으로 결정하는 용도구역이다.

② 시·도지사는 시가화조정구역에서 해제되는 구역 중 계획적인 개발이 필요한 지역의 전부 또는 일부에 대하여 지구단위계획구역으로 지정할 수 있다.

③ 도시의 무질서한 확산을 방지하고 도시민의 건전한 생활환경의 확보를 위하여 도시자연공원구역을 지정한다.

④ 국방부장관의 요청이 있어 보안상 도시의 개발을 제한할 필요가 있는 경우에는 공간재구조화계획에 의해 복합용도구역으로 지정할 수 있다.

⑤ 시·도지사 또는 대도시 시장은 도시자연공원구역의 지정 또는 변경을 광역도시계획으로 결정할 수 있다.

28 
시가화조정구역

국토의 계획 및 이용에 관한 법령상 시가화조정구역에 관한 설명으로 옳은 것은?

① 국방부장관의 요청이 있어 보안상 도시의 개발을 제한할 필요가 있다고 인정되면 시가화조정구역의 지정 또는 변경을 도시·군관리계획으로 결정할 수 있다.

② 시가화유보기간은 10년 이상 20년 이내의 범위에서 도시·군관리계획으로 결정한다.

③ 시가화조정구역에서 도시·군계획사업에 의한 행위가 아닌 경우 모든 개발행위를 허가할 수 없다.

④ 시가화조정구역은 시가화유보기간이 끝나는 날부터 효력을 잃는다.

⑤ 국가계획과 연계하여 시가화조정구역의 지정 또는 변경이 필요한 경우에는 국토교통부장관이 직접 시가화조정구역의 지정 또는 변경을 도시·군관리계획으로 결정할 수 있다.

Point
29 중
시가화조정구역

국토의 계획 및 이용에 관한 법령상 시가화조정구역에 관한 설명으로 옳지 않은 것은?

① 시가화를 유보할 수 있는 기간은 5년 이상 20년 이내이다.

② 시가화조정구역의 지정에 관한 도시·군관리계획 결정이 있는 경우 결정 당시 이미 허가를 받아 공사에 착수한 자는 관할 관청에 신고하고 그 공사를 계속할 수 있다.

③ 시가화조정구역에서 해제되는 구역 중 계획적인 개발 또는 관리가 필요한 지역에 대하여는 지구단위계획구역을 지정할 수 있다.

④ 시가화조정구역에서 입목의 조림 또는 육림은 관할 관청에 신고하고 그 행위를 할 수 있다.

⑤ 시가화조정구역의 지정에 관한 도시·군관리계획의 결정은 시가화 유보기간이 끝난 날의 다음 날부터 그 효력을 잃는다.

30 상
시가화조정구역에서의
행위제한

국토의 계획 및 이용에 관한 법령상 시가화조정구역 내에서 허가권자의 허가를 받아 새로이 설치할 수 있는 시설이 아닌 것은?

① 공공도서관
② 119 안전센터
③ 국가유산관리용 건축물
④ 사회복지시설
⑤ 복합유통게임제공업의 시설

Point 31
도시혁신구역

국토의 계획 및 이용에 관한 법령상 도시혁신구역에 관한 설명으로 틀린 것은?

① 다른 법률에서 공간재구조화계획의 결정을 의제하고 있는 경우에도 「국토의 계획 및 이용에 관한 법률」에 따르지 아니하고 도시혁신구역의 지정과 도시혁신계획을 결정할 수 없다.

② 공간재구조화계획 결정권자가 도시혁신구역의 지정을 위한 공간재구조화계획을 결정하기 위하여 관계 행정기관의 장과 협의하는 경우 협의 요청을 받은 기관의 장은 그 요청을 받은 날부터 30일(근무일 기준) 이내에 의견을 회신하여야 한다.

③ 도시혁신구역의 지정 및 변경과 도시혁신계획은 공간재구조화계획으로 결정한다.

④ 도시혁신구역으로 지정된 지역은 「건축법」에 따른 특별건축구역으로 지정된 것으로 본다.

⑤ 도시혁신구역에 대하여는 「주차장법」에 따른 부설주차장의 설치에 관한 규정에도 불구하고 도시혁신계획으로 따로 정할 수 있다.

Point 32
도시혁신구역에서의
특례

국토의 계획 및 이용에 관한 법령상 도시혁신구역에서 도시혁신계획으로 따로 정할 수 있는 규정에 해당하는 법률 규정을 모두 고른 것은?

> ㉠ 「주차장법」에 따른 부설주차장의 설치
> ㉡ 「건축법」에 따른 공개공지 등의 확보
> ㉢ 「학교용지의 확보 등에 관한 특별법」에 따른 학교용지의 조성·개발기준
> ㉣ 「건축법」에 따른 대지의 조경

① ㉠, ㉡
② ㉡, ㉢
③ ㉢, ㉣
④ ㉠, ㉡, ㉢
⑤ ㉠, ㉡, ㉢, ㉣

33
특별건축구역
의제 대상

국토의 계획 및 이용에 관한 법령상 해당 구역으로 지정되면 「건축법」 제69조에 따른 특별건축구역으로 지정된 것으로 보는 구역을 모두 고른 것은?

> ㉠ 도시혁신구역　　　　　㉡ 복합용도구역
> ㉢ 개발제한구역　　　　　㉣ 도시자연공원구역

① ㉠
② ㉠, ㉡
③ ㉢, ㉣
④ ㉡, ㉢, ㉣
⑤ ㉠, ㉡, ㉢, ㉣

34

둘 이상의 용도지역에
걸치는 경우의 행위제한

국토의 계획 및 이용에 관한 법령상 하나의 대지가 둘 이상의 용도지역 등(용도지역·용도지구 또는 용도구역을 말함)에 걸치는 경우의 행위제한에 관한 설명으로 **틀린** 것은?

① 하나의 대지가 둘 이상의 용도지역에 걸치는 경우로서 각 용도지역에 걸치는 부분 중 가장 작은 부분의 규모가 330m² 이하인 경우에는 전체 대지의 건폐율 및 용적률은 가중평균한 값을 적용한다.

② 하나의 대지가 둘 이상의 용도지역에 걸치는 경우로서 도로변에 띠 모양으로 지정된 상업지역에 걸쳐 있는 토지의 경우에는 660m² 이하를 기준으로 건폐율 및 용적률에 관한 규정을 적용한다.

③ 하나의 대지가 둘 이상의 용도지역에 걸치는 경우로서 용도지역에 걸치는 부분 중 가장 작은 부분의 규모가 330m² 이하인 경우 건축제한 등에 관한 사항은 그 대지 중 가장 넓은 면적이 속하는 용도지역 등에 관한 규정을 적용한다.

④ 건축물이 고도지구에 걸치는 경우에는 그 건축물 및 대지의 전부에 대하여 고도지구의 건축물 및 대지 등에 관한 규정을 적용한다.

⑤ 하나의 건축물이 방화지구와 그 밖의 용도지역 등에 걸치는 경우에는 그 건축물 및 대지 전부에 대하여 방화지구의 건축물에 관한 규정을 적용한다.

35

연면적

A시에 소재하는 **甲**의 대지 1,000m² 중 700m²는 제3종 일반주거지역에 걸쳐 있고, 나머지 300m²는 일반공업지역에 걸쳐 있을 경우, 이 토지에 건축할 수 있는 최대 연면적으로 옳은 것은? (단, A시의 제3종 일반주거지역의 용적률은 300%이고 일반공업지역에 적용되는 용적률은 250%이며, 그 밖의 다른 조건은 고려하지 않음)

① 1,650m²
② 2,200m²
③ 2,500m²
④ 2,850m²
⑤ 3,200m²

제 3 절 기반시설과 도시·군계획시설 등

대표유형

국토의 계획 및 이용에 관한 법령상 도시·군계획시설사업에 관한 설명으로 **틀린** 것은?

① 실시계획의 고시가 있은 때에는 「공익사업을 위한 토지 등의 취득 및 보상에 관한 법률」에 따른 사업인정 및 그 고시가 있었던 것으로 본다.

② 도시·군계획시설사업을 분할 시행하는 때에는 분할된 지역별로 실시계획을 작성할 수 있다.

③ 사업구역경계의 변경이 없는 범위 안에서 행하는 건축물의 연면적 10% 미만을 변경하는 경우에는 실시계획 변경인가를 받아야 한다.

④ 도시·군계획시설사업의 시행자는 도시·군계획시설사업을 시행하기 위하여 필요하면 등기소나 그 밖의 관계 행정기관의 장에게 필요한 서류의 열람 또는 복사나 그 등본 또는 초본의 발급을 무료로 청구할 수 있다.

⑤ 행정청인 시행자는 이해관계인의 주소 또는 거소(居所)가 불분명하여 서류를 송달할 수 없는 경우, 그 서류의 송달을 갈음하여 그 내용을 공시할 수 있다.

해설 ③ 사업구역경계의 변경이 없는 범위 안에서 행하는 건축물의 연면적 10% 미만을 변경하는 경우에는 실시계획 변경인가를 받을 필요가 없다.　　　　　　　▶ 정답 ③

Point
01
중
기반시설의 종류

국토의 계획 및 이용에 관한 법령상 기반시설의 종류와 그 해당 시설의 연결로 **틀린** 것은?

① 공간시설 − 광장·공원·녹지·유원지·공공공지

② 공공·문화체육시설 − 학교·사회복지시설·청소년수련시설

③ 방재시설 − 하천·유수지·하수도

④ 보건위생시설 − 장사시설·도축장·종합의료시설

⑤ 환경기초시설 − 폐기물처리 및 재활용시설·빗물저장 및 이용시설·수질오염방지시설·폐차장

02
하
방재시설의 종류

국토의 계획 및 이용에 관한 법령상 기반시설 중 방재시설에 해당하는 것은?

① 장사시설　　　　　　　② 저수지
③ 수질오염방지시설　　　④ 공공공지
⑤ 하수도

03 국토의 계획 및 이용에 관한 법령상 기반시설의 종류와 그 해당 시설의 연결로 **틀린** 것은?

기반시설의 종류

① 교통시설 − 공항
② 공간시설 − 유원지 · 공공공지
③ 공공 · 문화체육시설 − 학교 · 청소년수련시설
④ 유통 · 공급시설 − 유수지 · 저수지
⑤ 보건위생시설 − 장사시설

04 국토의 계획 및 이용에 관한 법령상 기반시설 중 환경기초시설에 해당하지 <u>않는</u> 것은?

환경기초시설의 종류

① 하수도 ② 폐차장
③ 하천 ④ 폐기물처리시설
⑤ 수질오염방지시설

05 국토의 계획 및 이용에 관한 법령상 도시지역 또는 지구단위계획구역에서 도시 · 군관리계획으로 결정하지 아니하고 설치할 수 있는 기반시설에 해당하는 것을 모두 고른 것은?

도시 · 군관리계획으로
결정하지 아니할 수
있는 기반시설

> ㉠ 옥외에 설치하는 변전시설
> ㉡ 광장 중 건축물 부설광장
> ㉢ 대지면적이 500m² 미만인 도축장
> ㉣ 폐기물처리 및 재활용시설 중 재활용시설

① ㉠, ㉡ ② ㉠, ㉢
③ ㉢, ㉣ ④ ㉠, ㉢, ㉣
⑤ ㉡, ㉢, ㉣

06 국토의 계획 및 이용에 관한 법령상 사업시행자가 공동구를 설치하여야 하는 지역 등을 모두 고른 것은? (단, 지역 등의 규모는 200만제곱미터를 초과함)

공동구의 설치대상

> ㉠ 정비구역 ㉡ 경제자유구역
> ㉢ 공공주택지구 ㉣ 도청이전신도시

① ㉠, ㉡, ㉢ ② ㉠, ㉡, ㉣
③ ㉠, ㉢, ㉣ ④ ㉡, ㉢, ㉣
⑤ ㉠, ㉡, ㉢, ㉣

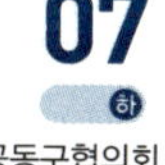

07 국토의 계획 및 이용에 관한 법령상 공동구협의회의 심의를 거쳐야 공동구에 수용할 수 있는 시설은?

공동구협의회
심의대상

① 가스관 ② 통신선로
③ 열수송관 ④ 중수도관
⑤ 쓰레기수송관

08 국토의 계획 및 이용에 관한 법령상 공동구의 설치 및 관리에 관한 설명으로 **틀린** 것은?

공동구의 설치
및 관리

① 「도시개발법」에 따른 도시개발구역에서 200만㎡를 초과하는 경우 해당 지역 등에서 개발사업을 시행하는 자는 공동구를 설치하여야 한다.
② 특별시장·광역시장·특별자치시장·특별자치도지사·시장 또는 군수(이하 '공동구관리자'라 함)는 5년마다 해당 공동구의 안전 및 유지관리계획을 수립·시행하여야 한다.
③ 공동구의 설치에 필요한 비용은 공동구 점용예정자가 전부 부담하되, 그 부담액은 사업시행자와 협의하여 정한다.
④ 공동구가 설치된 경우 가스관과 하수도관은 공동구협의회의 심의를 거쳐 공동구에 수용할 수 있다.
⑤ 공동구의 설치비용을 부담하지 아니한 자가 공동구를 점용하거나 사용하려면 그 공동구를 관리하는 공동구관리자의 허가를 받아야 한다.

09 국토의 계획 및 이용에 관한 법령상 광역시설에 관한 설명으로 **틀린** 것은?

광역시설

① 광역시설의 설치 및 관리는 도시·군계획시설의 설치·관리의 규정에 따른다.
② 관계 특별시장·광역시장·특별자치시장·특별자치도지사·시장 또는 군수는 협약을 체결하거나 협의회 등을 구성하여 광역시설을 설치·관리할 수 있다.
③ 위 ②의 경우 협약의 체결이나 협의회 등의 구성이 이루어지지 아니하는 경우 그 시 또는 군이 같은 도에 속할 때에는 관할 도지사가 광역시설을 설치·관리할 수 있다.
④ 도로·철도·광장은 광역시설이 될 수 없다.
⑤ 국가계획으로 설치하는 광역시설은 그 광역시설의 설치·관리를 사업 목적 또는 사업종목으로 하여 다른 법률에 따라 설립된 법인이 설치·관리할 수 있다.

10
단계별 집행계획

국토의 계획 및 이용에 관한 법령상 단계별 집행계획에 관한 설명으로 **틀린** 것은? (단, 도시·군관리계획이 의제되는 경우는 제외함)

① 국토교통부장관이 직접 입안한 도시·군관리계획인 경우 국토교통부장관이 단계별집행계획을 수립할 수 있다.

② 특별시장·광역시장·특별자치시장·특별자치도지사·시장 또는 군수는 단계별 집행계획을 수립하고자 하는 때에는 미리 관계 행정기관의 장과 협의하여야 하며, 해당 지방의회의 의견을 들어야 한다.

③ 「도시 및 주거환경정비법」에 따라 도시·군관리계획의 결정이 의제되는 경우에는 해당 도시·군계획시설 결정의 고시일부터 2년 이내에 단계별 집행계획을 수립할 수 있다.

④ 단계별 집행계획은 제1단계 집행계획과 제2단계 집행계획으로 구분하여 수립한다.

⑤ 단계별 집행계획의 내용에는 설계도서, 자금계획, 시행기간 등이 포함되어야 한다.

Point 11
도시·군계획시설
사업의 시행자

국토의 계획 및 이용에 관한 법령상 도시·군계획시설사업의 시행자에 관한 설명으로 **틀린** 것은?

① 특별시장·광역시장·특별자치시장·특별자치도지사·시장 또는 군수는 이 법 또는 다른 법률에 특별한 규정이 있는 경우 외에는 관할 구역의 도시·군계획시설사업을 시행한다.

② 「지방공기업법」에 의한 지방공사 및 지방공단이 도시·군계획시설사업의 시행자로 지정을 받으려면 사업대상 토지 면적의 3분의 2 이상에 해당하는 토지를 소유하여야 한다.

③ 국토교통부장관은 국가계획과 관련되거나 그 밖에 특히 필요하다고 인정되는 때에는 관계 특별시장·광역시장·특별자치시장·특별자치도지사·시장 또는 군수의 의견을 들어 직접 도시·군계획시설사업을 시행할 수 있다.

④ 도지사는 광역도시계획과 관련되는 경우 관계 시장 또는 군수의 의견을 들어 직접 사업을 시행할 수 있다.

⑤ 행정청이 아닌 시행자의 처분에 대하여는 그 시행자를 지정한 자에게 행정심판을 제기하여야 한다.

12
도시·군계획시설
사업의 시행

국토의 계획 및 이용에 관한 법령상 도시·군계획시설사업의 시행 등에 관한 설명으로 **틀린** 것은?

① 국토교통부장관, 시·도지사 또는 대도시 시장은 기반시설의 설치나 그에 필요한 용지의 확보, 위해 방지, 환경오염 방지, 경관 조성, 조경 등의 조치를 할 것을 조건으로 실시계획을 인가할 수 있다.

② 실시계획에는 사업시행에 필요한 설계도서, 자금계획, 시행기간, 그 밖에 대통령령으로 정하는 사항을 자세히 밝히거나 첨부하여야 한다.

③ 지방자치단체가 직접 시행하는 경우에는 이행보증금을 예치하지 않아도 된다.

④ 「학교시설사업 촉진법」에 따른 학교시설의 변경인 경우에는 실시계획 변경인가를 받아야 한다.

⑤ 국토교통부장관, 시·도지사 또는 대도시 시장은 실시계획을 인가하려면 미리 그 사실을 공고하고, 관계 서류의 사본을 14일 이상 일반이 열람할 수 있도록 하여야 한다.

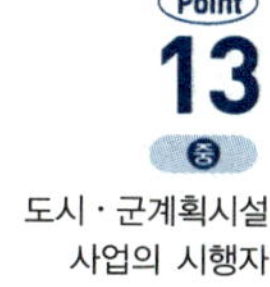

13

도시 · 군계획시설
사업의 시행자

국토의 계획 및 이용에 관한 법령상 도시 · 군계획시설사업의 시행자에 관한 설명으로 틀린 것은?

① 도시 · 군계획시설사업의 시행자는 도시 · 군계획시설사업을 효율적으로 추진하기 위하여 필요하다고 인정되면 사업시행대상 지역을 둘 이상으로 분할하여 도시 · 군계획시설사업을 시행할 수 있다.

② 국토교통부장관이 지정한 시행자는 도시 · 군계획시설사업 실시계획에 대해 국토교통부장관의 인가를 받아야 한다.

③ 도시 · 군계획시설사업의 시행자는 도시 · 군계획시설사업에 필요한 토지 등을 수용하거나 사용할 수 있다.

④ 도시 · 군계획시설사업의 시행자는 사업시행을 위하여 특히 필요하다고 인정되는 때에는 도시 · 군계획시설에 인접한 토지나 건축물을 수용할 수 있다.

⑤ 재결신청은 「공익사업을 위한 토지 등의 취득 및 보상에 관한 법률」에도 불구하고 실시계획에서 정한 도시 · 군계획시설사업의 시행기간에 하여야 한다.

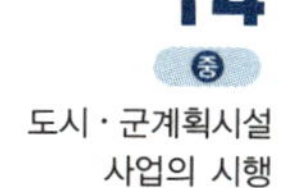

14

도시 · 군계획시설
사업의 시행

국토의 계획 및 이용에 관한 법령상 도시 · 군계획시설사업에 관한 설명으로 옳은 것은?

① 대도시 시장이 작성한 도시 · 군계획시설사업에 관한 실시계획은 국토교통부장관의 인가를 받아야 한다.

② 도시 · 군계획시설사업이 둘 이상의 시 또는 군의 관할 구역에 걸쳐 시행되게 되는 경우에는 국토교통부장관이 시행자를 정한다.

③ 도시 · 군계획시설사업의 대상시설을 둘 이상으로 분할하여 도시 · 군계획시설사업을 시행할 수 없다.

④ 「한국토지주택공사법」에 따른 한국토지주택공사가 도시 · 군계획시설사업의 시행자로 지정받기 위해서 제출해야 하는 신청서에 자금조달계획은 포함되지 않는다.

⑤ 「한국전력공사법」에 따른 한국전력공사는 도시 · 군계획시설사업의 시행자가 될 수 있다.

Point 15

도시 · 군계획시설
사업의 시행

국토의 계획 및 이용에 관한 법령상 도시 · 군계획시설사업의 시행에 관한 설명으로 옳은 것은?

① 「도시 및 주거환경정비법」에 따라 도시 · 군관리계획의 결정이 의제되는 경우에는 해당 도시 · 군계획시설결정의 고시일부터 3개월 이내에 도시 · 군계획시설에 대하여 단계별 집행계획을 수립하여야 한다.

② 5년 이내에 시행하는 도시 · 군계획시설사업은 단계별 집행계획 중 제1단계 집행계획에 포함되어야 한다.

③ 한국토지주택공사가 도시 · 군계획시설사업의 시행자로 지정을 받으려면 토지소유자 총수의 3분의 2 이상에 해당하는 자의 동의를 얻어야 한다.

④ 국토교통부장관은 국가계획과 관련되거나 그 밖에 특히 필요하다고 인정되는 경우에는 관계 특별시장 · 광역시장 · 특별자치시장 · 특별자치도지사 · 시장 또는 군수의 의견을 들어 직접 도시 · 군계획시설사업을 시행할 수 있다.

⑤ 사업시행자는 도시 · 군계획시설사업 대상시설을 둘 이상으로 분할하여 도시 · 군계획시설사업을 시행하여서는 아니 된다.

16

도시 · 군계획시설사업

국토의 계획 및 이용에 관한 법령상 도시 · 군계획시설사업에 관한 설명으로 옳은 것은?

① 도시지역에서 재활용시설 · 건축물부설광장 등의 기반시설을 설치하고자 하는 경우에는 미리 도시 · 군관리계획으로 결정하여야 한다.

② 행정청인 도시 · 군계획시설사업의 시행자가 도시 · 군계획시설사업에 의하여 새로 공공시설을 설치한 경우 새로 설치된 공공시설은 그 시설을 관리할 관리청에 무상으로 귀속된다.

③ 도시 · 군계획시설결정의 고시일부터 10년 이내에 도시 · 군계획시설사업에 관한 실시계획의 인가만 있고 사업이 시행되지 아니하는 경우에는 그 시설부지의 매수청구권이 인정된다.

④ 도시 · 군계획시설결정의 실효시까지 집행계획이 없는 경우에는 그 도시 · 군계획시설부지로 되어 있는 토지의 소유자는 해당 도시 · 군계획시설에 대한 도시 · 군관리계획 입안권자에게 그 토지의 도시 · 군계획시설결정 해제를 위한 도시 · 군관리계획 입안을 신청할 수 없다.

⑤ 도시 · 군계획시설사업의 시행자는 타인의 토지를 재료 적치장 또는 임시통로로 일시사용하는 경우에는 토지의 소유자 · 점유자 또는 관리인의 동의를 받을 필요가 없다.

17 
도시 · 군계획시설
사업의 시행

국토의 계획 및 이용에 관한 법령상 도시 · 군계획시설사업의 시행에 관한 사항이다. 틀린 것은?

① 국가계획과 관련되거나 그 밖에 특히 필요하다고 인정되는 경우에는 국토교통부장관이 사업을 시행할 수 있다.

② 도시 · 군계획시설사업을 효율적으로 추진하기 위하여 필요하다고 인정되면 사업시행 대상지역을 둘 이상으로 분할하여 도시 · 군계획시설사업을 시행할 수 있고, 이 경우 분할된 지역별로 실시계획을 작성할 수 있다.

③ 도지사는 광역도시계획과 관련되거나 기타 특히 필요하다고 인정되는 때에는 관계 시장 또는 군수의 의견을 들어 직접 도시 · 군계획시설사업을 시행할 수 있다.

④ 토지 등의 수용 및 사용에 관하여는 「공익사업을 위한 토지 등의 취득 및 보상에 관한 법률」을 준용할 때에 실시계획을 고시한 경우에는 「공익사업을 위한 토지 등의 취득 및 보상에 관한 법률」 제20조 제1항과 제22조에 따른 사업인정 및 그 고시가 있었던 것으로 본다.

⑤ 비행정청인 시행자가 타인의 토지에 출입하고자 하는 경우에는 특별시장 · 광역시장 · 특별자치시장 · 특별자치도지사 · 시장 또는 군수의 허가를 받아야 하며, 출입하고자 하는 날의 3일 전까지 당해 토지의 소유자 · 점유자 또는 관리인에게 그 일시와 장소를 알려야 한다.

Point 18
매수청구

국토의 계획 및 이용에 관한 법령상 도시 · 군계획시설부지에서의 매수청구에 관한 설명으로 옳은 것은?

① 매수의무자는 매수청구를 받은 날부터 2년 이내에 매수 여부를 결정하여 토지소유자에게 알려야 한다.

② 매수의무자는 매수하기로 결정한 토지를 매수결정을 알린 날부터 6개월 이내에 매수하여야 한다.

③ 매수의무자는 특별시장 · 광역시장 · 특별자치시장 · 특별자치도지사 · 시장 또는 군수로 한정된다.

④ 매수의무자가 매수하는 때에는 현금이나 도시 · 군계획시설채권 중 임의로 선택하여 지급할 수 있다.

⑤ 매수의무자가 매수하지 아니하기로 결정한 경우, 매수청구를 한 토지의 소유자는 개발행위허가를 받아 3층 이하의 한의원을 건축할 수 있다.

19 **⑧** 매수청구

국토의 계획 및 이용에 관한 법령상 도시·군계획시설부지의 매수청구에 관한 설명으로 **틀린** 것은?

① 매수청구대상은 도시·군계획시설결정의 고시일부터 10년 이내에 사업이 시행되지 아니한 도시·군계획시설부지로서 지목이 대(垈)인 토지이다.

② 매수의무자가 지방자치단체인 경우로서 토지소유자가 원하는 경우에는 도시·군계획시설채권을 발행할 수 있다.

③ 도시·군계획시설채권의 발행절차 및 그 밖의 필요한 사항에 관하여 이 법에 특별한 규정이 있는 경우를 제외하고는 「지방재정법」에서 정하는 바에 따른다.

④ 지방자치단체인 매수의무자는 비업무용 토지로서 매수대금이 2천만원을 초과하여 그 초과하는 금액을 지급하는 경우에 도시·군계획시설채권을 발행하여 지급할 수 있다.

⑤ 매수청구된 토지의 매수가격·매수절차 등에 관하여 이 법에 특별한 규정이 있는 경우를 제외하고는 「공익사업을 위한 토지 등의 취득 및 보상에 관한 법률」의 규정을 준용한다.

20 **⑧** 매수청구 및 실효

국토의 계획 및 이용에 관한 법령상 도시·군계획시설사업이 시행되지 아니한 도시·군계획시설에 관한 설명으로 옳은 것은?

① 건축물·정착물이 있는 토지의 지목이 대(垈)가 아니더라도 법령에서 정한 기한 내에 도시·군계획시설사업이 시행되지 아니한 경우 매수청구를 할 수 있다.

② 도시·군계획시설부지의 매수의무자는 매수결정을 알린 날부터 6개월 이내에 토지를 매수하여야 한다.

③ 매수청구에 대해 매수의무자가 매수하지 아니하기로 결정한 경우, 매수청구자는 자신의 토지에 층수가 3층인 안마원을 건축할 수 있다.

④ 매수청구된 토지의 매수가격은 공시지가로 한다.

⑤ 도시·군계획시설의 결정·고시일부터 10년이 지날 때까지 그 사업이 시행되지 아니한 경우, 그 고시일부터 10년이 되는 날의 다음 날에 도시·군계획시설결정의 효력을 잃는다.

Point

21

매수청구

국토의 계획 및 이용에 관한 법령상 도시 · 군계획시설부지의 매수청구에 관한 설명으로 **틀린** 것은?

① 토지소유자가 원하는 경우로서 매수의무자가 지방자치단체인 경우에는 도시 · 군계획시설채권을 발행하여 지급할 수 있다.

② 매수청구대상이 되는 토지가 비업무용 토지로서 매수의무자가 지방자치단체인 경우에는 매수대금이 3천만원을 초과하는 경우, 모든 금액에 대하여 도시 · 군계획시설채권을 발행하여 지급할 수 있다.

③ 도시 · 군계획시설채권의 상환기간은 10년 이내로 하며, 구체적인 상환기간은 조례로 정한다.

④ 도시 · 군계획시설채권 발행절차 및 그 밖에 필요한 사항에 관하여 「국토의 계획 및 이용에 관한 법률」에 특별한 규정이 없으면 「지방재정법」이 정하는 바에 의한다.

⑤ 매수청구된 토지의 매수가격에 관하여 「국토의 계획 및 이용에 관한 법률」에 특별한 규정이 있는 경우 외에는 「공익사업을 위한 토지 등의 취득 및 보상에 관한 법률」을 준용한다.

Point

22

도시 · 군계획시설

국토의 계획 및 이용에 관한 법령상 도시 · 군계획시설에 관한 설명으로 옳은 것은? (단, 도시 · 군관리계획이 의제되는 경우는 제외함)

① 도시 · 군계획시설부지에 대한 매수청구의 대상은 지목이 대(垈)인 토지에 한정되며, 그 토지에 있는 건축물은 포함되지 않는다.

② 용도지역 안에서의 건축물의 용도 · 종류 및 규모의 제한에 대한 규정은 도시 · 군계획시설에 대해서도 적용된다.

③ 「공공주택 특별법」에 따른 공공주택지구의 규모가 300만m^{2}인 경우, 해당 구역의 개발사업시행자는 공동구를 설치하여야 한다.

④ 도시 · 군계획시설부지에서 도시 · 군관리계획을 입안하는 경우에는 그 계획의 입안을 위한 환경성검토를 실시하지 아니할 수 있다.

⑤ 도시 · 군계획시설사업의 시행자가 행정청인 경우, 시행자의 처분에 대해서는 행정심판을 제기할 수 없다.

Point
23
도시 · 군계획시설사업

국토의 계획 및 이용에 관한 법령상 도시 · 군계획시설사업에 관한 설명으로 옳은 것은?

① 행정청인 도시 · 군계획시설사업의 시행자가 도시 · 군계획시설사업에 의하여 새로 공공시설을 설치한 경우, 새로 설치된 공공시설은 그 시설을 관리할 관리청에 유상으로 귀속된다.

② 도시 · 군계획시설결정의 고시일부터 20년이 지날 때까지 그 시설의 설치에 관한 도시 · 군계획시설사업이 시행되지 아니하는 경우, 그 도시 · 군계획시설결정은 그 고시일부터 20년이 되는 날에 효력을 잃는다.

③ 같은 도의 관할 구역에 속하는 둘 이상의 시 · 군에 걸쳐 시행되는 사업의 시행자를 정함에 있어 관계 시장 · 군수 간의 협의가 성립되지 않는 경우에는 관할 도지사가 사업을 시행한다.

④ 도시 · 군관리계획결정을 고시한 경우 사업에 필요한 국 · 공유지는 그 도시 · 군관리계획으로 정해진 목적 외의 목적으로 양도할 수 없고, 처분제한을 위반한 행위는 무효로 한다.

⑤ 도지사가 시행한 도시 · 군계획시설사업으로 그 도에 속하지 않는 군이 현저히 이익을 받는 경우, 해당 도지사와 군수 간의 비용부담에 관한 협의가 성립되지 아니하는 때에는 재정경제부장관이 결정하는 바에 따른다.

24
도시 · 군계획시설
결정의 실효

국토의 계획 및 이용에 관한 법령상 도시 · 군계획시설결정의 실효에 관한 조문의 일부이다. (   )에 들어갈 내용으로 옳은 것은?

> 도시 · 군계획시설결정이 고시된 도시 · 군계획시설에 대하여 그 고시일부터 (㉠)이 지날 때까지 그 시설의 설치에 관한 도시 · 군계획시설사업이 시행되지 아니하는 경우 그 도시 · 군계획시설결정은 그 고시일부터 (㉡)에 그 효력을 잃는다.

① ㉠: 10년 ㉡: 10년이 되는 날
② ㉠: 10년 ㉡: 10년이 되는 날의 다음 날
③ ㉠: 20년 ㉡: 20년이 되는 날
④ ㉠: 20년 ㉡: 20년이 되는 날의 다음 날
⑤ ㉠: 30년 ㉡: 30년이 되는 날

제4절 지구단위계획구역과 지구단위계획

대표유형

국토의 계획 및 이용에 관한 법령상 지구단위계획구역에 관한 설명으로 옳은 것은?

① 용도지구로 지정된 지역에 대하여는 지구단위계획구역을 지정할 수 없다.

② 택지개발지구에서 사업이 끝난 후 5년이 지난 지역은 지구단위계획구역으로 지정하여야 한다.

③ 지구단위계획구역의 결정은 도시·군관리계획으로 하여야 하나, 지구단위계획의 결정은 도시·군기본계획으로 하여야 한다.

④ 주민은 도시·군관리계획 입안권자에게 지구단위계획의 변경에 관한 도시·군관리계획의 입안을 제안할 수 없다.

⑤ 도시자연공원구역에서 해제되는 구역의 전부 또는 일부에 대하여 지구단위계획구역을 지정할 수 있다.

해설 ① 용도지구로 지정된 지역에 대하여는 지구단위계획구역을 지정할 수 있다.
② 택지개발지구에서 사업이 끝난 후 10년이 지난 지역은 지구단위계획구역으로 지정하여야 한다.
③ 지구단위계획구역과 지구단위계획의 결정은 도시·군관리계획으로 하여야 한다.
④ 주민은 도시·군관리계획 입안권자에게 지구단위계획의 변경에 관한 도시·군관리계획의 입안을 제안할 수 있다.

▶ 정답 ⑤

01

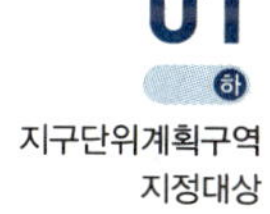

지구단위계획구역
지정대상

국토의 계획 및 이용에 관한 법령상 지구단위계획구역으로 지정할 수 있는 지역에 해당하지 <u>않</u>는 것은?

① 도시개발구역

② 정비구역

③ 세 개 이상의 노선이 교차하는 대중교통 결절지로부터 2km 이내에 위치한 지역

④ 택지개발지구

⑤ 개발제한구역에서 해제되는 구역

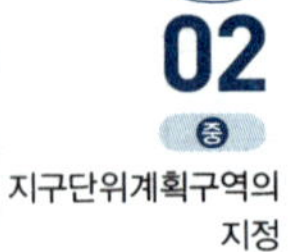

02
지구단위계획구역의
지정

국토의 계획 및 이용에 관한 법령상 지구단위계획구역의 지정에 관한 설명으로 옳은 것은?

① 지구단위계획구역은 국토교통부장관, 시·도지사, 시장 또는 군수가 도시·군관리계획으로 지정한다.

② 「주택법」에 따른 대지조성사업지구는 그 일부에 대하여만 지구단위계획구역으로 지정할 수 있다.

③ 「도시개발법」에 따른 도시개발구역에서 시행되는 사업이 끝난 후 10년이 지난 지역은 지구단위계획구역으로 지정하여야 한다.

④ 녹지지역에서 공업지역으로 변경되는 면적이 20만㎡이면 지구단위계획구역으로 지정하여야 한다.

⑤ 지구단위계획구역의 지정에 관한 도시·군관리계획결정의 고시일부터 3년 이내에 그 지구단위계획구역에 관한 지구단위계획이 결정·고시되지 아니하면 그 3년이 되는 날에 도시·군관리계획결정은 효력을 잃는다.

03
지구단위계획구역 및
지구단위계획

국토의 계획 및 이용에 관한 법령상 지구단위계획구역 및 지구단위계획에 관한 설명으로 <u>틀린</u> 것은?

① 도시지역에 개발진흥지구를 지정하고 당해 지구를 지구단위계획구역으로 지정한 경우에는 지구단위계획으로 「건축법」에 따라 제한된 건축물 높이의 120% 이내에서 높이제한을 완화하여 적용할 수 있다.

② 준주거지역에서 낙후된 도심기능을 회복하기 위하여 필요한 경우로서 「역세권의 개발 및 이용에 관한 법률」에 따른 역세권개발구역으로 지정된 지역은 지구단위계획구역으로 지정하여야 한다.

③ 지구단위계획의 수립기준은 국토교통부장관이 정한다.

④ 도시지역 외의 지역으로서 용도지구를 폐지하고 그 용도지구에서의 행위제한 등을 지구단위계획으로 대체하려는 지역은 지구단위계획구역으로 지정될 수 있다.

⑤ 「관광진흥법」에 따라 지정된 관광특구의 전부에 대하여 지구단위계획구역을 지정할 수 있다.

04 국토의 계획 및 이용에 관한 법령상 지구단위계획에 대한 설명 중 옳은 것은?

지구단위계획

① 시장·군수가 입안한 지구단위계획구역의 지정에 관한 지구단위계획구역의 지정권자는 도지사이다.
② 택지개발사업이 완료된 지역은 20년이 경과되어야 지구단위계획구역으로 지정할 수 있다.
③ 개발제한구역에서 해제되는 구역 중 계획적인 개발 또는 관리가 필요한 지역의 전부 또는 일부에 대하여 지구단위계획구역을 지정할 수 있다.
④ 녹지지역에서 주거지역으로 변경되는 면적이 20만m² 이상인 경우에는 지구단위계획을 수립하여야 한다.
⑤ 지구단위계획에는 교통처리계획을 포함한 부문별 계획이 포함되어야 한다.

05 국토의 계획 및 이용에 관한 법령상 반드시 지구단위계획구역으로 지정해야 하는 지역에 해당하지 **않는** 것은? (단, 다른 조건은 고려하지 않음)

지구단위계획구역의
지정대상

① 제37조에 따라 지정된 용도지구를 폐지하고 그 용도지구에서의 행위제한 등을 지구단위계획으로 대체하려는 지역
② 「택지개발촉진법」에 따라 지정된 택지개발지구에서 시행되는 사업이 끝난 후 10년이 지난 지역
③ 도시지역의 체계적 계획적인 개발 또는 관리가 필요한 지역으로서 녹지지역에서 주거지역으로 변경되는 지역 중 그 면적이 30만m² 이상인 지역
④ 도시지역의 체계적 계획적인 개발 또는 관리가 필요한 지역으로서 녹지지역에서 공업지역으로 변경되는 지역 중 그 면적이 30만m² 이상인 지역
⑤ 「도시 및 주거환경정비법」에 따라 지정된 정비구역에서 시행되는 사업이 끝난 후 10년이 지난 지역

06 국토의 계획 및 이용에 관한 법령상 지구단위계획구역의 지정에 관한 설명으로 옳은 것은? (단, 조례는 고려하지 않음)

지구단위계획구역의
지정대상 등

① 「산업입지 및 개발에 관한 법률」에 따른 준산업단지에 대하여는 지구단위계획구역을 지정할 수 없다.
② 도시지역 내 복합적인 토지 이용을 증진시킬 필요가 있는 지역으로서 지구단위계획구역을 지정할 수 있는 지역에 일반공업지역은 해당하지 않는다.
③ 「택지개발촉진법」에 따라 지정된 택지개발지구에서 시행되는 사업이 끝난 후 5년이 지나면 해당 지역은 지구단위계획구역으로 지정하여야 한다.
④ 도시지역 외의 지역을 지구단위계획구역으로 지정하려면 지정하려는 구역 면적의 3분의 2 이상이 계획관리지역이어야 한다.
⑤ 농림지역에 위치한 산업·유통개발진흥지구는 지구단위계획구역으로 지정할 수 있는 대상지역에 포함되지 않는다.

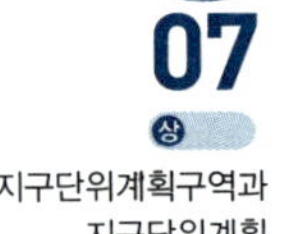

Point 07 (상)
지구단위계획구역과
지구단위계획

국토의 계획 및 이용에 관한 법령상 지구단위계획구역과 지구단위계획에 관한 설명으로 틀린 것은?

① 시장 또는 군수가 입안한 지구단위계획의 수립·변경에 관한 도시·군관리계획은 해당 시장 또는 군수가 직접 결정한다.
② 생산관리지역에 주거개발진흥지구가 지정된 경우에 해당 지구를 체계적·계획적으로 개발하기 위하여 이를 지구단위계획구역으로 지정할 수 있다.
③ 계획관리지역 안의 개발진흥지구에 지정된 지구단위계획구역에서는 건축물의 용도·종류 및 규모 등을 완화하여 적용할 경우 아파트 및 연립주택은 허용된다.
④ 시장 또는 군수는 「도시 및 주거환경정비법」에 따른 정비구역의 전부 또는 일부에 대하여 지구단위계획구역을 지정할 수 있다.
⑤ 환경관리계획 또는 경관계획에 관한 사항은 지구단위계획의 내용에 포함될 수 있다.

08 (중)
지구단위계획

국토의 계획 및 이용에 관한 법령상 지구단위계획에 관한 설명으로 옳은 것은?

① 지구단위계획은 도시·군계획 수립대상 지역의 일부에 대하여 토지이용을 합리화하기 위하여 도시·군기본계획으로 결정한다.
② 목욕장을 불허하고 있는 지구단위계획구역이라 하더라도 일반상업지역인 경우에는 목욕장을 건축할 수 있다.
③ 용도지역을 변경하는 지구단위계획에는 건축물의 용도제한이 포함되어야 한다.
④ 지구단위계획구역은 계획관리지역에 한하여 지정할 수 있다.
⑤ 지구단위계획구역의 지정권자는 국토교통부장관, 시·도지사, 시장 또는 군수이며, 지정 이후 1년 이내에 지구단위계획이 결정·고시되어야 한다.

Point 09 (중)
지구단위계획

국토의 계획 및 이용에 관한 법령상의 지구단위계획에 관한 설명으로 틀린 것은?

① 역세권의 체계적·계획적 개발이 필요한 지역에 지정된 지구단위계획구역 내 준주거지역에서는 지구단위계획으로 「건축법」에 따른 채광(採光) 등의 확보를 위한 건축물의 높이제한을 200% 이내의 범위에서 완화하여 적용할 수 있다.
② 지구단위계획에 의해 제2종 일반주거지역을 준주거지역으로 변경할 수 있다.
③ 도시지역 내 지구단위계획구역의 지정이 차 없는 거리를 조성하고자 하는 경우 지구단위계획으로 「주차장법」에 따른 주차장 설치기준을 100%까지 완화하여 적용할 수 있다.
④ 생산관리지역에 지정된 특정개발진흥지구는 지구단위계획을 수립하여 개발할 수 있다.
⑤ 도시지역 내에 지정하는 지구단위계획구역에 대해서는 당해 용도지역 및 용도지구에 적용되는 건폐율의 150% 및 용적률의 200%를 각각 초과할 수 없다.

10 _중
지구단위계획의
의무적 포함사항

국토의 계획 및 이용에 관한 법령상 지구단위계획에 의무적으로 포함되어야 하는 사항으로 규정되어 있지 <u>않은</u> 것은? (단, 기존의 용도지구를 폐지하고 그 용도지구에서의 건축물이나 그 밖의 시설의 용도·종류 및 규모 등의 제한을 대체하는 사항은 아님)

① 건축물의 건폐율 또는 용적률

② 기반시설의 배치와 규모

③ 건축물 높이의 최고한도 또는 최저한도

④ 건축물의 용도제한

⑤ 건축물의 배치·형태·색채 또는 건축선에 관한 계획

11 _하
지구단위계획구역
등의 실효

국토의 계획 및 이용에 관한 법령상 지구단위계획구역 등의 실효규정이다. (   )에 들어갈 내용을 바르게 나열한 것은?

> • 지구단위계획구역의 지정에 관한 도시·군관리계획결정의 고시일부터 (㉠) 이내에 그 지구단위계획구역에 관한 지구단위계획이 결정·고시되지 아니하면 그 (㉠)이 되는 날의 다음 날에 그 지구단위계획구역의 지정에 관한 도시·군관리계획결정은 효력을 잃는다.
> • 지구단위계획(주민이 입안을 제안한 것에 한정)에 관한 도시·군관리계획결정의 고시일부터 (㉡) 이내에 이 법 또는 다른 법률에 따라 허가·인가·승인 등을 받아 사업이나 공사에 착수하지 아니하면 그 (㉡)이 된 날의 다음 날에 그 지구단위계획에 관한 도시·군관리계획결정은 효력을 잃는다.

	㉠	㉡			㉠	㉡
①	1년	3년		②	3년	3년
③	3년	5년		④	5년	3년
⑤	5년	5년				

대표유형

국토의 계획 및 이용에 관한 법령상 개발행위허가에 관한 설명으로 옳은 것은?

① 「도시개발법」에 따른 도시개발사업에 의해 건축물을 건축하는 경우에는 개발행위허가를 받아야 한다.

② 도시·군계획사업에 의하지 않는 개발행위로서 주거지역 내 면적 $9,000m^2$의 토지형질변경을 하는 경우에는 허가를 요하지 아니한다.

③ 개발행위허가의 대상인 토지가 2 이상의 용도지역에 걸치는 경우, 개발행위허가의 규모를 적용할 때에는 가장 큰 규모의 용도지역에 대한 규정을 적용한다.

④ 지구단위계획구역으로 지정된 지역으로서 도시·군관리계획상 특히 필요하다고 인정하는 지역에 대해서는 최장 3년의 기간 동안 개발행위허가를 제한할 수 있다.

⑤ 토석의 채취에 대하여 개발행위허가를 받은 자가 개발행위를 마치면 준공검사를 받아야 한다.

해설 ① 「도시개발법」에 따른 도시개발사업에 의해 건축물을 건축하는 경우에는 허가를 받지 않아도 된다.
② 도시·군계획사업에 의하지 않는 개발행위로서 주거지역 내 면적 $9,000m^2$의 토지형질변경을 하는 경우에는 허가를 받아야 한다.
③ 개발행위허가의 대상인 토지가 2 이상의 용도지역에 걸치는 경우, 개발행위허가의 규모를 적용할 때에는 각각의 용도지역에 대한 규정을 적용한다.
④ 지구단위계획구역으로 지정된 지역으로서 도시·군관리계획상 특히 필요하다고 인정하는 지역에 대해서는 최장 5년의 기간 동안 개발행위허가를 제한할 수 있다.　　　　　▶ 정답 ⑤

Point 01
(중)
개발행위허가

국토의 계획 및 이용에 관한 법령상 개발행위허가에 관한 설명으로 옳은 것은?

① 재해복구나 재난수습을 위한 응급조치는 개발행위허가를 받아야 한다.

② 공업지역·관리지역·농림지역 안에서 개발행위허가를 받아 할 수 있는 토지의 형질변경면적은 5만제곱미터 미만이다.

③ 특별시장·광역시장·특별자치시장·특별자치도지사·시장 또는 군수는 개발행위허가를 하려면 그 개발행위가 도시·군계획사업의 시행에 지장을 주는지에 관하여 해당 지역에서 시행되는 도시·군계획사업의 시행자의 의견을 들어야 한다.

④ 토지의 일부를 국유지 또는 공유지로 하거나 공공용지로 사용하기 위한 토지의 분할은 개발행위허가를 받아야 한다.

⑤ 특별시장·광역시장·특별자치시장·특별자치도지사·시장 또는 군수는 개발행위허가를 받지 아니하고 개발행위를 하는 자에게는 그 토지의 원상회복을 명할 수 없다.

02
(하)
개발행위 규모

국토의 계획 및 이용에 관한 법령상 개발행위허가 시 개발행위 규모의 제한을 받는 경우 용도지역별 허용되는 토지형질변경 면적으로 옳은 것은?

① 자연환경보전지역 : 5천제곱미터 미만

② 자연녹지지역 : 3만제곱미터 미만

③ 공업지역 : 1만제곱미터 미만

④ 생산녹지지역 : 5천제곱미터 미만

⑤ 주거지역 : 3만제곱미터 미만

03
(하)
허가대상 개발행위

국토의 계획 및 이용에 관한 법령상 허가대상 개발행위가 <u>아닌</u> 것은?

① 「건축법」에 따른 건축물의 건축

② 도시·군계획사업으로 공유수면을 매립하는 행위

③ 토지의 형질변경을 목적으로 하지 아니하는 토석의 채취

④ 건축물이 없는 대지에서 「건축법」에 따른 분할제한면적 미만으로의 토지분할

⑤ 녹지지역 안에서 건축물의 울타리 안(적법한 절차에 의하여 조성된 대지에 한함)에 위치하지 아니한 토지에 물건을 1개월 이상 쌓아놓는 행위

04

개발행위허가

국토의 계획 및 이용에 관한 법령상 개발행위허가에 관한 설명으로 틀린 것은?

① 개발행위를 하고자 하는 자는 해당 개발행위에 따른 기반시설의 설치 또는 그에 필요한 용지의 확보, 위해 방지, 환경오염 방지, 경관, 조경 등에 관한 계획서를 첨부한 신청서를 개발행위허가권자에게 제출하여야 한다.

② 개발밀도관리구역 안에서는 기반시설의 설치 또는 그에 필요한 용지의 확보에 관한 계획서를 제출하지 아니한다.

③ 허가권자가 개발행위허가를 하려면 공청회를 열어 주민과 관계 전문가 등으로부터 의견을 들어야 한다.

④ 허가권자는 개발행위허가의 신청에 대하여 특별한 사유가 없으면 15일(도시계획위원회의 심의 또는 협의기간은 제외) 이내에 허가 또는 불허가의 처분을 하여야 한다.

⑤ 성장관리계획을 수립한 지역에서는 토석채취량이 5만㎡ 이상인 경우에도 도시계획위원회의 심의를 거치지 아니하고 허가를 할 수 있다.

Point

05

개발행위허가

국토의 계획 및 이용에 관한 법령상 개발행위허가에 관한 설명으로 틀린 것은?

① 허가권자가 개발행위허가를 하는 경우에는 그 개발행위에 따른 기반시설의 설치 또는 그에 필요한 용지의 확보, 위해 방지, 환경오염 방지, 경관, 조경 등에 관한 조치를 할 것을 조건으로 개발행위허가를 할 수 있다.

② 허가권자가 개발행위허가에 조건을 붙이려는 때에는 미리 개발행위허가를 신청한 자의 의견을 들어야 한다.

③ 개발행위허가를 받은 사항으로서 부지면적 또는 연면적을 5퍼센트 범위에서 축소하는 경우에는 별도의 변경허가를 받을 필요가 없다.

④ 국가 또는 지방자치단체가 시행하는 개발행위의 경우에는 이행보증금을 예치하지 않아도 된다.

⑤ 토지분할에 대하여 개발행위허가를 받은 자가 개발행위를 마치면 준공검사를 받아야 한다.

06 국토의 계획 및 이용에 관한 법령상 개발행위허가의 제한에 관한 설명으로 옳은 것은?

개발행위허가의 제한

① 시장 또는 군수는 도시·군관리계획상 특히 필요하다고 인정되는 지역에 대하여는 중앙 도시계획위원회의 심의를 거쳐 개발행위허가를 제한할 수 있다.

② 개발행위허가는 한 차례만 3년 이내의 기간 동안 제한기간을 연장할 수 있다.

③ 생산관리지역에서는 도시계획위원회의 심의를 통하여 개발행위허가의 기준을 강화 또는 완화하여 적용할 수 있다.

④ 국토교통부장관은 기반시설부담구역으로 지정된 지역에 대해서는 최장 7년까지 개발행위허가를 제한할 수 있다.

⑤ 도시·군관리계획을 수립하고 있는 지역으로서 도시·군관리계획이 결정될 경우 용도지역의 변경이 예상되고, 그에 따라 개발행위허가의 기준이 크게 달라질 것으로 예상되는 지역은 최장 3년까지 개발행위허가를 제한할 수 있다.

07 국토의 계획 및 이용에 관한 법령상 개발행위허가의 기준으로 틀린 것은?

개발행위허가의 기준

① 개발행위를 원활하게 수행하기 위한 자금조달계획이 적합할 것

② 주변지역의 토지이용실태 또는 토지이용계획, 건축물의 높이, 토지의 경사도, 수목의 상태, 물의 배수, 하천·호소·습지의 배수 등 주변환경이나 경관과 조화를 이룰 것

③ 도시·군관리계획 및 성장관리계획의 내용에 어긋나지 아니할 것

④ 용도지역별 특성을 고려하여 대통령령으로 정하는 개발행위의 규모에 적합할 것

⑤ 해당 개발행위에 따른 기반시설의 설치나 그에 필요한 용지 확보계획이 적절할 것

08 국토의 계획 및 이용에 관한 법령상 개발행위에 따른 공공시설 등의 귀속에 관한 설명으로 옳은 것은?

공공시설의 귀속

① 개발행위허가를 받은 자가 행정청인 경우, 개발행위허가를 받은 자가 새로 공공시설을 설치한 때에는 「국유재산법」 및 「공유재산 및 물품 관리법」의 규정에도 불구하고 새로 설치된 공공시설은 그 시설을 관리할 관리청에 무상으로 귀속된다.

② 개발행위허가를 받은 자가 행정청이 아닌 경우, 개발행위허가를 받은 자가 새로 설치한 공공시설은 그 시설을 관리할 관리청에 유상으로 귀속된다.

③ 공공시설의 관리청이 불분명한 경우 도로에 대하여는 행정안전부장관을 관리청으로 본다.

④ 행정청이 아닌 자가 개발행위허가를 받아 새로 공공시설을 설치한 경우, 종래의 공공시설은 개발행위허가를 받은 자에게 전부 무상으로 귀속된다.

⑤ 개발행위허가를 받은 자가 행정청인 경우, 개발행위허가를 받은 자는 그에게 귀속된 공공시설의 처분으로 인한 수익금을 도시·군계획사업 외의 목적으로 사용할 수 있다.

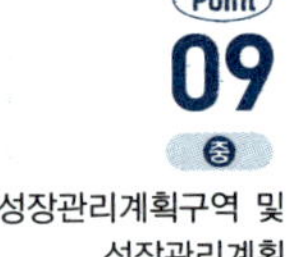

Point 09
성장관리계획구역 및 성장관리계획

국토의 계획 및 이용에 관한 법령상 성장관리계획구역 및 성장관리계획에 관한 설명으로 **틀린** 것은?

① 특별시장·광역시장·특별자치시장·특별자치도지사·시장 또는 군수는 녹지지역 중 주변지역과 연계하여 체계적인 관리가 필요한 지역의 전부 또는 일부에 대하여 성장관리계획구역을 지정할 수 있다.

② 성장관리계획구역 내 계획관리지역에서는 125% 이하의 범위에서 성장관리계획으로 정하는 바에 따라 조례로 정하는 비율까지 용적률을 완화하여 적용할 수 있다.

③ 성장관리계획구역 내 생산관리지역에서는 50% 이하의 범위에서 성장관리계획으로 정하는 바에 따라 조례로 정하는 비율까지 건폐율을 완화하여 적용할 수 있다.

④ 특별시장·광역시장·특별자치시장·특별자치도지사·시장 또는 군수는 5년마다 관할구역 내 수립된 성장관리계획에 대하여 대통령령으로 정하는 바에 따라 그 타당성 여부를 전반적으로 재검토하여 정비하여야 한다.

⑤ 성장관리계획구역에서 개발행위 또는 건축물의 용도변경을 하려면 그 성장관리계획에 맞게 하여야 한다.

10
성장관리계획구역 지정대상

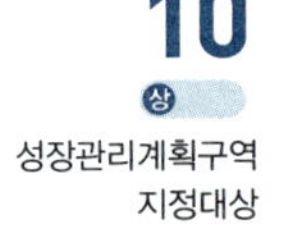

국토의 계획 및 이용에 관한 법령상 녹지지역, 관리지역, 농림지역, 자연환경보전지역에서 성장관리계획구역을 지정할 수 있는 지역이 <u>아닌</u> 것은? (단, 조례는 고려하지 않음)

① 개발수요가 많아 무질서한 개발이 진행되고 있거나 진행될 것으로 예상되는 지역

② 기반시설이 부족할 것으로 예상되나 기반시설을 설치하기 곤란한 지역을 대상으로 건폐율이나 용적률을 강화하여 적용하기 위한 지역

③ 토지이용규제기본법 제2조 제1호에 따른 지역·지구 등의 변경으로 토지이용에 대한 행위제한이 완화되는 지역

④ 주변의 토지이용이나 교통여건 변화 등으로 향후 시가화가 예상되는 지역

⑤ 주변지역과 연계하여 체계적인 관리가 필요한 지역

11 
성장관리계획

국토의 계획 및 이용에 관한 법률상 성장관리계획에 관한 조문의 일부이다. (   )에 들어갈 숫자로 옳은 것은?

> 성장관리계획구역에서는 다음 각 호의 구분에 따른 범위에서 성장관리계획으로 정하는 바에 따라 특별시·광역시·특별자치시·특별자치도·시 또는 군의 조례로 정하는 비율까지 건폐율을 완화하여 적용할 수 있다.
> 1. 계획관리지역 : (㉠)퍼센트 이하
> 2. 생산관리지역·농림지역 및 대통령령으로 정하는 녹지지역 : (㉡)퍼센트 이하

① ㉠ : 30, ㉡ : 20
② ㉠ : 30, ㉡ : 30
③ ㉠ : 50, ㉡ : 30
④ ㉠ : 50, ㉡ : 50
⑤ ㉠ : 60, ㉡ : 50

12
성장관리계획

국토의 계획 및 이용에 관한 법령상 성장관리계획에 관한 설명으로 옳은 것은?

① 공업지역 중 주변지역과 연계하여 체계적인 관리가 필요한 지역은 성장관리계획구역으로 지정할 수 있다.
② 성장관리계획구역 내 보전녹지지역에서는 성장관리계획으로 정하는 바에 따라 50퍼센트 이하로 건폐율을 완화하여 적용할 수 있다.
③ 성장관리계획구역에서 개발행위 또는 건축물의 용도변경을 하려면 그 성장관리계획에 맞게 하여야 한다.
④ 성장관리계획구역의 면적을 5퍼센트 이내에서 변경하려면 미리 주민과 지방의회의 의견을 들어야 한다.
⑤ 군수는 성장관리계획구역의 지정 또는 변경에 관한 공고를 한 때에는 성장관리계획구역안을 10일 이내로 일반이 열람할 수 있도록 해야 한다.

13
개발밀도관리구역

국토의 계획 및 이용에 관한 법령상 광역시의 개발밀도관리구역에 관한 설명으로 옳은 것은?

① 광역시장은 개발밀도관리구역을 지정할 때에는 도시·군관리계획의 결정으로 하여야 한다.
② 광역시장은 주거지역·상업지역·공업지역에서의 개발행위로 인하여 기반시설이 부족할 것으로 예상되는 지역 중 기반시설의 설치가 곤란한 지역을 대상으로 개발밀도관리구역으로 지정할 수 있다.
③ 개발밀도관리구역에서는 해당 용도지역에 적용되는 건폐율의 최대한도의 50% 범위에서 건폐율을 강화하여 적용한다.
④ 광역시장은 개발밀도관리구역의 지정기준, 개발밀도관리구역의 관리 등에 관하여 필요한 사항을 개발밀도관리계획으로 수립하여 이를 시행하여야 한다.
⑤ 광역시장이 개발밀도관리구역을 지정하거나 변경한 때에는 별도의 고시를 요하지 않는다.

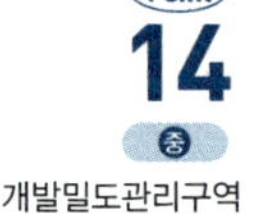

14 국토의 계획 및 이용에 관한 법령상 개발밀도관리구역에 관한 설명으로 옳은 것은?

개발밀도관리구역

① 개발밀도관리구역에서는 해당 용도지역에 적용되는 용적률의 최대한도의 50% 범위에서 용적률을 강화하여 적용한다.
② 개발밀도관리구역에 대하여는 기반시설의 변화가 있는 경우, 이를 즉시 검토하여 그 구역의 해제 등 필요한 조치를 취하여야 한다.
③ 개발밀도관리구역의 명칭 변경에 대하여는 지방도시계획위원회의 심의를 요하지 아니한다.
④ 공업지역에서의 개발행위로 인하여 기반시설의 수용능력이 부족할 것으로 예상되는 지역 중 기반시설의 설치가 곤란한 지역은 개발밀도관리구역으로 지정될 수 없다.
⑤ 시장 또는 군수는 개발밀도관리구역을 지정하려면 주민의 의견을 들어야 하며, 지방도시계획위원회의 심의를 거쳐야 한다.

15 국토의 계획 및 이용에 관한 법령상 기반시설부담구역에 관한 설명으로 옳은 것은?

기반시설부담구역

① 기반시설부담구역은 개발밀도관리구역과 중복하여 지정할 수 있다.
② 기반시설부담구역은 기반시설이 적절하게 배치될 수 있는 규모로서 최소 30만m^2 이상의 규모가 되도록 지정하여야 한다.
③ 해당 지역의 전년도 개발행위허가 건수가 전전년도 개발행위허가 건수보다 10% 이상 증가한 지역은 기반시설부담구역으로 지정하여야 한다.
④ 녹지와 폐기물처리 및 재활용시설은 기반시설부담구역에 설치가 필요한 기반시설에 해당한다.
⑤ 기반시설부담구역의 지정·고시일부터 2년이 되는 날까지 기반시설설치계획을 수립하지 아니하면 그 2년이 되는 날에 기반시설부담구역의 지정은 해제된 것으로 본다.

16 국토의 계획 및 이용에 관한 법령상 기반시설부담구역의 지정대상이 될 수 없는 지역은?

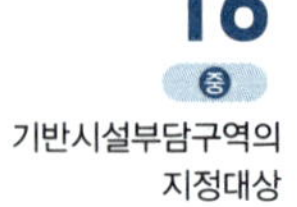

기반시설부담구역의 지정대상

① 이 법 또는 다른 법령의 제정·개정으로 인하여 행위제한이 완화되거나 해제되는 지역
② 이 법 또는 다른 법령에 따라 지정된 용도지역 등이 변경되거나 해제되어 행위제한이 완화되는 지역
③ 해당 지역의 전년도 개발행위허가 건수가 전전년도 개발행위허가 건수보다 20% 이상 증가한 지역
④ 해당 지역의 전년도 인구증가율이 그 지역이 속하는 특별시·광역시·시 또는 군(광역시의 관할 구역에 있는 군은 제외)의 전년도 인구증가율보다 20% 이상 높은 지역
⑤ 상업지역에서의 개발행위로 인하여 기반시설(도시·군계획시설을 포함)의 처리·공급 또는 수용능력이 부족할 것으로 예상되는 지역 중 기반시설의 설치가 곤란한 지역

17 중
기반시설설치비용

국토의 계획 및 이용에 관한 법령상 기반시설부담구역에서의 기반시설설치비용에 관한 설명으로 틀린 것은?

① 기반시설설치비용의 부과대상은 단독주택 및 숙박시설 등 대통령령으로 정하는 시설로서 200m²(기존 건축물의 연면적을 포함)를 초과하는 건축물의 신축·증축행위로 한다.

② 기반시설설치비용은 현금 납부를 원칙으로 하되, 부과대상 토지 및 이와 비슷한 토지로 하는 납부를 인정할 수 있다.

③ 특별시장·광역시장·특별자치시장·특별자치도지사·시장 또는 군수는 기반시설부담구역을 지정하면 기반시설설치계획을 수립하여야 하며, 이를 도시·군관리계획에 반영하여야 한다.

④ 기반시설설치비용을 산정하는 경우 민간 개발사업자가 부담하는 부담률은 100분의 25로 한다.

⑤ 지구단위계획을 수립한 경우에는 기반시설설치계획을 수립한 것으로 본다.

Point 18 중
기반시설설치비용

국토의 계획 및 이용에 관한 법령상 기반시설부담구역 및 기반시설설치비용에 관한 설명으로 틀린 것은?

① 기반시설부담구역 내에서 「주택법」에 따른 리모델링을 하는 건축물은 기반시설설치비용의 부과대상이 아니다.

② 기존 건축물을 철거하고 신축하는 건축행위가 기반시설설치비용의 부과대상이 되는 경우에는 기존 건축물의 건축 연면적을 초과하는 건축행위만 부과대상으로 한다.

③ 기반시설설치비용은 건축허가를 받은 날부터 2개월 이내에 납부하여야 한다.

④ 「고등교육법」 제2조에 따른 학교는 기반시설부담구역에 설치가 필요한 기반시설에 해당하지 않는다.

⑤ 기반시설설치비용의 관리 및 운용을 위하여 기반시설부담구역별로 특별회계가 설치되어야 한다.

19 
기반시설유발계수

국토의 계획 및 이용에 관한 법령상 건축물별 기반시설유발계수가 다음 중 가장 큰 것은?

① 공동주택
③ 제1종 근린생활시설
⑤ 의료시설

② 문화 및 집회시설
④ 숙박시설

Point
20 (상)
기반시설유발계수

국토의 계획 및 이용에 관한 법령상 기반시설부담구역에서 기반시설설치비용의 산정에 사용되는 건축물별 기반시설유발계수가 낮은 것부터 나열한 것은?

㉠ 노래연습장	㉡ 종교시설
㉢ 판매시설	㉣ 관광휴게시설

① ㉡ – ㉢ – ㉠ – ㉣
③ ㉢ – ㉡ – ㉠ – ㉣
⑤ ㉣ – ㉢ – ㉡ – ㉠

② ㉢ – ㉠ – ㉣ – ㉡
④ ㉣ – ㉠ – ㉡ – ㉢

21 (중)
개발밀도관리구역과
기반시설부담구역

국토의 계획 및 이용에 관한 법령상 개발밀도관리구역과 기반시설부담구역에 관한 설명으로 틀린 것은?

① 동일한 지역에 대해 기반시설부담구역과 개발밀도관리구역을 중복하여 지정할 수 없다.
② 광역시장이 개발밀도관리구역을 지정하려면 지방도시계획위원회의 심의를 거쳐 국토교통부장관의 승인을 받아야 한다.
③ 주거지역에서의 개발행위로 기반시설의 용량이 부족할 것으로 예상되는 지역 중 기반시설의 설치가 곤란한 지역으로서, 향후 2년 이내에 해당 지역의 학생 수가 학교수용능력을 20% 이상 초과할 것으로 예상되는 지역은 개발밀도관리구역으로 지정될 수 있다.
④ 개발밀도관리구역에서는 해당 용도지역에 적용되는 용적률의 최대한도의 50% 범위에서 용적률을 강화하여 적용한다.
⑤ 계획관리지역에서 제2종 일반주거지역으로 변경되는 지역은 기반시설부담구역으로 지정하여야 한다.

대표유형

국토의 계획 및 이용에 관한 법령상 도시·군계획시설사업에 관한 측량을 위하여 행하는 토지에의 출입 등에 관한 설명으로 옳은 것은?

① 행정청인 도시·군계획시설사업의 시행자는 상급행정청의 승인을 받아 타인의 토지에 출입할 수 있다.

② 타인의 토지를 일시 사용하고자 하는 자는 토지를 사용하고자 하는 날의 7일 전까지 그 토지의 소유자·점유자 또는 관리인에게 알려야 한다.

③ 타인의 토지에의 출입으로 손실이 발생한 경우, 그 행위자가 직접 그 손실을 보상하여야 한다.

④ 타인의 토지를 재료적치장 또는 임시통로로 일시 사용하거나 나무·흙·돌, 그 밖의 장애물을 변경 또는 제거하고자 하는 자는 토지의 소유자·점유자 또는 관리인의 동의를 받아야 한다.

⑤ 허가를 받지 아니하고 타인의 토지에 출입한 자에 대하여는 1년 이하의 징역 또는 1천만원 이하의 벌금에 처한다.

해설 ① 행정청인 도시·군계획시설사업의 시행자는 허가나 승인 등의 절차 없이 타인의 토지에 출입할 수 있다.
② 타인의 토지를 일시 사용하고자 하는 자는 토지를 사용하고자 하는 날의 3일 전까지 그 토지의 소유자·점유자 또는 관리인에게 알려야 한다.
③ 타인의 토지에의 출입으로 손실이 발생한 경우, 그 행위자가 속한 행정청이 그 손실을 보상하여야 한다.
⑤ 허가를 받지 아니하고 타인의 토지에 출입한 자에 대하여는 1천만원 이하의 과태료에 처한다.

▶▶ 정답 ④

01 
국토의 계획 및 이용에 관한 법령상 도시계획위원회의 심의를 거쳐야 하는 경우로 명시되어 있지 **않은** 것은?

도시계획위원회의 심의

① 국토교통부장관이 개발행위허가를 제한하려는 경우

② 도지사가 도시·군기본계획을 승인하려는 경우

③ 특별시장이 성장관리계획구역을 지정하려는 경우

④ 군수가 기반시설부담구역을 지정하려는 경우

⑤ 광역시장이 단계별 집행계획을 수립하려는 경우

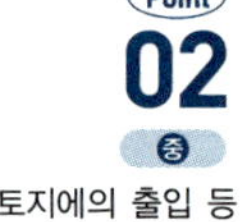

02 국토의 계획 및 이용에 관한 법령상 토지에의 출입 등에 관한 설명으로 **틀린** 것은?

토지에의 출입 등

① 타인토지의 출입 등으로 인하여 손실을 입은 자가 있으면 그 행위자가 속한 행정청이나 도시·군계획시설사업의 시행자가 그 손실을 보상하여야 한다.

② 타인의 토지에 출입하려는 자는 출입하려는 날의 7일 전까지 그 토지의 소유자·점유자 또는 관리인에게 그 일시와 장소를 알려야 한다.

③ 일출 전이나 일몰 후에는 그 토지소유자의 승낙 없이 택지나 담장 또는 울타리로 둘러싸인 타인의 토지에 출입할 수 없다.

④ 토지의 점유자는 정당한 사유 없이 토지에의 출입 등의 행위를 방해하거나 거부하지 못한다.

⑤ 토지에 출입하려는 자는 그 권한을 표시하는 증표와 허가증을 지니고 이를 관계인에게 내보여야 한다.

03 국토의 계획 및 이용에 관한 법령상 시범도시에 관한 설명으로 **틀린** 것은?

시범도시

① 국토교통부장관은 도시의 경제·사회·문화적인 특성을 살려 개성 있고 지속 가능한 발전을 촉진하기 위하여 필요하면 직접 시범도시(시범지구나 시범단지를 포함)를 지정할 수 있다.

② 시·도지사는 국토교통부장관에게 시범도시의 지정을 요청하고자 하는 때에는 미리 설문조사·열람 등을 통하여 주민의 의견을 들은 후 관계 지방자치단체의 장의 의견을 들어야 한다.

③ 국토교통부장관, 관계 중앙행정기관의 장 또는 시·도지사는 시범도시에 대하여 예산 및 인력을 지원할 수 있다.

④ 국토교통부장관, 관계 중앙행정기관의 장은 시범도시에 대하여 시범도시사업계획의 수립에 소요되는 비용의 50% 이하의 범위에서 보조 또는 융자를 할 수 있다.

⑤ 국토교통부장관이 직접 시범도시를 지정함에 있어서 그 대상이 되는 도시를 공모할 경우, 시장 또는 군수는 공모에 응모할 수 있다.

04 국토의 계획 및 이용에 관한 법령상 도시계획위원회에 관한 설명으로 옳은 것은?

도시계획위원회

① 시·도도시계획위원회는 위원장 및 부위원장 각 1명을 포함한 20명 이상 25명 이하의 위원으로 구성한다.
② 시·도도시계획위원회의 위원장과 부위원장은 위원 중에서 해당 시·도지사가 임명 또는 위촉한다.
③ 중앙도시계획위원회의 회의는 재적위원 과반수의 출석으로 개의하고, 출석위원 과반수의 찬성으로 의결한다.
④ 시·군·구도시계획위원회는 분과위원회를 둘 수 없다.
⑤ 중앙도시계획위원회의 회의록은 심의 종결 후 3개월 이내에 공개요청이 있는 경우 원본을 제공하여야 한다.

Point 05 국토의 계획 및 이용에 관한 법령상 국토교통부장관, 시·도지사, 시장·군수 또는 구청장이 처분을 하고자 하는 때에 청문을 실시하여야 하는 경우로 옳은 것은?

청문사유

① 기반시설부담구역 지정의 취소　　② 개발밀도관리구역 지정의 취소
③ 지구단위계획구역 지정의 취소　　④ 광역도시계획 승인의 취소
⑤ 실시계획인가의 취소

06 국토의 계획 및 이용에 관한 법령상 2년 이하의 징역 또는 2천만원 이하의 벌금 부과대상이 <u>아닌</u> 것은?

벌칙

① 지구단위계획에 맞지 아니하게 건축물을 건축하거나 용도를 변경한 자
② 개발행위허가를 받지 아니하거나 부정한 방법으로 허가를 받아 개발행위를 한 자
③ 도시·군관리계획의 결정이 없이 기반시설을 설치한 자
④ 용도지역 안에서의 건축물 및 그 밖의 시설의 용도·종류 및 규모 등의 제한을 위반하여 건축물을 건축한 자
⑤ 공동구에 수용하여야 하는 시설을 공동구에 수용하지 아니한 자

07 국토의 계획 및 이용에 관한 법령상 과태료 부과 대상에 해당하는 것은?

과태료 부과 대상

① 도시·군관리계획의 결정이 없이 기반시설을 설치한 자
② 공동구에 수용하여야 하는 시설을 공동구에 수용하지 아니한 자
③ 정당한 사유 없이 지가의 동향 및 토지거래의 상황에 관한 조사를 방해한 자
④ 지구단위계획에 맞지 아니하게 건축물을 건축하거나 용도를 변경한 자
⑤ 기반시설설치비용을 면탈·경감하게 할 목적으로 거짓 자료를 제출한 자

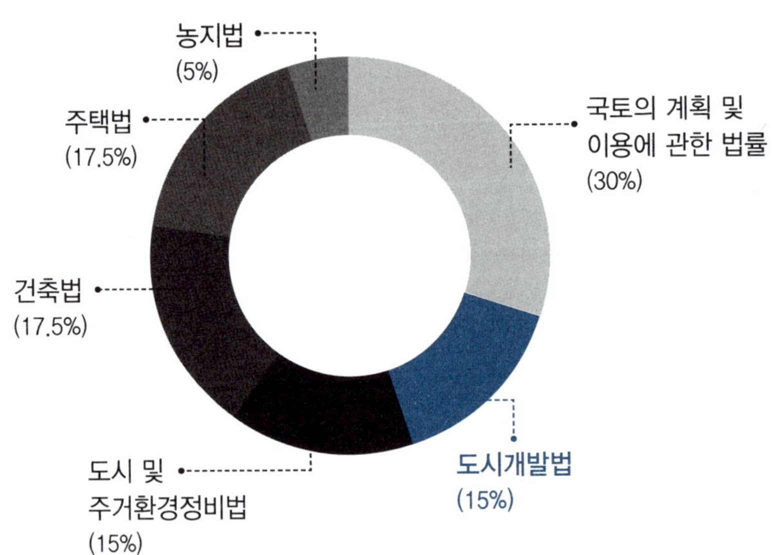

최근 5개년 출제경향 분석

이 법은 도시개발사업에 관한 절차법이기 때문에 절차에 대한 전체적인 체계를 정리하고 세부적인 사항으로 정리·학습해야 하는 법률이다. 이 법에서 특히 비중을 두고 공부하여야 할 부분은 개발계획 수립, 도시개발구역의 지정, 실시계획, 수용·사용방식, 환지계획, 환지예정지, 환지처분, 체비지, 청산금 등에 관한 부분이다.

도시개발법

개발계획의 수립 및 도시개발구역의 지정

도시개발법령상 도시개발구역의 지정에 관한 설명으로 틀린 것은?

① 자연녹지지역에서 도시개발구역으로 지정할 수 있는 규모는 1만m² 이상이어야 한다.

② 도시개발사업의 공사완료로 도시개발구역의 지정이 해제 의제된 경우에는 도시개발구역의 용도지역은 해당 도시개발구역 지정 전의 용도지역으로 환원되거나 폐지된 것으로 본다.

③ 계획관리지역에 도시개발구역을 지정할 때에는 도시개발구역을 지정한 후에 개발계획을 수립할 수 있다.

④ 도시개발구역을 둘 이상의 사업시행지구로 분할하는 경우, 분할 후 사업시행지구의 면적은 각각 1만m² 이상이어야 한다.

⑤ 순환개발 등 단계적 사업추진이 필요한 경우, 사업추진계획에 관한 사항은 도시개발구역을 지정한 후에 개발계획의 내용으로 포함시킬 수 있다.

해설 ② 도시개발사업의 공사완료로 도시개발구역의 지정이 해제 의제된 경우에는 도시개발구역의 용도지역은 해당 도시개발구역 지정 전의 용도지역으로 환원되거나 폐지된 것으로 보지 아니한다.　　▶ 정답 ②

01 도시개발법령상 개발계획에 관한 설명으로 틀린 것은?

개발계획

① 생산관리지역에 도시개발구역을 지정할 때에는 도시개발구역을 지정한 후에 개발계획을 수립할 수 있다.

② 면적이 330만m² 이상인 도시개발구역에 관한 개발계획을 수립할 때에는 해당 구역에서 주거, 생산, 교육, 유통, 위락 등의 기능이 서로 조화를 이루도록 노력하여야 한다.

③ 보건의료시설 및 복지시설의 설치계획에 관한 사항은 도시개발구역을 지정한 후에 개발계획에 포함시킬 수 있다.

④ 지정권자는 도시개발사업을 환지방식으로 시행하려고 개발계획을 수립하거나 변경할 때에 도시개발사업의 시행자가 국가 또는 지방자치단체이면 토지소유자의 동의를 받을 필요가 없다.

⑤ 개발계획의 작성의 기준 및 방법은 국토교통부장관이 이를 정한다.

02  개발계획의 수립시기

도시개발법령상 도시개발구역을 지정한 후에 개발계획에 포함시킬 수 있는 내용에 해당하지 <u>않</u>는 것은?

① 임대주택건설계획 등 세입자 등의 주거 및 생활 안정 대책
② 수용(收用) 또는 사용의 대상이 되는 토지 등이 있는 경우에는 그 세부목록
③ 도시개발구역 밖의 지역에 기반시설을 설치하여야 하는 경우에는 그 시설의 설치에 필요한 비용의 부담계획
④ 순환개발 등 단계적 사업추진이 필요한 경우 사업추진계획 등에 관한 사항
⑤ 존치하는 기존 건축물 및 공작물 등에 관한 계획

Point 03  개발계획의 수립 및 도시개발구역의 지정

도시개발법령상 개발계획의 수립 및 변경과 도시개발구역의 지정에 관한 설명으로 **틀린** 것은?

① 서울특별시와 광역시를 제외한 인구 50만 이상의 대도시의 시장은 도시개발구역을 지정할 수 있다.
② 지정권자는 직접 또는 관계 중앙행정기관의 장 또는 시장(대도시 시장은 제외)·군수·구청장의 요청을 받아 개발계획을 변경할 수 있다.
③ 광역도시계획이나 도시·군기본계획이 수립되어 있는 지역에 대하여 개발계획을 수립하려면 개발계획의 내용이 해당 광역도시계획이나 도시·군기본계획에 들어맞도록 하여야 한다.
④ 도시개발사업이 필요하다고 인정되는 지역이 둘 이상의 시·도의 행정구역에 걸치는 경우에는 국토교통부장관이 도시개발구역을 지정한다.
⑤ 서로 떨어진 둘 이상의 지역은 결합하여 하나의 도시개발구역으로 지정할 수 있다.

04 개발계획의 수립시기

도시개발법령상 도시개발구역을 지정한 후에 개발계획을 수립할 수 있는 경우에 해당하지 <u>않는</u> 것은?

① 자연녹지지역
② 농림지역
③ 생산관리지역
④ 해당 도시개발구역에 포함되는 주거지역·상업지역·공업지역의 면적의 합계가 전체 도시개발구역 지정 면적의 100분의 30 이하인 지역
⑤ 국토교통부장관이 지역균형발전을 위하여 관계 중앙행정기관의 장과 협의하여 도시개발구역으로 지정하고자 하는 자연환경보전지역

05
개발계획의 수립

도시개발법령상 개발계획의 수립 등에 관한 설명으로 틀린 것은?

① 자연녹지지역에 도시개발구역을 지정할 때에는 도시개발구역을 지정한 후에 개발계획을 수립할 수 있다.

② 개발계획은 광역도시계획이나 도시·군기본계획에 들어맞도록 하여야 한다.

③ 시행자가 국가나 지방자치단체인 때에는 지정권자는 토지소유자의 동의를 받지 않고 환지방식의 도시개발사업에 대한 개발계획을 수립할 수 있다.

④ 지정권자는 직접 개발계획을 변경할 수는 없고, 관계 중앙행정기관의 장이나 시장·군수·구청장 또는 사업시행자의 요청을 받아 이를 변경할 수 있다.

⑤ 보건의료시설 및 복지시설의 설치계획은 개발계획에 포함되어야 한다.

06
도시개발구역의 지정권자

도시개발법령상 도시개발구역을 지정할 수 있는 자를 모두 고른 것은?

㉠ 광역시장	㉡ 특별자치도지사
㉢ 국토교통부장관	㉣ 시장·군수·구청장

① ㉠

② ㉡, ㉣

③ ㉢, ㉣

④ ㉠, ㉡, ㉢

⑤ ㉠, ㉡, ㉢, ㉣

07

국토교통부장관의 지정사유

도시개발법령상 국토교통부장관이 도시개발구역을 지정할 수 있는 경우가 <u>아닌</u> 것은?

① 국가가 도시개발사업을 실시할 필요가 있는 경우

② 지방공사의 장이 도시개발구역의 지정을 요청하는 경우

③ 한국토지주택공사 사장이 30만m² 규모로 국가계획과 밀접한 관련이 있는 도시개발구역의 지정을 제안하는 경우

④ 둘 이상의 시·도 또는 대도시의 행정구역에 걸치는 경우로서 시·도지사 또는 대도시 시장의 협의가 성립되지 아니하는 경우

⑤ 천재지변의 사유로 도시개발사업을 긴급하게 할 필요가 있는 경우

Point 08
동의자 수 산정방법

도시개발법령상 환지방식의 도시개발사업에 대한 개발계획의 수립·변경을 위한 동의자 수 산정방법으로 틀린 것은?

① 「집합건물의 소유 및 관리에 관한 법률」에 따른 구분소유자는 구분소유자 각각을 토지소유자로 본다.

② 개발계획 변경 시 개발계획의 변경을 요청받기 전에 동의를 철회하는 사람이 있는 경우 그 사람은 동의자 수에서 제외한다.

③ 도시개발구역의 지정이 제안된 후부터 개발계획이 수립되기 전까지의 사이에 토지소유자가 변경된 경우 변경된 토지소유자의 동의서를 기준으로 한다.

④ 둘 이상의 필지의 토지를 소유한 공유자가 동일한 경우에는 공유자 여럿을 대표하는 1인을 토지소유자로 산정한다.

⑤ 도시개발구역의 토지 면적을 산정하는 경우 국·공유지를 포함한다.

09
도시개발구역 지정의 제안권자

도시개발법령상 도시개발구역의 지정을 제안할 수 있는 자가 아닌 것은?

① 도시개발조합　　　　　　　② 한국수자원공사

③ 한국관광공사　　　　　　　④ 한국농어촌공사

⑤ 「지방공기업법」에 따라 설립된 지방공사

10
지정제안을 위한 동의요건

도시개발법령상 사업시행자로 지정될 수 있는 자 중에서 토지소유자가 특별자치도지사·시장·군수·구청장에게 도시개발구역의 지정 제안을 하기 위하여 필요한 동의요건으로 옳은 것은?

① 토지 면적의 5분의 4 이상

② 토지소유자 총수의 3분의 2 이상

③ 토지 면적의 2분의 1 이상

④ 토지 면적의 3분의 2 이상

⑤ 토지소유자 총수의 5분의 4 이상

11

도시개발법령상 도시개발구역의 지정 제안에 관한 설명으로 틀린 것은?

① 공공기관의 장 또는 정부출연기관의 장이 30만㎡ 이상으로서 국가계획과 밀접한 관련이 있는 도시개발구역의 지정을 제안하는 경우에는 국토교통부장관에게 직접 제안할 수 있다.

② 도시개발구역의 지정을 제안하고자 하는 지역이 둘 이상의 시·군 또는 구의 행정구역에 걸치는 경우에는 그 지역에 포함된 면적이 가장 큰 지역의 시장·군수 또는 구청장에게 도시개발구역 지정제안서를 제출하여야 한다.

③ 토지소유자가 도시개발구역의 지정을 제안하고자 하는 경우에는 대상 구역의 토지 면적의 3분의 2 이상에 해당하는 토지소유자(지상권자 포함)의 동의를 받아야 한다.

④ 시장·군수 또는 구청장은 제안자와 협의하여 도시개발구역의 지정을 위하여 필요한 비용의 전부 또는 일부를 제안자에게 부담시킬 수 있다.

⑤ 도시개발구역 지정의 제안을 받은 국토교통부장관·특별자치도지사·시장·군수·구청장은 제안내용의 수용 여부를 45일 이내에 제안자에게 통보하여야 한다.

12

도시개발법령상 도시개발구역으로 지정할 수 있는 대상 지역 및 규모에 관하여 (   )에 들어갈 숫자를 바르게 나열한 것은?

- 주거지역 및 상업지역: (㉠)만 제곱미터 이상
- 공업지역: (㉡)만 제곱미터 이상
- 자연녹지지역: (㉢)만 제곱미터 이상
- 도시개발구역 지정면적의 100분의 30 이하인 생산녹지지역: (㉣)만 제곱미터 이상

① ㉠: 1, ㉡: 1, ㉢: 1, ㉣: 3
② ㉠: 1, ㉡: 3, ㉢: 1, ㉣: 1
③ ㉠: 1, ㉡: 3, ㉢: 3, ㉣: 1
④ ㉠: 3, ㉡: 1, ㉢: 3, ㉣: 3
⑤ ㉠: 3, ㉡: 3, ㉢: 1, ㉣: 1

13
⑧
도시개발구역의
지정·고시 효과

도시개발법령상 도시개발구역의 지정·고시 효과에 관한 설명으로 틀린 것은?

① 도시개발구역이 지정·고시된 경우 해당 도시개발구역은 「국토의 계획 및 이용에 관한 법률」에 따른 도시지역과 지구단위계획구역으로 결정·고시된 것으로 본다.

② 위 ①의 경우 도시지역 외의 지역에 지정된 지구단위계획구역 및 취락지구로 지정된 지역인 경우에는 그러하지 아니하다.

③ 도시지역과 지구단위계획구역으로 결정·고시된 것으로 보는 사항에 대한 지형도면의 고시는 2년 이내에 하여야 한다.

④ 도시개발구역 안에서 건축물의 건축 등, 공작물의 설치, 토지의 형질변경, 토석의 채취, 토지분할, 물건을 쌓아놓는 행위, 죽목의 벌채 및 식재행위를 하려는 자는 특별시장·광역시장·특별자치도지사·시장 또는 군수의 허가를 받아야 한다.

⑤ 도시개발구역의 지정 및 고시 당시 이미 관계 법령에 따라 행위허가를 받고 그 공사나 사업에 착수한 자는 30일 이내에 특별시장·광역시장·특별자치도지사·시장 또는 군수에게 신고한 후 이를 계속 시행할 수 있다.

14
⑥
허가대상 개발행위

도시개발법령상 도시개발구역 안에서 허가대상 개발행위가 아닌 것은?

① 가설건축물의 건축   ② 토석의 채취

③ 죽목의 벌채   ④ 공작물의 설치

⑤ 토지의 합병

15
⑧
허가대상 개발행위

도시개발법령상 도시개발구역에서 허가받지 아니하고 할 수 있는 개발행위로 옳은 것은?

① 경작지에서의 관상용 죽목의 임시 식재

② 농림수산물의 생산에 직접 이용되는 버섯재배사의 설치

③ 공유수면의 매립

④ 옮기기 쉽지 아니한 물건을 1개월 이상 쌓아놓는 행위

⑤ 흙·모래·자갈·바위 등의 토석을 채취하는 행위

16

도시개발구역의 지정

도시개발법령상 도시개발구역의 지정에 관한 설명으로 틀린 것은?

① 시·도지사 또는 대도시 시장은 계획적인 도시개발이 필요하다고 인정하면 도시개발구역을 지정할 수 있다.

② 도시개발사업이 필요하다고 인정되는 지역이 둘 이상의 시·도 또는 대도시의 행정구역에 걸치는 경우에는 관계 시·도지사 또는 대도시 시장이 협의하여 도시개발구역을 지정할 자를 정한다.

③ 보전녹지지역에 도시개발구역으로 지정할 수 있는 규모는 1만m² 이상이어야 한다.

④ 도시개발구역의 지정을 제안하고자 하는 자는 도시개발구역이 둘 이상의 시·군 또는 구의 행정구역에 걸치는 경우에는 면적이 가장 큰 지역의 시장·군수 또는 구청장에게 관련 서류를 제출하여야 한다.

⑤ 도시개발조합은 도시개발구역의 지정을 제안할 수 없다.

17

도시개발구역의 지정

도시개발법령상 도시개발구역의 지정에 관한 설명으로 옳은 것은?

① 지정권자는 관계 행정기관의 장과 협의하는 경우 지정하려는 도시개발구역이 50만m² 이상에 해당하면 국토교통부장관과 협의하여야 한다.

② 둘 이상의 시·도 또는 대도시의 행정구역에 걸치는 경우에는 관계 시·도지사 또는 대도시 시장이 협의하여 공동으로 도시개발구역을 지정하여야 한다.

③ 도시개발구역의 면적이 70만m²인 경우에는 공람기간이 끝난 후에 공청회를 개최하여야 한다.

④ 도시개발구역의 지정은 도시개발사업의 공사완료의 공고일에 해제된 것으로 본다.

⑤ 도시개발구역의 면적이 20만m²인 경우에는 일간신문에 공고하지 아니하고 공보와 해당 시·군 또는 구의 인터넷 홈페이지에 공고할 수 있다.

18
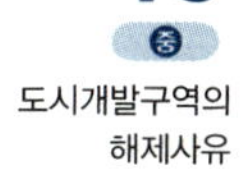
도시개발구역의
해제사유

도시개발법령상 도시개발구역 지정의 해제사유로 틀린 것은?

① 도시개발구역의 지정·고시일로부터 3년 이내에 실시계획의 인가를 신청하지 않은 경우에는 3년이 되는 날의 다음 날에 도시개발구역이 해제된 것으로 본다.

② 도시개발구역 지정 후 개발계획을 수립하는 경우에는 도시개발구역을 지정·고시한 날부터 3년이 되는 날까지 개발계획을 수립·고시하지 아니한 경우에는 그 3년이 되는 날의 다음 날에 도시개발구역의 지정이 해제된 것으로 본다. 다만, 도시개발구역의 면적이 330만㎡ 이상인 경우는 5년으로 한다.

③ 도시개발구역 지정 후 개발계획을 수립하는 경우에는 개발계획을 수립·고시한 날부터 3년이 되는 날까지 실시계획의 인가를 신청하지 아니하는 경우에는 그 3년이 되는 날의 다음 날에 도시개발구역의 지정이 해제된 것으로 본다. 다만, 도시개발구역의 면적이 330만㎡ 이상인 경우는 5년으로 한다.

④ 수용 또는 사용방식에 의한 도시개발사업시행인 경우에는 도시개발사업의 공사완료 공고일의 다음 날에 도시개발구역이 해제된 것으로 본다.

⑤ 환지방식에 따른 도시개발사업인 경우에는 그 환지처분 공고일의 다음 날에 도시개발구역의 지정이 해제된 것으로 본다.

19

도시개발구역의 지정 등

도시개발법령상 도시개발구역의 지정과 개발계획에 관한 설명으로 틀린 것은?

① 지정권자는 도시개발사업의 효율적 추진을 위하여 필요하다고 인정하는 경우 서로 떨어진 둘 이상의 지역을 결합하여 하나의 도시개발구역으로 지정할 수 있다.

② 도시개발구역을 둘 이상의 사업시행지구로 분할하는 경우 분할 후 사업시행지구의 면적은 각각 1만제곱미터 이상이어야 한다.

③ 도시개발구역의 지정이 해제의제된 경우에는 그 도시개발구역에 대한 「국토의 계획 및 이용에 관한 법률」에 따른 용도지역 및 지구단위계획구역은 해당 도시개발구역 지정 전의 용도지역 및 지구단위계획구역으로 각각 환원되거나 폐지된 것으로 본다.

④ 토지소유자나 도시개발조합이 도시개발구역의 지정을 제안하고자 하는 경우에는 대상 구역의 토지면적의 3분의 2 이상에 해당하는 토지소유자(지상권자를 포함한다)의 동의를 얻어야 한다.

⑤ 도시·군기본계획이 수립되어 있는 지역에 대하여 개발계획을 수립하려면 개발계획의 내용이 해당 도시·군기본계획에 들어맞도록 하여야 한다.

대표유형

도시개발법령상 도시개발조합에 관한 설명으로 틀린 것은?

① 도시개발구역 안의 토지소유자 7명 이상이 정관을 작성하여 지정권자의 인가를 받아야 한다.

② 조합임원으로 선임된 자가 금고 이상의 형의 선고를 받은 경우에는 그 사유가 발생한 다음 날부터 임원의 자격을 상실한다.

③ 조합설립의 인가를 신청하려면 도시개발구역의 토지 면적의 3분의 2 이상에 해당하는 토지소유자의 동의 또는 그 구역의 토지소유자 총수의 2분의 1 이상의 동의를 받아야 한다.

④ 조합의 설립인가가 있는 때에는 설립인가를 받은 날부터 30일 이내에 주된 사무소의 소재지에 설립등기를 하여야 한다.

⑤ 조합은 그 사업에 필요한 비용을 조성하기 위하여 정관으로 정하는 바에 따라 조합원에게 경비를 부과·징수할 수 있다.

해설 ③ 조합설립의 인가를 신청하려면 도시개발구역의 토지 면적의 3분의 2 이상에 해당하는 토지소유자와 그 구역의 토지소유자 총수의 2분의 1 이상의 동의를 받아야 한다(동시요건 충족). ▶▶ 정답 ③

01 다음 중 도시개발구역의 전부를 환지방식으로 시행하는 경우에 우선적으로 시행자로 지정될 수 있는 자는?

환지방식의
시행자

① 국가 또는 지방자치단체　　　　　② 한국토지주택공사

③ 토지소유자 또는 도시개발조합　　④ 등록사업자

⑤ 민간법인

Point

02 도시개발법령상 도시개발구역의 지정권자가 시행자를 변경할 수 있는 경우가 <u>아닌</u> 것은?

시행자 변경사유

① 행정처분으로 시행자의 지정이 취소된 경우

② 시행자가 도시개발사업에 관한 실시계획의 인가를 받은 후 2년 이내에 사업에 착수하지 아니하는 경우

③ 도시개발구역의 전부를 환지방식으로 시행하는 시행자가 도시개발구역 지정의 고시일로부터 6개월 이내에 실시계획의 인가를 신청하지 아니한 경우

④ 시행자의 부도로 도시개발사업의 목적을 달성하기 어렵다고 인정되는 경우

⑤ 행정처분으로 실시계획의 인가가 취소된 경우

03
상
도시개발사업의
위탁시행

도시개발법령상 도시개발사업의 위탁시행 등에 관한 설명으로 틀린 것은?

① 시행자는 도시개발사업의 일부인 항만·철도의 건설과 공유수면의 매립에 관한 업무를 국가, 지방자치단체, 한국토지주택공사·정부출연기관 또는 지방공사에 위탁하여 시행할 수 있다.

② 시행자는 도시개발사업을 위한 기초조사, 토지매수업무, 손실보상업무, 주민 이주대책 사업 등을 관할 지방자치단체, 한국토지주택공사·정부출연기관 또는 지방공사에 위탁할 수 있다.

③ 시행자가 업무를 위탁하여 시행하는 경우에는 국토교통부령으로 정하는 요율의 위탁 수수료를 그 업무를 위탁받아 시행하는 자에게 지급하여야 한다.

④ 토지소유자인 시행자는 시장·군수·구청장의 승인을 받아 「자본시장과 금융투자업에 관한 법률」에 따른 신탁업자와 신탁계약을 체결하여 도시개발사업을 시행할 수 있다.

⑤ 「한국토지주택공사법」에 따른 한국토지주택공사인 시행자는 설계·분양 등 도시개발사업의 일부를 「주택법」에 따른 주택건설사업자 등으로 하여금 대행하게 할 수 있다.

04
중
도시개발사업의 시행

도시개발법령상 도시개발사업의 시행에 관한 설명으로 틀린 것은?

① 도시개발사업의 시행자는 도시개발구역의 지정권자가 지정한다.

② 사업시행자는 도시개발사업의 일부인 도로, 공원 등 공공시설의 건설을 지방공사에 위탁하여 시행할 수 있다.

③ 조합을 설립하려면 도시개발구역의 토지 소유자 7명 이상이 정관을 작성하여 지정권자에게 조합설립의 인가를 받아야 한다.

④ 조합설립 인가신청을 위한 동의자 수 산정에 있어 도시개발구역의 토지면적은 국·공유지를 제외하고 산정한다.

⑤ 사업시행자가 도시개발사업에 관한 실시계획의 인가를 받은 후 2년 이내에 사업을 착수하지 아니하는 경우 지정권자는 시행자를 변경할 수 있다.

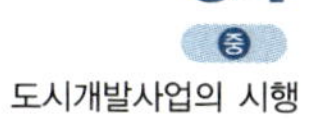

Point
05
중
도시개발조합

도시개발법령상 도시개발조합에 관한 설명으로 옳은 것은?

① 도시개발구역의 토지소유자가 미성년자인 경우에는 조합의 이사가 될 수 있다.

② 조합원은 보유토지의 면적과 관계없는 평등한 의결권을 가지므로, 공유토지의 경우 공유자별로 의결권이 있다.

③ 조합은 도시개발사업 전부를 환지방식으로 시행하는 경우에 도시개발사업의 시행자가 될 수 있다.

④ 조합설립의 인가를 신청하려면 해당 도시개발구역의 토지 면적의 2분의 1 이상에 해당하는 토지소유자와 그 구역의 토지소유자 총수의 3분의 2 이상의 동의를 받아야 한다.

⑤ 토지소유자가 조합설립인가신청에 동의하였다면 이후 조합설립인가의 신청 전에 그 동의를 철회하였더라도 그 토지소유자는 동의자 수에 포함된다.

06 도시개발법령상 도시개발조합에 관한 설명으로 옳은 것은?

도시개발조합

① 의결권을 가진 조합원의 수가 50인 이상인 조합은 총회의 권한을 대행하게 하기 위하여 대의원회를 두어야 한다.

② 조합의 조합원은 조합설립의 동의 여부에 관계없이 도시개발구역의 토지소유자로 한다.

③ 조합의 임원은 그 조합의 다른 임원이나 직원을 겸할 수 있다.

④ 파산선고를 받은 자로서 복권되지 아니한 자도 조합의 임원이 될 수 있다.

⑤ 조합에 관하여는 「도시개발법」에 규정한 것을 제외하고는 「민법」 중 재단법인에 관한 규정을 준용한다.

07 도시개발법령상 도시개발조합에 관한 설명으로 옳은 것은?

도시개발조합

① 조합원은 도시개발구역 내에 보유한 토지 면적에 비례하여 의결권을 가진다.

② 도시개발조합의 조합원은 도시개발구역의 토지 또는 건축물 소유자로 한다.

③ 조합설립의 인가를 신청하려면 해당 도시개발구역의 국·공유지를 제외한 토지 면적의 3분의 2 이상에 해당하는 토지소유자와 그 구역의 토지소유자 총수의 2분의 1 이상의 동의를 받아야 한다.

④ 의결권이 없는 조합원은 조합의 임원이 될 수 없다.

⑤ 조합의 이사는 그 조합의 조합장을 겸할 수 있다.

08 도시개발법령상 도시개발조합에 관한 설명으로 틀린 것은?

도시개발조합

① 조합을 설립하려면 도시개발구역의 토지소유자 7명 이상이 정관을 작성하여 지정권자에게 조합설립의 인가를 받아야 한다.

② 조합설립인가를 받은 후 정관기재사항인 주된 사무소의 소재지를 변경하려는 경우에는 지정권자의 변경인가를 받아야 한다.

③ 조합의 임원은 그 조합의 다른 임원을 겸할 수 없다.

④ 조합에 대해 「도시개발법」에서 규정한 것 이외에는 「민법」 중 사단법인에 관한 규정을 준용한다.

⑤ 조합인 시행자가 행한 처분에 대하여 행정심판을 제기할 수 있다.

09 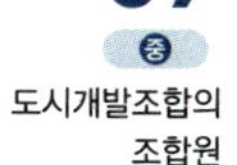 도시개발조합의 조합원

도시개발법령상 도시개발조합의 조합원에 관한 설명으로 옳은 것은?

① 조합의 임원으로 선임된 자가 결격사유에 해당하게 된 때에는 그날부터 임원의 자격을 상실한다.

② 조합의 임원은 의결권을 가진 조합원이어야 하고, 정관으로 정한 바에 따라 총회에서 선임한다.

③ 조합원으로 된 자가 금고 이상의 형의 선고를 받은 경우에는 그 사유가 발생한 다음 날부터 조합원의 자격을 상실한다.

④ 조합원은 도시개발구역 내에 보유한 토지면적에 비례하여 의결권을 가진다.

⑤ 조합장의 자기를 위한 조합과의 계약이나 소송에 관하여는 이사가 조합을 대표한다.

Point 10 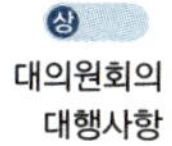 대의원회의 대행사항

도시개발법령상 총회의 권한을 대의원회에서 대행할 수 있는 사유로 옳은 것은?

① 정관의 변경   ② 조합의 합병
③ 조합장의 선임   ④ 개발계획의 수립
⑤ 체비지 등의 처분방법

11  대의원회의 대행사항

도시개발법령상 도시개발조합 총회의 권한 중 대의원회가 대행할 수 <u>없는</u> 사항은?

① 자금의 차입과 그 방법·이율 및 상환방법

② 부과금의 금액 또는 징수방법

③ 체비지 등의 처분방법

④ 조합임원의 선임

⑤ 청산금의 징수·교부를 완료한 후에 조합을 해산하는 경우

Point 12  실시계획

도시개발법령상 실시계획에 관한 설명으로 <u>틀린</u> 것은?

① 시행자는 도시개발사업의 실시계획을 작성하여야 하며, 이 경우 실시계획에는 지구단위계획이 포함되어야 한다.

② 지정권자가 실시계획을 작성하거나 인가하는 경우 국토교통부장관인 지정권자는 시장·군수 또는 구청장의 의견을 미리 들어야 한다.

③ 인가받은 실시계획을 폐지하는 경우에도 인가를 받아야 한다.

④ 실시계획을 고시한 경우 도시·군관리계획(지구단위계획을 포함)으로 결정하여야 하는 사항은 도시·군관리계획이 결정·고시된 것으로 본다.

⑤ 도시·군관리계획으로 결정·고시된 사항에 대한 지형도면의 고시에 대하여는 「국토의 계획 및 이용에 관한 법률」 규정에도 불구하고 개발계획에서 정한 도시개발사업 시행기간 안에 할 수 있다.

13 
실시계획

도시개발법령상 실시계획에 관한 설명으로 틀린 것은?

① 시행자는 대통령령이 정하는 바에 따라 도시개발사업에 관한 실시계획을 작성하여야 한다.

② 실시계획인가신청서에는 축척 2만 5천분의 1 또는 5만분의 1의 위치도가 첨부되어야 한다.

③ 실시계획에는 사업시행에 필요한 설계도서, 자금계획, 시행기간, 그 밖에 대통령령으로 정하는 사항과 서류를 명시하거나 첨부하여야 한다.

④ 지정권자는 실시계획을 인가할 때 그 내용에 인·허가 등의 의제사항이 있으면 미리 관계 행정기관의 장과 협의하여야 한다. 이 경우 관계 행정기관의 장은 협의요청을 받은 날부터 20일 이내에 의견을 제출하여야 한다.

⑤ 시행자는 사업시행 면적을 100분의 10의 범위에서 감소시키고자 하는 경우 인가받은 실시계획에 관하여 변경인가를 받아야 한다.

14 
실시계획

도시개발법령상 도시개발사업의 실시계획에 관한 설명으로 틀린 것은?

① 지정권자가 시행자가 아닌 경우 시행자는 작성된 실시계획에 관하여 지정권자의 인가를 받아야 한다.

② 지정권자인 국토교통부장관이 실시계획을 작성하는 경우 시·도지사 또는 대도시 시장의 의견을 미리 들어야 한다.

③ 실시계획의 인가에 의해 「하수도법」에 따른 공공하수도 공사시행의 허가는 의제될 수 없다.

④ 인가를 받은 실시계획 중 사업비의 100분의 10이 증가되는 경우 지정권자의 변경인가를 받을 필요가 없다.

⑤ 고시된 실시계획의 내용 중 「국토의 계획 및 이용에 관한 법률」에 따라 도시·군관리계획으로 결정하여야 하는 사항이 종전에 도시·군관리계획으로 결정된 사항 중 고시 내용에 저촉되는 사항은 고시된 내용으로 변경된 것으로 본다.

15

도시개발사업

도시개발법령상 도시개발사업에 관한 설명으로 옳은 것만을 모두 고른 것은?

㉠ 지정권자가 아닌 시행자가 실시계획의 인가를 받은 후, 사업시행면적의 100분의 20이 증가된 경우 지정권자의 변경인가를 받아야 한다.

㉡ 실시계획을 고시한 경우 그 고시된 내용 중 도시·군관리계획으로 결정하여야 하는 사항은 따로 도시·군관리계획으로 결정·고시하여야 한다.

㉢ 계획적이고 체계적인 도시개발 등 집단적인 조성과 공급이 필요한 경우에는 환지방식으로 시행방식을 선정한다.

㉣ 지방공사인 시행자는 지정권자의 승인을 받아 「자본시장과 금융투자업에 관한 법률」에 따른 신탁업자와 신탁계약을 체결하여 도시개발사업을 시행할 수 있다.

① ㉠
② ㉡
③ ㉠, ㉣
④ ㉢, ㉣
⑤ ㉡, ㉢, ㉣

16

도시개발사업의 시행

도시개발법령상 도시개발사업의 시행에 관한 설명으로 틀린 것은?

① 지방자치단체는 도시개발사업의 시행자가 될 수 있다.

② 국가철도공단은 「역세권의 개발 및 이용에 관한 법률」에 따른 역세권개발사업을 시행하는 경우에만 도시개발사업의 시행자가 된다.

③ 토지소유자가 도시개발구역의 지정을 제안하려는 경우에는 대상 구역의 토지소유자 총수의 2분의 1 이상에 해당하는 토지소유자의 동의를 받아야 한다.

④ 지정권자는 시행자가 도시개발사업에 관한 실시계획의 인가를 받은 후 2년 이내에 사업을 착수하지 아니하는 경우 시행자를 변경할 수 있다.

⑤ 사업시행자인 지방공사는 조성된 토지의 분양을 「주택법」에 따른 주택건설사업자에게 대행하게 할 수 있다.

17
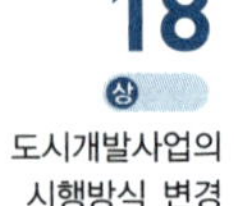
도시개발사업의
시행방식

도시개발법령상 도시개발사업의 시행방식과 관련된 설명으로 틀린 것은?

① 대지로서의 효용증진과 공공시설의 정비를 위하여 토지의 교환·분할·합병, 그 밖의 구획 변경, 지목 또는 형질의 변경이나 공공시설의 설치·변경이 필요한 경우에는 환지방식으로 시행방식을 정할 수 있다.

② 계획적이고 체계적인 도시개발 등 집단적인 조성과 공급이 필요한 경우에는 수용 또는 사용방식으로 정할 수 있다.

③ 시행자는 혼용방식으로 시행하려는 경우에는 수용 또는 사용방식이 적용되는 지역과 환지방식이 적용되는 지역을 사업시행지구별로 분할하여 시행할 수 있다.

④ 지방공사인 시행자가 도시개발사업의 전부를 환지방식으로 시행하려고 할 때에는 도시개발사업에 관한 규약을 정하여야 한다.

⑤ 지정권자는 도시개발구역 지정 이후 국가인 시행자가 도시개발사업의 시행방식을 수용 또는 사용방식에서 전부 환지방식으로 변경하는 경우에는 사업시행방식을 변경할 수 있다.

Point
18
상
도시개발사업의
시행방식 변경

도시개발법령상 도시개발구역 지정 이후 도시개발사업의 시행방식 변경에 관한 설명으로 틀린 것은?

① 지정권자는 한국관광공사인 시행자가 도시개발사업의 시행방식을 혼용방식에서 전부 수용 또는 사용방식으로 변경하는 경우에는 사업시행방식을 변경할 수 있다.

② 지정권자는 토지소유자인 시행자가 도시개발사업의 시행방식을 수용 또는 사용방식에서 혼용방식으로 변경하는 경우에는 사업시행방식을 변경할 수 있다.

③ 지정권자는 국가인 시행자가 도시개발사업의 시행방식을 수용 또는 사용방식에서 전부 환지방식으로 변경하는 경우에는 사업시행방식을 변경할 수 있다.

④ 지정권자는 한국토지주택공사인 시행자가 도시개발사업의 시행방식을 혼용방식에서 전부 환지방식으로 변경하는 경우에는 사업시행방식을 변경할 수 있다.

⑤ 지정권자는 지방공사인 시행자가 도시개발사업의 시행방식을 수용 또는 사용방식에서 혼용방식으로 변경하는 경우에는 사업시행방식을 변경할 수 있다.

03 도시개발사업의 시행

제1절 수용 또는 사용방식

대표유형

도시개발법령상 토지 등의 수용 또는 사용의 방식에 따른 도시개발사업의 시행에 관한 설명으로 옳은 것은?

① 지방자치단체가 시행자인 경우 토지상환채권을 발행할 수 없다.

② 시행자가 토지상환채권을 발행할 경우, 그 발행 규모는 토지상환채권으로 상환할 토지·건축물이 도시개발사업으로 조성되는 분양토지 또는 분양건축물 면적의 3분의 2를 초과하지 않아야 한다.

③ 국가에 공급될 수 있는 원형지 면적은 도시개발구역 전체 토지 면적의 3분의 2까지로 한다.

④ 시행자는 학교를 설치하기 위한 조성토지를 공급하는 경우 해당 토지의 가격을 「감정평가 및 감정평가사에 관한 법률」에 따른 감정평가법인등이 감정평가한 가격 이하로 정할 수 있다.

⑤ 지방자치단체인 시행자가 토지를 수용하려면 사업대상 토지 면적의 3분의 2 이상의 토지를 소유하여야 한다.

해설 ① 지방자치단체가 시행자인 경우 토지상환채권을 발행할 수 있다.

② 시행자가 토지상환채권을 발행할 경우, 그 발행 규모는 토지상환채권으로 상환할 토지·건축물이 도시개발사업으로 조성되는 분양토지 또는 분양건축물 면적의 2분의 1을 초과하지 않아야 한다.

③ 국가에 공급될 수 있는 원형지 면적은 도시개발구역 전체 토지 면적의 3분의 1까지로 한다.

⑤ 지방자치단체인 시행자가 토지를 수용하려면 사업대상 토지 면적의 3분의 2 이상의 토지를 소유하지 않아도 된다.

▶▶ 정답 ④

Point 01 ㉱
수용 또는 사용방식의
사업시행

도시개발법령상 수용 또는 사용방식에 의한 사업시행에 관한 설명으로 옳은 것을 모두 고른 것은?

㉠ 개발계획에 수용 또는 사용되는 토지의 세부목록이 포함되어 고시된 경우에는 「공익사업을 위한 토지 등의 취득 및 보상에 관한 법률」에 따른 사업인정 및 고시가 있은 것으로 본다.
㉡ 「한국토지주택공사법」에 따른 한국토지주택공사인 시행자는 사업대상 토지 면적의 3분의 2 이상에 해당하는 토지를 소유하고 토지소유자 총수의 2분의 1 이상에 해당하는 자의 동의를 받아야 한다.
㉢ 「지방공기업법」에 따라 설립된 지방공사인 시행자는 금융기관의 지급보증을 받은 경우에 한하여 토지상환채권을 발행할 수 있다.
㉣ 사업시행자가 발행하는 토지상환채권의 발행계획에는 상환대상지역 또는 상환대상토지의 용도가 포함되어야 한다.

① ㉠
② ㉣
③ ㉠, ㉣
④ ㉡, ㉢
⑤ ㉡, ㉣

02 ㉱
수용 또는 사용방식의
사업시행

도시개발법령상 토지 등의 수용 또는 사용의 방식에 따른 사업시행에 관한 설명으로 옳은 것은?

① 도시개발사업을 시행하는 지방자치단체는 도시개발구역지정 이후 그 시행방식을 혼용방식에서 수용 또는 사용방식으로 변경할 수 있다.
② 도시개발사업을 시행하는 정부출연기관이 그 사업에 필요한 토지를 수용하려면 사업대상 토지면적의 3분의 2 이상에 해당하는 토지를 소유하고 토지 소유자 총수의 2분의 1 이상에 해당하는 자의 동의를 받아야 한다.
③ 도시개발사업을 시행하는 공공기관은 토지상환채권을 발행할 수 없다.
④ 원형지를 공급받아 개발하는 지방공사는 원형지에 대한 공사완료 공고일부터 5년이 지난 시점이라면 해당 원형지를 매각할 수 있다.
⑤ 원형지가 공공택지 용도인 경우 원형지개발자의 선정은 추첨의 방법으로 할 수 있다.

03
도시개발사업의 시행

도시개발법령상 도시개발사업의 시행에 관한 설명으로 <u>틀린</u> 것은?

① 도시개발사업의 시행방식에는 도시개발구역 안의 토지 등을 수용·사용하는 방식과 환지방식 외에도 이를 혼용하는 방식이 있다.

② 수용 또는 사용할 토지의 세부목록을 고시한 때에는 「공익사업을 위한 토지 등의 취득 및 보상에 관한 법률」에 따른 사업인정 및 그 고시가 있었던 것으로 본다.

③ 재결신청은 「공익사업을 위한 토지 등의 취득 및 보상에 관한 법률」의 관계 규정에도 불구하고 개발계획에서 정한 도시개발사업의 시행기간 종료일까지 행하여야 한다.

④ 시행자가 아닌 지정권자는 도시개발사업에 필요한 토지 등을 수용할 수 있다.

⑤ 지정권자가 아닌 시행자가 토지상환채권을 발행하려면 토지상환채권의 발행계획을 작성하여 미리 지정권자의 승인을 받아야 한다.

04
선수금

도시개발법령상 도시개발사업으로 조성된 토지에 대한 선수금을 받고자 하는 경우에 관한 설명으로 <u>틀린</u> 것은?

① 시행자는 조성토지등과 도시개발사업으로 조성되지 아니한 상태의 토지를 공급받거나 이용하려는 자로부터 대통령령으로 정하는 바에 따라 해당 대금의 전부 또는 일부를 미리 받을 수 있다.

② 지정권자가 아닌 시행자는 해당 대금의 전부 또는 일부를 미리 받으려면 지정권자의 승인을 받아야 한다.

③ 국가나 지방자치단체인 시행자는 개발계획을 수립·고시한 후에 사업시행 토지 면적의 100분의 10 이상의 토지에 대한 소유권을 확보하여야 한다.

④ 토지소유자인 시행자는 해당 도시개발구역에 대하여 실시계획인가를 받은 후 공급하려는 토지에 대한 소유권을 확보하고, 해당 토지에 설정된 저당권을 말소하여야 한다.

⑤ 「한국수자원공사법」에 따른 한국수자원공사인 시행자는 공급하려는 토지에 대한 도시개발사업의 공사 진척률이 100분의 10 이상이어야 한다.

05
토지상환채권

도시개발법령상 토지상환채권에 관한 설명으로 옳은 것은?

① 시행자는 토지소유자가 원하면 토지 등의 매수대금의 전부 또는 일부를 지급하기 위하여 사업시행으로 조성된 토지·건축물로 상환하는 채권을 발행할 수 있다.

② 한국토지주택공사인 시행자가 토지상환채권을 발행하려면 금융기관이나 보험회사로부터 지급보증을 받은 경우에만 발행할 수 있다.

③ 토지상환채권의 발행총액은 토지상환채권의 발행계획에 포함되지 않는다.

④ 토지상환채권은 무기명식 증권으로 발행한다.

⑤ 토지상환채권의 이율은 발행 당시의 은행의 예금금리 및 부동산수급상황을 고려하여 발행자가 정한다.

Point
06

토지상환채권

도시개발법령상 토지상환채권에 관한 설명으로 틀린 것은?

① 토지상환채권의 발행 규모는 토지상환채권으로 상환할 토지 · 건축물이 해당 도시개발사업으로 조성되는 분양토지 또는 분양건축물 면적의 2분의 1을 초과하지 아니하도록 하여야 한다.

② 토지상환채권은 기명식 증권으로 한다.

③ 토지상환채권은 양도하거나 이전할 수 없다.

④ 한국토지주택공사인 시행자는 지급보증을 받지 아니하고 토지상환채권을 발행할 수 있다.

⑤ 토지상환채권을 질권의 목적으로 할 수 있다.

Point
07

원형지의 공급과 개발

도시개발법령상 원형지의 공급과 개발에 관한 설명으로 틀린 것은?

① 원형지는 도시개발구역에서 도시개발사업으로 조성되지 아니한 상태의 토지를 말한다.

② 공급될 수 있는 원형지의 면적은 해당 도시개발구역 전체 토지 면적의 3분의 1 이내로 한정된다.

③ 원형지를 공급받아 개발하는 한국토지주택공사는 원형지에 대한 공사완료 공고일부터 5년이 지난 시점에는 해당 원형지를 매각할 수 없다.

④ 도시개발구역의 지정권자는 원형지 공급 · 개발의 승인을 할 때에는 교통처리계획 및 기반시설의 설치 등에 관한 이행조건을 붙일 수 있다.

⑤ 원형지를 공장부지로 직접 사용하는 자를 원형지개발자로 선정하는 경우 경쟁입찰의 방식으로 하며, 경쟁입찰이 2회 이상 유찰된 경우에는 수의계약의 방법으로 할 수 있다.

08

원형지의 공급과 개발

도시개발법령상 원형지의 공급과 개발에 관한 설명으로 틀린 것은?

① 원형지를 학교부지로 직접 사용하는 자는 원형지개발자가 될 수 있다.

② 원형지는 도시개발구역 전체 토지 면적의 3분의 1 이내의 면적으로만 공급될 수 있다.

③ 원형지 공급 승인신청서에는 원형지 사용조건에 관한 서류가 첨부되어야 한다.

④ 원형지 공급가격은 개발계획이 반영된 원형지의 감정가격으로 한다.

⑤ 국가가 원형지개발자인 경우 원형지 공급계약체결일부터 10년이 경과하기 전에도 원형지를 매각할 수 있다.

09

조성토지의
공급가격

도시개발법령상 다음 시설을 설치하기 위하여 조성토지등을 공급하는 경우 시행자가 「감정평가 및 감정평가사에 관한 법률」에 따른 감정평가법인등이 감정평가한 가격 이하로 해당 토지의 가격을 정할 수 <u>없는</u> 것은?

① 학교
② 폐기물처리시설
③ 공공청사
④ 행정청이 「국토의 계획 및 이용에 관한 법률」에 따라 직접 설치하는 주차장
⑤ 행정청이 「국토의 계획 및 이용에 관한 법률」에 따라 직접 설치하는 시장

10
조성토지의
공급방법

도시개발법령상 수용 또는 사용방식으로 조성된 토지의 공급에 관한 설명으로 틀린 것은?

① 조성토지등의 가격평가는 감정가격으로 한다.
② 단독주택용지는 면적에 관계없이 추첨의 방법으로 분양할 수 있다.
③ 토지상환채권에 의하여 토지를 상환하는 경우에는 수의계약방법으로 조성토지등을 공급할 수 있다.
④ 도시개발사업의 시행자는 「국토의 계획 및 이용에 관한 법률」에 따른 기반시설의 원활한 설치를 위하여 필요하면 공급대상자의 자격을 제한할 수 있다.
⑤ 일반에게 분양할 수 없는 공공용지를 지방자치단체에 공급하는 경우에는 수의계약의 방법에 의할 수 있다.

Point
11
조성토지의
공급

도시개발법령상 조성토지의 공급에 관한 설명으로 틀린 것은?

① 도시개발사업 시행자는 「국토의 계획 및 이용에 관한 법률」에 따른 기반시설의 원활한 설치를 위하여 필요하면 공급대상자의 자격을 제한할 수 있다.
② 단독주택용지로서 330m² 이하인 조성토지는 추첨의 방법으로 분양할 수 있다.
③ 일반에게 분양할 수 없는 공공용지를 지방자치단체에게 공급하는 경우에는 수의계약의 방법에 의할 수 있다.
④ 수의계약의 방법으로 조성토지를 공급하기로 하였으나 공급신청량이 공급계획에서 계획된 면적을 초과하는 경우에는 경쟁입찰의 방법에 의한다.
⑤ 폐기물처리시설을 설치하기 위해 공급하는 조성토지의 가격은 감정평가법인등이 감정평가한 가격 이하로 정할 수 있다.

12 _하
조성토지의
공급방법

도시개발법령상 다음 중 수용 또는 사용방식에 의한 도시개발사업으로 조성된 토지 등을 추첨의 방법으로 공급할 수 있는 경우가 <u>아닌</u> 것은?

① 국민주택규모 이하의 주택건설용지
② 「주택법」에 따른 공공택지
③ 330m² 이하의 단독주택용지
④ 공장용지
⑤ 토지상환채권에 의하여 토지를 상환하는 경우

13 _중
조성토지의
공급가격

도시개발법령상 다음 시설을 설치하기 위하여 조성토지 등을 공급하는 경우 시행자가 감정평가 및 감정평가사에 관한 법률에 따른 감정평가법인등이 감정 평가한 가격 이하로 해당 토지의 가격을 정할 수 <u>없는</u> 것은?

① 학교
② 임대주택
③ 공공청사
④ 행정청이 「국토의 계획 및 이용에 관한 법률」에 따라 직접 설치하는 시장
⑤ 「사회복지사업법」에 따른 사회복지법인이 설치하는 유료의 사회복지시설

14 _중
조성토지의
공급방법

도시개발법령상 도시개발사업의 시행자가 수의계약의 방법으로 조성토지등을 공급할 수 <u>없는</u> 경우는?

① 「주택법」에 따른 국민주택규모 이하의 주택건설용지를 공급하는 경우
② 학교용지, 공공청사용지 등 일반에게 분양할 수 없는 공공용지를 국가, 지방자치단체, 그 밖의 법령에 따라 해당 시설을 설치할 수 있는 자에게 공급하는 경우
③ 고시한 실시계획에 따라 존치하는 시설물의 유지관리에 필요한 최소한의 토지를 공급하는 경우
④ 토지의 규모 및 형상, 입지조건 등에 비추어 토지이용가치가 현저히 낮은 토지로서, 인접 토지소유자 등에게 공급하는 것이 불가피하다고 시행자가 인정하는 경우
⑤ 「공익사업을 위한 토지 등의 취득 및 보상에 관한 법률」에 따른 협의를 하여 그가 소유하는 도시개발구역 안의 조성토지등의 전부를 시행자에게 양도한 자에게 국토교통부령으로 정하는 기준에 따라 토지를 공급하는 경우

제2절 ## 환지방식에 의한 사업의 시행

대표유형

도시개발법령상 환지처분에 관한 설명으로 옳은 것은?

① 행정상 처분이나 재판상의 처분으로서 종전의 토지에 전속(專屬)하는 것에 관하여는 영향을 미치지 아니한다.

② 청산금은 환지처분의 공고가 있은 날에 확정된다.

③ 환지계획에서 환지를 정하지 아니한 종전의 토지에 있던 권리는 그 환지처분이 공고된 날의 다음 날이 끝나는 때에 소멸한다.

④ 입체환지처분을 받은 경우 종전의 토지에 대한 저당권은 환지처분이 공고된 날의 다음 날부터 종전의 토지에 존재하는 것으로 본다.

⑤ 청산금은 환지처분의 공고가 있은 후에 확정되므로 환지처분 이전에 청산금이 지급되는 경우는 없다.

해설 ② 청산금은 환지처분이 공고된 날의 다음 날에 확정된다.
③ 환지계획에서 환지를 정하지 아니한 종전의 토지에 있던 권리는 그 환지처분이 공고된 날이 끝나는 때에 소멸한다.
④ 입체환지처분을 받은 경우 종전의 토지에 대한 저당권은 환지처분이 공고된 날의 다음 날부터 해당 건축물의 일부와 해당 건축물이 있는 토지의 공유지분에 존재하는 것으로 본다.
⑤ 환지를 정하지 아니하는 토지에 대하여는 환지처분 전이라도 청산금을 교부할 수 있다.　▶▶ **정답** ①

Point 01 **도시개발법령상 환지계획에 포함될 내용이 아닌 것은?**

환지계획의 내용

① 입체환지를 계획하는 경우에는 입체환지용 건축물의 명세
② 필지별로 된 환지명세
③ 필지별과 권리별로 된 청산대상 토지명세
④ 청산금의 결정
⑤ 보류지 또는 체비지의 명세

02 도시개발법령상 환지계획의 작성기준에 관한 설명으로 **틀린** 것은?

환지계획의 작성기준

① 환지계획은 종전의 토지와 환지의 위치, 지목, 면적, 토질, 수리, 이용상황, 환경, 그 밖의 사항을 종합적으로 고려하여 합리적으로 정하여야 한다.

② 행정청이 아닌 시행자가 환지계획을 작성한 경우에는 국토교통부장관의 인가를 받아야 한다.

③ 시행자는 토지 면적의 규모를 조정할 특별한 필요가 있으면 면적이 작은 토지는 과소(過小) 토지가 되지 아니하도록 면적을 늘려 환지를 정할 수 있다.

④ 시행자는 도시개발사업을 원활히 시행하기 위하여 특히 필요한 경우에는 토지 또는 건축물 소유자의 신청을 받아 건축물의 일부와 그 건축물이 있는 토지의 공유지분을 부여할 수 있다.

⑤ 토지평가협의회의 구성 및 운영 등에 필요한 사항은 해당 규약·정관 또는 시행규정으로 정한다.

03 도시개발법령상 환지방식에 의한 사업시행에 관한 설명으로 옳은 것은?

환지방식에 의한 사업시행

① 환지계획의 작성에 따른 환지계획의 기준, 보류지의 책정기준 등에 관하여 필요한 사항은 시행자가 정한다.

② 시행자는 도시개발사업에 필요한 경비에 충당하거나 규약, 정관, 시행규정 또는 실시계획으로 정하는 목적을 위하여 일정한 토지를 환지로 정하지 아니하고 체비지로 정할 수 있다.

③ 시행자는 토지면적의 규모를 조정할 특별한 필요가 있으면 면적이 넓은 토지는 환지대상에서 제외할 수 있다.

④ 입체환지의 신청기간은 통지한 날부터 20일 이상 50일 이하로 하여야 한다.

⑤ 토지소유자가 신청하거나 동의하면 해당 토지의 전부 또는 일부에 대하여 환지를 정하지 아니할 수 있다. 다만, 해당 토지에 관하여 임차권자 등이 있는 경우에는 그 동의를 받아야 한다.

Point 04 도시개발법령상 환지방식에 의한 사업시행에 관한 설명으로 **틀린** 것은?

환지방식에 의한 사업시행

① 지정권자는 도시개발사업을 환지방식으로 시행하려고 개발계획을 수립할 때에 시행자가 지방자치단체이면 토지소유자의 동의를 받을 필요가 없다.

② 시행자는 체비지의 용도로 환지예정지가 지정된 경우에는 도시개발사업에 드는 비용을 충당하기 위하여 이를 처분할 수 있다.

③ 도시개발구역의 토지에 대한 지역권은 도시개발사업의 시행으로 행사할 이익이 없어지면 환지처분이 공고된 날이 끝나는 때에 소멸한다.

④ 지방자치단체가 도시개발사업의 전부를 환지방식으로 시행하려고 할 때에는 도시개발사업의 시행규정을 작성하여야 한다.

⑤ 행정청이 아닌 시행자가 인가받은 환지계획의 내용 중 종전 토지의 합필 또는 분필로 환지명세가 변경되는 경우에는 변경인가를 받아야 한다.

05

환지방식에 의한
사업시행

도시개발법령상 환지방식에 의한 사업시행에 관한 설명으로 틀린 것은?

① 시행자는 도시개발사업의 전부 또는 일부를 환지방식으로 시행하려면 환지계획을 작성하여야 한다.

② 환지예정지를 지정한 경우에 해당 토지의 사용에 장애가 될 물건이 그 토지에 있으면 그 토지의 사용 또는 수익을 시작할 날을 따로 정할 수 있다.

③ 시행자는 도시개발사업의 원활한 사업시행을 위하여 특히 필요한 경우에는 토지 또는 건축물 소유자의 신청이 없어도 건축물의 일부와 그 건축물이 있는 토지의 공유지분을 부여할 수 있다.

④ 입체환지계획의 작성에 관하여 필요한 사항은 국토교통부장관이 정할 수 있다.

⑤ 「공익사업을 위한 토지 등의 취득 및 보상에 관한 법률」에 해당하는 공공시설의 용지에 대하여는 환지계획을 정할 때 그 위치·면적 등에 관하여 환지계획 작성기준을 적용하지 아니할 수 있다.

06
환지계획등

도시개발법령상 환지계획등에 관한 설명으로 틀린 것은?

① 필지별과 권리별로 된 청산대상 토지명세는 환지계획에 포함되어야 한다.

② 시행자는 환지방식이 적용되는 도시개발구역에 있는 조성토지등의 가격을 평가할 때에는 토지평가협의회의 심의를 거쳐 결정하되, 그에 앞서 감정평가법인등이 평가하게 하여야 한다.

③ 시행자는 환지계획구역 안의 토지소유자가 도시개발사업을 위하여 부담하는 토지의 비율(토지부담률)을 산정하여야 한다.

④ 토지소유자 총수의 3분의 2 이상이 동의하는 경우에는 토지부담률을 60% 초과하여 정할 수 있다.

⑤ 해당 환지계획구역의 특성을 고려하여 지정권자가 인정하는 경우에는 평균 토지부담률을 70%까지로 할 수 있다.

07 도시개발법령상 조합인 시행자가 면적식으로 환지계획을 수립하여 환지방식에 의한 사업시행을 하는 경우, 환지계획구역의 평균 토지부담률(퍼센트)은 얼마인가? (단, 다른 조건은 고려하지 않음)

> • 환지계획구역 면적 : 200,000m²
> • 공공시설의 설치로 시행자에게 무상귀속되는 토지면적 : 20,000m²
> • 시행자가 소유하는 토지면적 : 10,000m²
> • 보류지 면적 : 106,500m²

① 40　　　　　　② 45　　　　　　③ 50
④ 55　　　　　　⑤ 60

08 도시개발법령상 환지설계를 평가식으로 하는 경우 다음 조건에서 비례율은? (단, 제시된 조건 이외의 사항은 고려하지 않음)

> • 도시개발사업으로 조성되는 토지·건축물의 평가액 : 500억원
> • 환지 전 토지·건축물의 평가액 합계 : 300억원
> • 총 사업비 : 50억원

① 100퍼센트　　　② 125퍼센트　　　③ 150퍼센트
④ 200퍼센트　　　⑤ 250퍼센트

09 도시개발법령상 환지계획에 관한 설명으로 옳은 것은?

① 입체환지는 환지 전 토지에 대한 권리를 도시개발사업으로 조성된 토지에 이전하는 방식이다.
② 시행자는 토지 면적의 규모를 조정할 특별한 필요가 있으면 면적이 작은 토지는 과소(過小) 토지가 되지 아니하도록 면적을 늘려 환지를 정할 수는 없고, 환지대상에서 제외하여야 한다.
③ 동의나 신청에 의한 환지부지정의 경우, 종전 토지에 임차권자 등이 있어도 토지소유자의 동의만 받으면 임차권자 등의 동의가 없이도 환지를 정하지 아니할 수 있다.
④ 시행자는 규약으로 정하는 목적을 위하여 일정한 토지를 환지로 정하지 아니하고 보류지로 정할 수 있다.
⑤ 시행자가 입체환지를 하려면 해당 토지에 대한 임차권자의 동의를 받아야 한다.

Point 10 환지예정지의 지정

도시개발법령상 환지예정지의 지정에 관한 설명으로 틀린 것은?

① 시행자는 도시개발사업의 시행을 위하여 도시개발구역의 토지에 대하여 환지예정지를 지정하여야 한다.

② 시행자는 종전의 토지에 대해 임차권자 등이 있는 경우에는 해당 환지예정지에 대하여 해당 권리의 목적인 토지 또는 그 부분을 아울러 지정하여야 한다.

③ 환지예정지가 지정되면 종전의 토지의 소유자와 임차권자 등은 환지예정지 지정의 효력발생일부터 환지처분이 공고되는 날까지 환지예정지나 해당 부분에 대하여 종전과 같은 내용의 권리를 행사할 수 있으며 종전의 토지는 사용하거나 수익할 수 없다.

④ 시행자는 체비지의 용도로 환지 예정지가 지정된 경우에는 도시개발사업에 드는 비용을 충당하기 위하여 이를 사용 또는 수익하게 하거나 처분할 수 있다.

⑤ 시행자는 환지예정지를 지정한 경우에 해당 토지를 사용하거나 수익하는 데에 장애가 될 물건이 그 토지에 있거나 그 밖에 특별한 사유가 있으면 그 토지의 사용 또는 수익을 시작할 날을 따로 정할 수 있다.

11 환지예정지의 지정

도시개발법령상 환지예정지의 지정에 관한 설명으로 틀린 것은?

① 시행자는 도시개발사업의 시행을 위하여 필요하면 도시개발구역의 토지에 대하여 환지예정지를 지정할 수 있다.

② 시행자가 환지예정지를 지정하려면 관계 토지소유자와 임차권자 등에게 환지예정지의 위치·면적과 환지예정지 지정의 효력발생시기를 알려야 한다.

③ 환지예정지의 지정으로 이를 사용하거나 수익할 수 있는 자가 없게 된 토지 또는 해당 부분은 환지예정지의 지정일이나 사용 또는 수익의 정지처분이 있는 날부터 환지처분을 공고한 날까지 시행자가 관리한다.

④ 시행자는 환지를 정하지 아니하기로 결정된 토지소유자나 임차권자 등에게 날짜를 정하여 그날부터 해당 토지 또는 해당 부분의 사용 또는 수익을 정지시킬 수 있다.

⑤ 체비지의 용도로 환지예정지가 지정된 경우 시행자는 그 체비지를 사용 또는 수익하게 하거나 처분할 수 있다. 이 경우 처분된 체비지는 그 체비지를 매입한 자가 환지처분 공고일의 다음 날에 소유권을 취득한다.

12 도시개발법령상 환지예정지의 지정에 관한 설명으로 **틀린** 것은?

환지예정지의 지정

① 시행자가 도시개발사업의 시행을 위해 필요한 경우에는 도시개발구역의 토지에 대하여 환지예정지를 지정할 수 있다.

② 종전의 토지에 대한 임차권자가 있는 경우 해당 환지예정지에 대하여 해당 권리의 목적인 토지 또는 그 부분을 아울러 지정하여야 한다.

③ 시행자는 체비지의 용도로 환지예정지가 지정된 경우에는 도시개발사업에 드는 비용을 충당하기 위하여 이를 사용 또는 수익하게 하거나 처분할 수 있다.

④ 종전 토지의 임차권자는 환지예정지 지정 이후에도 환지처분이 공고되는 날까지 종전의 토지를 사용하거나 수익할 수 있다.

⑤ 환지예정지가 지정된 경우 임료·지료의 증감청구, 계약의 해지 또는 권리의 포기는 환지예정지 지정의 효력발생일로부터 60일이 지나면 이를 행사할 수 없다.

13 도시개발법령상 체비지 등에 관한 설명으로 **틀린** 것은?

체비지 등

① 환지계획으로 체비지를 지정한 경우에는 체비지는 시행자가 환지처분이 공고된 날의 다음 날에 해당 소유권을 취득한다.

② 체비지로 정해지지 않은 보류지는 환지계획에서 정한 자가 환지처분이 공고된 날의 다음 날에 해당 소유권을 취득한다.

③ 환지예정지가 체비지의 용도로 지정된 때에는 이미 처분된 체비지는 그 체비지를 매입한 자가 소유권이전등기를 마친 때에 소유권을 취득한다.

④ 도시개발사업의 준공검사 전에는 체비지를 사용할 수 없다.

⑤ 군수는 「주택법」에 따른 공동주택의 건설을 촉진하기 위하여 필요하다고 인정하면 체비지 중 일부를 같은 지역에 집단으로 정하게 할 수 있다.

14 도시개발법령상 환지처분에 관한 설명으로 **틀린** 것은?

환지처분

① 시행자는 환지방식으로 도시개발사업에 관한 공사를 끝낸 경우에는 지체 없이 이를 관보 또는 공보에 공고하고 공사 관계 서류를 일반인에게 14일 이상 공람시켜야 한다.

② 지정권자가 아닌 시행자는 도시개발사업의 공사를 끝낸 때에는 공사완료 보고서를 작성하여 지정권자의 준공검사를 받아야 한다.

③ 시행자는 지정권자에 의한 준공검사를 받은 경우에는 30일 이내에 환지처분을 하여야 한다.

④ 환지처분의 공고에는 사업비 정산내역도 포함되어야 한다.

⑤ 환지계획에서 정해진 환지는 그 환지처분의 공고가 있은 날의 다음 날부터 종전의 토지로 본다.

Point 15 (중)
환지방식에 의한
사업시행

도시개발법령상 환지방식에 의한 사업시행에 관한 설명으로 틀린 것은?

① 지정권자가 정한 기준일의 다음 날부터 1필지의 토지가 여러 개의 필지로 분할된 경우 시행자는 해당 토지에 대하여 금전으로 청산하거나 환지 지정을 제한할 수 있다.

② 도시개발사업의 시행으로 행사할 이익이 없어진 지역권은 환지처분이 공고된 날의 다음 날이 끝나는 때에 소멸한다.

③ 지정권자가 시행자인 경우 법 제51조에 따른 공사완료 공고가 있는 때에는 60일 이내에 환지처분을 하여야 한다.

④ 토지소유자의 환지 제외신청이 있더라도 해당 토지에 관한 임차권자 등이 동의하지 않는 경우에는 해당 토지를 환지에서 제외할 수 없다.

⑤ 주거용으로 사용하고 있는 건축물을 이전하거나 철거하려고 하는 경우에는 이전하거나 철거하려는 날부터 늦어도 2개월 전에 통지를 하여야 한다.

16 (중)
청산금

도시개발법령상 청산금에 관한 설명으로 틀린 것은?

① 환지를 정하거나 그 대상에서 제외한 경우 그 과부족분(過不足分)은 금전으로 청산하여야 한다.

② 청산금은 환지처분을 하는 때에 결정하여야 한다. 다만, 환지대상에서 제외한 토지 등에 대하여는 청산금을 교부하는 때에 청산금을 결정할 수 있다.

③ 청산금은 이자를 붙여 분할징수하거나 분할교부할 수 있다.

④ 행정청이 아닌 시행자는 특별자치도지사, 시장·군수 또는 구청장에게 청산금의 징수를 위탁할 수 있다. 이 경우 징수한 금액의 100분의 2에 해당하는 금액을 특별자치도, 시·군 또는 구에 지급하여야 한다.

⑤ 청산금을 받을 권리 또는 징수할 권리는 5년간 이를 행사하지 아니하면 시효로 소멸한다.

17 (상)
청산금

도시개발법령상 청산금에 관한 설명으로 틀린 것은?

① 청산금은 환지처분의 공고일에 확정된다.

② 청산금은 환지처분을 하는 때에 결정하여야 한다.

③ 시행자는 환지처분의 공고가 있은 후에 확정된 청산금을 징수하거나 교부하여야 한다.

④ 환지를 정하지 아니하는 토지에 대하여는 환지처분 전이라도 청산금을 교부할 수 있다.

⑤ 행정청인 시행자는 청산금을 납부하여야 할 자가 이를 납부하지 아니한 때에는 국세체납처분 또는 지방세체납처분의 예에 따라 이를 징수할 수 있다.

대표유형

도시개발법령상 도시개발채권에 관한 설명으로 옳은 것은?

① 도시개발조합은 도시·군계획시설사업에 필요한 자금을 조달하기 위하여 도시개발채권을 발행할 수 있다.

② 도시개발채권의 소멸시효는 상환일부터 기산(起算)하여 원금은 5년, 이자는 3년으로 한다.

③ 도시개발채권은 「주식·사채 등의 전자등록에 관한 법률」에 따라 전자등록하여 발행하거나 기명식 증권으로 발행할 수 있으며, 발행방법에 필요한 세부적인 사항은 시·도의 조례로 정한다.

④ 수용 또는 사용방식으로 시행하는 도시개발사업의 경우 한국토지주택공사와 공사도급계약을 체결하는 자는 도시개발채권을 매입하여야 한다.

⑤ 도시개발채권의 상환은 2년부터 10년까지의 범위에서 지방자치단체의 조례로 정한다.

해설 ① 도시개발채권은 지방자치단체의 장(시·도지사)이 발행한다.

② 도시개발채권의 소멸시효는 상환일부터 기산(起算)하여 원금은 5년, 이자는 2년으로 한다.

③ 도시개발채권은 「주식·사채 등의 전자등록에 관한 법률」에 따라 전자등록하여 발행하거나 무기명으로 발행할 수 있으며, 발행방법에 필요한 세부적인 사항은 시·도의 조례로 정한다.

⑤ 도시개발채권의 상환은 5년부터 10년까지의 범위에서 지방자치단체의 조례로 정한다.　　▶▶ 정답 ④

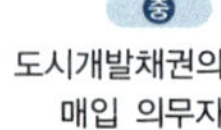

Point 01

도시개발채권의 매입 의무자

도시개발법령상 도시개발채권에 관한 설명으로 옳은 것은?

① 「국토의 계획 및 이용에 관한 법률」에 따른 허가를 받은 자 중 토지의 형질변경허가를 받은 자는 도시개발채권을 매입하여야 한다.

② 시·도지사는 도시개발채권을 발행하려는 경우 채권의 발행총액에 대하여 국토교통부장관의 승인을 받아야 한다.

③ 도시개발채권의 상환은 3년부터 10년까지의 범위에서 지방자치단체의 조례로 정한다.

④ 도시개발채권의 소멸시효는 상환일부터 기산하여 원금은 3년, 이자는 2년으로 한다.

⑤ 도시개발채권 매입필증을 제출받는 자는 매입필증을 10년간 보관하여야 한다.

02
도시개발채권의
상환기간

도시개발법령상 도시개발채권에 관한 설명으로 옳은 것은?

① 국토의 계획 및 이용에 관한 법률에 따른 공작물의 설치허가를 받은 자는 도시개발채권을 매입하여야 한다.

② 도시개발채권의 이율은 행정안전부장관이 국채·공채 등의 금리와 특별회계의 상황 등을 고려하여 정한다.

③ 도시개발채권을 발행하려는 시·도지사는 국토교통부장관의 승인을 받은 후 채권의 발행총액 등을 공고하여야 한다.

④ 도시개발채권의 상환기간은 5년보다 짧게 정할 수는 없다.

⑤ 도시개발채권의 소멸시효는 상환일부터 기산하여 원금은 10년, 이자는 5년으로 한다.

03
도시개발사업의
비용부담

도시개발법령상 도시개발사업의 비용부담에 관한 설명으로 틀린 것은?

① 도시개발사업에 필요한 비용은 「도시개발법」이나 다른 법률에 특별한 규정이 있는 경우를 제외하고는 시행자가 부담한다.

② 지방자치단체의 장이 발행하는 도시개발채권의 소멸시효는 상환일로부터 기산하여 원금은 5년, 이자는 2년으로 한다.

③ 시행자가 지방자치단체인 경우에는 공원·녹지의 조성비 전부를 국고에서 보조하거나 융자할 수 있다.

④ 시행자는 공동구를 설치하는 경우에는 다른 법률에 따라 그 공동구에 수용될 시설을 설치할 의무가 있는 자에게 공동구의 설치에 드는 비용을 부담시킬 수 없다.

⑤ 도시개발사업에 관한 비용부담에 대해 대도시 시장과 시·도지사 간의 협의가 성립되지 아니하는 경우에는 행정안전부장관의 결정에 따른다.

04
도시개발사업의
비용부담

도시개발법령상 도시개발사업의 비용부담 등에 관한 설명으로 틀린 것을 모두 고른 것은?

㉠ 지정권자가 시행자가 아닌 경우 도시개발구역의 통신시설의 설치는 특별한 사유가 없으면 준공검사신청일까지 끝내야 한다.

㉡ 전부 환지방식으로 사업을 시행하는 경우 전기시설의 지중선로 설치를 요청하는 경우, 전기시설을 공급하는 자가 3분의 2, 지중에 설치할 것을 요청하는 자가 3분의 1의 비율로 부담한다.

㉢ 지정권자인 시행자는 그가 시행한 사업으로 이익을 얻는 시·도에 비용의 전부 또는 일부를 부담시킬 수 있다.

① ㉠   ② ㉡   ③ ㉢

④ ㉠, ㉢   ⑤ ㉡, ㉢

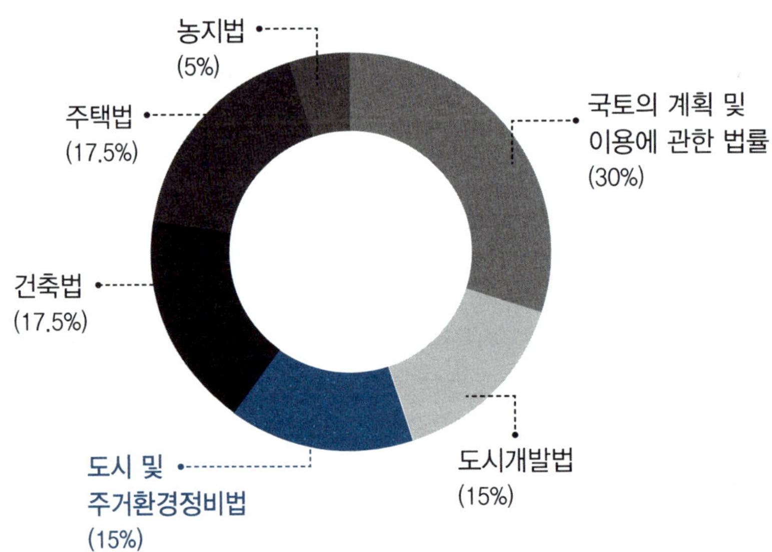

✎ 최근 5개년 출제경향 분석

이 법은 최근에 다소 난이도가 높게 출제되는 경향을 보이므로 심화학습이 필요하다.

이 법에서 특히 비중을 두고 공부하여야 할 부분은 정비기본계획, 조합에 관한 사항, 시행방법에 관한 사항, 주거환경개선 사업의 시행자, 재건축정비사업, 재건축진단, 사업시행계획, 사업시행을 위한 조치, 관리처분계획 등에 관한 부분이다.

도시 및
주거환경정비법

도시 및 주거환경정비법령상의 용어 및 내용에 관한 설명으로 옳은 것은?

① 주민이 공동으로 사용하는 공동작업장, 공원, 공용주차장 등은 공동이용시설이다.

② 재건축사업에서 토지등소유자는 정비구역에 위치한 토지 또는 건축물 소유자 또는 그 지상권자를 말한다.

③ 토지주택공사등이란 「한국토지주택공사법」에 따라 설립된 한국토지주택공사 또는 「지방공기업법」에 따른 지방공사 또는 한국자산관리공사를 말한다.

④ 주거환경개선사업에서 토지등소유자는 정비구역에 위치한 토지 또는 건축물 소유자 또는 그 지상권자를 말한다.

⑤ 재개발사업에서 토지등소유자는 정비구역에 위치한 토지 또는 건축물의 소유자와 임차권자이다.

해설 ① 주민이 공동으로 사용하는 놀이터·마을회관·공동작업장, 그 밖에 대통령령이 정하는 시설이 공동이용시설이다. 공원, 공용주차장은 정비기반시설에 해당한다.

② 재건축사업의 토지등소유자는 정비구역에 소재한 건축물 및 그 부속토지의 소유자이며, 지상권자는 포함되지 않는다.

③ 토지주택공사등이란 「한국토지주택공사법」에 따라 설립된 한국토지주택공사 또는 「지방공기업법」에 따라 주택사업을 수행하기 위하여 설립된 지방공사를 말한다.

⑤ 재개발사업의 경우 토지등소유자는 정비구역에 위치한 토지 또는 건축물의 소유자 또는 그 지상권자이다.

▶▶ 정답 ④

---

01 도시 및 주거환경정비법령상 다음의 정의에 해당하는 정비사업으로 옳은 것은?

정비사업의 종류

> 정비기반시설이 열악하고 노후·불량건축물이 밀집한 지역에서 주거환경을 개선하거나 상업지역·공업지역 등에서 도시기능의 회복 및 상권활성화 등을 위하여 도시환경을 개선하기 위한 사업

① 주거환경개선사업   ② 재건축사업   ③ 공공재건축사업
④ 재개발사업   ⑤ 공공재개발사업

02

공공재건축사업

도시 및 주거환경정비법령상 공공재건축사업에 관한 규정 내용이다. (   )에 들어갈 숫자를 바르게 나열한 것은?

> • 시장·군수등 또는 토지주택공사등(조합과 공동으로 시행하는 경우를 포함)이 재건축사업의 시행자나 재건축사업의 대행자일 것
> • 종전의 용적률, 토지면적, 기반시설 현황 등을 고려하여 공공재건축사업을 추진하는 단지의 종전 세대수의 (   )에 해당하는 세대수 이상을 건설·공급할 것

① 100분의 120
② 100분의 130
③ 100분의 140
④ 100분의 150
⑤ 100분의 160

03

용어의 정의

도시 및 주거환경정비법령상 용어의 정의에 관한 설명으로 틀린 것은?

① 「주택법」에 따른 사업계획승인을 받아 주택 및 부대시설·복리시설을 건설한 일단의 토지는 주택단지에 해당한다.

② 재건축사업은 조합 또는 토지등소유자가 시행하거나 시장·군수등, 토지주택공사등, 건설업자 또는 등록사업자와 공동으로 시행할 수 있다.

③ 건축물이 훼손되거나 일부가 멸실되어 붕괴, 그 밖의 안전사고의 우려가 있는 건축물은 노후·불량건축물에 해당한다.

④ 재건축사업은 정비기반시설은 양호하나 노후·불량건축물에 해당하는 공동주택이 밀집한 지역에서 주거환경을 개선하기 위하여 시행하는 사업이다.

⑤ 주거환경개선사업은 도시저소득 주민이 집단거주하는 지역으로서 정비기반시설이 극히 열악하고 노후·불량건축물이 과도하게 밀집한 지역의 주거환경을 개선하거나 단독주택 및 다세대주택이 밀집한 지역에서 정비기반시설과 공동이용시설 확충을 통하여 주거환경을 보전·정비·개량하기 위한 사업을 말한다.

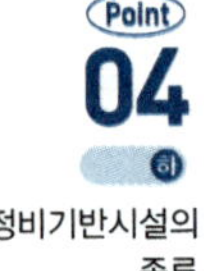

Point
04
정비기반시설의
종류

도시 및 주거환경정비법령상 정비기반시설에 해당하지 <u>않는</u> 것은? (단, 주거환경개선사업을 위하여 지정ㆍ고시된 정비구역이 아님)

① 공동작업장
② 하천
③ 공공공지
④ 공용주차장
⑤ 공원

05
공동이용시설의
범위

도시 및 주거환경정비법령상 주민이 공동으로 사용하는 시설로서 공동이용시설에 해당하지 <u>않는</u> 것은? (단, 조례는 고려하지 않으며, 각 시설은 단독주택, 공동주택 및 제1종 근린생활시설에 해당하지 않음)

① 마을회관
② 구거(溝渠 : 도랑)
③ 탁아소
④ 놀이터
⑤ 어린이집

Point
06
토지등소유자의
범위

도시 및 주거환경정비법령상 재개발사업을 조합이 시행하는 경우, 조합의 구성원이 될 수 있는 자는?

① 정비구역 밖에 위치한 토지의 소유권자
② 정비구역 안에 위치한 건축물의 전세권자
③ 정비구역 안에 위치한 토지의 지상권자
④ 정비구역 안에 위치한 건축물의 임차권자
⑤ 정비구역 안에 위치한 토지의 지역권자

기본계획의 수립 및 정비구역의 지정

도시 및 주거환경정비법령상 도시·주거환경정비기본계획(이하 '기본계획'이라 함)에 관한 설명으로 **틀린** 것은?

① 대도시의 시장이 아닌 시장은 기본계획의 내용 중 공동이용시설에 대한 설치계획을 변경하는 경우에는 도지사의 승인을 받아야 한다.

② 기본계획을 수립 또는 변경하고자 하는 때에는 14일 이상 주민에게 공람하고 지방의회의 의견을 들어야 한다.

③ 대도시의 시장은 지방도시계획위원회의 심의를 거치기 전에 관계 행정기관의 장과 협의하여야 한다.

④ 기본계획을 수립한 때에는 지체 없이 해당 지방자치단체의 공보에 고시하여야 한다.

⑤ 기본계획의 작성방법은 국토교통부장관이 정한다.

해설 ① 대도시의 시장이 아닌 시장은 기본계획의 내용 중 공동이용시설에 대한 설치계획을 변경하는 경우에는 도지사의 승인을 받지 않아도 된다. 공동이용시설에 대한 설치계획을 변경하는 경우는 경미한 변경에 해당하기 때문이다. ▶▶ **정답 ①**

01

기본방침의 내용

도시 및 주거환경정비법령상 국토교통부장관은 도시 및 주거환경을 개선하기 위하여 10년마다 기본방침을 정하고, 5년마다 타당성을 검토하여 그 결과를 기본방침에 반영하여야 한다. 다음 중 기본방침에 포함되는 사항이 **아닌** 것은?

① 도시 및 주거환경정비를 위한 국가정책방향

② 단계별 정비사업 추진계획

③ 도시·주거환경정비기본계획의 수립방향

④ 노후·불량 주거지 조사 및 개선계획의 수립

⑤ 도시 및 주거환경 개선에 필요한 재정지원계획

02 도시 및 주거환경정비법령상 도시·주거환경정비기본계획(이하 '기본계획'이라 함)에 관한 설명
이다. (　　)에 들어갈 내용을 순서대로 나열한 것은?

기본계획의 수립

> (　　)은(는) 기본계획을 (　　) 단위로 수립하여야 하며, (　　)마다 타당성을 검토하
> 여 그 결과를 기본계획에 반영하여야 한다. 다만, 도지사가 대도시가 아닌 시로서 기본계획
> 을 수립할 필요가 없다고 인정하는 시에 대하여는 기본계획을 수립하지 아니할 수 있다.

① 특별시장·광역시장·특별자치시장·특별자치도지사·시장 또는 군수, 10년, 5년
② 시장·군수 또는 구청장, 10년, 5년
③ 특별시장·광역시장·특별자치시장·특별자치도지사 또는 시장, 10년, 5년
④ 시장·군수 또는 구청장, 5년, 1년
⑤ 특별시장·광역시장·특별자치시장·특별자치도지사 또는 도지사, 5년, 5년

03 도시 및 주거환경정비법령상 도시·주거환경정비기본계획에 포함되어야 할 사항을 모두 고른
것은?

기본계획의 내용

> ㉠ 단계별 정비사업 추진계획(정비예정구역별 정비계획의 수립시기가 포함되어야 한다)
> ㉡ 정비사업의 기본방향
> ㉢ 건폐율·용적률 등에 관한 건축물의 밀도계획
> ㉣ 도시의 광역적 재정비를 위한 기본방향

① ㉠ ② ㉠, ㉡
③ ㉢, ㉣ ④ ㉡, ㉢, ㉣
⑤ ㉠, ㉡, ㉢, ㉣

04

기본계획의
타당성 검토

도시 및 주거환경정비법령상 도시·주거환경정비기본계획(이하 '기본계획'이라 함)에 관한 설명으로 **틀린** 것은?

① 특별시장·광역시장·특별자치시장·특별자치도지사 또는 시장은 기본계획을 10년 단위로 수립하여야 한다.

② 기본계획의 내용에는 정비구역으로 지정할 예정인 구역의 개략적 범위 등이 포함된다.

③ 대도시 시장이 아닌 시장이 기본계획을 수립한 때에는 도지사의 승인을 받아야 한다.

④ 국토교통부장관은 기본계획에 대하여 5년마다 타당성을 검토하여 그 결과를 기본계획에 반영하여야 한다.

⑤ 시장은 기본계획을 고시한 때에는 국토교통부령으로 정하는 방법 및 절차에 따라 국토교통부장관에게 보고하여야 한다.

05

재건축진단

도시 및 주거환경정비법령상 재건축진단에 관한 설명으로 옳은 것은?

① 재건축진단의 실시를 요청하려면 정비예정구역에 위치한 건축물 및 그 부속토지의 소유자 3분의 2 이상의 동의를 받아야 한다.

② 주택의 구조안전상 사용금지가 필요하다고 시장·군수등이 인정할 때에는 재건축진단을 실시하여야 한다.

③ 「국토안전관리원법」에 따른 국토안전관리원은 재건축진단을 할 수 있다.

④ 천재지변 등으로 주택이 붕괴되어 신속히 재건축을 추진할 필요가 있다고 시장·군수등이 인정할 때에는 재건축진단을 실시하여야 한다.

⑤ 시장·군수등은 재건축진단에 드는 비용을 해당 재건축진단의 실시를 요청하는 자에게 부담하게 할 수 없다.

06

정비계획의 내용

도시 및 주거환경정비법령상 정비계획에 포함되어야 하는 사항을 모두 고른 것은? (단, 조례는 고려하지 않음)

㉠ 도시·군계획시설의 설치에 관한 계획
㉡ 도시의 광역적 재정비를 위한 기본방향
㉢ 건축물의 주용도·건폐율·용적률·높이에 관한 계획
㉣ 세입자 주거대책

① ㉠, ㉡
② ㉡, ㉣
③ ㉢, ㉣
④ ㉠, ㉡, ㉢
⑤ ㉠, ㉢, ㉣

07

정비계획의
경미한 변경

도시 및 주거환경정비법령상 정비계획 입안을 위하여 주민 의견청취 절차를 거쳐야 하는 경우는? (단, 조례는 고려하지 않음)

① 공동이용시설 설치계획을 변경하는 경우
② 재난방지에 관한 계획을 변경하는 경우
③ 정비사업시행 예정 시기를 3년의 범위에서 조정하는 경우
④ 건축물의 최고높이를 변경하는 경우
⑤ 건축물의 용적률을 20% 확대하는 경우

Point
08
(중)
허가대상
개발행위

도시 및 주거환경정비법령상 정비구역에서의 행위 중 시장·군수등의 허가를 받아야 하는 것을 모두 고른 것은? (단, 재해복구 또는 재난수습과 관련 없는 행위임)

> ㉠ 가설건축물의 건축
> ㉡ 죽목의 벌채
> ㉢ 공유수면의 매립
> ㉣ 이동이 쉽지 아니한 물건을 1개월 이상 쌓아놓는 행위
> ㉤ 토지의 합병

① ㉠, ㉡
② ㉡, ㉢, ㉣
③ ㉢, ㉣, ㉤
④ ㉠, ㉡, ㉢, ㉣
⑤ ㉡, ㉢, ㉣, ㉤

09
(중)
허가대상
개발행위

도시 및 주거환경정비법령상 정비구역에서 시장·군수등의 허가를 받아야 하는 행위는? (단, 「국토의 계획 및 이용에 관한 법률」에 따른 개발행위허가의 대상이 아님)

① 정비구역에 존치하기로 결정된 대지에 물건을 쌓아놓는 행위
② 정비구역의 개발에 지장을 주지 아니하고 자연경관을 손상하지 아니하는 범위에서의 토석의 채취
③ 경작을 위한 토지의 형질변경
④ 농산물의 생산에 직접 이용되는 종묘배양장의 설치
⑤ 경작지에서의 관상용 죽목의 임시식재

Point
10

정비구역의
지정해제

도시 및 주거환경정비법령상 재개발사업이 다음에 해당하는 경우, 정비구역의 지정권자는 정비구역 등의 지정을 해제하여야 한다. (   )에 들어갈 내용을 바르게 나열한 것은?

> • 토지등소유자가 시행하는 재개발사업으로서 토지등소유자가 정비구역으로 지정·고시된 날부터 (㉠)이 되는 날까지 사업시행계획인가를 신청하지 아니하는 경우
> • 재개발사업을 조합이 시행하는 경우로서 추진위원회가 추진위원회 승인일부터 (㉡)이 되는 날까지 조합설립인가를 신청하지 아니하는 경우
> • 재개발사업을 조합이 시행하는 경우로서 토지등소유자가 정비구역으로 지정·고시된 날부터 (㉢)이 되는 날까지 추진위원회의 승인을 신청하지 아니하는 경우

	㉠	㉡	㉢			㉠	㉡	㉢
①	3년	2년	2년		②	4년	2년	2년
③	5년	2년	2년		④	5년	2년	3년
⑤	5년	3년	2년					

11

정비구역의
해제사유

도시 및 주거환경정비법령상 정비구역의 해제사유에 해당하는 것은?

① 조합의 재건축사업의 경우, 토지등소유자가 정비구역으로 지정·고시된 날부터 1년이 되는 날까지 조합설립추진위원회의 승인을 신청하지 않은 경우
② 조합의 재건축사업의 경우, 토지등소유자가 정비구역으로 지정·고시된 날부터 2년이 되는 날까지 조합설립인가를 신청하지 않은 경우
③ 조합의 재건축사업의 경우, 조합설립추진위원회가 추진위원회승인일부터 1년이 되는 날까지 조합설립인가를 신청하지 않은 경우
④ 토지등소유자가 재개발사업을 시행하는 경우로서 토지등소유자가 정비구역으로 지정·고시된 날부터 5년이 되는 날까지 사업시행계획인가를 신청하지 않은 경우
⑤ 조합설립추진위원회가 구성된 구역에서 토지등소유자의 100분의 20이 정비구역의 해제를 요청한 경우

12 

정비구역의 지정 및 해제

도시 및 주거환경정비법령상 정비구역에 관한 설명으로 옳지 <u>않은</u> 것은? (단, 조례는 고려하지 않음)

① 정비구역의 지정권자는 정비구역에서의 건축물의 최고높이를 변경하는 경우에는 지방도시계획위원회의 심의를 거치지 아니할 수 있다.

② 정비구역의 지정권자는 정비사업의 효율적인 추진을 위하여 필요하다고 인정하는 경우에는 하나의 정비구역을 둘 이상의 정비구역으로 분할하는 방법으로 정비구역을 지정할 수 있다.

③ 정비사업의 시행으로 토지등소유자에게 과도한 부담이 발생할 것으로 예상되는 경우 정비구역의 지정권자는 지방도시계획위원회의 심의를 거치지 아니하고 정비구역 등을 해제할 수 있다.

④ 주거환경개선사업은 사업시행자가 정비구역에서 정비기반시설 및 공동이용시설을 새로 설치하거나 확대하고 토지등소유자가 스스로 주택을 보전·정비하거나 개량하는 방법으로 할 수 있다.

⑤ 정비구역 등의 추진 상황으로 보아 지정목적을 달성할 수 없다고 인정되어 정비구역 등이 해제된 경우 정비계획으로 변경된 용도지역은 정비구역 지정 이전의 상태로 환원된 것으로 본다.

Point 13

정비구역의 지정 및 해제

도시 및 주거환경정비법령상 정비구역에 관한 설명으로 옳은 것은?

① 광역시의 군수가 정비계획을 입안한 경우에는 직접 정비구역을 지정할 수 있다.

② 정비구역에서 건축물의 용도만을 변경하는 경우에는 따로 시장·군수등의 허가를 받지 않아도 된다.

③ 재개발사업을 시행하는 지정개발자가 사업시행자 지정일부터 3년이 되는 날까지 사업시행계획인가를 신청하지 않은 경우 해당 정비구역을 해제하여야 한다.

④ 정비구역의 지정권자는 정비구역을 직권으로 해제하려는 경우 30일 이상 주민에게 공람하여 의견을 들어야 한다.

⑤ 토지등소유자는 공공재개발사업을 추진하려는 경우 정비계획의 입안권자에게 정비계획의 입안을 제안할 수 없다.

제1절 시행자 및 사업시행계획

대표유형

도시 및 주거환경정비법령상의 정비사업조합에 관한 설명으로 옳은 것은?

① 당연퇴임된 조합임원이 퇴임 전에 관여한 행위는 그 효력을 잃는다.

② 토지 또는 건축물의 소유권과 지상권이 여러 명의 공유에 속하는 때에는 그 여러 명을 모두 조합원으로 본다.

③ 조합임원은 같은 목적의 정비사업을 하는 다른 조합의 임원 또는 직원을 겸할 수 있다.

④ 조합설립인가를 받은 경우에는 따로 등기를 하지 않아도 조합이 성립된다.

⑤ 토지등소유자의 수가 100인을 초과하는 경우에는 이사의 수를 5명 이상으로 한다.

해설 ① 당연퇴임된 조합임원이 퇴임 전에 관여한 행위는 그 효력을 잃지 않는다.

② 토지 또는 건축물의 소유권과 지상권이 여러 명의 공유에 속하는 때에는 그 여러 명을 대표하는 1명을 조합원으로 본다.

③ 조합임원은 같은 목적의 정비사업을 하는 다른 조합의 임원 또는 직원을 겸할 수 없다.

④ 조합은 조합설립의 인가를 받은 날부터 30일 이내에 주된 사무소의 소재지에서 대통령령이 정하는 사항을 등기하는 때에 성립한다.

▶▶ 정답 ⑤

01

중

재건축사업의 시행방법

도시 및 주거환경정비법령상 조문의 일부이다. 다음 (   )에 들어갈 내용을 옳게 연결한 것은?

재건축사업은 정비구역에서 인가받은 관리처분계획에 따라 건축물을 건설하여 공급하는 방법으로 한다. 이 경우 공동주택 외 건축물을 건설하여 공급하는 경우에는 「국토의 계획 및 이용에 관한 법률」에 따른 (㉠)에서만 건설할 수 있다. 이 경우 공동주택 외 건축물의 연면적은 전체 건축물 연면적의 (㉡) 이하이어야 한다.

	㉠	㉡
①	준주거지역 및 일반공업지역	100분의 10
②	준주거지역 및 상업지역	100분의 20
③	준공업지역 및 상업지역	100분의 30
④	준주거지역 및 준공업지역	100분의 10
⑤	준주거지역 및 상업지역	100분의 30

Point
02
정비사업의 시행방법

도시 및 주거환경정비법령상 정비사업의 시행방법으로 옳은 것만을 모두 고른 것은?

> ㉠ 재건축사업 : 사업시행자가 환지로 공급하는 방법
> ㉡ 주거환경개선사업 : 사업시행자가 정비구역에서 인가받은 관리처분계획에 따라 주택, 부대시설·복리시설 및 오피스텔을 건설하여 공급하는 방법
> ㉢ 재개발사업 : 정비구역에서 인가받은 관리처분계획에 따라 건축물을 건설하여 공급하는 방법

① ㉠
② ㉡
③ ㉢
④ ㉠, ㉢
⑤ ㉡, ㉢

03
정비사업의 시행자

도시 및 주거환경정비법령상 정비사업의 시행자가 될 수 <u>없는</u> 자는?

① 광역시장
② 토지등소유자
③ 시장·군수
④ 지방공사
⑤ 한국토지주택공사

04
주거환경개선사업의 시행자

도시 및 주거환경정비법령상 다음 (   )에 들어갈 내용을 순서대로 나열한 것은? (단, 사업시행자가 정비구역의 전부 또는 일부를 수용하여 주택을 건설한 후 토지등소유자에게 우선 공급하는 방법으로 하는 경우를 전제로 함)

> 주거환경개선사업은 정비계획의 입안을 위한 공람 공고일 현재 해당 정비예정구역의 토지 또는 건축물의 소유자 또는 지상권자의 (㉠) 이상의 동의와 세입자 세대수 (㉡)의 동의를 각각 받아 시장·군수등이 직접 시행하거나 토지주택공사등을 사업시행자로 지정하여 이를 시행하게 할 수 있다. 다만, 세입자의 세대수가 토지등소유자의 (㉢) 이하인 경우 등 대통령령으로 정하는 사유가 있는 경우에는 세입자의 동의절차를 거치지 아니할 수 있다.

	㉠	㉡	㉢
①	2분의 1	과반수	2분의 1
②	2분의 1	3분의 2	3분의 1
③	3분의 2	과반수	2분의 1
④	3분의 2	과반수	3분의 1
⑤	3분의 2	3분의 1	5분의 1

05

주거환경개선사업의
시행

도시 및 주거환경정비법령상 주거환경개선사업에 관한 설명으로 옳은 것만을 모두 고른 것은?

> ㉠ 시장·군수 등은 세입자의 세대수가 토지등소유자의 2분의 1인 경우 세입자의 동의절차 없이 토지주택공사등을 사업시행자로 지정할 수 있다.
> ㉡ 사업시행자는 '정비구역안에서 정비기반시설을 새로이 설치하거나 확대하고 토지등소유자가 스스로 주택을 개량하는 방법' 및 '환지로 공급하는 방법'을 혼용할 수 있다.
> ㉢ 사업시행자는 사업의 시행으로 철거되는 주택의 소유자 또는 세입자에게 해당 정비구역 안과 밖에 위치한 임대주택 등의 시설에 임시로 거주하게 하거나 주택자금의 융자를 알선하는 등 임시거주에 상응하는 조치를 하여야 한다.

① ㉢   ② ㉠, ㉡
③ ㉠, ㉢   ④ ㉡, ㉢
⑤ ㉠, ㉡, ㉢

06

정비사업의 시행

도시 및 주거환경정비법령상 정비사업의 시행에 관한 설명으로 틀린 것은?

① 주민대표회의는 토지등소유자의 과반수의 동의를 받아 구성하며, 위원장과 부위원장 각 1명 이상 3명 이하의 감사를 둔다.
② 재건축사업은 조합이 조합원 과반수의 동의를 받아 건설업자 또는 등록사업자와 공동으로 시행할 수 있다.
③ 재건축사업의 시행자는 선정된 시공자와 공사에 관한 계약을 체결할 때에는 기존 건축물의 철거공사에 관한 사항을 포함하여야 한다.
④ 재개발사업은 사업시행자가 '정비구역에서 인가받은 관리처분계획에 따라 건축물을 건설하여 공급하는 방법' 및 '환지로 공급하는 방법'을 혼용할 수 있다.
⑤ 조합은 조합설립인가를 받은 후 건설업자 또는 등록사업자를 시공자로 선정하여야 한다.

07

정비사업의 시행

도시 및 주거환경정비법령상 정비사업의 시행에 관한 설명으로 옳은 것은?

① 추진위원회의 구성승인 후 시장·군수등이 토지주택공사등을 사업시행자로 지정·고시한 때에는 그 고시일의 다음 날에 추진위원회의 구성승인은 취소된 것으로 본다.
② 재건축사업은 토지등소유자가 20인 미만인 경우에는 토지등소유자가 직접 시행할 수 있다.
③ 토지등소유자가 재개발사업을 시행하는 경우에는 경쟁입찰의 방법으로 시공자를 선정하여야 한다.
④ 조합원의 수가 100명 이하인 조합은 조합설립인가를 받은 후 조합 총회에서 국토교통부장관이 정하는 경쟁입찰의 방법으로 시공자를 선정하여야 한다.
⑤ 주민대표회의는 위원장을 포함하여 5명 이상 20명 이하로 구성한다.

Point 08
시장·군수 등의 시행사유

도시 및 주거환경정비법령상 재개발사업을 시장·군수등이 직접 정비사업을 시행하거나 토지주택공사등을 사업시행자로 지정하여 정비사업을 시행하게 할 수 있는 사유가 <u>아닌</u> 것은?

① 천재지변, 그 밖의 불가피한 사유로 긴급하게 정비사업을 시행할 필요가 있다고 인정하는 때

② 정비계획에서 정한 정비사업시행 예정일부터 3년 이내에 사업시행계획인가를 신청하지 아니하거나 사업시행계획인가를 신청한 내용이 위법 또는 부당하다고 인정하는 때

③ 지방자치단체의 장이 시행하는 「국토의 계획 및 이용에 관한 법률」에 따른 도시·군계획사업과 병행하여 정비사업을 시행할 필요가 있다고 인정하는 때

④ 해당 정비구역 안의 국·공유지 면적이 전체 토지 면적의 2분의 1 이상으로서 토지등소유자의 과반수가 시장·군수등 또는 토지주택공사등을 사업시행자로 지정하는 것에 동의하는 때

⑤ 해당 정비구역 안의 토지면적 2분의 1 이상의 토지소유자와 토지등소유자의 3분의 2 이상에 해당하는 자가 시장·군수등 또는 토지주택공사등을 사업시행자로 지정할 것을 요청하는 때

Point 09
정비사업의 시행

도시 및 주거환경정비법령상 정비사업의 시행에 관한 설명으로 <u>틀린</u> 것은?

① 재개발사업 조합설립추진위원회가 구성승인을 받은 날부터 3년이 되었음에도 조합설립인가를 신청하지 아니한 경우 시장·군수등이 직접 재개발사업을 시행할 수 있다.

② 사업시행자는 선정된 시공자와 공사에 관한 계약을 체결할 때에는 기존 건축물의 철거공사에 관한 사항을 포함시켜야 한다.

③ 주거환경개선사업의 사업시행자가 임시거주시설의 설치 등을 위하여 지방자치단체의 건축물을 일시 사용하고자 신청한 경우, 그 지방자치단체는 사용신청 이전에 사용계획이 확정된 경우라도 이를 거절할 수 없다.

④ 재개발사업에서 지정개발자의 정비사업비 예치금은 청산금의 지급이 완료된 때에 반환한다.

⑤ 재개발사업은 토지등소유자가 20인 미만인 경우에는 토지등소유자가 시행하거나 토지등소유자의 과반수의 동의를 받아 신탁업자, 한국부동산원과 공동으로 사업을 시행할 수 있다.

10 
재건축사업

도시 및 주거환경정비법령상 재건축사업에 관한 설명으로 옳은 것은?

① 재건축사업이란 정비기반시설은 열악하고 노후·불량건축물이 밀집한 지역에서 주거환경을 개선하기 위하여 시행하는 사업을 말한다.

② 재건축사업의 경우 토지등소유자는 정비구역에 위치한 건축물 및 그 부속토지의 소유자를 말한다.

③ 재건축사업의 토지등소유자는 의무적으로 조합원이 된다.

④ 재건축사업은 정비구역에서 토지 등을 수용하여 주택을 건설한 후 토지등소유자에게 우선 공급하는 방법으로 사업을 시행할 수 있다.

⑤ 재건축사업의 추진위원회가 조합을 설립하려면 주택단지가 아닌 지역이 정비구역에 포함된 때에는 주택단지가 아닌 지역의 토지면적의 4분의 3 이상의 토지소유자의 동의를 받아야 한다.

11
정비사업의 시행절차

도시 및 주거환경정비법령상 정비사업을 시행하는 절차를 순서에 따라 옳게 나열한 것은?

> ㉠ 사업시행계획 수립 및 인가
> ㉡ 정비계획 수립 및 정비구역 지정
> ㉢ 도시·주거환경정비기본계획 수립
> ㉣ 준공인가
> ㉤ 관리처분계획 인가

① ㉠ - ㉢ - ㉡ - ㉤ - ㉣
② ㉡ - ㉢ - ㉠ - ㉤ - ㉣
③ ㉢ - ㉠ - ㉤ - ㉡ - ㉣
④ ㉢ - ㉡ - ㉠ - ㉤ - ㉣
⑤ ㉢ - ㉡ - ㉤ - ㉠ - ㉣

12 
조합설립추진위원회

도시 및 주거환경정비법령상 조합설립추진위원회가 수행할 수 있는 업무가 <u>아닌</u> 것은?

① 조합의 설립을 위한 창립총회의 개최
② 설계자의 선정 및 변경
③ 개략적인 정비사업시행계획서의 작성
④ 정비사업비의 조합원별 분담내역의 결정
⑤ 토지등소유자의 동의서의 접수

13
조합설립추진위원회

도시 및 주거환경정비법령상 조합설립추진위원회(이하 '추진위원회'라 함)에 관한 설명으로 틀린 것은?

① 조합을 설립하려는 경우에는 토지등소유자 과반수의 동의를 받아 위원장을 포함한 5명 이상의 위원으로 조합설립을 위한 추진위원회를 구성하여 시장·군수등의 승인을 받아야 한다.

② 추진위원회는 추진위원회를 대표하는 추진위원장 1명과 이사를 두어야 한다.

③ 추진위원회는 조합설립 동의를 받은 후 조합설립인가신청 전에 조합설립을 위한 창립총회를 개최하여야 한다.

④ 창립총회는 추진위원장의 직권 또는 토지등소유자 5분의 1 이상의 요구로 추진위원장이 소집한다.

⑤ 추진위원회는 추진위원회가 행한 업무를 총회에 보고하여야 하며, 추진위원회가 행한 업무와 관련된 권리와 의무는 조합이 포괄 승계한다.

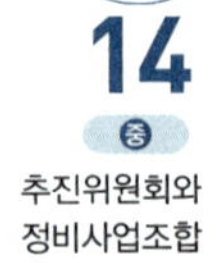

Point 14
추진위원회와 정비사업조합

도시 및 주거환경정비법령상 추진위원회와 정비사업조합에 관한 설명으로 틀린 것은?

① 추진위원회의 구성원은 위원장을 포함한 5명 이상의 위원으로 한다.

② 추진위원회의 조합설립을 위한 토지등소유자의 동의는 구두로는 할 수 없다.

③ 조합원은 토지등소유자(재건축사업의 경우에는 재건축사업에 동의한 자만 해당)로 하되, 토지의 소유권이 여러 명의 공유에 속하는 때에는 그 여러 명을 대표하는 1인을 조합원으로 본다.

④ 재개발사업의 추진위원회가 조합을 설립하려면 토지등소유자의 4분의 3 이상 및 토지면적의 2분의 1 이상의 토지소유자의 동의를 받아 시장·군수등의 인가를 받아야 한다.

⑤ 재건축사업의 추진위원회가 조합을 설립하려는 때에는 주택단지의 공동주택의 각 동별 구분소유자의 과반수의 동의와 주택단지의 전체 구분소유자의 4분의 3 이상 및 토지면적의 4분의 3 이상의 토지소유자의 동의를 받아 시장·군수등의 인가를 받아야 한다.

15
(중)
토지등소유자의
동의자 수 산정방법

도시 및 주거환경정비법령상 조합을 설립하는 경우, 토지등소유자의 동의자 수 산정방법으로 **틀린** 것은?

① 주거환경개선사업의 경우 1필지의 토지 또는 하나의 건축물을 여럿이서 공유할 때에는 그 여럿을 대표하는 1인을 토지등소유자로 산정한다.

② 재개발사업의 경우 토지에 지상권이 설정되어 있는 경우 토지의 소유자와 해당 토지의 지상권자를 각각 토지등소유자로 산정한다.

③ 주거환경개선사업의 경우 1인이 다수 필지의 토지 또는 다수의 건축물을 소유하고 있는 경우에는 필지나 건축물의 수에 관계없이 토지등소유자를 1인으로 산정한다.

④ 국·공유지에 대해서는 그 재산관리청 각각을 토지등소유자로 산정한다.

⑤ 재건축사업의 경우 1인이 둘 이상의 소유권 또는 구분소유권을 소유하고 있는 경우에는 소유권 또는 구분소유권의 수에 관계없이 토지등소유자를 1인으로 산정한다.

16
(상)
토지등소유자의
동의자 수 산정방법

도시 및 주거환경정비법령상 재개발사업을 시행하기 위하여 조합을 설립하고자 할 때, 다음 표의 예시에서 산정되는 토지등소유자의 수로 옳은 것은?

지 번	토지소유자	건축물소유자	지상권자
1	A	H	
2	B		D
3	F	G	
4	A	A	

① 3명 ② 4명
③ 5명 ④ 6명
⑤ 7명

17
(중)
토지등소유자의
동의자 수 산정방법

도시 및 주거환경정비법령상 재개발사업 조합의 설립을 위한 동의자 수 산정 시, 다음에서 산정되는 토지등소유자의 수는? (단, 권리관계는 제시된 것만 고려하며, 토지는 정비구역 안에 소재함)

- A, B 2인이 공유한 1필지 토지에 하나의 주택을 단독 소유한 C
- 4필지의 나대지를 단독 소유한 D
- 1필지의 나대지를 단독 소유한 E와 그 나대지에 대한 지상권자 F

① 4명 ② 5명
③ 6명 ④ 7명
⑤ 8명

Point 18 ⑧
정비사업조합

도시 및 주거환경정비법령상 조합에 관한 설명으로 옳은 것은?

① 「도시 및 주거환경정비법」을 위반하여 벌금 100만원 이상의 형을 선고받고 10년이 지나지 아니한 자는 조합원이 될 수 없다.

② 조합이 조합원의 자격에 관한 정관을 변경하려면 총회를 개최하여 조합원 과반수의 찬성으로 시장·군수등의 인가를 받아야 한다.

③ 시공자 선정 취소를 위한 총회의 경우 조합원의 과반수가 직접 출석하여야 한다.

④ 총회를 소집하려는 자는 총회가 개최되기 7일 전까지 회의목적·안건·일시 및 장소와 의결권의 행사기간 및 장소 등 의결권 행사에 필요한 사항을 정하여 조합원에게 통지하여야 한다.

⑤ 조합장을 포함한 이사와 감사는 대의원이 될 수 없다.

Point 19 ⑧
정관 변경의
찬성요건

도시 및 주거환경정비법령상 조합의 정관을 변경하기 위하여 조합원 3분의 2 이상의 찬성이 필요한 사항이 <u>아닌</u> 것은?

① 조합임원의 수 및 업무의 범위
② 조합원의 제명에 관한 사항
③ 정비구역의 위치 및 면적
④ 정비사업비의 부담시기 및 절차
⑤ 시공자·설계자의 선정 및 계약서에 포함될 내용

20 ⑧
정관 변경의
찬성요건

도시 및 주거환경정비법령상 조합의 정관을 변경하기 위하여 총회에서 조합원 3분의 2 이상의 찬성을 요하는 사항이 <u>아닌</u> 것은?

① 정비구역의 위치 및 면적
② 조합의 비용부담 및 조합의 회계
③ 정비사업비의 부담 시기 및 절차
④ 청산금의 징수·지급의 방법 및 절차
⑤ 시공자·설계자의 선정 및 계약서에 포함될 내용

21

조합의 임원

도시 및 주거환경정비법령상 조합임원에 관한 설명으로 옳은 것은?

① 조합임원의 임기는 3년 이하의 범위에서 정관으로 정하되, 연임할 수 없다.

② 조합임원은 조합원 5분의 1 이상의 요구로 소집된 총회에서 조합원 과반수의 출석과 출석 조합원 과반수의 동의를 받아 해임할 수 있다.

③ 조합임원이 결격사유에 해당하게 되거나 선임 당시 그에 해당하는 자이었음이 판명된 때에는 당연퇴임하며, 퇴임된 임원이 퇴임 전에 관여한 행위는 그 효력을 잃지 아니한다.

④ 조합장의 자기를 위한 조합과의 계약이나 소송에 관하여는 이사가 조합을 대표한다.

⑤ 조합임원은 같은 목적의 정비사업을 하는 다른 조합의 임원 또는 직원을 겸할 수 있다.

Point 22
조합설립을 위한 동의요건

도시 및 주거환경정비법령상 조합의 설립에 관한 설명으로 (   )에 들어갈 내용을 바르게 나열한 것은?

- 재건축사업의 추진위원회가 조합을 설립하려는 때에는 주택단지의 공동주택의 각 동별 구분소유자의 과반수 동의와 주택단지의 전체 구분소유자의 100분의 70 이상 및 토지면적의 (㉠) 이상의 토지소유자의 동의를 받아 시장·군수등의 인가를 받아야 한다.
- 재건축사업의 추진위원회가 조합을 설립하려면 주택단지가 아닌 지역이 정비구역에 포함된 때에는 주택단지가 아닌 지역의 토지 또는 건축물 소유자의 (㉡) 이상 및 토지면적의 3분의 2 이상의 토지소유자의 동의를 받아 시장·군수등의 인가를 받아야 한다.

	㉠	㉡		㉠	㉡
①	과반수	3분의 2	②	100분의 70	4분의 3
③	100분의 70	4분의 1	④	3분의 1	100분의 70
⑤	4분의 3	4분의 3			

23
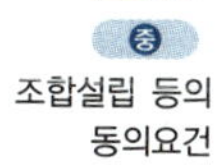
조합설립 등의 동의요건

도시 및 주거환경정비법령상 조합설립 등에 관하여 (   )에 들어갈 내용을 바르게 나열한 것은?

- 재개발사업의 추진위원회가 조합을 설립하려면 토지등소유자의 (㉠) 이상 및 토지면적의 (㉡) 이상의 토지소유자의 동의를 받아 시장·군수 등의 인가를 받아야 한다.
- 조합이 정관의 기재사항 중 조합원의 자격에 관한 사항을 변경하려는 경우에는 총회를 개최하여 조합원 (㉢) (이상)의 찬성으로 시장·군수 등의 인가를 받아야 한다.

① ㉠ 3분의 2, ㉡ 3분의 1, ㉢ 3분의 2
② ㉠ 3분의 2, ㉡ 2분의 1, ㉢ 과반수
③ ㉠ 4분의 3, ㉡ 3분의 1, ㉢ 과반수
④ ㉠ 4분의 3, ㉡ 2분의 1, ㉢ 3분의 2
⑤ ㉠ 4분의 3, ㉡ 3분의 2, ㉢ 과반수

Point 24

대의원회의 대행사유

도시 및 주거환경정비법령상 대의원회에서 대행할 수 없고 총회의 의결을 거쳐야 하는 사항이 <u>아닌</u> 것은?

① 임기 중 궐위된 이사의 보궐선임
② 자금의 차입과 그 방법·이율 및 상환방법
③ 정관의 변경에 관한 사항
④ 조합임원의 선임 및 해임
⑤ 정비사업전문관리업자의 선정 및 변경

25

정비사업조합

도시 및 주거환경정비법령상 조합에 관한 설명으로 옳은 것은?

① 조합원이 정비구역에 위치한 하나의 건축물 또는 토지를 다른 사람과 공유한 경우에도 조합의 임원이 되는데 제한이 없다.
② 조합장을 제외한 조합임원은 대의원이 될 수 없다.
③ 조합장을 제외한 조합임원은 같은 목적의 정비사업을 하는 다른 조합의 임직원을 겸할 수 있다.
④ 시공자의 선정을 의결하는 총회 및 시공자 선정 취소를 위한 총회의 경우 조합원의 과반수가 직접 출석하여야 한다.
⑤ 조합장이 선임 당시 결격사유에 해당하는 자임이 밝혀진 경우 당연 퇴임하고, 퇴임된 임원이 퇴임 전에 관여한 행위는 그 효력을 잃는다.

Point 26

주민대표회의

도시 및 주거환경정비법령상 주민대표회의에 관한 설명으로 <u>틀린</u> 것은?

① 토지등소유자가 시장·군수등 또는 토지주택공사등의 사업시행을 원하는 경우에는 정비구역 지정·고시 후 주민대표회의를 구성하여야 한다.
② 주민대표회의는 위원장을 포함하여 5명 이상 25명 이하로 구성한다.
③ 주민대표회의에는 위원장과 부위원장 각 1명과, 1명 이상 5명 이하의 감사를 둔다.
④ 주민대표회의는 토지등소유자의 과반수의 동의를 받아 구성하며, 시장·군수등의 승인을 받아야 한다.
⑤ 세입자(상가세입자를 포함)는 사업시행자가 건축물의 철거에 관하여 시행규정을 정하는 때에 의견을 제시할 수 있다.

27

사업시행계획

도시 및 주거환경정비법령상 사업시행계획에 관한 설명으로 옳은 것은?

① 토지등소유자가 재개발사업을 시행하려는 경우에는 사업시행계획인가를 신청하기 전에 사업시행계획서에 대하여 토지등소유자의 4분의 3 이상 및 토지면적의 3분의 2 이상의 토지소유자의 동의를 받아야 한다.

② 사업시행계획서에는 사업시행기간 동안 정비구역 내 가로등 설치, 폐쇄회로 텔레비전 설치 등 범죄예방대책이 포함되어야 한다.

③ 시장·군수등은 사업시행계획인가를 하거나 사업시행계획서를 작성하려는 경우에는 대통령령으로 정하는 방법 및 절차에 따라 관계 서류의 사본을 30일 이상 일반인이 공람할 수 있게 하여야 한다.

④ 시장·군수등은 재개발사업의 사업시행계획인가를 하는 경우 해당 정비사업의 사업시행자가 지정개발자(지정개발자가 토지등소유자인 경우로 한정한다)인 때에는 정비사업비의 100분의 30을 예치하게 할 수 있다.

⑤ 사업시행자는 일부 건축물의 존치 또는 리모델링에 관한 내용이 포함된 사업시행계획서를 작성하여 사업시행계획인가를 신청할 수 없다.

28

사업시행계획의 내용

도시 및 주거환경정비법령상 재건축사업의 사업시행자가 작성하여야 하는 사업시행계획서에 포함되어야 하는 사항이 <u>아닌</u> 것은? (단, 조례는 고려하지 않음)

① 토지이용계획(건축물 배치계획을 포함)

② 정비기반시설 및 공동이용시설의 설치계획

③ 「도시 및 주거환경정비법」 제10조(임대주택 및 주택규모별 건설비율)에 따른 임대주택의 건설계획

④ 세입자의 주거 및 이주대책

⑤ 임시거주시설을 포함한 주민이주대책

29
임시거주시설의
설치 등

도시 및 주거환경정비법령상 임시거주시설의 설치 등에 관한 규정의 일부이다. (   )에 들어 갈 내용으로 옳은 것은?

- 사업시행자는 주거환경개선사업 및 (㉠)사업의 시행으로 철거되는 주택의 소유자 또는 세입자에게 해당 정비구역 안과 밖에 위치한 임대주택 등의 시설에 임시로 거주하게 하거나 주택자금의 융자를 알선하는 등 임시거주에 상응하는 조치를 하여야 한다.
- 사업시행자는 정비사업의 공사를 완료한 때에는 완료한 날부터 (㉡)일 이내에 임시거주시설을 철거하고, 사용한 건축물이나 토지를 원상회복하여야 한다.

① ㉠: 재개발, ㉡: 30
② ㉠: 재건축, ㉡: 60
③ ㉠: 재개발, ㉡: 20
④ ㉠: 재건축, ㉡: 30
⑤ ㉠: 재개발, ㉡: 60

30
사업시행계획

도시 및 주거환경정비법령상 사업시행계획 등에 관한 설명으로 틀린 것은?

① 사업시행자는 사업시행계획서에 정관 등과 그 밖에 국토교통부령으로 정하는 서류를 첨부하여 시장·군수등에게 제출하고 사업시행계획인가를 받아야 한다.
② 지정개발자가 정비사업을 시행하려는 경우에는 사업시행계획인가를 신청하기 전에 토지등소유자의 과반수의 동의 및 토지면적의 2분의 1 이상의 토지소유자의 동의를 받아야 한다.
③ 사업시행자가 사업시행계획인가를 받은 후 대지면적을 10%의 범위에서 변경하는 경우 시장·군수등에게 인가를 받아야 한다.
④ 인가받은 사업시행계획 중 건축물이 아닌 부대·복리시설의 위치를 변경하고자 하는 경우에는 변경인가를 받아야 한다.
⑤ 시장·군수등은 사업시행계획인가를 하려는 경우 정비구역부터 200m 이내에 교육시설이 설치되어 있을 때에는 해당 지방자치단체의 교육감 또는 교육장과 협의하여야 한다.

Point
31
경미한 변경

도시 및 주거환경정비법령상 사업시행계획인가의 경미한 변경에 해당하지 않는 것은?

① 건축물이 아닌 부대시설·복리시설의 위치를 변경하는 때
② 외장재료를 변경하는 때
③ 건축물의 설계와 용도별 위치를 변경하지 아니하는 범위에서 건축물의 배치 및 주택단지 안의 도로선형을 변경하는 때
④ 사업시행자의 명칭을 변경하는 때
⑤ 정비계획의 변경에 따라 사업시행계획서를 변경하는 때

제 2 절 ## 관리처분계획 및 소유권이전

대표유형

도시 및 주거환경정비법령상 관리처분계획에 관한 설명으로 옳은 것은?

① 재개발사업의 관리처분은 정비구역의 지상권자에 대한 분양을 포함하여야 한다.

② 사업시행자는 분양신청을 받은 후 잔여분이 있는 경우에는 정관 등 또는 사업시행계획으로 정하는 목적을 위하여 그 잔여분을 보류지(건축물을 포함)로 정하거나 조합원 외의 자에게 분양할 수 있다.

③ 관리처분계획을 수립하는 경우 정비구역의 지정은 소유권이전고시가 있은 날에 해제된 것으로 본다.

④ 사업시행자는 관리처분계획의 인가를 신청하기 전에 관계 서류의 사본을 14일 이상 토지등소유자에게 공람하게 하고 의견을 들어야 한다.

⑤ 주거환경개선사업의 사업시행자는 관리처분계획에 따라 공동이용시설을 새로 설치하여야 한다.

해설 ① 재개발사업의 관리처분은 정비구역 안의 지상권자에 대한 분양은 제외한다.
③ 관리처분계획을 수립하는 경우 정비구역의 지정은 소유권이전고시가 있은 날의 다음 날에 해제된 것으로 본다.
④ 사업시행자는 관리처분계획의 인가를 신청하기 전에 관계 서류의 사본을 30일 이상 토지등소유자에게 공람하게 하고 의견을 들어야 한다.
⑤ 주거환경개선사업의 사업시행자는 사업시행계획에 따라 공동이용시설을 새로 설치하여야 한다.

▶ 정답 ②

Point 01 도시 및 주거환경정비법령상 분양신청에 관한 설명으로 틀린 것은?

분양신청기간

① 사업시행자는 사업시행계획인가의 고시가 있은 날부터 90일 이내에 분양신청기간을 토지등소유자에게 통지하고 일간신문에 공고하여야 한다.

② 분양신청기간은 통지한 날부터 30일 이상 60일 이내로 하여야 한다.

③ 대지 또는 건축물에 대한 분양을 받으려는 토지등소유자는 분양신청기간에 사업시행자에게 대지 또는 건축물에 대한 분양신청을 하여야 한다.

④ 사업시행자는 분양신청기간 종료 이전에 분양신청을 철회한 경우에는 관리처분계획이 인가·고시된 다음 날부터 30일 이내에 손실보상에 관한 협의를 하여야 한다.

⑤ 사업시행자는 손실보상에 관한 협의가 성립되지 아니하면 그 기간의 만료일 다음 날부터 60일 이내에 수용재결을 신청하거나 매도청구소송을 제기하여야 한다.

02 

분양공고

도시 및 주거환경정비법령상 분양공고에 포함되어야 할 사항으로 명시되지 <u>않은</u> 것은? (단, 토지등소유자 1인이 시행하는 재개발사업은 제외하고, 조례는 고려하지 않음)

① 분양신청자격
② 분양신청방법
③ 분양신청기간 및 장소
④ 분양대상자별 분담금의 추산액
⑤ 분양대상 대지 또는 건축물의 내역

03

관리처분계획

도시 및 주거환경정비법령상 관리처분계획에 관한 설명으로 옳은 것은?

① 사업시행자는 토지등소유자가 분양신청을 하지 아니한 경우에 토지·건축물 또는 그 밖의 권리에 대하여 경매처분한다.
② 사업시행자는 기존 건축물을 철거한 후에 관리처분계획을 수립하여 인가를 받아야 한다.
③ 조합원 10분의 1 이상이 관리처분계획인가 신청이 있은 날부터 30일 이내에 관리처분계획의 타당성 검증을 요청한 경우 시장·군수는 이에 따라야 한다.
④ 재건축사업의 사업시행자는 관리처분계획을 수립하여 시장·군수등의 인가를 받아야 하며, 해당 관리처분계획을 중지하는 경우에는 시장·군수등에게 신고하여야 한다.
⑤ 관리처분계획에는 분양대상자의 종전 토지 또는 건축물에 대한 소유권 외의 권리명세가 포함되어야 한다.

04

관리처분계획

도시 및 주거환경정비법령상 관리처분계획에 관한 설명으로 틀린 것은?

① 분양설계에 관한 계획은 분양신청기간이 만료되는 날을 기준으로 하여 수립한다.
② 지나치게 넓은 토지 또는 건축물에 대하여 필요한 경우에는 이를 감소시켜 대지 또는 건축물이 적정 규모가 되도록 한다.
③ 정비구역 지정 후 분할된 토지를 취득한 자에 대하여 현금으로 청산할 수 없다.
④ 근로자숙소·기숙사 용도로 주택을 소유하고 있는 토지등소유자에게는 소유한 주택 수만큼 주택을 공급할 수 있다.
⑤ 재건축사업의 경우 법령상 관리처분의 기준은 조합이 조합원 전원의 동의를 받아 따로 정할 수 있다.

Point 05 (종)
관리처분계획

도시 및 주거환경정비법령상 재건축사업의 관리처분계획에 관한 설명으로 틀린 것은?

① 사업시행으로 조성된 대지는 관리처분계획에 따라 처분 또는 관리하여야 한다.

② 사업시행자는 폐공가의 밀집으로 범죄발생의 우려가 있는 경우, 기존 건축물의 소유자의 동의 및 시장·군수등의 허가를 받아 해당 건축물을 철거할 수 있다.

③ 관리처분계획의 인가·고시가 있은 때에는 종전의 토지의 임차권자는 사업시행자의 동의를 받더라도 소유권의 이전고시가 있는 날까지 종전의 토지를 사용할 수 없다.

④ 주택분양에 따른 권리를 포기하는 토지등소유자에게 임대주택을 공급함에 따라 관리처분계획을 변경하는 경우에는 총회의 의결을 거치지 않아도 된다.

⑤ 매도청구에 대한 판결에 따라 관리처분계획을 변경하는 경우에는 시장·군수등에게 신고하여야 한다.

Point 06 (상)
경미한 변경

도시 및 주거환경정비법령상 사업시행자가 인가받은 관리처분계획을 변경하는 경우 시장·군수등에게 신고를 하여야 하는 경우에 해당하지 않는 것은?

① 사업시행자의 변동에 따른 권리·의무의 변동이 있는 경우로서 분양설계의 변경을 수반하는 경우

② 주택분양에 관한 권리를 포기하는 토지등소유자에 대한 임대주택의 공급에 따라 관리처분계획을 변경하는 경우

③ 매도청구에 대한 판결에 따라 관리처분계획을 변경하는 경우

④ 정관 및 사업시행계획인가의 변경에 따라 관리처분계획을 변경하는 경우

⑤ 계산착오·오기·누락 등에 따른 조서의 단순정정인 경우로서 불이익을 받는 자가 없는 경우

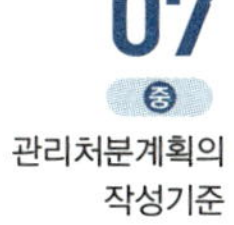

07 (중)
관리처분계획의
작성기준

도시 및 주거환경정비법령상 관리처분계획의 작성기준에 관한 설명으로 틀린 것은?

① 종전의 토지 또는 건축물의 면적·이용상황·환경, 그 밖의 사항을 종합적으로 고려하여 대지 또는 건축물이 균형 있게 분양신청자에게 배분되고 합리적으로 이용되도록 한다.

② 너무 좁은 토지 또는 건축물이나 정비구역 지정 후 분할된 토지를 취득한 자에 대하여는 현금으로 청산할 수 있다.

③ 재해 또는 위생상의 위해를 방지하기 위하여 토지의 규모를 조정할 특별한 필요가 있는 때에는 관리처분계획으로 건축물의 일부와 그 건축물이 있는 대지의 공유지분을 교부할 수 있다.

④ 분양설계에 관한 계획은 사업시행계획인가 고시가 있는 날을 기준으로 하여 수립한다.

⑤ 지나치게 좁거나 넓은 토지 또는 건축물에 대하여 필요한 경우에는 이를 증가하거나 감소시켜 대지 또는 건축물이 적정 규모가 되도록 한다.

08

관리처분계획

도시 및 주거환경정비법령상 관리처분계획에 관한 설명으로 틀린 것은?

① 같은 세대에 속하지 아니하는 3명이 1토지를 공유한 경우에는 1주택만 공급한다.

② 분양신청기간의 연장은 20일의 범위에서 한 차례만 연장할 수 있다.

③ 사업시행자는 분양신청을 받은 후 잔여분이 있는 경우에는 정관 또는 사업시행계획으로 정하는 목적을 위하여 보류지(건축물을 포함)로 정할 수 있다.

④ 지분형 주택의 공동 소유기간은 소유권을 취득한 날부터 10년의 범위에서 사업시행자가 정하는 기간으로 한다.

⑤ 시·도지사는 정비구역에서 바닥면적이 50m²인 사실상 주거를 위하여 사용하는 건축물을 소유한 자로서 토지를 소유하지 아니한 자의 요청이 있는 경우에는 인수한 임대주택의 일부를 「주택법」에 따른 토지임대부 분양주택으로 전환하여 공급하여야 한다.

09

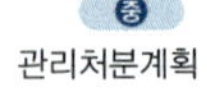
관리처분계획

도시 및 주거환경정비법령상 관리처분계획에 관한 설명으로 틀린 것은?

① 재개발사업의 시행자는 관리처분계획을 수립하여 시장·군수등의 인가를 받아야 하며, 관리처분계획을 중지 또는 폐지하고자 하는 경우에는 신고하여야 한다.

② 재건축사업의 경우 관리처분은 조합이 조합원 전원의 동의를 받아 그 기준을 따로 정하는 경우에는 그에 따른다.

③ 시장·군수등은 관리처분계획의 타당성 검증을 요청하는 경우에는 관리처분계획인가의 신청을 받은 날부터 60일 이내에 인가 여부를 결정하여 사업시행자에게 통보하여야 한다.

④ 주거환경개선사업의 관리처분은 정비구역의 지상권자에 대한 분양을 제외한다.

⑤ 시장·군수등은 관리처분계획을 인가하는 때에는 그 내용을 해당 지방자치단체의 공보에 고시하여야 한다.

10

관리처분계획의 내용

도시 및 주거환경정비법령상 관리처분계획의 내용에 포함되지 <u>않는</u> 것은?

① 세입자별 손실보상을 위한 권리명세 및 그 평가액

② 분양대상자별 분양예정인 대지 또는 건축물의 추산액

③ 건축물의 높이 및 용적률 등에 관한 건축계획

④ 정비사업비의 추산액 및 그에 따른 조합원 분담규모 및 분담시기

⑤ 분양대상자의 종전 토지 또는 건축물에 관한 소유권 외의 권리명세

11 
관리처분계획의
수립기준

도시 및 주거환경정비법령상 관리처분계획의 수립기준에 관한 조문의 일부이다. 다음 (   )
에 들어갈 내용을 바르게 나열한 것은?

> 분양대상자별 종전의 토지 또는 건축물의 명세 및 사업시행계획인가 고시가 있은 날을 기준
> 으로 한 가격의 범위 또는 종전 주택의 주거전용면적의 범위에서 (㉠)을 공급할 수 있고,
> 이 중 1주택은 주거전용면적을 (㉡)m² 이하로 한다. 다만, (㉡)m² 이하로 공급받은 1주
> 택은 소유권이전고시일 다음 날부터 (㉢)이 지나기 전에는 주택을 전매(매매·증여나 그
> 밖에 권리의 변동을 수반하는 모든 행위를 포함하되 상속의 경우는 제외)하거나 전매를 알
> 선할 수 없다.

	㉠	㉡	㉢
①	2주택	60	3년
②	2주택	85	3년
③	3주택	60	5년
④	3주택	85	3년
⑤	3주택	85	5년

12 
종전토지의
가격평가

도시 및 주거환경정비법령상 A시 B구역 재개발사업의 사업시행자가 관리처분계획을 작성하기
위하여 종전의 토지가격을 ㉠ <u>사업시행계획인가 고시일을 기준으로 한 가격</u>으로 ㉡ <u>조합총회
의 의결로 선정·계약한</u> ㉢ <u>4인의 감정평가법인등이 평가한 금액을 산술평균</u>하여 산정하였다.
㉠, ㉡, ㉢ 중 옳은 내용을 모두 고른 것은?

① ㉠   ② ㉠, ㉡   ③ ㉠, ㉢
④ ㉡, ㉢   ⑤ ㉠, ㉡, ㉢

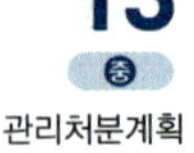

13

관리처분계획

도시 및 주거환경정비법령상 관리처분계획 등에 관한 설명으로 옳지 <u>않은</u> 것은? (단, 다른 조건은 고려하지 않음)

① 사업시행자는 분양신청을 받은 후 잔여분이 있는 경우에는 정관으로 정한 목적을 위하여 그 잔여분을 보류지로 정할 수 있다.

② 사업시행자는 정비사업의 시행으로 건설된 건축물을 인가받은 관리처분계획에 따라 토지등소유자에게 공급하여야 한다.

③ 시장은 관리처분계획의 타당성 검증을 요청하는 경우에는 관리처분계획인가의 신청을 받은 날부터 60일 이내에 인가 여부를 결정하여 사업시행자에게 통지하여야 한다.

④ 사업시행자는 분양신청을 하지 아니한 자와 손실보상에 관한 협의가 성립되지 아니하면 협의기간의 만료일 다음 날부터 60일 이내에 수용재결을 신청하거나 매도청구소송을 제기하여야 한다.

⑤ 종전의 건축물의 전세권자는 사업시행자의 동의를 받지 않더라도 관리처분계획인가의 고시가 있은 때에는 이전고시가 있는 날까지 계속 사용하거나 수익할 수 있다.

14

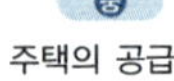

주택의 공급

도시 및 주거환경정비법령상 주택의 공급에 관한 설명으로 틀린 것은?

① 지분형 주택의 규모는 주거전용면적 $60m^2$ 이하인 주택으로 한정한다.

② 국토교통부장관은 조합이 요청하는 경우 재개발사업의 시행으로 건설된 임대주택을 인수하여야 한다.

③ 조합이 재개발사업의 시행으로 건설된 임대주택의 인수를 요청하는 경우, 토지주택공사 등이 우선하여 인수하여야 한다.

④ 국토교통부장관은 면적이 $90m^2$ 미만의 토지를 소유한 자로서 건축물을 소유하지 아니한 자의 요청이 있는 경우에는 인수한 임대주택의 일부를 「주택법」에 따른 토지임대부 분양주택으로 전환하여 공급하여야 한다.

⑤ 사업시행자는 정비사업의 시행으로 임대주택을 건설하는 경우, 공급대상자에게 주택을 공급하고 남은 주택에 대하여 공급대상자 외의 자에게 공급할 수 있다.

15 
공사완료에
따른 조치

도시 및 주거환경정비법령상 공사완료에 따른 조치 등에 관한 설명으로 틀린 것은?

① 정비사업의 효율적인 추진을 위하여 필요한 경우에는 해당 정비사업에 관한 공사가 전부 완료되기 전이라도 완공된 부분은 준공인가를 받아 대지 또는 건축별로 분양받을 자에게 소유권을 이전할 수 있다.

② 시장·군수 등은 준공인가 전 사용허가를 하는 때에는 동별·세대별 또는 구획별로 사용허가를 할 수 있다.

③ 관리처분계획을 수립하는 경우 정비구역의 지정은 이전고시가 있은 날의 다음 날에 해제된 것으로 본다.

④ 준공인가에 따른 정비구역의 해제가 있으면 조합은 해산된 것으로 본다.

⑤ 관리처분계획에 따라 소유권을 이전하는 경우 건축물을 분양받을 자는 이전고시가 있은 날의 다음 날에 그 건축물의 소유권을 취득한다.

Point

16
소유권이전고시

도시 및 주거환경정비법령상 소유권이전고시에 관한 설명으로 틀린 것은?

① 사업시행자는 공사완료고시가 있은 때에는 지체 없이 대지확정측량을 하고 토지의 분할절차를 거쳐 관리처분계획에 정한 사항을 분양을 받을 자에게 통지하고 대지 또는 건축물의 소유권을 이전하여야 한다.

② 사업시행자는 대지 및 건축물의 소유권을 이전하려는 때에는 그 내용을 해당 지방자치단체의 공보에 고시한 후 이를 시장·군수등에게 보고하여야 한다.

③ 준공인가에 따라 정비구역의 지정이 해제되면 조합도 해산된 것으로 본다.

④ 정비사업에 의하여 건축물을 분양받을 자에게 소유권을 이전한 경우 종전의 건축물에 설정된 저당권 등 등기된 권리는 소유권을 이전받은 건축물에 설정된 것으로 본다.

⑤ 정비사업의 효율적인 추진을 위하여 필요한 경우에는 해당 정비사업에 관한 공사가 전부 완료되기 전이라도 완공된 부분은 준공인가를 받아 대지 또는 건축물별로 분양받을 자에게 소유권을 이전할 수 있다.

17 
청산금

도시 및 주거환경정비법령상 청산금에 관한 설명으로 틀린 것은?

① 사업시행자는 소유권이전의 고시가 있은 후에 그 차액에 상당하는 금액을 분양받은 자로부터 징수하거나 분양받은 자에게 지급하여야 한다.

② 정관 등에서 분할징수 및 분할지급에 대하여 정하고 있거나 총회의 의결을 거쳐 따로 정한 경우에는 관리처분계획인가 후부터 소유권이전의 고시일까지 일정기간별로 분할징수하거나 분할지급할 수 있다.

③ 시장·군수등이 아닌 사업시행자는 시장·군수등에게 청산금의 징수를 위탁할 수 있다.

④ 청산금을 지급받을 권리 또는 이를 징수할 권리는 소유권이전의 고시일부터 5년간 이를 행사하지 아니하면 소멸한다.

⑤ 정비사업을 시행하는 지역 안의 토지 또는 건축물에 저당권을 설정한 권리자는 소유자가 지급받을 청산금에 대하여 청산금을 지급하기 전에 압류절차를 거쳐 저당권을 행사할 수 있다.

18
공사완료 및 청산금

도시 및 주거환경정비법령상 정비사업의 공사완료 및 청산금에 관한 설명으로 옳은 것은?

① 종전에 소유하고 있던 토지의 가격과 분양받은 대지의 가격은 그 토지의 규모·위치·용도·이용상황·정비사업비 등을 참작하여 평가하여야 한다.

② 정비사업의 시행자가 시장·군수등인 경우에는 정비사업에 관한 공사를 완료한 때에는 시·도지사에게 준공인가를 받아야 한다.

③ 시장·군수등은 준공인가 이전에는 입주예정자에게 완공된 건축물을 사용할 수 있도록 사업시행자에게 허가할 수 없다.

④ 건축물을 분양받을 자는 사업시행자가 소유권이전에 관한 내용을 공보에 고시한 날에 건축물에 대한 소유권을 취득한다.

⑤ 한국토지주택공사인 사업시행자가 「한국토지주택공사법」에 따라 준공인가 처리결과를 통보한 경우에도 별도로 시장·군수등의 준공인가를 받아야 한다.

19

비용부담 등

도시 및 주거환경정비법령상 비용부담 등에 관한 설명으로 옳지 <u>않은</u> 것은?

① 정비사업비는 「도시 및 주거환경정비법」 또는 다른 법령에 특별한 규정이 있는 경우를 제외하고는 사업시행자가 부담한다.

② 사업시행자는 토지등소유자로부터 정비사업 비용과 정비사업의 시행과정에서 발생한 수입의 차액을 부과금으로 부과·징수할 수 있다.

③ 시장·군수등이 아닌 사업시행자는 부담금 또는 연체료를 체납하는 자가 있는 때에는 시장·군수등에게 그 부과·징수를 위탁할 수 있다.

④ 국가는 시장·군수등이 아닌 사업시행자가 시행하는 정비사업에 소요되는 비용의 일부에 대해 융자를 알선할 수 없다.

⑤ 정비구역 안의 국·공유재산은 정비사업 외의 목적으로 매각하거나 양도할 수 없다.

20

청산금 및 비용부담

도시 및 주거환경정비법령상 청산금 및 비용부담 등에 관한 설명으로 옳은 것은?

① 청산금을 징수할 권리는 소유권 이전고시일부터 3년간 행사하지 아니하면 소멸한다.

② 정비구역의 국유·공유재산은 정비사업 외의 목적으로 매각되거나 양도될 수 없다.

③ 청산금을 지급받을 자가 받기를 거부하더라도 사업시행자는 그 청산금을 공탁할 수는 없다.

④ 시장·군수 등이 아닌 사업시행자는 부과금을 체납하는 자가 있는 때에는 지방세 체납처분의 예에 따라 부과·징수할 수 있다.

⑤ 국가 또는 지방자치단체는 토지임대부 분양주택을 공급받는 자에게 해당 공급비용의 전부를 융자할 수는 없다.

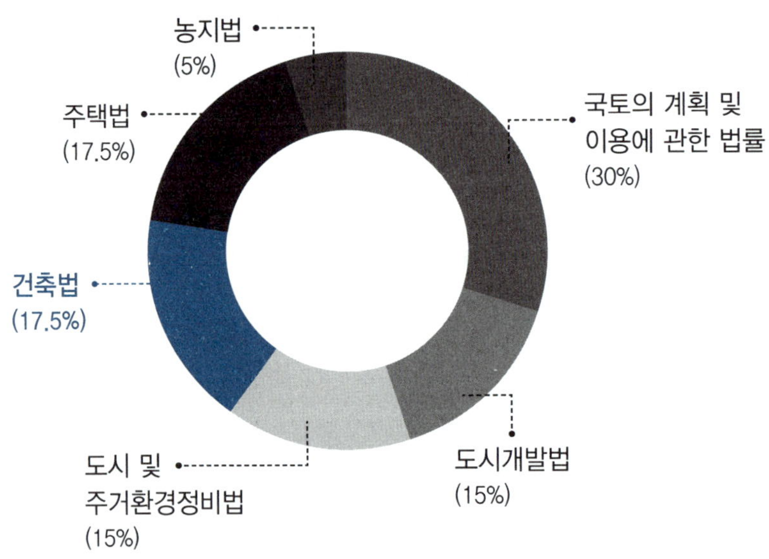

최근 5개년 출제경향 분석

이 법은 다른 법률을 이해하기 위한 기초적인 내용이 많이 포함되어 있어 기본적인 개념을 중심으로 학습하고, 암기도 요구되기 때문에 심화학습이 필요하다. 이 법에서 특히 비중을 두고 공부해야 할 부분은 용어정의, 건축물, 대지, 건축, 대수선의 개념, 건축물의 용도분류, 건축허가, 건축물의 유지·관리, 구조안전 확인대상, 건축제한과 높이 제한, 특별건축구역, 대지 안의 공지, 이행강제금 등에 관한 부분이다.

대표유형

건축법령상 용어에 관한 설명으로 틀린 것은?

① 내력벽 벽면적을 30m² 이상 변경하는 경우에는 대수선에 해당한다.

② 층수가 25층이며 높이가 120m인 건축물은 고층건축물에 해당한다.

③ 지하나 고가(高架)의 공작물에 설치하는 사무소는 건축물에 해당하지 않는다.

④ 기둥과 기둥 사이의 거리가 20m 이상인 건축물은 특수구조건축물에 해당한다.

⑤ 리모델링이란 건축물의 노후화를 억제하거나 기능 향상 등을 위하여 대수선하거나 일부 증축 또는 개축하는 행위를 말한다.

해설 ③ 지하나 고가(高架)의 공작물에 설치하는 사무소는 건축물에 해당한다.　　　　▶ 정답 ③

Point
01

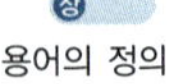

용어의 정의

건축법령상 용어에 관한 설명으로 옳은 것은?

① 주요구조부란 내력벽, 사이 기둥, 바닥, 보, 지붕틀 및 주계단을 말한다.

② 고층건축물이란 층수가 30층 이상이고 높이가 120m 이상인 건축물을 말한다.

③ 도로란 보행과 자동차 통행이 가능한 너비 4m 이상의 도로로서 예정도로는 제외한다.

④ 건축물을 이전하는 것은 '대수선'에 해당한다.

⑤ 결합건축이란 용적률을 개별 대지마다 적용하지 아니하고, 2개 이상의 대지를 대상으로 통합적용하여 건축물을 건축하는 것을 말한다.

02

상
용어의 정의

건축법령상 용어에 관한 설명으로 옳은 것은?

① "지하층"이란 건축물의 바닥이 지표면 아래에 있는 층으로서 바닥에서 지표면까지 평균 높이가 해당 층 높이의 2분의 1 이상인 것을 말한다.

② "초고층 건축물"이란 층수가 50층 이상이거나 높이가 150미터 이상인 건축물을 말한다.

③ 건축물이 천재지변으로 멸실된 경우 그 대지에 종전 규모보다 연면적의 합계를 늘려 건축물을 다시 축조하는 것은 재축에 해당한다.

④ 건축물의 내력벽을 해체하여 같은 대지의 다른 위치로 옮기는 것은 이전에 해당한다.

⑤ 기존 건축물이 있는 대지에서 건축물의 내력벽을 증설하여 건축면적을 늘리는 것은 대수선에 해당한다.

03 건축법령상 '주요구조부'에 해당하는 것만을 모두 고른 것은?

주요구조부

> ㉠ 작은 보　　　　　　　　　　㉡ 주계단
> ㉢ 사이 기둥　　　　　　　　　　㉣ 최하층 바닥

① ㉡　　　　　　　　　　② ㉠, ㉢
③ ㉢, ㉣　　　　　　　　④ ㉠, ㉡, ㉣
⑤ ㉠, ㉡, ㉢, ㉣

04 건축법령상 지하층에 관한 설명으로 옳은 것은?

지하층

① 지하층은 건축물의 층수에 산입한다.
② 지하층의 면적은 용적률을 산정할 때에는 연면적에 포함한다.
③ 건축협정의 인가를 받은 건축협정구역에서 연접한 대지에 대하여는 지하층의 설치에 관한 규정을 개별 건축물마다 적용하지 아니하고 건축협정구역을 대상으로 통합하여 적용할 수 있다.
④ 지하층의 바닥으로부터 지표면까지의 높이가 다른 경우에는 가장 높은 높이를 기준으로 해서 지하층 여부를 판단한다.
⑤ 바닥에서 지표면까지의 평균 높이가 3m이고 해당 층 높이가 5m인 경우에는 지하층에 해당하지 않는다.

05 건축법령상 다중이용 건축물에 해당하는 것은?

다중이용 건축물

① 종교시설로 사용하는 바닥면적의 합계가 4,000m^{2}인 6층의 교회
② 문화 및 집회시설로 사용하는 바닥면적의 합계가 5,000m^{2}인 10층의 동물원
③ 교육연구시설로 사용하는 바닥면적의 합계가 5,000m^{2}인 15층의 도서관
④ 의료시설로 사용하는 바닥면적의 합계가 4,000m^{2}인 17층의 종합병원
⑤ 문화 및 집회시설로 사용하는 바닥면적의 합계가 5,000m^{2}인 2층의 식물원

Point

06 건축법령상 다중이용 건축물에 해당하는 용도가 <u>아닌</u> 것은? (단, 16층 이상의 건축물은 제외하고, 해당 용도로 쓰는 바닥면적의 합계는 5천m^2 이상임)

다중이용 건축물

① 관광숙박시설　　　　　　② 판매시설
③ 운수시설 중 여객용 시설　　④ 업무시설
⑤ 의료시설 중 종합병원

07
건축법
적용대상물

다음 건축물 중 「건축법」의 적용을 받는 것은?

① 「자연유산의 보존 및 활용에 관한 법률」에 따라 지정된 천연기념물
② 철도의 선로 부지에 있는 플랫폼
③ 고가의 공작물에 설치하는 점포
④ 고속도로 통행료 징수시설
⑤ 「하천법」에 따른 하천구역 내의 수문조작실

08
하나의 대지로
할 수 있는 경우

건축법령상 하나 이상의 필지의 일부를 하나의 대지로 할 수 있는 경우가 <u>아닌</u> 것은?

① 사용승인을 신청할 때 둘 이상의 필지를 하나의 필지로 합칠 것을 조건으로 건축허가를 하는 경우
② 하나 이상의 필지의 일부에 대하여 도시·군계획시설이 고시된 경우
③ 하나 이상의 필지의 일부에 대하여 「농지법」에 따른 농지전용허가를 받은 경우
④ 하나 이상의 필지의 일부에 대하여 「산지관리법」에 따른 산지전용허가를 받은 경우
⑤ 하나 이상의 필지의 일부에 대하여 「국토의 계획 및 이용에 관한 법률」에 따라 개발행위 허가를 받은 경우

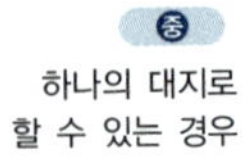

09
신고대상
공작물

건축법령상 대지를 조성하기 위하여 건축물과 분리하여 공작물을 축조하려는 경우, 특별자치시장·특별자치도지사 또는 시장·군수·구청장에게 신고하여야 하는 공작물에 해당하는 것은?
(단, 공용건축물에 대한 특례는 고려하지 않음)

① 상업지역에 설치하는 높이 5m의 통신용 철탑
② 높이 2m의 옹벽
③ 높이 6m의 굴뚝
④ 바닥면적 40m²의 지하대피호
⑤ 높이 3m의 장식탑

10
신고대상
공작물

건축법령상 건축물과 분리하여 공작물을 축조할 경우 특별자치도지사 또는 시장·군수·구청장에게 신고해야 하는 공작물에 해당하는 것은?

① 높이 5미터의 굴뚝
② 높이 5미터의 광고탑
③ 높이 4미터의 기념탑
④ 높이 5미터의 고가수조
⑤ 주거지역에 설치하는 높이 5미터의 통신용 철탑

Point 11 (중) 건축물의 건축

건축법령상 건축 등에 관한 설명으로 틀린 것은?

① 건축물이 없는 대지에 새로 건축물을 축조하는 것(부속건축물만 있는 대지에 새로 주된 건축물을 축조하는 것을 포함)은 신축이다.

② 기존 건축물이 있는 대지에서 건축물의 건축면적, 연면적, 층수 또는 높이를 늘리는 것은 대수선이다.

③ 기존 건축물의 전부 또는 일부(내력벽·기둥·보·지붕틀 중 셋 이상이 포함되는 경우를 말함)를 해체하고 그 대지에 종전과 같은 규모의 범위에서 건축물을 다시 축조하는 것은 개축이다.

④ 건축물이 천재지변이나 그 밖의 재해로 멸실된 경우, 그 대지에 연면적 합계, 동수, 층수, 높이가 모두 종전 규모 이하로 다시 축조하는 것은 재축이다.

⑤ 건축물의 주요구조부를 해체하지 아니하고 같은 대지의 다른 위치로 옮기는 것은 이전이다.

12 (중) 건축물의 건축

건축법령상 건축에 관한 용어의 설명으로 옳은 것은?

① 기존 건축물의 높이를 높이는 행위는 개축에 해당한다.

② 건축면적 200m^2의 부속건축물만 있는 대지에 새로 건축면적 400m^2의 주택을 축조한 행위는 증축에 해당한다.

③ 건축면적 100m^2인 주택 전부를 해체하고 건축면적 300m^2인 주택을 새로 축조한 행위는 신축에 해당한다.

④ 건축물이 천재지변이나 그 밖의 재해로 멸실된 경우, 종전과 같은 규모의 범위에서 다시 축조한 행위는 증축에 해당한다.

⑤ 건축물의 주요구조부를 해체하지 아니하고 다른 대지로 위치를 옮긴 행위는 이전에 해당한다.

13 (중) 건축물의 대수선

건축법령상 증축·개축·재축에 해당하지 아니하는 것으로서 대수선에 해당하는 것은?

① 사이 기둥을 세 개 이상 증설하거나 해체하는 것

② 피난계단을 증설 또는 해체하거나 수선 또는 변경하는 것

③ 내력벽의 벽면적을 20m^2 수선하거나 변경하는 것

④ 보를 두 개 수선하거나 변경하는 것

⑤ 차양을 증설 또는 해체하거나 수선 또는 변경하는 것

Point
14
건축물의 대수선

건축법령상 대수선에 해당하지 <u>않는</u> 것은?

① 내력벽을 증설 또는 해체하거나 그 벽면적을 $30m^2$ 이상 수선 또는 변경하는 것

② 기둥을 증설 또는 해체하거나 세 개 이상 수선 또는 변경하는 것

③ 주계단·피난계단 또는 특별피난계단을 증설 또는 해체하거나 수선 또는 변경하는 것

④ 보 3개를 증설하여 건축물의 연면적을 늘리는 것

⑤ 방화벽 또는 방화구획을 위한 바닥 또는 벽을 증설 또는 해체하거나 수선 또는 변경하는 것

Point
15
건축물의 용도와 종류

건축법령상 건축물의 용도와 종류를 옳게 연결한 것은?

① 동물 및 식물 관련 시설 − 동물원·식물원·도축장

② 제1종 근린생활시설 − 치과의원·안마원·안마시술소

③ 위락시설 − 노래연습장·무도장

④ 관광휴게시설 − 야외극장·야외음악당

⑤ 운수시설 − 철도시설·물류터미널

16
건축물의 종류와 용도

건축법령상 건축물의 종류와 그 용도가 바르게 연결된 것은?

① 유스호스텔 − 숙박시설 ② 주유소 − 위험물저장 및 처리시설

③ 유치원 − 노유자시설 ④ 일반음식점·기원 − 제1종 근린생활시설

⑤ 카지노영업소 − 운동시설

17
제1종 근린생활시설

건축법령상 제1종 근린생활시설에 해당하는 것은? (단, 같은 건축물에 해당 용도로 쓰는 바닥면적의 합계는 $400m^2$임)

① 골프연습장 ② 다중생활시설 ③ 동물병원

④ 독서실 ⑤ 마을공동작업소

18
시설군과 세부용도

건축법령상 건축물의 시설군과 용도를 연결한 것으로 틀린 것은?

① 산업 등의 시설군 − 자원순환 관련 시설

② 주거업무시설군 − 국방·군사시설

③ 영업시설군 − 위락시설

④ 교육 및 복지시설군 − 야영장시설

⑤ 문화 및 집회시설군 − 관광휴게시설

19
_하
교육 및 복지시설군

다음 중 건축법령상 용도변경과 관련한 교육 및 복지시설군에 해당하지 <u>않는</u> 건축물은?
① 수련시설　　　　　　　　　② 노유자시설
③ 운동시설　　　　　　　　　④ 교육연구시설
⑤ 의료시설

20
_상
건축물의
용도변경

건축법령상 건축물의 용도를 변경하고자 하는 경우, 특별자치시장·특별자치도지사 또는 시장·군수·구청장의 허가를 받아야 하는 행위로 옳은 것은?
① 판매시설을 수련시설로 변경하는 행위
② 종교시설을 창고시설로 변경하는 행위
③ 노유자시설을 제1종 근린생활시설로 변경하는 행위
④ 운동시설을 업무시설로 변경하는 행위
⑤ 공장을 장례시설로 변경하는 행위

Point
21
_상
건축물의
용도변경

건축법령상 특별시에서 건축물의 용도를 변경하고자 하는 경우에 관한 설명으로 옳은 것은?
① 자원순환 관련 시설을 묘지 관련 시설로 용도변경하는 경우 관할 구청장에게 건축물대장 기재내용의 변경을 신청하여야 한다.
② 발전시설을 공장으로 용도변경하는 경우 특별시장의 허가를 받아야 한다.
③ 운동시설을 수련시설로 용도변경하는 경우 관할 구청장의 허가를 받아야 한다.
④ 숙박시설을 종교시설로 용도변경하는 경우 특별시장에게 신고하여야 한다.
⑤ 업무시설을 교육연구시설로 용도변경하는 경우 특별시장에게 건축물대장 기재내용의 변경을 신청하여야 한다.

Point
22
_상
건축물의
용도변경

건축법령상 사용승인을 받은 건축물의 용도변경이 허가대상인 경우만을 모두 고른 것은?

	용도변경 전	용도변경 후
㉠	판매시설	창고시설
㉡	숙박시설	위락시설
㉢	장례시설	종교시설
㉣	의료시설	교육연구시설
㉤	제1종 근린생활시설	업무시설

① ㉠, ㉡　　　　　② ㉠, ㉢　　　　　③ ㉡, ㉣
④ ㉢, ㉤　　　　　⑤ ㉣, ㉤

23 
건축물의
용도변경

건축주인 甲은 3층 건축물을 한방병원으로 사용하던 중 이를 산후조리원으로 용도변경하고한다. 건축법령상 이에 관한 설명으로 옳은 것은? (단, 다른 조건은 고려하지 않음)

① 甲이 용도변경을 위하여 건축물을 대수선할 경우 그 설계는 건축사가 아니어도 할 수 있다.
② 甲은 건축물의 용도를 산후조리원으로 변경하려면 용도변경을 신고하여야 한다.
③ 甲은 산후조리원에 다른 용도를 추가하여 복수용도로 용도변경 신청을 할 수 없다.
④ 甲의 한방병원이 준주거지역에 위치하고 있다면 산후조리원으로 용도변경을 할 수 없다.
⑤ 甲은 산후조리원으로 용도변경을 할 경우 피난 용도로 쓸 수 있는 광장을 옥상에 설치하여야 한다.

Point 24 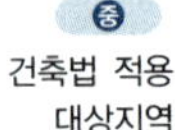
건축물의
용도변경

甲은 A도(道) B군(郡)에서 숙박시설로 사용승인을 받은 바닥면적의 합계가 3천제곱미터인 건축물의 용도를 변경하려고 한다. 건축법령상 이에 관한 설명으로 틀린 것은?

① 의료시설로 용도를 변경하려는 경우에는 용도변경 신고를 하여야 한다.
② 종교시설로 용도를 변경하려는 경우에는 용도변경 허가를 받아야 한다.
③ 甲이 바닥면적의 합계 1천제곱미터의 부분에 대해서만 업무시설로 용도를 변경하는 경우에는 사용승인을 받지 않아도 된다.
④ A도지사는 도시·군계획에 특히 필요하다고 인정하면 B군수의 용도변경허가를 제한할 수 있다.
⑤ B군수는 甲이 판매시설과 위락시설의 복수용도로 용도변경 신청을 한 경우 지방건축위원회의 심의를 거쳐 이를 허용할 수 있다.

25
건축법 적용
대상지역

건축법령상 「건축법」이 전면적으로 적용되는 대상지역이 <u>아닌</u> 것은?

① 도시지역 중 전용주거지역
② 도시지역 중 중심상업지역
③ 도시지역 외의 지역에 지정된 지구단위계획구역
④ 면에 속하는 자연환경보전지역(지구단위계획구역이 아님)
⑤ 동 또는 읍의 지역(섬인 경우 인구가 500명 이상인 지역에 한함)

26
(상)
전면적 적용대상

건축법령상 도시지역, 도시지역 외의 지역에 지정된 지구단위계획구역, 동 또는 읍에 속하는 지역을 제외한 지역에서도 적용되는 규정으로 옳은 것은?

① 대지와 도로와의 관계
② 도로의 지정·폐지 또는 변경
③ 건축물의 높이제한
④ 건축선의 지정 및 건축선에 의한 건축제한
⑤ 방화지구 안의 건축물

27
(중)
전면적 적용대상

건축법령상 「국토의 계획 및 이용에 관한 법률」에 따른 도시지역 및 지구단위계획구역 외의 지역으로서 동이나 읍(동이나 읍에 속하는 섬의 경우에는 인구가 500명 이상인 경우만 해당됨)이 아닌 지역은 「건축법」의 일부 규정을 적용하지 아니한다. 이에 해당하지 <u>않는</u> 것은?

① 대지와 도로의 관계에 관한 규정
② 대지 안의 공지에 관한 규정
③ 건축선의 지정에 관한 규정
④ 대지의 분할제한에 관한 규정
⑤ 방화지구 안의 건축물에 관한 규정

대표유형

건축법령상 건축허가의 사전결정에 관한 설명으로 **틀린** 것은?

① 건축허가대상 건축물을 건축하려는 자는 건축허가를 신청하기 전에 허가권자에게 그 건축물을 해당 대지에 건축하는 것이 건축법이나 관계 법령에서 허용되는지 여부에 대한 사전결정을 신청할 수 있다.

② 사전결정을 신청하는 자는 건축위원회 심의와 「도시교통정비 촉진법」에 따른 교통영향평가서의 검토를 동시에 신청할 수 있다.

③ 허가권자는 사전결정이 신청된 건축물의 대지면적이 「환경영향평가법」에 따른 소규모 환경영향평가 대상사업인 경우 기후에너지환경부장관이나 지방환경관서의 장과 협의를 하여야 한다.

④ 허가권자는 사전결정신청을 받으면 입지, 건축물의 규모, 용도 등을 사전결정한 후 사전결정신청자에게 알려야 한다.

⑤ 사전결정신청자는 사전결정을 통지받은 날부터 1년 이내에 건축허가를 신청하여야 하며, 이 기간에 건축허가를 신청하지 아니하면 사전결정의 효력이 상실된다.

해설 ⑤ 사전결정신청자는 사전결정을 통지받은 날부터 2년 이내에 건축허가를 신청하여야 하며, 이 기간에 건축허가를 신청하지 아니하면 사전결정의 효력이 상실된다. ▶ 정답 ⑤

01
중
사전결정 통지의 효과

건축법령상 사전결정 통지를 받은 경우에는 다음의 허가를 받거나 신고 또는 협의를 한 것으로 본다. 이에 해당하지 <u>않는</u> 것은?

① 「국토의 계획 및 이용에 관한 법률」에 따른 개발행위허가
② 「도로법」에 따른 도로점용허가
③ 「산지관리법」에 따른 도시지역 안의 보전산지에 대한 산지전용허가
④ 「농지법」에 따른 농지전용허가와 농지전용신고
⑤ 「하천법」에 따른 하천점용허가

Point 02 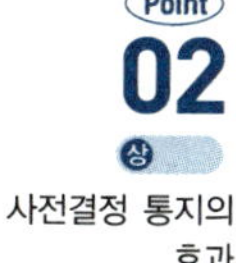
사전결정 통지의 효과

건축법령상 건축허가대상 건축물을 건축하려는 자가 건축 관련 입지와 규모의 사전결정 통지를 받은 경우에 허가를 받은 것으로 볼 수 있는 것을 모두 고른 것은? (단, 미리 관계 행정기관의 장과 사전결정에 관하여 협의한 것을 전제로 함)

> ㉠ 「농지법」 제34조에 따른 농지전용허가
> ㉡ 「하천법」 제33조에 따른 하천점용허가
> ㉢ 「국토의 계획 및 이용에 관한 법률」 제56조에 따른 개발행위허가
> ㉣ 도시지역 외의 지역에서 「산지관리법」 제14조에 따른 보전산지에 대한 산지전용허가

① ㉠, ㉡

② ㉢, ㉣

③ ㉠, ㉡, ㉢

④ ㉡, ㉢, ㉣

⑤ ㉠, ㉡, ㉢, ㉣

03 
건축허가

건축법령상 건축허가에 관한 설명으로 옳은 것은?

① 숙박시설에 해당하는 건축물의 건축을 허가하는 경우 건축물의 용도·규모가 주거환경 등 주변환경을 고려할 때 부적합하다고 인정되면 건축위원회의 심의를 거쳐 건축허가를 하지 않을 수 있다.

② 연면적의 합계가 10만m²인 창고를 광역시에 건축하려면 광역시장의 허가를 받아야 한다.

③ 고속도로 통행료 징수시설을 건축하려는 자는 시장·군수·구청장의 허가를 받아야 한다.

④ 허가권자는 건축허가를 받은 자가 허가를 받은 날부터 1년 내에 공사에 착수하지 아니한 경우 허가를 취소하여야 한다.

⑤ 사전결정신청자는 사전결정을 통지받은 날부터 3년 이내에 건축허가를 신청하여야 하며, 이 기간에 건축허가를 신청하지 아니하는 경우에는 사전결정의 효력이 상실된다.

04 
건축허가

건축법령상 건축허가에 관한 설명으로 옳은 것은?

① 고속도로 통행료 징수시설을 대수선하려는 자는 특별자치시장·특별자치도지사 또는 시장·군수·구청장의 허가를 받아야 한다.

② 층수가 21층 이상인 공장을 광역시에 건축하려면 광역시장의 허가를 받아야 한다.

③ 허가를 받은 날부터 착공기간 이내에 공사에 착수하였으나 공사의 완료가 불가능하다고 인정되는 경우에는 허가를 취소할 수 있다.

④ 건축허가나 건축물의 착공을 제한하는 경우 제한기간은 2년 이내로 한다. 다만, 2회에 한하여 1년 이내의 범위에서 제한기간을 연장할 수 있다.

⑤ 허가권자는 위락시설이나 숙박시설에 해당하는 건축물의 경우 건축물의 용도·규모 또는 형태가 주거환경이나 교육환경 등 주변환경을 고려할 때 부적합하다고 인정되는 경우 건축위원회의 심의를 거쳐 건축허가를 하지 아니할 수 있다.

05 甲은 A광역시 B구에서 10층의 연면적 합계가 4만m²인 허가대상 건축물을 신축하려고 한다. 건축법령상 이에 관한 설명으로 옳은 것은? (단, 건축법령상 특례규정은 고려하지 않음)

허가대상 건축물

① 甲은 A광역시장에게 건축허가를 받아야 한다.

② 甲이 건축허가를 받은 경우에도 해당 대지를 조성하기 위해 높이 5m의 옹벽을 축조하려면 따로 공작물 축조신고를 하여야 한다.

③ 甲이 건축허가를 받은 이후에 공사감리자를 변경하는 경우에는 B구청장에게 허가를 받아야 한다.

④ 甲이 건축허가를 받은 경우에도 B구청장은 지역계획에 특히 필요하다고 인정하면 甲의 건축물의 착공을 제한할 수 있다.

⑤ 공사감리자는 필요하다고 인정하면 공사시공자에게 상세시공도면을 작성하도록 요청할 수 있다.

06 건축법령상 건축허가와 관련된 내용으로 틀린 것은?

건축허가

① 자연환경이나 수질을 보호하기 위하여 도지사가 지정·공고한 구역에서 건축하는 3층 이상의 숙박시설은 도지사의 사전승인을 받아야 건축허가를 할 수 있다.

② 건축허가를 받으면 「국토의 계획 및 이용에 관한 법률」에 따른 개발행위허가를 받은 것으로 본다.

③ 국토교통부장관은 국토관리를 위하여 특히 필요하다고 인정하거나 주무부장관이 국방·국가유산의 보존·환경보전 또는 국민경제를 위하여 특히 필요하다고 인정하여 요청하면 허가권자의 허가를 제한할 수 있다.

④ 공장을 제외한 건축물의 허가를 받은 자가 허가를 받은 날부터 2년 이내에 공사에 착수하지 아니하면(다만, 정당한 사유가 있다고 인정되면 1년의 범위에서 공사의 착수기간을 연장 가능) 그 허가를 취소할 수 있다.

⑤ 국가나 지방자치단체는 건축물을 건축·대수선·용도변경 등을 하려는 경우에는 미리 허가권자와 협의하여야 하며, 협의한 경우에는 건축허가를 받았거나 신고한 것으로 본다.

07 건축법령상 다음 괄호 안에 들어갈 내용으로 가장 옳은 것은?

건축하거 신청과
착공기간

> ㉠ 사전결정신청자는 사전결정을 통지받은 날부터 (   ) 이내에 건축허가를 신청하여야 하며, 동 기간 내에 건축허가를 신청하지 아니하는 경우에는 사전결정의 효력이 상실된다.
> ㉡ 허가권자는 허가받은 날부터 (   ) 이내에 공사에 착수하지 아니한 경우에는 이미 받은 건축허가를 취소하여야 한다.

① ㉠ 3년, ㉡ 2년　　　　② ㉠ 1년, ㉡ 2년　　　　③ ㉠ 1년, ㉡ 1년

④ ㉠ 2년, ㉡ 2년　　　　⑤ ㉠ 3년, ㉡ 3년

08

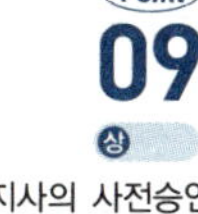

대지에 대한 소유권 확보

건축법령상 건축허가를 받으려는 자가 해당 대지의 소유권을 확보하지 <u>않아도</u> 되는 경우만을 모두 고른 것은?

> ㉠ 분양을 목적으로 하지 아니하는 공동주택의 건축주가 그 대지를 사용할 수 있는 권원을 확보한 경우
> ㉡ 건축주가 집합건물의 공용부분을 변경하기 위하여 「집합건물의 소유 및 관리에 관한 법률」 제15조 제1항에 따른 결의가 있었음을 증명한 경우
> ㉢ 건축하려는 대지에 포함된 국유지에 대하여 허가권자가 해당 토지의 관리청이 해당 토지를 건축주에게 매각할 것을 확인한 경우

① ㉠　　　　　　　　② ㉡　　　　　　　　③ ㉠, ㉢

④ ㉡, ㉢　　　　　　⑤ ㉠, ㉡, ㉢

Point 09

도지사의 사전승인

건축법령상 시장·군수가 건축허가를 하기 위해 도지사의 사전승인을 받아야 하는 건축물로 옳은 것은?

① 층수가 21층 이상인 창고
② 연면적의 합계가 10만㎡ 이상인 공장
③ 자연환경을 보호하기 위하여 도지사가 지정·공고한 구역에 건축하는 연면적의 합계가 800㎡이고 2층인 일반음식점
④ 주거환경을 보호하기 위하여 도지사가 지정·공고한 구역에 건축하는 연면적의 합계가 500㎡이고 2층인 카지노 영업소
⑤ 교육환경을 보호하기 위하여 도지사가 지정·공고한 구역에 건축하는 일반업무시설

Point 10

건축허가의 제한

건축법령상 건축허가의 제한에 관한 설명으로 틀린 것은?

① 국토교통부장관은 국토관리를 위하여 특히 필요하다고 인정하면 허가권자의 건축허가를 제한할 수 있다.
② 건축허가나 건축물의 착공을 제한하는 경우 제한기간은 2년 이내로 하며, 이를 연장할 수 없다.
③ 특별시장·광역시장·도지사는 지역계획이나 도시·군계획에 특히 필요하다고 인정하면 시장·군수·구청장의 건축허가를 제한할 수 있다.
④ 기후에너지환경부장관은 환경보전을 위하여 특히 필요하다고 인정하면 국토교통부장관에게 건축허가의 제한을 요청할 수 있다.
⑤ 국토교통부장관이나 특별시장·광역시장·도지사는 건축허가나 건축물의 착공을 제한하는 경우 제한 목적·기간 등을 상세하게 정하여 허가권자에게 통보하여야 하며, 통보를 받은 허가권자는 지체 없이 이를 공고하여야 한다.

11 건축허가의 제한

건축법령상 건축허가의 제한에 관한 설명으로 틀린 것은?

① 국방, 국가유산의 보존 또는 국민경제를 위하여 특히 필요한 경우 주무부장관은 허가권자의 건축허가를 제한할 수 있다.

② 지역계획을 위하여 특히 필요한 경우 특별시장은 관할 구청장의 건축허가를 제한할 수 있다.

③ 건축허가를 제한하는 경우 건축허가 제한기간은 2년 이내로 하며, 1회에 한하여 1년 이내의 범위에서 제한기간을 연장할 수 있다.

④ 도지사가 건축허가를 제한하는 경우에는 「토지이용규제 기본법」에 따라 주민의견을 청취한 후 건축위원회의 심의를 거쳐야 한다.

⑤ 국토교통부장관은 광역시장의 건축허가 제한내용이 지나치다고 인정하면 해제를 명할 수 있다.

Point

12 신고대상 건축물

건축법령상 허가대상 건축물이라 하더라도 건축신고를 하면 건축허가를 받은 것으로 보는 경우를 모두 고른 것은?

ㄱ 연면적이 150m²이고 2층인 건축물의 대수선
ㄴ 연면적이 250m²이고 3층인 건축물의 기둥을 4개 수선하는 것
ㄷ 연면적이 200m²이고 3층인 건축물의 내력벽의 면적을 50m² 수선하는 것
ㄹ 연면적의 합계가 150m²인 건축물의 신축
ㅁ 연면적의 합계가 300m²인 건축물의 높이를 5m 증축하는 것

① ㄱ

② ㄱ, ㄴ

③ ㄱ, ㄴ, ㄷ

④ ㄴ, ㄷ, ㄹ

⑤ ㄷ, ㄹ, ㅁ

13 신고대상 건축물

건축법령상 건축신고대상이 되는 경우로 옳은 것은?

① 2층인 건축물의 바닥면적의 합계가 90m²인 증축

② 연면적의 합계가 100m²인 건축물의 신축

③ 건축물의 높이를 4m 증축하는 건축물

④ 공업지역에 건축하는 3층 건축물로서 연면적의 합계가 500m²인 공장

⑤ 연면적이 250m²이고 3층인 건축물의 기둥 해체

14 
건축신고

건축주 甲은 A도 B시에서 연면적이 100제곱미터이고 2층인 건축물을 대수선하고자 건축법 제14조에 따른 신고(이하 "건축신고")를 하려고 한다. 건축법령상 이에 관한 설명으로 옳은 것은? (단, 건축법령상 특례 및 조례는 고려하지 않음)

① 甲이 대수선을 하기 전에 B시장에게 건축신고를 하면 건축허가를 받은 것으로 본다.

② 건축신고를 한 甲이 공사시공자를 변경하려면 B시장에게 허가를 받아야 한다.

③ B시장은 건축신고의 수리 전에 건축물 안전영향평가를 실시하여야 한다.

④ 건축신고를 한 甲이 신고일부터 6개월 이내에 공사에 착수하지 아니하면 그 신고의 효력은 없어진다.

⑤ 건축신고를 한 甲은 건축물의 공사가 끝난 후 사용승인 신청 없이 건축물을 사용할 수 있다.

15 건축신고

건축법령상 건축신고에 관한 설명으로 틀린 것은?

① 바닥면적의 합계가 85m² 이내인 건축물의 증축은 신고대상이다.

② 신고대상 건축물에 대하여 건축신고를 하면 건축허가를 받은 것으로 본다.

③ 건축허가를 받은 건축물의 건축주를 변경하는 경우에는 신고를 하여야 한다.

④ 건축신고를 하였더라도 공사에 필요한 규모로 공사용 가설건축물의 축조가 필요한 경우에는 별도로 가설건축물 축조신고를 하여야 한다.

⑤ 건축신고를 한 건축물을 주요구조부를 해체하지 아니하고 같은 대지의 다른 위치로 옮기는 경우에는 변경신고를 하여야 한다.

16 
허가대상 건축물

甲은 A광역시 B구에서 20층의 연면적 합계가 5만제곱미터인 허가대상 건축물을 신축하려고 한다. 건축법령상 이에 관한 설명으로 **틀린** 것은? (단, 건축법령상 특례규정은 고려하지 않음)

① 甲은 B구청장에게 건축허가를 받아야 한다.

② 甲이 건축허가를 받은 경우에도 해당 대지를 조성하기 위해 높이 5미터의 옹벽을 축조하려면 따로 공작물 축조신고를 하여야 한다.

③ 甲이 건축허가를 받은 이후에 공사시공자를 변경하는 경우에는 B구청장에게 신고하여야 한다.

④ 甲이 건축허가를 받은 경우에도 A광역시장은 지역계획에 특히 필요하다고 인정하면 甲의 건축물 착공을 제한할 수 있다.

⑤ 공사감리자는 필요하다고 인정하면 공사시공자에게 상세시공도면을 작성하도록 요청할 수 있다.

Point 17
건축허가와 건축신고

건축법령상 건축허가와 건축신고에 관한 설명으로 옳은 것은?

① 시장·군수는 연면적의 합계가 10만m² 이상인 공장의 건축을 허가하려면 미리 도지사의 승인을 받아야 한다.

② 허가권자는 착공신고 전에 경매 또는 공매 등으로 건축주가 대지의 소유권을 상실한 때부터 6개월이 지난 이후 공사의 착수가 불가능하다고 판단되는 경우에는 허가를 취소할 수 있다.

③ 교육감이 교육환경의 개선을 위하여 특히 필요하다고 인정하여 요청하면 국토교통부장관은 허가를 받은 건축물의 착공을 제한할 수 있다.

④ 건축신고를 한 자가 신고일부터 1년 이내에 공사에 착수하지 아니하면 그 신고의 효력은 없어진다.

⑤ 특별시장·광역시장·도지사가 시장·군수·구청장의 건축허가 또는 건축물의 착공을 제한하는 경우에는 국토교통부장관의 승인을 받아야 한다.

18
건축허가와 건축신고

건축법령상 건축허가 및 건축신고에 관한 설명으로 틀린 것은?

① 수질을 보호하기 위하여 도지사가 지정·공고한 구역에 시장·군수가 3층의 무도학원의 건축을 허가하기 위해서는 도지사의 사전승인을 받아야 한다.

② 숙박시설에 해당하는 건축물의 건축을 허가하는 경우 건축물의 용도·규모 또는 형태가 주거환경이나 교육환경 등 주변 환경을 고려할 때 부적합하다고 인정되면 건축위원회의 심의를 거쳐 건축허가를 하지 않을 수 있다.

③ 특별시장·광역시장·도지사는 시장·군수·구청장의 건축허가를 제한한 경우 즉시 국토교통부장관에게 보고하여야 한다.

④ 연면적이 180m²이고 2층인 건축물의 대수선은 건축신고의 대상이다.

⑤ 건축신고를 하였더라도 공사에 필요한 규모로 공사용 가설건축물의 축조가 필요한 경우에는 별도로 가설건축물 축조신고를 하여야 한다.

Point 19 (상) 안전영향평가

건축법령상 안전영향평가에 관한 설명으로 옳지 <u>않은</u> 것은?

① 허가권자는 초고층 건축물에 대하여 건축허가를 하기 전에 안전영향평가를 안전영향평가기관에 의뢰하여 실시하여야 한다.

② 안전영향평가는 건축물의 구조 지반 및 풍(風)환경 등이 건축물의 구조안전과 인접 대지의 안전에 미치는 영향 등을 평가하는 것이다.

③ 안전영향평가 결과는 건축위원회의 심의를 거쳐 확정한다.

④ 안전영향평가의 대상에는 하나의 건축물이 연면적 10만제곱미터 이상이면서 16층 이상인 경우도 포함된다.

⑤ 안전영향평가를 실시하여야 하는 건축물이 다른 법률에 따라 구조안전과 인접 대지의 안전에 미치는 영향 등을 평가받은 경우에는 안전영향평가의 모든 항목을 평가받은 것으로 본다.

20 (중) 안전관리예치금

건축법령상 건축공사현장 안전관리예치금에 관한 설명으로 틀린 것은?

① 건축허가를 받은 자는 건축물의 건축공사를 중단하고 장기간 공사현장을 방치할 경우, 공사현장의 미관개선과 안전관리 등 필요한 조치를 하여야 한다.

② 허가권자는 연면적이 1,000m² 이상으로서 지방자치단체의 조례로 정하는 건축물은 건축공사비 1%의 범위에서 안전관리예치금을 예치하게 할 수 있다.

③ 「지방공기업법」에 따라 건축사업을 수행하기 위하여 설립된 지방공사도 안전관리예치금을 예치하여야 한다.

④ 허가권자는 공사현장이 방치되어 도시미관을 저해하고 안전을 위해한다고 판단되면 건축허가를 받은 자에게 건축물 공사현장의 미관과 안전관리를 위한 개선을 명할 수 있다.

⑤ 안전관리를 위한 개선명령을 이행하지 않는 경우 허가권자는 대집행을 할 수 있으며, 이 경우 건축주가 예치한 안전관리예치금을 행정대집행에 필요한 비용에 사용할 수 있다.

21 (중) 가설건축물의 건축

건축법령상 가설건축물의 건축에 관한 설명으로 틀린 것은?

① 도시 · 군계획시설 또는 도시 · 군계획시설예정지에서 가설건축물을 건축하는 경우에는 특별자치시장 · 특별자치도지사 또는 시장 · 군수 · 구청장의 허가를 받아야 한다.

② 특별자치시장 · 특별자치도지사 또는 시장 · 군수 · 구청장은 가설건축물의 존치기간 만료일 30일 전까지 해당 가설건축물의 건축주에게 존치기간 만료일을 알려야 한다.

③ 전시를 위한 견본주택은 축조신고대상에 해당한다.

④ 신고하여야 하는 가설건축물의 존치기간은 3년 이내로 한다.

⑤ 존치기간을 연장하려는 허가대상 가설건축물의 건축주는 존치기간 만료일 7일 전까지 특별자치시장 · 특별자치도지사 또는 시장 · 군수 · 구청장에게 허가를 신청하여야 한다.

22 
허가대상
가설건축물

건축법령상 도시·군계획시설예정지에 건축하는 3층 이하의 가설건축물에 관한 설명으로 **틀린** 것은? (단, 조례는 고려하지 않음)

① 가설건축물은 철근콘크리트조 또는 철골철근콘크리트조가 아니어야 한다.
② 가설건축물은 공동주택·판매시설·운수시설 등으로서 분양을 목적으로 하는 건축물이 아니어야 한다.
③ 가설건축물은 전기·수도·가스 등 새로운 간선 공급설비의 설치를 필요로 하는 것이 아니어야 한다.
④ 가설건축물의 존치기간은 2년 이내이어야 한다.
⑤ 가설건축물은 도시·군계획예정도로에도 건축할 수 있다.

23
건축물의
사용승인

건축법령상 사용승인에 관한 설명으로 옳은 것은?

① 건축주가 건축물의 건축공사를 완료한 후 그 건축물을 사용하려면 공사감리자가 작성한 감리완료보고서와 공사완료도서를 첨부하여 감리자에게 사용승인을 신청하여야 한다.
② 허가권자는 사용승인신청을 받은 경우 15일 이내에 검사를 실시하고, 검사에 합격된 건축물에 대하여는 사용승인서를 내주어야 한다.
③ 허가권자가 사용승인서 교부기간 내에 사용승인서를 교부하지 아니한 경우에도 건축주는 사용승인을 받은 후가 아니면 건축물을 사용할 수 없다.
④ 건축주가 사용승인을 받은 경우에는 「하수도법」에 따른 배수설비(排水設備)의 준공검사를 받은 것으로 본다.
⑤ 임시사용승인의 기간은 1년 이내로 한다. 다만, 허가권자는 대형 건축물 또는 암반공사 등으로 인하여 공사기간이 긴 건축물에 대하여는 그 기간을 연장할 수 있다.

대표유형

건축법령상 대지와 도로에 관한 설명으로 옳은 것은?

① 건축물의 대지는 4m 이상을 도로(자동차만의 통행에 사용되는 것은 제외)에 접하여야 한다.

② 광장, 공원, 유원지 등 건축이 금지되고 공중의 통행에 지장이 없는 공지로서 허가권자가 인정한 것의 경우에는 건축물의 대지는 2m 이상을 도로에 접하여야 한다.

③ 막다른 도로의 길이가 30m인 경우 그 소요 너비는 2m 이상이어야 한다.

④ 공장의 주변에 허가권자가 인정한 공지인 광장이 있는 경우, 연면적의 합계가 1,000m²인 공장의 대지는 도로에 2m 이상 접하여야 한다.

⑤ 연면적의 합계가 2,000m²(공장인 경우에는 3,000m²) 이상인 건축물(축사, 작물재배사, 건축조례로 정하는 규모의 건축물은 제외)의 대지는 너비 6m 이상의 도로에 4m 이상 접하여야 한다.

해설 ① 건축물의 대지는 2m 이상을 도로(자동차만의 통행에 사용되는 것은 제외)에 접하여야 한다.

② 광장, 공원, 유원지 등 건축이 금지되고 공중의 통행에 지장이 없는 공지로서 허가권자가 인정한 것의 경우에는 건축물의 대지는 2m 이상을 도로에 접하지 않아도 된다.

③ 막다른 도로의 길이가 30m인 경우 그 소요 너비는 3m 이상이어야 한다.

막다른 도로의 길이	도로의 너비
10m 미만	2m 이상
10m 이상 35m 미만	3m 이상
35m 이상	6m 이상(도시지역이 아닌 읍·면에서는 4m 이상)

④ 공장의 주변에 허가권자가 인정한 공지인 광장이 있는 경우, 연면적의 합계가 1,000m²인 공장의 대지는 도로에 2m 이상 접하지 않아도 된다.

▶ 정답 ⑤

01 
대지의 안전

건축법령상 대지의 안전에 관한 설명으로 틀린 것은?

① 배수에 지장이 없는 대지는 이와 인접한 도로면보다 낮아서는 아니 된다.

② 습한 토지, 물이 나올 우려가 많은 토지, 쓰레기 그 밖에 이와 유사한 것으로 매립된 토지에 건축물을 건축하는 경우에는 성토(盛土), 지반 개량 등 필요한 조치를 하여야 한다.

③ 대지에는 빗물과 오수를 배출하거나 처리하기 위하여 필요한 하수관, 하수구, 저수탱크, 그 밖에 이와 유사한 시설을 하여야 한다.

④ 성토 또는 절토하는 부분의 경사도가 1 : 1.5 이상으로서 높이가 1m 이상인 부분에는 옹벽을 설치하여야 한다.

⑤ 손궤의 우려가 있는 토지에 대지를 조성하려면 설치한 옹벽의 외벽면에는 옹벽의 지지 또는 배수를 위한 시설 외의 구조물이 밖으로 튀어 나오지 아니하게 하여야 한다.

02 
대지의 조경

건축법령상 건축물의 대지에 조경을 하지 <u>않아도</u> 되는 건축물에 해당하는 것을 모두 고른 것은? (단, 건축협정은 고려하지 않음)

> ㉠ 면적 5,000m² 미만인 대지에 건축하는 공장
> ㉡ 상업지역에 건축하는 연면적의 합계가 1,500m² 미만인 물류시설
> ㉢ 연면적 합계가 2,000m²인 축사

① ㉠
③ ㉠, ㉡
⑤ ㉠, ㉡, ㉢

② ㉡
④ ㉠, ㉢

03
대지의 조경

건축법령상 200m² 이상인 대지에 건축물을 건축하는 경우, 건축주가 조경 등의 조치를 아니할 수 있는 사유에 해당하지 <u>않는</u> 것은?

① 녹지지역에 건축하는 건축물

② 연면적의 합계가 1,500m² 미만인 공장

③ 지구단위계획구역으로 지정된 보전관리지역에 건축하는 단독주택

④ 대지에 염분이 함유되어 있는 경우

⑤ 도시 · 군계획시설에 건축하는 가설건축물

04
공개공지 설치
대상지역

04 건축법령상 공개공지 또는 공개공간(이하 '공개공지등'이라 함)을 확보하여야 하는 지역이 <u>아닌</u> 것은?

① 일반공업지역 ② 유통상업지역
③ 근린상업지역 ④ 일반주거지역
⑤ 준주거지역

05 건축법령상 공개공지등에 관한 설명으로 옳은 것은?

① 공개공지등의 면적은 건축면적의 100분의 10 이하의 범위에서 건축조례로 정한다.
② 공개공지등을 설치하는 경우 건폐율의 1.2배 이하의 범위에서 완화하여 적용할 수 있다.
③ 조경면적을 공개공지등의 면적으로 할 수 있지만, 필로티의 구조로 설치할 수는 없다.
④ 상업지역에 바닥면적의 합계가 5,000m² 이상인 업무시설을 건축하는 건축주는 대지에 공개공지등을 확보하여야 한다.
⑤ 공개공지등에는 연간 90일 이내의 기간 동안 건축조례로 정하는 바에 따라 주민들을 위한 문화행사를 열거나 판촉활동을 할 수 있다.

06 건축법령상 공개공지등을 설치하여야 하는 건축물이 <u>아닌</u> 것은? (단, 건축물의 용도로 쓰는 바닥면적의 합계는 5천제곱미터 이상이며, 건축법령상 특례 및 조례는 고려하지 않음)

① 문화 및 집회시설 ② 판매시설(농수산물유통시설은 제외)
③ 종교시설 ④ 숙박시설
⑤ 위락시설

07 건축법령상 대지에 공개공지 또는 공개공간을 설치하여야 하는 건축물은? (단, 건축물의 용도로 쓰는 바닥면적의 합계는 5천 제곱미터 이상이며, 건축법령상 특례 및 조례는 고려하지 않음)

① 일반주거지역에 있는 초등학교
② 준주거지역에 있는 「농수산물 유통 및 가격안정에 관한 법률」에 따른 농수산물유통시설
③ 일반상업지역에 있는 관망탑
④ 자연녹지지역에 있는 「청소년활동진흥법」에 따른 유스호스텔
⑤ 준공업지역에 있는 여객용 운수시설

Point
08

대지의 조경 및
공개공지

건축법령상 대지의 조경 및 공개공지등의 설치에 관한 설명으로 틀린 것은? (단, 「건축법」 제73조에 따른 적용특례 및 조례는 고려하지 않음)

① 도시·군계획시설에서 건축하는 연면적의 합계가 1,500㎡ 이상인 가설건축물에 대하여는 조경 등의 조치를 하지 아니할 수 있다.

② 면적 5,000㎡ 미만인 대지에 건축하는 공장에 대하여는 조경 등의 조치를 하지 아니할 수 있다.

③ 녹지지역에 건축하는 창고에 대하여는 조경 등의 조치를 하지 아니할 수 있다.

④ 상업지역의 건축물에 설치하는 공개공지등의 면적은 건축면적의 100분의 10 이하의 범위에서 건축조례로 정한다.

⑤ 대지에 공개공지 등을 확보하여야 하는 건축물의 경우 공개공지등을 설치하는 때에는 건축물의 높이제한의 1.2배 이하의 범위에서 완화하여 적용한다.

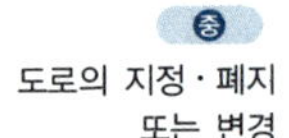

09

도로의 지정·폐지
또는 변경

건축법령상 도로의 지정·폐지 또는 변경에 관한 설명으로 틀린 것은?

① 허가권자는 도로의 위치를 지정·공고하려면 국토교통부령으로 정하는 바에 따라 그 도로에 대한 이해관계인의 동의를 받아야 한다.

② 이해관계인이 해외에 거주하는 등 이해관계인의 동의를 받기가 곤란하다고 허가권자가 인정하는 경우에는 건축위원회의 심의를 거쳐 도로의 위치를 지정·공고할 수 있다.

③ 주민이 오랫동안 통행로로 이용하고 있는 사실상의 통로로서 해당 지방자치단체의 조례로 정하는 것인 경우에는 건축위원회의 심의를 거쳐 도로의 위치를 지정·공고할 수 있다.

④ 시장·군수·구청장이 도로의 위치를 지정·공고하려면 특별시장·광역시장·도지사의 승인을 받아야 한다.

⑤ 허가권자는 지정한 도로를 폐지하거나 변경하려면 그 도로에 대한 이해관계인의 동의를 받아야 한다.

10 건축법령상 대지와 도로에 관한 설명으로 **틀린** 것은? (단, 「건축법」상 적용 제외 규정 및 건축협정에 대한 특례는 고려하지 않음)

대지와 도로

① 건축물의 주변에 허가권자가 인정한 공원이 있는 경우에는 건축물의 대지가 도로에 2m 이상 접하지 않아도 된다.
② 연면적의 합계가 3,000m²인 작물재배사의 대지는 너비 6m 이상의 도로에 4m 이상 접하지 않아도 된다.
③ 면적 5,000m² 미만인 대지에 공장을 건축하는 건축주는 대지에 조경 등의 조치를 하지 아니할 수 있다.
④ 주민이 오랫동안 통행로로 이용하고 있는 사실상의 통로로서 해당 지방자치단체의 조례로 정한 경우의 「건축법」상 도로는 이해관계인의 동의를 받지 아니하고 건축위원회의 심의를 거쳐 그 도로를 폐지할 수 있다.
⑤ 도로면으로부터 높이 4.5m 이하에 있는 창문은 열고 닫을 때 건축선의 수직면을 넘지 아니하는 구조로 하여야 한다.

11 건축법령상 건축선에 관한 설명으로 **틀린** 것은?

건축선

① 건축선이란 도로와 대지와의 관계에 있어서 도로와 접한 부분에 건축물을 건축할 수 있는 선을 말한다.
② 건축선은 원칙적으로 대지와 도로의 경계선으로 한다.
③ 소요 너비에 못 미치는 도로 양쪽에 대지가 있는 경우에는 도로의 양측 경계선에서 소요 너비의 2분의 1을 후퇴한 선을 건축선으로 한다.
④ 소요 너비에 못 미치는 도로의 건축선은 도로의 반대쪽에 경사지·하천 등이 있는 경우에는 그 경사지 등이 있는 쪽 도로 경계선에서 소요 너비에 해당하는 수평거리를 후퇴한 선을 건축선으로 한다.
⑤ 시장·군수·구청장은 시가지 안에서 건축물의 위치나 환경을 정비하기 위하여 필요하다고 인정하면 도시지역에는 4m 이내의 범위에서 건축선을 따로 지정할 수 있다.

12
상
건축선과 대지면적

건축법령상 건축선과 대지의 면적에 관한 설명이다. (   )에 들어갈 내용으로 옳은 것은? (단, 허가권자의 건축선의 별도지정, 「건축법」 제3조에 따른 적용제외, 건축법령상 특례 및 조례는 고려하지 않음)

> 「건축법」 제2조 제1항 제11호에 따른 소요 너비에 못 미치는 너비의 도로인 경우에는 그 중심선으로부터 그 (㉠)을 건축선으로 하되, 그 도로의 반대쪽에 하천이 있는 경우에는 그 하천이 있는 쪽의 도로경계선에서 (㉡)을 건축선으로 하며, 그 건축선과 도로 사이의 대지면적은 건축물의 대지면적 산정 시 (㉢)한다.

① ㉠: 소요 너비에 해당하는 수평거리만큼 물러난 선,
  ㉡: 소요 너비에 해당하는 수평거리의 선,
  ㉢: 제외
② ㉠: 소요 너비의 2분의 1의 수평거리만큼 물러난 선,
  ㉡: 소요 너비의 2분의 1의 수평거리의 선,
  ㉢: 제외
③ ㉠: 소요 너비의 2분의 1의 수평거리만큼 물러난 선,
  ㉡: 소요 너비에 해당하는 수평거리의 선,
  ㉢: 제외
④ ㉠: 소요 너비의 2분의 1의 수평거리만큼 물러난 선,
  ㉡: 소요 너비에 해당하는 수평거리의 선,
  ㉢: 포함
⑤ ㉠: 소요 너비에 해당하는 수평거리만큼 물러난 선,
  ㉡: 소요 너비의 2분의 1의 수평거리의 선,
  ㉢: 포함

13 건축법령상 대지 A의 건축선을 고려한 대지면적은? (단, 도로는 보행과 자동차 통행이 가능한 통과도로로서 법률상 도로이며, 대지 A는 도시지역임)

대지면적 산정

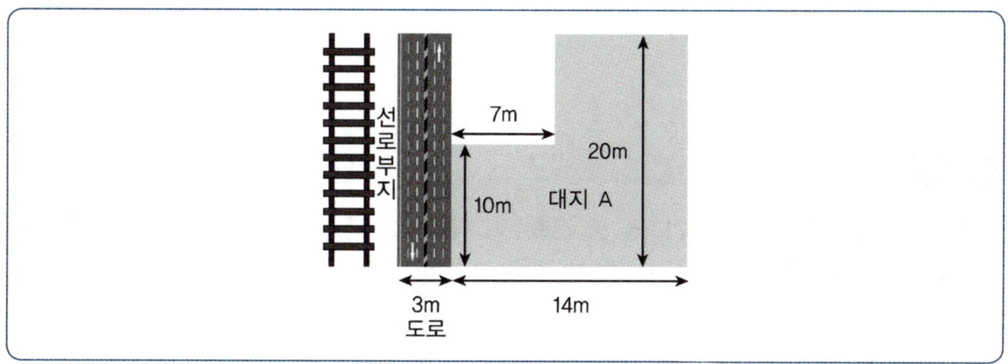

① 170m²

② 180m²

③ 200m²

④ 205m²

⑤ 210m²

14 甲은 대지에 높이 4m, 연면적의 합계가 90m²인 건축물을 신축하려 한다. 건축법령상 건축규제에 위반되는 것은? (단, 조례는 고려하지 않음)

건축법의 규제사항

① 甲은 건축을 위해 건축신고를 하였다.

② 甲의 대지는 인접한 도로면보다 낮으나, 대지의 배수에 지장이 없고 건축물의 용도상 방습의 필요가 없다.

③ 甲은 공개공지 또는 공개공간을 확보하지 않았다.

④ 甲의 대지는 보행과 자동차 통행이 가능한 도로에 3m 접하고 있다.

⑤ 甲의 건축물은 창문을 열었을 때 건축선의 수직면을 넘어서는 구조로 되어 있다.

15 건축법령상 건축선과 건축선에 따른 건축제한에 관한 설명으로 옳은 것은?

건축선에 따른 건축제한

① 담장의 지표 위 부분은 건축선의 수직면을 넘어서 건축할 수 있다.

② 도로면으로부터 5m의 높이에 있는 창문은 열고 닫을 때라도 건축선의 수직면을 넘지 아니하는 구조로 하여야 한다.

③ 지표(地表) 아래 부분은 도지사의 승인을 받아야 건축선의 수직면을 넘을 수 있다.

④ 토지소유자가 신청한 경우에도 허가권자는 지정한 도로를 폐지하거나 변경하려면 그 도로에 대한 이해관계인의 동의를 받아야 한다.

⑤ 도로의 반대쪽에 경사지, 하천, 철도, 선로부지, 그 밖에 이와 유사한 것이 있는 경우에는 도로 중심선으로부터 소요 너비 2분의 1의 수평거리만큼 물러난 선을 건축선으로 한다.

04 건축물의 구조 및 재료

건축법령상 구조안전 확인 건축물 중 건축주가 착공신고 시 구조안전 확인서류를 제출하여야 하는 건축물이 <u>아닌</u> 것은? (단, 「건축법」상 적용 제외 및 특례는 고려하지 않음)

① 연립주택

② 처마높이가 9m인 건축물

③ 건축물의 높이가 12m인 건축물

④ 연면적이 300m²인 4층의 목구조 건축물

⑤ 다가구주택

해설 ③ 건축주가 착공신고 시 구조안전 확인서류를 제출하여야 하는 건축물(표준설계도서에 따라 건축하는 건축물은 제외)은 다음과 같다.

1. 층수가 2층(주요구조부인 기둥과 보를 설치하는 건축물로서 그 기둥과 보가 목재인 목구조 건축물의 경우에는 3층) 이상인 건축물(④)
2. 연면적이 200m²(목구조 건축물의 경우에는 500m²) 이상인 건축물(④). 다만, 창고, 축사, 작물 재배사는 제외한다.
3. 높이가 13m 이상인 건축물
4. 처마높이가 9m 이상인 건축물(②)
5. 기둥과 기둥 사이의 거리가 10m 이상인 건축물
6. 건축물의 용도 및 규모를 고려한 중요도가 높은 건축물로서 국토교통부령으로 정하는 건축물
7. 국가적 문화유산으로 보존할 가치가 있는 건축물로서 국토교통부령으로 정하는 건축물
8. 단독주택(⑤) 및 공동주택(①)

▶▶ 정답 ③

01

건축물의 피난시설

건축법령상 건축물의 피난시설에 관한 설명으로 **틀린** 것은?

① 건축물의 2층에 있는 출입 가능한 노대(露臺)의 주위에는 높이 1.2m 이상의 난간을 설치하여야 한다.

② 바닥면적의 합계가 3,000㎡ 이상인 공연장을 지하층에 설치하는 경우에는 지하층과 피난층 사이에 천장이 개방된 외부 공간을 설치하여야 한다.

③ 5층 이상의 층이 문화 및 집회시설(전시장 및 동·식물원은 제외), 종교시설, 판매시설, 장례시설 또는 위락시설 중 주점영업의 용도에 쓰이는 경우에는 피난의 용도로 쓸 수 있는 광장을 옥상에 설치하여야 한다.

④ 건축물의 높이가 250m인 건축물에는 피난층 또는 지상으로 통하는 직통계단과 직접 연결되는 피난안전구역을 지상층으로부터 최대 30개 층마다 1개소 이상 설치하여야 한다.

⑤ 층수가 12층인 건축물로서 10층 이상인 층의 바닥면적의 합계가 9,000㎡인 건축물의 옥상에는 헬리포트를 설치하여야 한다.

Point
02
소음 방지를 위한
경계벽

건축법령상 건축물의 가구·세대등 간 소음 방지를 위한 경계벽을 설치하여야 하는 경우가 <u>아닌</u> 것은?

① 숙박시설의 객실 간
② 공동주택 중 기숙사의 침실 간
③ 교육연구시설 중 학교의 교실 간
④ 업무시설 중 오피스텔
⑤ 의료시설의 병실 간

03
2개소 이상 직통계단
설치대상

건축법령상 피난층 또는 지상으로 통하는 직통계단을 2개소 이상 설치하여야 하는 건축물은? (단, 각 시설이 위치한 층은 피난층이 아님)

① 거실의 바닥면적의 합계가 200㎡인 노인복지시설이 2층에 있는 건축물

② 거실의 바닥면적의 합계가 150㎡인 독서실이 3층에 있는 건축물

③ 거실의 바닥면적의 합계가 200㎡인 지하층에 공연장이 있는 건축물

④ 거실의 바닥면적의 합계가 150㎡인 지하층에 주점이 있는 건축물

⑤ 업무시설 중 오피스텔의 용도로 쓰는 층으로서 그 층의 해당 용도로 쓰는 거실의 바닥면적의 합계가 200㎡인 건축물

04 건축법령상 준초고층 건축물의 피난안전구역에 관한 조문의 일부이다. (   )에 들어갈 내용을 옳게 연결한 것은?

피난안전구역의
설치

> 준초고층 건축물에는 피난층 또는 지상으로 통하는 직통계단과 직접 연결되는 피난안전구역을 해당 건축물 전체 층수의 (㉠)에 해당하는 층으로부터 상하 (㉡)개 층 이내에 (㉢)개소 이상 설치하여야 한다. 다만, 국토교통부령으로 정하는 기준에 따라 피난층 또는 지상으로 통하는 직통계단을 설치하는 경우에는 그러하지 아니하다.

	㉠	㉡	㉢
①	2분의 1	3	1
②	2분의 1	5	1
③	3분의 1	5	2
④	4분의 1	10	2
⑤	5분의 1	2	1

05 건축법령상 국토교통부장관이 고시하는 범죄예방기준에 따라 건축하여야 하는 건축물이 <u>아닌</u> 것은?

범죄예방기준에 따라
건축하여야 하는 건축물

① 교육연구시설 중 연구소
② 업무시설 중 오피스텔
③ 숙박시설 중 다중생활시설
④ 문화 및 집회시설(동 · 식물원은 제외)
⑤ 다가구주택, 아파트, 연립주택 및 다세대주택

대표유형

건축법령상 건축물 바닥면적의 산정방법에 관한 설명으로 옳은 것은?

① 벽·기둥의 구획이 없는 건축물은 그 지붕 끝부분으로부터 수평거리 1.5m를 후퇴한 선으로 둘러싸인 수평투영면적으로 한다.

② 승강기탑은 바닥면적에 산입한다.

③ 필로티 부분은 공중의 통행 또는 주차에 전용되는 경우에는 바닥면적에 산입한다.

④ 공동주택으로서 지상층에 설치한 조경시설은 바닥면적에 산입한다.

⑤ 건축물의 노대의 바닥은 난간 등의 설치 여부에 관계없이 노대의 면적에서 노대가 접한 가장 긴 외벽에 접한 길이에 1.5m를 곱한 값을 뺀 면적을 바닥면적에 산입한다.

해설 ① 벽·기둥의 구획이 없는 건축물은 그 지붕 끝부분으로부터 수평거리 1m를 후퇴한 선으로 둘러싸인 수평투영면적으로 한다.
② 승강기탑은 바닥면적에 산입하지 아니한다.
③ 필로티 부분은 공중의 통행 또는 주차에 전용되는 경우에는 바닥면적에 산입하지 아니한다.
④ 공동주택으로서 지상층에 설치한 조경시설은 바닥면적에 산입하지 아니한다.   ▶ 정답 ⑤

01
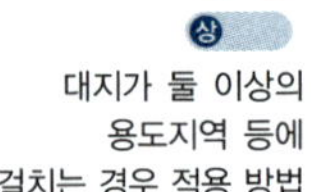
대지가 둘 이상의
용도지역 등에
걸치는 경우 적용 방법

1,000m²의 대지가 그림과 같이 각 지역·지구에 걸치는 경우, 건축법령상 건축물 및 대지에 적용되는 규정으로 옳은 것은? (단, 빗금친 면은 대지, 검은 면은 건축물이며, 조례는 고려하지 않음)

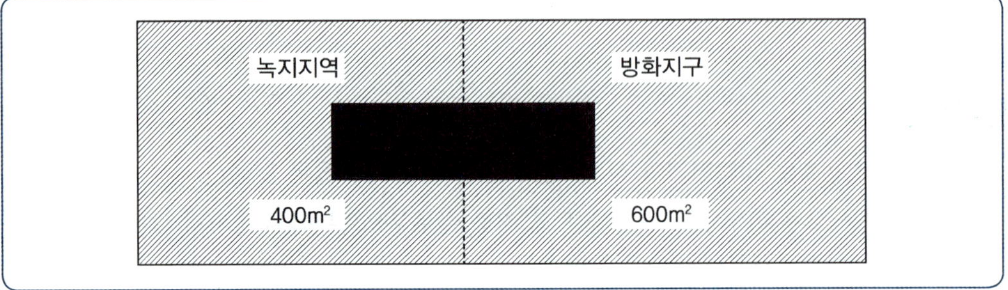

① 건축물: 전부 방화지구에 관한 규정
　대지: 전부 방화지구에 관한 규정
② 건축물: 전부 녹지지역에 관한 규정
　대지: 대지의 각 부분이 속한 지역·지구에 관한 규정
③ 건축물: 전부 녹지지역에 관한 규정
　대지: 전부 방화지구에 관한 규정
④ 건축물: 전부 방화지구에 관한 규정
　대지: 대지의 각 부분이 속한 지역·지구에 관한 규정
⑤ 건축물: 전부 녹지지역에 관한 규정
　대지: 전부 녹지지역에 관한 규정

02
건폐율 및 용적률

건축법령상 건폐율 및 용적률에 관한 설명으로 틀린 것은?

① 용적률은 대지면적에 대한 연면적의 비율이다.
② 용적률을 산정할 경우 연면적에는 지하층의 면적은 포함되지 않는다.
③ 「건축법」의 규정을 통하여 「국토의 계획 및 이용에 관한 법률」상 건폐율의 최대한도를 강화하여 적용하거나 완화하여 적용할 수 있다.
④ 도시지역에서 건축물이 있는 대지를 분할하는 경우에는 건폐율 기준에 못 미치게 분할할 수 없다.
⑤ 하나의 대지에 건축물이 둘 이상 있는 경우 용적률의 제한은 건축물별로 각각 적용한다.

Point 03 용적률 산정

건축법령상 1,000m²의 대지에 건축한 다음 건축물의 용적률은 얼마인가? (단, 제시된 조건 외에 다른 조건은 고려하지 않음)

- 하나의 건축물로서 지하 2개 층, 지상 7개 층으로 구성되어 있으며, 지붕은 평지붕임
- 건축면적은 350m²이고, 지하층 포함 각 층의 바닥면적은 320m²로 동일함
- 지하 2층은 전부 주차장, 지하 1층은 전부 제2종 근린생활시설로 사용됨
- 지상 7개 층은 전부 수련시설로 사용됨

① 215%
② 224%
③ 245%
④ 288%
⑤ 320%

04 대지의 분할제한

건축법령상 건축물이 있는 대지는 조례로 정하는 면적에 못 미치게 분할할 수 없다. 조례의 기준이 되는 용도지역별 최소 분할면적기준으로 옳은 것은? (단, 적용 제외는 고려하지 않음)

① 자연환경보전지역 − 100m²
② 준주거지역 − 150m²
③ 근린상업지역 − 150m²
④ 전용공업지역 − 660m²
⑤ 보전녹지지역 − 100m²

Point 05 면적 등의 산정방법

건축법령상 건축물의 면적 등의 산정방법으로 옳은 것은?

① 음식물쓰레기, 의류 등의 수거시설인 생활폐기물 보관시설의 면적은 건축면적에 산입한다.
② 지하층에 설치한 기계실, 전기실의 면적은 용적률을 산정할 때 연면적에 산입한다.
③ 건축물 지상층에 일반인이나 차량이 통행할 수 있도록 설치한 보행통로나 차량통로는 건축면적에 산입하지 아니한다.
④ 건축물의 층고는 방의 바닥구조체 윗면으로부터 위층 바닥구조체의 아랫면까지의 높이로 한다.
⑤ 건축물이 부분에 따라 그 층수가 다른 경우에는 그중 가장 많은 층수와 가장 적은 층수를 평균하여 반올림한 수를 그 건축물의 층수로 본다.

06

면적·높이 등의
산정방법

건축법령상 건축물의 면적·높이 등의 산정방법에 관한 설명으로 틀린 것은?

① 건축물이 부분에 따라 그 층수가 다른 경우에는 그중 가장 많은 층수를 그 건축물의 층수로 본다.

② 필로티의 부분은 그 부분이 공중의 통행이나 차량의 통행 또는 주차에 전용되는 경우에는 바닥면적에 산입하지 아니한다.

③ 지상층의 주차용(해당 건축물의 부속용도인 경우에 한함)으로 사용되는 면적은 용적률을 산정할 때에 연면적에서 제외한다.

④ 초고층 건축물에 설치하는 피난안전구역의 면적은 용적률을 산정할 때에 연면적에 포함한다.

⑤ 층의 구분이 명확하지 아니한 건축물은 그 건축물의 높이 4m마다 하나의 층으로 보고 그 층수를 산정한다.

07

면적·높이 등의
산정방법

건축법령상 건축물의 면적 및 높이 등의 산정방법에 관한 설명으로 틀린 것은?

① 경사진 형태의 지붕의 경우로서 층고가 1.7m인 다락은 바닥면적에 산입한다.

② 사용승인을 받은 후 15년 이상이 된 건축물을 리모델링하는 경우로서 열의 손실 방지를 위하여 외벽에 부가하여 마감재를 설치하는 부분은 바닥면적에 산입하지 아니한다.

③ 건축물의 경사지붕 아래에 설치하는 대피공간의 면적은 용적률을 산정할 때에 연면적에서 제외한다.

④ 공동주택으로서 지상층에 설치한 기계실의 면적은 바닥면적에 산입하지 아니한다.

⑤ 지하주차장의 경사로는 건축면적에 산입하지 아니한다.

08

면적, 층수 등의
산정방법

건축법령상 건축물의 면적, 층수 등의 산정방법에 관한 설명으로 틀린 것은?

① 지표면으로부터 1m 이하에 있는 부분은 건축면적에 산입하지 아니한다.

② 건축물의 1층이 차량의 주차에 전용(專用)되는 필로티인 경우, 그 면적은 바닥면적에 산입하지 아니한다.

③ 태양열을 주된 에너지원으로 하는 주택의 건축물의 건축면적은 건축물의 외벽 중 내측 내력벽의 중심선을 기준으로 한다.

④ 건축물의 노대 등의 바닥은 전체가 바닥면적에 산입된다.

⑤ 승강기탑, 계단탑, 장식탑은 바닥면적에 산입하지 아니한다.

09 건축법령상 건축물의 면적 등의 산정방법에 관한 설명으로 옳은 것은?

상
면적 등의 산정방법

① 건축물의 옥상에 설치되는 승강기탑, 계단탑, 망루, 장식탑, 옥탑 등으로서 그 수평투영면적의 합계가 해당 건축면적의 8분의 1(「주택법」에 따른 공동주택 중 전용면적이 85m² 이하인 경우에는 6분의 1) 이하인 경우로서 그 부분의 높이가 12m를 넘는 경우에는 그 넘는 부분만 해당 건축물의 높이에 산입한다.

② 층고가 3m인 다락은 바닥면적에 산입하지 아니한다.

③ 필로티의 부분은 그 부분이 공중의 통행이나 차량의 통행 또는 주차에 전용되는 경우에는 바닥면적에 산입하지 않지만, 공동주택의 경우에는 이를 바닥면적에 산입한다.

④ 벽·기둥의 구획이 없는 건축물의 바닥면적은 그 지붕 끝부분으로부터 수평거리 2m를 후퇴한 선으로 둘러싸인 수평투영면적으로 한다.

⑤ 공동주택으로서 지상층에서 설치한 기계실, 전기실, 어린이놀이터, 조경시설의 면적은 바닥면적에 산입한다.

10 건축법령상 다음의 예시에서 규정하고 있는 건축물의 높이로 옳은 것은?

상
건축물의 높이

- 건축물의 용도: 일반업무시설
- 건축면적: 560m²
- 층고가 4m인 6층의 건축물
- 옥상에 설치된 높이 6m인 장식탑의 수평투영면적 60m²

① 18m　　　　　　　　　　② 24m
③ 28m　　　　　　　　　　④ 30m
⑤ 36m

11 지하층이 2개 층이고 지상층은 전체가 층의 구분이 명확하지 아니한 건축물로서, 건축물의 바닥면적은 600m이며 바닥면적에 300m에 해당하는 부분은 그 높이가 12m이고 나머지 300m에 해당하는 부분의 높이는 16m이다. 이러한 건축물의 건축법령상 층수는? (단, 건축물의 높이는 건축법령에 의하여 산정한 것이고, 지표면의 고저차는 없으며, 건축물의 옥상에는 별도의 설치물이 없음)

중
건축물의 층수 산정

① 1층　　　　　　　　　　② 3층
③ 4층　　　　　　　　　　④ 5층
⑤ 6층

Point
12
건축물의 높이제한

건축법령상 건축물의 높이제한에 관한 설명으로 옳은 것은?

① 중심상업지역에 건축하는 공동주택으로서 하나의 대지에 두 동(棟) 이상을 건축하는 경우에는 채광의 확보를 위한 높이제한이 적용된다.

② 전용주거지역과 준주거지역 안에서 건축하는 건축물에 대하여는 일조의 확보를 위한 높이제한이 적용된다.

③ 시장·군수·구청장은 건축물의 용도 및 형태에 관계 없이 같은 가로구역(도로로 둘러싸인 일단의 지역)에서는 건축물의 높이를 동일하게 적용하여야 한다.

④ 3층 이하로서 높이가 12m 이하인 건축물에는 지방자치단체의 조례로 정하는 바에 따라 일조 등의 확보를 위한 높이제한에 관한 규정을 적용하지 아니할 수 있다.

⑤ 광역시장은 도시의 관리를 위하여 필요하면 가로구역별 건축물의 높이를 광역시의 조례로 정할 수 있다.

13
일조 등의 확보를 위한
높이제한

건축법령상 일조 등의 확보를 위한 높이제한을 적용받는 건축물로 옳은 것은?

① 자연녹지지역에 건축하는 단독주택

② 전용주거지역에 건축하는 한의원

③ 중심상업지역에 건축하는 연립주택

④ 준주거지역에 건축하는 단독주택

⑤ 일반상업지역에 건축하는 아파트

대표유형

건축법령상 건축협정에 관한 설명으로 **틀린** 것은? (단, 조례는 고려하지 않음)

① 해당 지역의 토지 또는 건축물의 소유자 등은 전원의 합의로 건축협정을 체결할 수 있다.

② 건축협정 체결대상 토지가 둘 이상의 시·군·구에 걸치는 경우 건축협정체결 대상 토지 면적의 과반이 속하는 건축협정인가권자에게 인가를 신청할 수 있다.

③ 건축협정서에는 건축협정 위반 시 제재에 관한 사항이 명시되어야 한다.

④ 건축협정을 폐지하려면 협정체결자 전원의 동의를 받아 건축협정인가권자의 인가를 받아야 한다.

⑤ 건축협정 인가권자는 건축협정을 인가하였을 때에는 지방자치단체의 공보에 그 내용을 공고하여야 한다.

해설 ④ 건축협정을 폐지하려는 경우에는 협정체결자 과반수의 동의를 받아 건축협정인가권자의 인가를 받아야 한다.

▶ 정답 ④

Point 01 건축법령상 **특별건축구역**에 관한 설명으로 옳은 것은?

(중)

특별건축구역

① 국토교통부장관은 「도시개발법」에 따른 도시개발구역에는 특별건축구역을 지정할 수 없다.

② 시·도지사는 「자연공원법」에 따른 자연공원에는 특별건축구역을 지정할 수 있다.

③ 특별건축구역 지정신청이 접수된 경우 국토교통부장관은 지정신청을 받은 날부터 15일 이내에 중앙건축위원회의 심의를 거쳐야 한다.

④ 특별건축구역에서는 「주차장법」에 따른 부설주차장의 설치에 관한 규정을 개별 건축물 마다 적용하지 아니하고 특별건축구역 전부 또는 일부를 대상으로 통합하여 적용할 수 있다.

⑤ 특별건축구역을 지정하는 경우 「국토의 계획 및 이용에 관한 법률」에 따른 용도지역의 지정이 있는 것으로 본다.

02

특별건축구역에서의
적용 배제규정

건축법령상 국가가 특별건축구역에 건축하는 건축물에 대해서는 다음의 규정을 적용하지 아니할 수 있다. 이에 해당하지 <u>않는</u> 것은?

① 대지의 분할제한 ② 대지의 조경

③ 대지 안의 공지 ④ 용적률

⑤ 건축물의 높이제한

Point
03
건축협정

건축법령상 건축협정에 관한 설명으로 옳은 것은?

① 건축물의 소유자 등은 과반수의 동의로 건축물의 리모델링에 관한 건축협정을 체결할 수 있다.

② 건축협정에 따른 특례를 적용하여 착공신고를 한 경우에는 착공신고를 한 날부터 10년이 지난 후에 건축협정의 폐지 인가를 신청할 수 있다.

③ 건축협정을 인가받은 경우에도 「경관법」에 따른 경관협정의 인가를 별도로 받아야 한다.

④ 건축협정에서 달리 정하지 않는 한, 건축협정이 공고된 후 건축협정구역에 있는 토지나 건축물 등에 관한 권리를 협정체결자인 소유자 등으로부터 이전받거나 설정받은 자는 협정체결자로서의 지위를 승계한다.

⑤ 건축협정의 인가를 받은 건축협정구역에서 연접한 대지에 대하여 용적률에 관한 규정을 개별 건축물마다 적용하지 아니하고 건축협정구역을 대상으로 통합하여 적용할 수 있다.

04
건축협정구역에서
통합적용

건축법령상 건축협정의 인가를 받은 건축협정구역에서 연접한 대지에 대하여 관계 법령의 규정을 개별 건축물마다 적용하지 아니하고 건축협정구역을 대상으로 통합하여 적용할 수 있는 것만을 모두 고른 것은?

> ㉠ 대지의 조경
> ㉡ 건폐율
> ㉢ 지하층의 설치
> ㉣ 「주차장법」 제19조에 따른 부설주차장의 설치
> ㉤ 「하수도법」 제34조에 따른 개인하수처리시설의 설치

① ㉠, ㉡, ㉣

② ㉠, ㉡, ㉢, ㉤

③ ㉠, ㉢, ㉣, ㉤

④ ㉡, ㉢, ㉣, ㉤

⑤ ㉠, ㉡, ㉢, ㉣, ㉤

05

결합건축대상지역

건축법령상 결합건축대상지역으로 지정할 수 있는 지역이 <u>아닌</u> 것은?

① 「국토의 계획 및 이용에 관한 법률」에 따라 지정된 상업지역
② 「역세권의 개발 및 이용에 관한 법률」에 따라 지정된 역세권개발구역
③ 특별가로구역
④ 「도시 및 주거환경정비법」에 따른 정비구역 중 주거환경개선사업의 시행을 위한 구역
⑤ 리모델링 활성화구역

06

결합건축

건축법령상 결합건축에 관한 설명으로 <u>틀린</u> 것은?

① 도시재생활성화지역에서 대지 간의 최단거리가 100m 이내의 범위에서 대통령령으로 정하는 범위에 있는 2개의 대지의 건축주가 서로 합의한 경우 2개의 대지를 대상으로 결합건축을 할 수 있다.
② 허가권자는 「국토의 계획 및 이용에 관한 법률」에 따른 도시·군계획사업에 편입된 대지가 있는 경우에는 결합건축을 포함한 건축허가를 아니할 수 있다.
③ 결합건축대상 대지가 둘 이상의 대지에 걸치는 경우 대상 토지면적의 과반이 속하는 허가권자에게 허가를 신청할 수 있다.
④ 결합건축협정서에 따른 협정체결 유지기간은 최소 40년으로 한다.
⑤ 결합건축협정서를 폐지하려는 경우에는 결합건축협정체결자 전원이 동의하여 허가권자에게 신고하여야 한다.

Point 07

이행강제금

건축법령상 이행강제금에 관한 설명으로 <u>틀린</u> 것은? (단, 적용 제외는 고려하지 않음)

① 허가권자는 시정명령을 받은 후 시정기간 내에 시정명령을 이행하지 아니한 경우 최초의 시정명령이 있었던 날을 기준으로 하여 1년에 2회 이내의 범위에서 이행강제금을 부과·징수할 수 있다.
② 연면적이 60m² 이하인 주거용 건축물의 경우에는 이행강제금 부과금액의 2분의 1의 범위에서 해당 지방자치단체의 조례로 정하는 금액을 부과한다.
③ 허가권자는 이행강제금을 부과처분을 받은 자가 이행강제금을 납부기한까지 내지 아니하면 「지방행정제재·부과금의 징수 등에 관한 법률」에 따라 징수한다.
④ 허가권자는 영리 목적을 위한 위반이나 상습적 위반의 경우에는 이행강제금 부과금액의 100분의 50의 범위에서 해당 지방자치단체의 조례로 정하는 바에 따라 가중하여야 한다.
⑤ 허가권자는 시정명령을 받은 자가 이를 이행하면 새로운 이행강제금의 부과는 즉시 중지하되, 이미 부과된 이행강제금은 징수하여야 한다.

08

이행강제금
부과비율

건축법령상 이행강제금을 산정하기 위하여 위반내용에 따라 곱하는 비율을 높은 순서대로 나열한 것은? (단, 조례는 고려하지 않음)

> ㉠ 용적률을 초과하여 건축한 경우
> ㉡ 허가를 받지 아니하고 건축한 경우
> ㉢ 신고를 하지 아니하고 건축한 경우
> ㉣ 건폐율을 초과하여 건축한 경우

① ㉠ − ㉡ − ㉣ − ㉢
② ㉠ − ㉣ − ㉢ − ㉡
③ ㉡ − ㉠ − ㉣ − ㉢
④ ㉣ − ㉠ − ㉡ − ㉢
⑤ ㉣ − ㉢ − ㉡ − ㉠

Point 09

건축분쟁전문위원회
조정 및 재정대상

건축법령상 건축 등과 관련된 분쟁으로서 건축분쟁전문위원회의 조정 및 재정의 대상이 되지 <u>않는</u> 것은? (단, 「건설산업기본법」 제69조에 따른 조정의 대상이 되는 분쟁은 제외함)

① '건축주'와 '건축시공자' 간의 분쟁
② '관계전문기술자'와 '해당 건축물의 건축으로 피해를 입은 인근주민' 간의 분쟁
③ '해당 건축물의 건축으로 피해를 입은 인근주민' 간의 분쟁
④ '건축주'와 '건축신고수리자' 간의 분쟁
⑤ '공사시공자'와 '공사감리자' 간의 분쟁

10
상
건축분쟁전문위원회

건축법령상 건축분쟁전문위원회(이하 '분쟁위원회'라 함)**에 관한 설명으로 틀린 것은?**

① 분쟁위원회는 위원장과 부위원장 각 1명을 포함한 15명 이내의 위원으로 구성한다.
② 분쟁위원회의 위원장과 부위원장은 위원 중에서 국토교통부장관이 위촉한다.
③ 공무원이 아닌 위원의 임기는 2년으로 하되, 연임할 수 있으며, 보궐위원의 임기는 전임자의 남은 임기로 한다.
④ 분쟁위원회의 회의는 재적위원 과반수의 출석으로 열고 출석위원 과반수의 찬성으로 의결한다.
⑤ 건설공사나 건설업에 대한 학식이 풍부한 자로서 그 분야에 15년 이상 종사한 자는 분쟁위원회의 위원이 될 수 있다.

11

<상>
건축분쟁전문위원회의
조정 및 재정

건축법령상 조정 및 재정에 관한 설명으로 옳지 <u>않은</u> 것은?

① 조정 및 재정을 하기 위하여 국토교통부에 건축분쟁전문위원회를 둔다.

② 부득이한 사정으로 연장되지 않는 한 건축분쟁전문위원회는 당사자의 조정신청을 받으면 60일 이내에 절차를 마쳐야 한다.

③ 조정안을 제시받은 당사자는 제시를 받은 날부터 30일 이내에 수락 여부를 조정위원회에 알려야 한다.

④ 조정위원회는 필요하다고 인정하면 당사자나 참고인을 조정위원회에 출석하게 하여 의견을 들을 수 있다.

⑤ 건축분쟁전문위원회는 재정신청이 된 사건을 조정에 회부하는 것이 적합하다고 인정하면 직권으로 직접 조정할 수 있다.

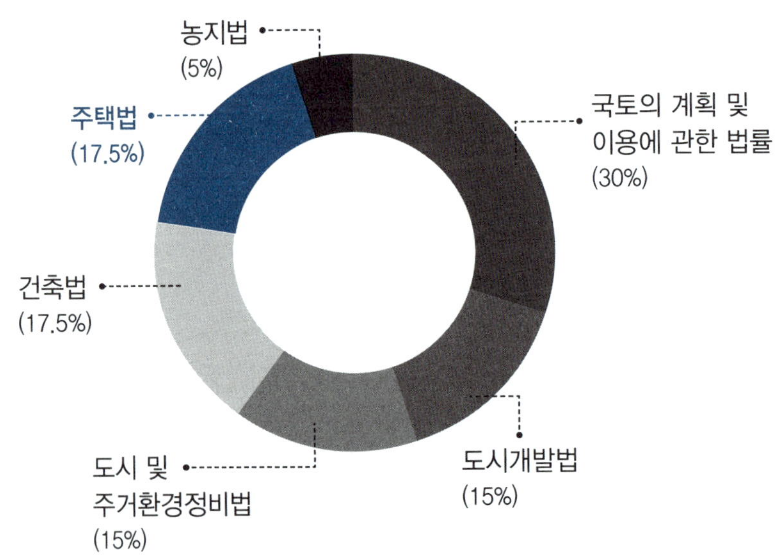

최근 5개년 출제경향 분석

이 법에서 특히 비중을 두고 공부해야 할 부분은 용어정의, 등록사업자, 주택조합, 사업계획승인, 사용검사, 주택상환사채, 저당권 설정 등의 제한, 투기과열지구, 전매제한 등에 관한 부분이다.

05

주택법

대표유형

주택법령상 용어에 관한 설명으로 옳은 것은?

① '주택'이란 세대의 구성원이 장기간 독립된 주거생활을 할 수 있는 구조로 된 건축물의 전부 또는 일부를 말하며, 그 부속토지는 제외한다.

② '단독주택'에는 「건축법 시행령」에 따른 다중주택이 포함되지 않는다.

③ '공동주택'에는 「건축법 시행령」에 따른 기숙사가 포함된다.

④ '주택단지'에 해당하는 토지가 폭 7m인 도시계획예정도로로 분리된 경우, 분리된 토지를 각각 별개의 주택단지로 본다.

⑤ 「혁신도시 조성 및 발전에 관한 특별법」에 따른 혁신도시개발사업에 의하여 개발·조성되는 공동주택이 건설되는 용지는 공공택지에 해당한다.

해설 ① 주택이란 세대의 구성원이 장기간 독립된 주거생활을 할 수 있는 구조로 된 건축물의 전부 또는 일부 및 그 부속토지를 말한다.

② 단독주택에는 「건축법 시행령」에 따른 다중주택이 포함된다.

③ 공동주택에는 「건축법 시행령」에 따른 아파트, 연립주택, 다세대주택이 포함된다. 따라서 기숙사는 포함되지 않는다.

④ 주택단지에 해당하는 토지가 폭 8m 이상인 도시계획예정도로로 분리된 경우, 분리된 토지를 각각 별개의 주택단지로 본다.

▶▶ 정답 ⑤

Point 01

용어의 정의

주택법령상 용어에 관한 설명으로 옳은 것은?

① 주택법령상 단독주택에는 「건축법 시행령」에 따른 다가구주택이 포함되지 않는다.

② 준주택이란 주택 외의 건축물과 그 부속토지로서 주거시설로 이용 가능한 시설 등을 말하며, 그 종류에는 기숙사, 다중생활시설, 노인복지주택, 오피스텔이 있다.

③ 부대시설이란 어린이놀이터, 유치원, 경로당과 같은 주택단지 안의 입주자 등의 생활복리를 위한 공동시설을 의미하며 근린생활시설도 이에 포함된다.

④ 수도권에 소재한 읍 또는 면지역의 경우, 국민주택규모의 주택이란 1호(戶) 또는 1세대당 주거전용면적이 100m² 이하인 주택을 말한다.

⑤ 도시형 생활주택이란 150세대 미만의 국민주택규모에 해당하는 주택으로서 도시지역에 건설하는 주택을 말한다.

02 주택법령상 용어에 관한 설명으로 옳은 것은?

용어의 정의

① 공구란 하나의 주택단지에서 둘 이상으로 구분되는 일단의 구역으로 공구별 세대수는 200세대 이상으로 하여야 한다.
② 리모델링이란 건축물의 노후화 억제 또는 기능 향상 등을 위하여 대수선을 하거나 사용검사일 또는 사용승인일부터 10년이 지난 공동주택을 각 세대의 주거전용면적의 30% 이내에서 전유부분을 증축하는 행위를 말한다.
③ 「공공주택 특별법」에 따른 공공주택지구조성사업에 의하여 개발·조성되는 공동주택이 건설되는 용지는 공공택지에 해당한다.
④ 민영주택이라도 국민주택규모 이하로 건축되는 경우 국민주택에 해당한다.
⑤ 세대구분형 공동주택이란 공동주택의 주택 내부 공간의 일부를 세대별로 구분하여 생활이 가능한 구조로 하되, 그 구분된 공간의 일부를 구분소유할 수 있는 주택이다.

03 주택법령상 '주택'에 해당하지 <u>않는</u> 것을 모두 고른 것은?

주택법령상
주택의 종류

> ㉠ 건축법 시행령상 용도별 건축물의 종류에 따른 다중주택
> ㉡ 건축법 시행령상 용도별 건축물의 종류에 따른 기숙사
> ㉢ 건축법 시행령상 용도별 건축물의 종류에 따른 오피스텔
> ㉣ 노인복지법상 노인복지주택

① ㉠, ㉢　　　　　　　　　　　　② ㉡, ㉢
③ ㉡, ㉣　　　　　　　　　　　　④ ㉠, ㉡, ㉣
⑤ ㉡, ㉢, ㉣

04 주택법령상 용어에 관한 설명으로 옳은 것을 모두 고른 것은?

용어의 정의

> ㉠ 지역난방 공급시설은 부대시설에 해당한다.
> ㉡ 300세대인 국민주택규모의 단지형 연립주택은 도시형 생활주택에 해당하지 않는다.
> ㉢ 민영주택은 국민주택을 제외한 주택을 말한다.

① ㉠　　　　　　　② ㉢　　　　　　　③ ㉠, ㉡
④ ㉡, ㉢　　　　　　⑤ ㉠, ㉡, ㉢

Point
05
용어의 정의

주택법령상 용어에 관한 설명으로 틀린 것은?

① 「건축법 시행령」에 따른 다중생활시설은 '준주택'에 해당한다.
② 주택도시기금으로부터 자금을 지원받아 수도권에 건설되는 1호당 주거전용면적 $80m^2$인 다가구주택은 '국민주택'에 해당하지 않는다.
③ '기간시설'이란 도로·상하수도·전기시설·가스시설·통신시설·지역난방시설 등을 말한다.
④ 주택에 딸린 경비실은 '부대시설'에 해당한다.
⑤ 주택단지의 입주자 등의 생활복리를 위한 주민공동시설은 '복리시설'에 해당한다.

06
도시형 생활주택

주택법령상 도시형 생활주택에 관한 설명으로 틀린 것은?

① 500세대인 국민주택규모의 아파트형 주택은 도시형 생활주택에 해당하지 않는다.
② 도시형 생활주택에는 분양가상한제가 적용되지 아니한다.
③ 「수도권정비계획법」에 따른 수도권의 경우 도시형 생활주택은 1호 또는 1세대당 주거전용면적이 $85m^2$ 이하이어야 한다.
④ 하나의 건축물에는 단지형 연립주택 또는 단지형 다세대주택과 아파트형 주택을 함께 건축할 수 있다.
⑤ 준주거지역에서 도시형 생활주택인 아파트형 주택과 도시형 생활주택이 아닌 주택은 하나의 건축물에 함께 건축할 수 있다.

07
세대구분형 공동주택

주택법령상 사업계획승인을 받아 건설된 세대구분형 공동주택에 관한 설명으로 틀린 것은?

① 세대구분형 공동주택의 세대별로 구분된 각각의 공간마다 별도의 욕실, 부엌과 현관을 설치할 것
② 세대구분형 공동주택의 세대수가 해당 주택단지 안의 공동주택 전체 세대수의 2분의 1을 넘지 아니할 것
③ 하나의 세대가 통합하여 사용할 수 있도록 세대 간에 연결문 또는 경량구조의 경계벽 등을 설치할 것
④ 세대구분형 공동주택의 세대별로 구분된 각각의 공간의 주거전용면적 합계가 해당 주택단지 전체 주거전용면적 합계의 3분의 1을 넘지 아니할 것
⑤ 공동주택의 주택 내부 공간의 일부를 세대별로 구분하여 생활이 가능한 구조로 하되, 그 구분된 공간의 일부를 구분소유할 수 없을 것

08

세대구분형 공동주택

주택법령상 「공동주택관리법」 제35조에 따른 행위의 허가를 받거나 신고하고 설치하는 세대구분형 공동주택에 관한 설명으로 옳은 것을 모두 고른 것은? (단, 시장·군수·구청장이 인정한 경우는 제외함)

> ㉠ 구분된 공간의 세대수는 기존 세대수를 포함하여 2세대 이하일 것
> ㉡ 하나의 세대가 통합하여 사용할 수 있도록 세대 간에 연결문 또는 경량구조의 경계벽 등을 설치할 것
> ㉢ 세대구분형 공동주택의 세대수가 해당 주택단지 안의 공동주택 전체 세대수의 5분의 1과 동의 전체 세대수의 3분의 1을 넘지 아니할 것

① ㉠

② ㉢

③ ㉠, ㉡

④ ㉡, ㉢

⑤ ㉠, ㉡, ㉢

09

용어의 정의

주택법령상 용어에 관한 설명으로 **틀린** 것은?

① 주택에 딸린 조경시설은 부대시설에 해당한다.

② 주택단지의 입주자 등의 생활복리를 위한 근린생활시설은 복리시설에 해당한다.

③ 주택에 딸린 자전거보관소는 복리시설에 해당한다.

④ 주택단지의 안의 전기시설과 주택단지 밖의 전기시설을 연결시키는 시설은 간선시설에 해당한다.

⑤ 주택에 딸린 관리사무소는 부대시설에 해당한다.

10

공공택지

주택법령상 공공택지란 다음에 해당하는 공공사업에 의하여 개발·조성되는 공동주택이 건설되는 용지를 말한다. 이에 해당하지 <u>않는</u> 것은?

① 「택지개발촉진법」에 따른 택지개발사업

② 「산업입지 및 개발에 관한 법률」에 따른 산업단지개발사업

③ 한국토지주택공사인 시행자가 환지방식으로 시행하는 「도시개발법」에 따른 도시개발사업

④ 「공공주택 특별법」에 따른 공공주택지구조성사업

⑤ 「혁신도시 조성 및 발전에 관한 특별법」에 따른 혁신도시개발사업

11 주택법령상 주택단지가 일정한 시설로 분리된 토지는 각각 별개의 주택단지로 본다. 그 시설에 해당하지 **않는** 것은?

별개의 주택단지

① 고속도로

② 보행자 및 자동차의 통행이 가능한 도로로서 「도로법」에 따른 일반국도

③ 폭 25m의 일반도로

④ 자동차전용도로

⑤ 폭 6m의 도시계획예정도로

12 주택법령상 리모델링에 관한 설명으로 **틀린** 것은?

리모델링

① 공동주택 리모델링의 허가는 시장·군수·구청장이 한다.

② 리모델링주택조합 설립에 동의한 자로부터 건축물을 취득한 자는 리모델링주택조합의 설립에 동의한 것으로 본다.

③ 세대의 주거전용면적이 85m² 미만인 경우에는 40% 이내의 증축을 할 수 있으며, 공동주택의 기능 향상 등을 위하여 공용부분에 대하여도 별도로 증축할 수 있다.

④ 동을 리모델링하고자 주택조합을 설립하기 위해서는 그 동의 구분소유자 및 의결권의 각 과반수의 결의가 필요하다.

⑤ 수직증축형 리모델링의 대상이 되는 기존 건축물의 층수가 14층 이하인 경우에는 2개 층까지 증축할 수 있다.

13 주택법령상 공구에 관한 설명으로 **틀린** 것은?

공구

① 주택건설사업을 시행하려는 자는 전체 세대수가 600세대 이상인 주택단지를 공구별로 분할하여 주택을 건설·공급할 수 있다.

② 공구란 하나의 주택단지에서 둘 이상으로 구분되는 일단의 구역을 말한다.

③ 공구별로 착공신고 및 사업계획승인을 별도로 수행할 수 있다.

④ 공구별 세대수는 300세대 이상으로 하여야 한다.

⑤ 「주택건설기준 등에 관한 규정」에 따라 주택단지 안의 도로를 설치하거나 공간을 조성하여 6m 이상의 폭으로 공구 간 경계를 설정하여야 한다.

주택법령상 지역주택조합에 관한 설명으로 옳은 것은?

① 조합원으로 추가모집되거나 충원하는 자가 조합원 자격요건을 갖추었는지를 판단할 때에는 사업계획승인신청일을 기준으로 한다.

② 조합원이 무자격자로 판명되어 자격을 상실하는 경우에는 충원할 수 없다.

③ 사업비의 조합원별 분담명세 확정 및 변경을 의결하는 총회의 경우에는 조합원의 100분의 20 이상이 직접 출석하여야 한다.

④ 조합원을 공개모집한 이후 조합원의 자격상실로 인한 결원을 충원하려면 시장·군수·구청장에게 신고하고 공개모집의 방법으로 조합원을 충원하여야 한다.

⑤ 조합의 임원이 금고 이상의 실형을 받아 당연퇴직을 하면 그가 퇴직 전에 관여한 행위는 그 효력을 상실한다.

해설 ① 조합원으로 추가모집되거나 충원하는 자가 조합원 자격요건을 갖추었는지를 판단할 때에는 조합설립인가신청일을 기준으로 한다.
② 조합원이 무자격자로 판명되어 자격을 상실하는 경우에는 결원이 발생한 범위에서 충원할 수 있다.
④ 조합원을 공개모집한 이후 조합원의 자격상실로 인한 결원을 충원하는 경우에는 시장·군수·구청장에게 신고하지 아니하고 선착순의 방법으로 조합원을 충원할 수 있다.
⑤ 조합의 임원이 금고 이상의 실형을 받아 당연퇴직을 하더라도 그가 퇴직 전에 관여한 행위는 그 효력을 상실하지 아니한다.
▶▶ 정답 ③

Point 01

등록사업자

주택법령상 주택건설사업의 등록사업자에 관한 설명으로 옳은 것은?

① 주택건설공사를 시공할 수 있는 등록사업자가 최근 3년간 300세대 이상의 공동주택을 건설한 실적이 있는 경우에는 주택으로 쓰는 층수가 8개 층인 주택을 건설할 수 없다.

② 고용자가 그 근로자의 주택을 건설하는 경우에는 등록사업자와 공동으로 사업을 시행할 수 있다.

③ 토지소유자가 주택을 건설하는 경우에는 등록사업자와 공동으로 사업을 시행할 수 있으며, 이 경우 토지소유자와 등록사업자를 공동사업주체로 본다.

④ 지방공사인 사업주체가 연간 1만m² 이상의 대지조성사업을 시행하려는 경우에는 국토교통부장관에게 등록하여야 한다.

⑤ 등록말소 또는 영업정지처분을 받은 등록사업자는 그 처분 전에 사업계획승인을 받은 사업을 계속 수행할 수 없다.

02

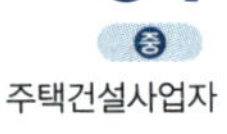

등록사업자의
결격사유

주택법령상 주택건설사업 등의 등록을 할 수 없는 자로 옳은 것은?

① 피한정후견인의 선고가 취소된 후 1년이 지나지 아니한 자
② 파산선고를 받은 자로서 복권된 후 1년이 지나지 아니한 자
③ 거짓으로 주택건설사업을 등록하여 그 등록이 말소된 후 2년이 지난 자
④ 「주택법」을 위반하여 금고 이상의 형의 집행유예선고를 받고 그 유예기간이 종료된 자
⑤ 「주택법」을 위반하여 금고 이상의 형의 선고를 받고 그 집행이 면제된 날부터 2년이 지나지 아니한 자

03

등록사업자와
비등록사업자

주택법령상 주택건설사업 또는 대지조성사업의 등록에 관한 설명으로 옳은 것은?

① 한국토지주택공사가 대지조성사업을 시행하려는 경우에는 국토교통부장관에게 등록하여야 한다.
② 지방공사가 주택건설사업을 시행하려는 경우에는 국토교통부장관에게 등록하지 않아도 된다.
③ 지방자치단체가 주택건설사업을 시행하려는 경우에는 국토교통부장관에게 등록하여야 한다.
④ 근로자를 고용하고 있는 고용자가 등록사업자와 공동으로 근로자의 주택을 건설하는 주택건설사업을 시행하려는 경우에는 국토교통부장관에게 등록하여야 한다.
⑤ 국가가 주택건설사업을 시행하려는 경우에는 국토교통부장관에게 등록하여야 한다.

04

주택건설사업자

주택법령상 주택건설사업자 등에 관한 설명으로 옳은 것은?

① 「공익법인의 설립·운영에 관한 법률」에 따라 주택건설사업을 목적으로 설립된 공익법인이 연간 20호 이상의 단독주택 건설사업을 시행하려는 경우 국토교통부장관에게 등록하여야 한다.
② 세대수를 증가하는 리모델링주택조합이 그 구성원의 주택을 건설하는 경우에는 국가와 공동으로 사업을 시행할 수 있다.
③ 고용자가 그 근로자의 주택을 건설하는 경우에는 대통령령으로 정하는 바에 따라 등록사업자와 공동으로 사업을 시행하여야 한다.
④ 국토교통부장관은 등록사업자가 타인에게 등록증을 대여한 경우에는 1년 이내의 기간을 정하여 영업의 정지를 명할 수 있다.
⑤ 영업정지 처분을 받은 등록사업자는 그 처분 전에 사업계획승인을 받은 사업을 계속 수행할 수 없다.

05

등록사업자

주택법령상 등록사업자에 관한 내용이다. 틀린 것은?

① 도시형생활주택의 경우에 연간 30세대 이상의 주택건설사업을 시행하려는 자는 국토교통부장관에게 등록하여야 한다.

② 주택건설사업의 등록을 하려는 개인의 등록기준은 자산평가액이 6억원 이상이어야 한다.

③ 등록이 말소된 후 3년이 지나지 아니한 자는 주택건설사업 등의 등록을 할 수 없다.

④ 등록사업자는 등록사항에 변경이 있는 때에는 국토교통부령이 정하는 바에 의하여 변경사유가 발생한 날부터 30일 이내에 국토교통부장관에게 신고하여야 한다.

⑤ 등록말소 또는 영업정지 처분을 받은 등록사업자는 그 처분 전에 사업계획승인을 받은 사업은 계속 수행할 수 있다.

06

지역주택조합

주택법령상 지역주택조합에 관한 설명으로 옳은 것은?

① 조합설립에 동의한 조합원은 조합설립인가가 있은 이후에는 자신의 의사에 의해 조합을 탈퇴할 수 없다.

② 총회의 의결로 제명된 조합원은 조합에 자신이 부담한 비용의 환급을 청구할 수 없다.

③ 조합임원의 선임을 의결하는 총회의 경우에는 조합원의 100분의 20 이상이 직접 출석하여야 한다.

④ 조합원을 공개모집한 이후 조합원의 자격상실로 인한 결원을 충원하려면 시장·군수·구청장에게 신고하고 공개모집의 방법으로 조합원을 충원하여야 한다.

⑤ 조합의 임원이 금고 이상의 실형을 받아 당연 퇴직을 하면 그가 퇴직 전에 관여한 행위는 그 효력을 상실한다.

07 주택법령상 주택조합의 청약철회 및 가입비 반환 등에 관한 조문이다. (   ) 안에 들어갈 숫자를 바르게 나열한 것은?

청약철회 및
가입비의 반환

> • 주택조합의 가입을 신청한 자는 가입비 등을 예치한 날부터 (㉠)일 이내에 주택조합 가입에 관한 청약을 철회할 수 있다.
> • 모집주체는 주택조합의 가입을 신청한 자가 청약철회를 한 경우 청약철회의사가 도달한 날부터 (㉡)일 이내에 예치기관의 장에게 가입비 등의 반환을 요청하여야 한다.
> • 예치기관의 장은 가입비 등의 반환요청을 받은 경우 요청일부터 (㉢)일 이내에 그 가입비 등을 예치한 자에게 반환하여야 한다.

	㉠	㉡	㉢		㉠	㉡	㉢
①	10	7	20	②	15	5	20
③	20	5	30	④	30	5	15
⑤	30	7	10				

08 주택법령상 지역주택조합에 관한 설명으로 틀린 것은?

지역주택조합

① 주택조합설립인가를 받으려는 자는 해당 주택건설대지의 80% 이상에 해당하는 토지의 사용권원을 확보하고 해당 주택건설대지의 15% 이상에 해당하는 토지의 소유권을 확보하여야 한다.

② 주택조합은 그 구성원을 위하여 건설하는 주택을 그 조합원에게 우선 공급할 수 있다.

③ 주택조합은 임대주택으로 건설·공급하는 세대수는 제외하고, 주택건설 예정 세대수의 50% 이상의 조합원으로 구성하여야 한다.

④ 주택조합은 조합원의 공개모집 이후 조합원의 사망·자격상실·탈퇴 등으로 인한 결원을 충원하거나 미달된 조합원을 재모집하는 경우에는 신고하지 아니하고 선착순의 방법으로 조합원을 모집할 수 있다.

⑤ 주택조합의 설립인가 후 조합원이 사망하였더라도 조합원 수가 주택건설 예정 세대수의 50% 이상을 유지하고 있다면 조합원을 충원할 수 없다.

09

지역주택조합의
조합원

주택법령상 지역주택조합의 조합원에 관한 설명으로 틀린 것은?

① 조합원의 사망으로 그 지위를 상속받는 자는 조합원이 될 수 있다.

② 조합원이 근무로 인하여 세대주 자격을 일시적으로 상실한 경우로서 시장·군수·구청장이 인정하는 경우에는 조합원 자격이 있는 것으로 본다.

③ 조합설립 인가 후에 조합원의 탈퇴로 조합원 수가 주택건설 예정 세대수의 50퍼센트 미만이 되는 경우에는 결원이 발생한 범위에서 조합원을 신규로 가입하게 할 수 있다.

④ 조합설립 인가 후 조합원으로 추가모집되는 자가 조합원 자격 요건을 갖추었는지를 판단할 때에는 사업계획승인신청일을 기준으로 한다.

⑤ 총회의 의결을 하는 경우에는 조합원의 100분의 10 이상이 직접 출석하여야 한다. 다만, 창립총회의 경우에는 조합원의 100분의 20 이상이 직접 출석하여야 한다.

10

주택조합

주택법령상 주택조합에 관한 설명으로 옳은 것은?

① 주택조합의 발기인은 조합원 모집 신고가 수리된 날부터 3년이 되는 날까지 주택조합 설립인가를 받지 못하는 경우 주택조합 가입신청자 전원으로 구성되는 총회 의결을 거쳐 주택조합 사업의 종결 여부를 결정하도록 하여야 한다.

② 주택조합은 주택조합의 설립인가를 받은 날부터 2년이 되는 날까지 사업계획승인을 받지 못하는 경우 대통령령으로 정하는 바에 따라 총회의 의결을 거쳐 해산 여부를 결정하여야 한다.

③ 리모델링주택조합은 그 구성원을 위하여 건설하는 주택을 조합원에게 우선 공급하여야 하고, 직장주택조합에 대하여는 사업주체가 국민주택을 조합원에게 우선 공급하여야 한다.

④ 지역주택조합의 경우 설립인가를 받은 날부터 2년 이내에 사업계획승인을 신청하여야 한다.

⑤ 시장·군수·구청장은 주택조합이 「주택법」 제94조에 따른 명령이나 처분을 위반한 경우에 주택조합의 설립인가를 취소하여야 한다.

11 
주택조합

주택법령상 주택조합에 관한 설명으로 옳은 것은?

① 주거전용면적 70m²의 주택 1채를 소유하고 있는 세대주인 자는 국민주택을 공급받기 위하여 설립하는 직장주택조합의 조합원이 될 수 없다.

② 사업계획승인을 받아 건설한 공동주택의 소유자는 리모델링주택조합의 조합원이 될 수 없다.

③ 리모델링주택조합의 설립인가를 받으려는 자는 인가신청서에 해당 주택건설대지의 80% 이상에 해당하는 토지의 사용권원을 확보하였음을 증명하는 서류를 첨부하여 관할 시장·군수 또는 구청장에게 제출하여야 한다.

④ 국민주택을 공급받기 위하여 직장주택조합을 설립하려는 자는 관할 시·도지사의 허가를 받아야 한다.

⑤ 리모델링의 허가를 신청하기 위한 동의율을 확보한 경우 리모델링 결의를 한 리모델링주택조합은 그 리모델링 결의에 찬성하지 아니하는 자의 토지에 대하여 매도청구를 할 수 없다.

Point
12 
조합원의
직접 출석 요건

주택법령상 총회의 의결을 하는 경우 조합원의 100분의 20 이상이 직접 출석하여야 하는 경우만을 모두 고른 것은?

> ㉠ 조합임원의 해임
> ㉡ 업무대행계약의 체결
> ㉢ 조합해산의 결의
> ㉣ 예산으로 정한 사항 외에 조합원에게 부담이 될 계약의 체결
> ㉤ 사업비의 세부항목별 사용계획이 포함된 예산안

① ㉠, ㉡, ㉢　　　　　　　② ㉡, ㉢, ㉣

③ ㉡, ㉣, ㉤　　　　　　　④ ㉠, ㉢, ㉣, ㉤

⑤ ㉠, ㉡, ㉢, ㉣, ㉤

13 주택법령상 리모델링주택조합에 관한 설명으로 틀린 것은?

리모델링주택조합

① 수직증축형 리모델링의 경우 리모델링주택조합의 설립인가신청서에 해당 주택이 사용 검사일부터 15년 이상의 기간이 지났음을 증명하는 서류를 첨부하여야 한다.

② 주택단지 전체를 리모델링하기 위하여 조합을 설립하려는 경우에는 주택단지 전체 구분소유자와 의결권의 각 3분의 2 이상의 결의 및 각 동의 구분소유자와 의결권의 과반수의 결의가 있어야 한다.

③ 리모델링의 허가를 신청하기 위한 동의율을 확보한 경우 리모델링 결의를 한 리모델링주택조합은 그 리모델링 결의에 찬성하지 아니하는 자의 주택 및 토지에 대하여 매도청구를 할 수 있다.

④ 리모델링주택조합 설립에 동의한 자로부터 건축물을 취득한 자는 리모델링주택조합 설립에 동의한 것으로 본다.

⑤ 세대수를 증가하지 아니하는 리모델링주택조합이 그 구성원의 주택을 건설하는 경우에는 등록사업자와 공동으로 사업을 시행할 수 있다.

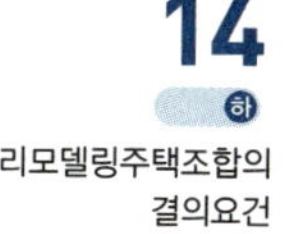

14 주택법령상 리모델링주택조합이 주택조합을 설립하려는 경우 인가를 받기 위한 결의요건을 바르게 연결한 것은?

리모델링주택조합의 결의요건

- 주택단지 전체를 리모델링하고자 하는 경우에는 주택단지 전체 구분소유자와 의결권의 각 (㉠) 이상의 결의 및 각 동의 구분소유자와 의결권의 각 (㉡)의 결의
- 동을 리모델링하고자 하는 경우에는 그 동의 구분소유자 및 의결권의 각 (㉢) 이상의 결의

	㉠	㉡	㉢
①	2분의 1	3분의 2	2분의 1
②	3분의 2	과반수	2분의 1
③	3분의 2	과반수	3분의 2
④	4분의 3	2분의 1	과반수
⑤	4분의 3	2분의 1	4분의 3

15
하
지역주택조합의
조합원 모집광고

주택법령상 지역주택조합의 조합원을 모집하기 위하여 모집주체가 광고를 하는 경우 광고에 포함되어야 하는 내용에 해당하는 것을 모두 고른 것은?

> ㉠ 조합의 명칭 및 사무소의 소재지
> ㉡ 조합원의 자격기준에 관한 내용
> ㉢ 조합설립 인가일
> ㉣ 조합원 모집 신고 수리일

① ㉠, ㉡, ㉢ 　　　　② ㉠, ㉡, ㉣
③ ㉠, ㉢, ㉣ 　　　　④ ㉡, ㉢, ㉣
⑤ ㉠, ㉡, ㉢, ㉣

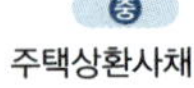

16
중
주택상환사채

주택법령상 주택상환사채에 관한 설명으로 틀린 것은?

① 한국토지주택공사와 등록사업자는 주택으로 상환하는 사채를 발행할 수 있다. 이 경우 등록사업자는 대통령령으로 정하는 기준에 맞고 금융기관 등의 보증을 받아야 한다.
② 주택상환사채를 발행하려는 자는 주택상환사채 발행계획을 수립하여 재정경제부장관의 승인을 받아야 한다.
③ 주택상환사채는 기명증권으로 하며, 액면 또는 할인의 방법으로 발행한다.
④ 등록사업자의 등록이 말소된 경우에도 그가 발행한 주택상환사채의 효력에는 영향을 미치지 아니한다.
⑤ 주택상환사채의 상환기간은 3년을 초과할 수 없다.

17
중
주택상환사채

주택법령상 주택상환사채에 관한 설명으로 틀린 것은?

① 상환절차와 시기는 주택상환사채발행계획서에 적어야 하는 사항에 포함된다.
② 등록사업자가 발행할 수 있는 주택상환사채의 규모는 최근 3년간의 연평균 주택건설 호수 이내로 한다.
③ 사채권자의 명의변경은 취득자의 성명과 주소를 사채원부에 기록하는 방법으로 한다.
④ 주택조합 가입 청약철회자의 가입비 반환은 주택상환사채의 납입금으로 사용할 수 있는 용도에 해당하지 않는다.
⑤ 세대원의 취학으로 인하여 세대원 일부가 다른 행정구역으로 이전하는 경우에는 주택상환사채를 양도하거나 중도에 해약할 수 있다.

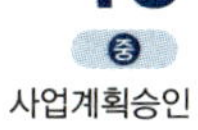

18
사업계획승인

주택법령상 사업계획승인에 관한 설명으로 틀린 것은?

① 사업계획승인권자는 착공신고를 받은 날부터 30일 이내에 신고수리 여부를 신고인에게 통지하여야 한다.

② 지방공사인 사업주체가 주택건설사업계획의 승인을 받으려는 경우에는 해당 주택건설대지의 소유권을 확보하지 않아도 된다.

③ 국가 및 한국토지주택공사가 시행하는 경우에는 국토교통부장관의 사업계획승인을 받아야 한다.

④ 사업계획승인권자는 사업계획의 승인신청을 받은 때에는 정당한 사유가 없으면 신청받은 날부터 60일 이내에 사업주체에게 승인 여부를 통보하여야 한다.

⑤ 사업주체는 승인받은 사업계획대로 사업을 시행하여야 하고, 승인을 받은 날부터 5년(착수기간이 연장되는 경우를 제외) 이내에 공사를 시작하여야 한다.

19
사업계획승인의
취소사유

주택법령상 사업계획승인권자가 그 사업계획승인을 취소할 수 있는 사유를 모두 고른 것은?

> ㉠ 사업주체가 공사의 착수기간이 연장되지 않는 한 주택건설사업계획승인을 받은 날부터 5년 이내에 공사를 시작하지 아니한 경우
> ㉡ 주택분양보증을 받지 않은 사업주체가 파산하여 공사의 완료가 불가능한 경우
> ㉢ 주택분양보증을 받은 사업주체가 경매로 인하여 대지의 소유권을 상실한 경우

① ㉠   ② ㉡

③ ㉠, ㉡   ④ ㉡, ㉢

⑤ ㉠, ㉡, ㉢

20

사업계획승인대상에서
제외되는 경우

주택법령상 다음에 해당하는 경우에는 사업계획승인대상에서 제외한다. (   )에 들어갈 내용으로 옳게 연결된 것은?

> 「국토의 계획 및 이용에 관한 법률」에 따른 도시지역 중 상업지역(유통상업지역은 제외한다) 또는 (㉠)에서 (㉡)세대 미만의 주택과 주택 외의 시설을 동일 건축물로 건축하는 경우로서 해당 건축물의 연면적에 대한 주택연면적 합계의 비율이 (㉢)퍼센트 미만인 경우

① ㉠: 일반주거지역, ㉡: 300, ㉢: 70

② ㉠: 전용주거지역, ㉡: 300, ㉢: 90

③ ㉠: 준주거지역,   ㉡: 300, ㉢: 70

④ ㉠: 일반주거지역, ㉡: 150, ㉢: 80

⑤ ㉠: 준주거지역,   ㉡: 300, ㉢: 90

21

사업계획승인권자

주택법령상 (   ) 안에 들어갈 내용으로 옳게 연결된 것은? (단, 주택 외의 시설과 주택이 동일 건축물로 건축되지 않음을 전제로 함)

> • 지방공사인 사업주체가 서울특별시 A구에서 대지면적 10만㎡에 60호의 한옥 건설사업을 시행하려는 경우 (㉠)으로부터 사업계획승인을 받아야 한다.
> • B광역시 C구에서 지역균형개발이 필요하여 국토교통부장관이 지정·고시하는 지역 안에 50호의 한옥 건설사업을 시행하는 경우 (㉡)으로부터 사업계획승인을 받아야 한다.

	㉠	㉡
①	국토교통부장관	국토교통부장관
②	국토교통부장관	B광역시장
③	서울특별시장	국토교통부장관
④	서울특별시장	C구청장
⑤	A구청장	C구청장

Point

22

사업계획승인

주택법령상 주택건설사업계획의 승인 등에 관한 설명으로 옳은 것은? (단, 다른 법률에 따른 사업은 제외함)

① 주거전용 단독주택인 건축법령상의 한옥 30호의 건설사업을 시행하려는 자는 사업계획 승인을 받아야 한다.

② 주택건설사업을 시행하려는 자는 전체 세대수가 300세대 이상의 주택단지를 공구별로 분할하여 주택을 건설·공급할 수 있다.

③ 사업계획승인의 조건으로 부과된 사항을 이행함에 따라 공사 착수가 지연되는 경우, 사업계획승인권자는 그 사유가 없어진 날부터 2년의 범위에서 공사의 착수기간을 연장할 수 있다.

④ 사업계획승인권자는 사업계획승인의 신청을 받았을 때에는 정당한 사유가 없으면 신청받은 날부터 20일 이내에 사업주체에게 승인 여부를 통보하여야 한다.

⑤ 사업주체는 공사의 착수기간이 연장되지 않는 한 주택건설사업계획의 승인을 받은 날부터 5년 이내에 공사를 시작하여야 한다.

23 주택법령상 주택건설사업계획의 승인 등에 관한 설명으로 옳은 것은?

사업계획승인

① 지역주택조합은 설립인가를 받은 날부터 3년 이내에 사업계획승인을 신청하여야 한다.
② 지방공사는 동일한 규모의 주택을 대량으로 건설하려는 경우에는 국토교통부장관에게 주택의 형별로 표본설계도서를 작성·제출하여 승인을 받을 수 있다.
③ 사업계획승인권자는 주택분양보증을 받지 않은 사업주체가 경매로 인하여 대지소유권을 상실한 경우에는 그 사업계획의 승인을 취소하여야 한다.
④ 시·도지사는 주택조합의 원활한 사업추진 및 조합원의 권리보호를 위하여 표준조합규약 및 표준공사계약서를 작성·보급할 수 있다.
⑤ 주택조합이 사업주체인 경우 건축물의 설계와 용도별 위치를 변경하지 아니하는 범위에서의 주택단지 안 도로의 선형을 변경하려면 변경승인을 받지 않아도 된다.

24 주택법령상 사업계획승인 등에 관한 설명으로 **틀린** 것은? (단, 다른 법률에 따른 사업은 제외함)

사업계획승인

① 주택건설사업을 시행하려는 자는 전체 세대수가 600세대 이상의 주택단지를 공구별로 분할하여 주택을 건설·공급할 수 있다.
② 사업계획승인권자는 착공신고를 받은 날부터 20일 이내에 신고수리 여부를 신고인에게 통지하여야 한다.
③ 사업계획승인권자는 사업계획승인의 신청을 받았을 때에는 정당한 사유가 없으면 신청받은 날부터 60일 이내에 사업주체에게 승인 여부를 통보하여야 한다.
④ 사업주체는 사업계획승인을 받은 날부터 2년 이내에 공사를 착수하여야 한다.
⑤ 사업계획승인권자는 사업계획을 승인하였을 때에는 이에 관한 사항을 고시하여야 한다.

25 사업주체 甲은 사업계획승인권자 乙로부터 주택건설사업을 분할하여 시행하는 것을 내용으로 사업계획승인을 받았다. 주택법령상 이에 관한 설명으로 **틀린** 것은?

공구별 분할시행

① 乙은 사업계획승인에 관한 사항을 고시하여야 한다.
② 甲은 최초로 공사를 진행하는 공구 외의 공구에서 해당 주택단지에 대한 최초 착공신고일부터 2년 이내에 공사를 시작하여야 한다.
③ 甲이 소송 진행으로 인하여 공사착수가 지연되어 연장 신청을 한 경우, 乙은 그 분쟁이 종료된 날부터 2년의 범위에서 공사착수기간을 연장할 수 있다.
④ 주택분양보증을 받지 않은 甲이 파산하여 공사 완료가 불가능한 경우, 乙은 사업계획승인을 취소할 수 있다.
⑤ 甲이 최초로 공사를 진행하는 공구 외의 공구에서 해당 주택단지에 대한 최초 착공신고일부터 2년이 지났음에도 사업주체가 공사를 시작하지 아니한 경우 乙은 사업계획승인을 취소할 수 없다.

26 
임대주택의
건설·공급

주택법령상 사업주체가 600세대의 주택과 주택 외의 시설을 동일 건축물로 건축하는 계획 및 임대주택의 건설·공급에 관한 사항을 포함한 사업계획승인신청서를 제출한 경우에 대한 설명으로 <u>틀린</u> 것은?

① 사업계획승인권자는 「국토의 계획 및 이용에 관한 법률」에 따른 용적률을 완화하여 적용할 수 있다.

② 사업계획승인권자가 임대주택의 건설을 이유로 용적률을 완화하는 경우 사업주체는 완화된 용적률의 60% 이하의 범위에서 대통령령으로 정하는 비율 이상에 해당하는 면적을 임대주택으로 공급하여야 한다.

③ 사업주체는 용적률의 완화로 건설되는 임대주택을 인수자에게 공급하여야 하며, 이 경우 한국토지주택공사가 우선 인수할 수 있다.

④ 사업주체가 임대주택을 인수자에게 공급하는 경우 임대주택의 부속토지의 공급가격은 기부채납한 것으로 본다.

⑤ 사업주체는 공급되는 주택의 전부(주택조합이 설립된 경우에는 조합원에게 공급하고 남은 주택을 말한다)를 대상으로 공개추첨의 방법에 의하여 인수자에게 공급하는 임대주택을 선정하여야 한다.

27
상
사업주체의 매도청구

주택법령상 사업주체의 매도청구에 관한 내용으로 (   )에 알맞은 것은?

> 사업계획승인을 받은 사업주체는 다음 기준에 따라 해당 주택건설대지 중 사용할 수 있는권원을 확보하지 못한 대지(건축물을 포함한다)의 소유자에게 그 대지를 (㉠)로 매도할 것을 청구할 수 있다. 이 경우 매도청구 대상이 되는 대지의 소유자와 매도청구를 하기 전에 (㉡) 이상 협의를 하여야 한다.
> 1. 주택건설대지면적 중 (㉢) 이상에 대하여 사용권원을 확보한 경우: 사용권원을 확보하지 못한 대지의 모든 소유자에게 매도청구 가능
> 2. 위 1. 외의 경우: 사용권원을 확보하지 못한 대지의 소유자 중 지구단위계획구역 결정고시일 (㉣) 이전에 해당 대지의 소유권을 취득하여 계속 보유하고 있는 자를 제외한 소유자에게 매도청구 가능

	㉠	㉡	㉢	㉣
①	시가	3개월	95퍼센트	10년
②	공시지가	6개월	80퍼센트	5년
③	시가	6개월	80퍼센트	10년
④	공시지가	6개월	95퍼센트	10년
⑤	공시지가	3개월	80퍼센트	5년

28 주택법령상 사업계획승인을 받은 사업주체에게 인정되는 매도청구에 관한 설명으로 옳은 것은?

사업주체의 매도청구

① 사업주체는 주택건설대지 중 사용할 수 있는 권원을 확보하지 못한 대지의 소유자에게 그 대지를 감정가격으로 매도할 것을 청구할 수 있다.

② 사업주체는 주택건설대지 중 사용할 수 있는 권원을 확보하지 못한 건축물에 대해서는 매도청구를 할 수 없다.

③ 사업주체는 매도청구대상이 되는 대지의 소유자와 매도청구를 하기 전에 6개월 이상 협의를 하여야 한다.

④ 주택건설대지면적 중 90%에 대하여 사용권원을 확보한 경우에는 사용권원을 확보하지 못한 대지의 모든 소유자에게 매도청구할 수 있다.

⑤ 리모델링의 허가를 신청하기 위한 동의율을 확보한 경우 리모델링 결의를 한 리모델링주택조합은 그 리모델링 결의에 찬성하지 아니하는 자의 주택 및 토지에 대하여 매도청구를 할 수 있다.

Point 29 주택법령상 사용검사 후 매도청구 등에 관한 조문의 일부이다. (   ) 안에 들어갈 숫자를 바르게 나열한 것은?

사용검사 후 매도청구

- 주택의 소유자들은 대표자를 선정하여 매도청구에 관한 소송을 제기할 수 있다. 이 경우 대표자는 주택의 소유자 전체의 (㉠) 이상의 동의를 얻어 선정한다.
- 매도청구를 하려는 경우에는 해당 토지의 면적이 주택단지의 전체 대지 면적의 (㉡)% 미만이어야 한다.
- 매도청구의 의사표시는 실소유자가 해당 토지소유권을 회복한 날부터 (㉢)년 이내에 해당 실소유자에게 송달되어야 한다.

	㉠	㉡	㉢
①	2분의 1	3	3
②	3분의 2	5	2
③	4분의 3	5	1
④	4분의 3	5	2
⑤	5분의 4	10	2

Point 30 사용검사 후 매도청구

주택건설사업이 완료되어 사용검사가 있은 후에 甲이 주택단지 일부의 토지에 대해 소유권이전 등기 말소소송에 따라 해당 토지의 소유권을 회복하게 되었다. 주택법령상 이에 관한 설명으로 **틀린** 것은?

① 주택의 소유자들은 甲에게 해당 토지를 시가(市價)로 매도할 것을 청구할 수 있다.

② 甲이 소유권을 회복한 토지의 면적이 주택단지 전체 대지면적의 5% 미만인 경우에 매도 청구를 할 수 있다.

③ 대표자를 선정하여 매도청구에 관한 소송을 하는 경우 대표자는 복리시설을 포함하여 주택의 소유자 전체의 4분의 3 이상의 동의를 받아 선정한다.

④ 매도청구의 의사표시는 甲이 해당 토지의 소유권을 회복한 날부터 2년 이내에 甲에게 송달되어야 한다.

⑤ 주택의 소유자들은 매도청구로 인하여 발생한 비용의 전부에 대하여는 사업주체에게 구 상(求償)할 수 없다.

31  임대주택의 건설·공급

주택법령상 사업주체가 50세대의 주택과 주택 외의 시설을 동일 건축물로 건축하는 계획 및 임 대주택의 건설·공급에 관한 사항을 포함한 사업계획승인신청서를 제출한 경우에 대한 설명으 로 옳은 것은?

① 사업계획승인권자는 「국토의 계획 및 이용에 관한 법률」에 따른 건폐율 및 용적률을 완 화하여 적용할 수 있다.

② 사업계획승인권자가 임대주택의 건설을 이유로 용적률을 완화하는 경우 사업주체는 완 화된 용적률의 70%에 해당하는 면적을 임대주택으로 공급하여야 한다.

③ 사업주체는 용적률의 완화로 건설되는 임대주택을 인수자에게 공급하여야 하며, 이 경우 시장·군수가 우선 인수할 수 있다.

④ 사업주체가 임대주택을 인수자에게 공급하는 경우 임대주택의 부속토지의 공급가격은 공시지가로 한다.

⑤ 인수자에게 공급하는 임대주택의 선정은 주택조합이 사업주체인 경우에는 조합원에게 공급하고 남은 주택을 대상으로 공개추첨의 방법에 의한다.

32
(상)
토지임대부 분양주택

주택법령상 토지임대부 분양주택에 관한 설명으로 **틀린** 것은?

① 토지임대부 분양주택의 토지에 대한 임대차기간은 40년 이내로 한다.

② 토지임대료는 월별 임대료를 원칙으로 하되, 토지소유자와 주택을 공급받은 자가 합의한 경우 임대료를 선납하거나 보증금으로 전환하여 납부할 수 있다.

③ 토지임대료를 보증금으로 전환하여 납부하는 경우, 그 보증금을 산정할 때 적용되는 이자율은 「은행법」에 따른 은행의 3년 만기 정기 예금 평균 이자율 이상이어야 한다.

④ 토지임대부 분양주택의 토지에 대한 임대차기간을 갱신하기 위해서는 토지임대부 분양주택 소유자의 50% 이상이 갱신을 청구하여야 한다.

⑤ 토지임대부 분양주택을 공급받은 자는 전매제한기간이 지나기 전에 한국토지주택공사에 해당 주택의 매입을 신청할 수 있다.

33
(중)
주택의 사용검사

주택법령상 주택의 사용검사 등에 관한 설명으로 **틀린** 것은?

① 한국토지주택공사가 사업주체인 경우에는 국토교통부장관의 사용검사를 받아야 한다.

② 사업주체가 파산하여 주택건설사업을 계속할 수 없고 시공보증자도 없는 경우, 입주예정자대표회의가 시공자를 정하여 잔여 공사를 시공하고 사용검사를 받아야 한다.

③ 사용검사는 그 신청일부터 15일 이내에 하여야 한다.

④ 대지조성사업의 경우에는 구획별로 공사가 완료된 때 임시사용승인을 받을 수 있다.

⑤ 임시사용승인의 대상이 공동주택인 경우에는 동별이 아닌 세대별로는 임시사용승인을 할 수 없다.

34
(중)
주택의 사용검사

주택법령상 주택의 사용검사 등에 관한 설명으로 **틀린** 것은?

① 주택건설 사업계획승인의 조건이 이행되지 않은 경우에는 공사가 완료된 주택에 대하여 동별로 사용검사를 받을 수 없다.

② 사업주체가 파산하여 주택건설사업을 계속할 수 없고 시공보증자도 없는 경우 입주예정자대표회의가 시공자를 정하여 잔여공사를 시공하고 사용검사를 받아야 한다.

③ 주택건설사업을 공구별로 분할하여 시행하는 내용으로 사업계획의 승인을 받은 경우 완공된 주택에 대하여 공구별로 사용검사를 받을 수 있다.

④ 사용검사는 그 신청일부터 15일 이내에 하여야 한다.

⑤ 공동주택이 동별로 공사가 완료되고 임시사용승인신청이 있는 경우 대상 주택이 사업계획의 내용에 적합하고 사용에 지장이 없는 때에는 세대별로 임시사용승인을 할 수 있다.

대표유형

주택법령상 투기과열지구 및 조정대상지역에 관한 설명으로 틀린 것은?

① 시·도지사는 해당 지역이 속하는 시·도의 주택보급률 또는 자가주택비율이 전국 평균 이하인 지역을 투기과열지구로 지정할 수 있다.

② 국토교통부장관은 주택가격, 청약경쟁률, 분양권 전매량 및 주택보급률 등을 고려하였을 때 주택 분양 등이 과열되어 있거나 과열될 우려가 있는 지역을 주거정책심의위원회의 심의를 거쳐 조정대상지역으로 지정할 수 있다.

③ 시·도지사가 투기과열지구를 지정하거나 해제할 경우에는 시장·군수·구청장의 의견을 미리 들어야 한다.

④ 국토교통부장관은 반기마다 주거정책심의위원회의 회의를 소집하여 투기과열지구로 지정된 지역별로 해당 지역의 주택가격 안정 여건의 변화 등을 고려하여 투기과열지구 지정의 유지 여부를 재검토하여야 한다.

⑤ 조정대상지역으로 지정된 지역의 시장·군수·구청장은 조정대상지역으로 유지할 필요가 없다고 판단되는 경우 국토교통부장관에게 그 지정의 해제를 요청할 수 있다.

해설 ③ 시·도지사가 투기과열지구를 지정하거나 해제할 경우에는 국토교통부장관과 협의하여야 한다.

▶▶ 정답 ③

---

01 **주택법령상 주택의 공급에 관한 설명으로 틀린 것은?**

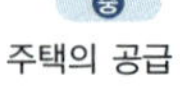

주택의 공급

① 한국토지주택공사가 입주자를 모집하려는 경우에는 시장·군수·구청장의 승인을 받아야 한다.

② 국토교통부장관은 주택가격상승률이 물가상승률보다 현저히 높은 지역으로서 주택가격의 급등이 우려되는 지역을 분양가상한제 적용지역으로 지정할 수 있다.

③ 지방공사가 사업주체로서 견본주택을 건설하는 경우에는 견본주택에 사용되는 마감자재 목록표와 견본주택의 각 실의 내부를 촬영한 영상물 등을 제작하여 시장·군수·구청장에게 제출하여야 한다.

④ 사업주체가 마감자재 목록표의 자재와 다른 마감재료를 시공·설치하려는 경우에는 그 사실을 입주예정자에게 알려야 한다.

⑤ 시장·군수·구청장은 마감자재 목록표와 영상물 등을 사용검사가 있은 날부터 2년 이상 보관하여야 하며, 입주자가 열람을 요구하는 경우에는 이를 공개하여야 한다.

Point 02 주택법령상 주택의 공급에 관한 설명으로 **틀린** 것은?

주택의 공급

① 주택의 사용검사 후 주택단지 내 일부 토지의 소유권을 회복한 자에게 주택소유자들이 매도청구를 하려면 해당 토지의 면적이 주택단지 전체 대지면적의 5% 미만이어야 한다.

② 「관광진흥법」에 따라 지정된 관광특구에서 건설·공급하는 층수가 51층이고, 높이가 140m인 아파트는 분양가상한제의 적용대상이다.

③ 사업주체가 부득이한 사유로 인하여 사업계획승인의 마감자재와 다르게 시공·설치하려는 경우에는 당초의 마감자재와 같은 질 이상의 자재로 설치하여야 한다.

④ 사업주체가 일반인에게 공급하는 공동주택 중 공공택지에서 공급하는 주택의 경우에는 분양가상한제가 적용된다.

⑤ 도시형 생활주택을 공급하는 경우에는 분양가상한제가 적용되지 않는다.

Point 03 주택법령상 주택의 분양가격 제한에 관한 설명으로 **틀린** 것은?

주택의 분양가격 제한

① 분양가격은 택지비와 건축비로 구성(토지임대부 분양주택의 경우에는 건축비만 해당)하되, 구체적인 명세, 산정방식, 감정평가기관 선정방법 등은 국토교통부령으로 정한다.

② 「도시재생 활성화 및 지원에 관한 특별법」에 따른 주거재생혁신지구에서 시행하는 혁신지구재생사업에서 건설·공급하는 주택은 분양가상한제를 적용하지 아니한다.

③ 공공택지에서 주택을 공급하는 경우 분양가상한제 적용주택의 택지비는 해당 택지의 공급가격에 국토교통부령이 정하는 택지와 관련된 비용을 가산한 금액으로 한다.

④ 시장·군수·구청장은 공공택지에서 공급되는 분양가상한제 적용주택에 대하여 입주자모집승인을 하는 경우에는 분양가격을 공시하여야 한다.

⑤ 시장·군수·구청장은 분양가격의 공시 및 제한에 관한 사항을 심의하기 위하여 분양가심사위원회를 설치·운영하여야 한다.

04

분양가상한제
적용지역

주택법령상 분양가상한제 적용지역의 지정기준에 관한 조문의 일부이다. 다음 (　　) 안에 들어
갈 숫자를 옳게 연결한 것은?

> 투기과열지구 중 다음의 어느 하나에 해당하는 지역을 말한다.
> 1. 분양가상한제 적용 지역으로 지정하는 날이 속하는 달의 바로 전달(이하 '분양가상한제적
>   용직전월')부터 소급하여 12개월간의 아파트 분양가격상승률이 물가상승률의 (　㉠　)배를
>   초과한 지역
> 2. 분양가상한제적용직전월부터 소급하여 3개월간의 주택매매거래량이 전년 동기 대비
>   (　㉡　)% 이상 증가한 지역
> 3. 분양가상한제적용직전월부터 소급하여 주택공급이 있었던 2개월 동안 해당 지역에서 공
>   급되는 주택의 월평균 청약경쟁률이 모두 5대 1을 초과하였거나 해당 지역에서 공급되는
>   국민주택규모 주택의 월평균 청약경쟁률이 모두 (　㉢　)대 1을 초과한 지역

	㉠	㉡	㉢
①	2	10	10
②	2	15	30
③	2	20	10
④	3	10	20
⑤	3	20	10

05

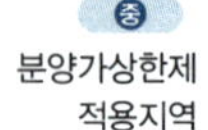

분양가상한제
적용지역

주택법령상 분양가상한제 적용지역에 대한 설명으로 옳은 것은?

① 분양가상한제 적용지역은 시 · 도지사가 지정할 수 있다.

② 시장 · 군수 · 구청장은 사업주체로 하여금 입주자 모집공고시 해당 지역에서 공급하는
주택이 분양가상한제 적용주택이라는 사실을 공고하게 하여야 한다.

③ 분양가상한제 적용 지역으로 지정하는 날이 속하는 달의 바로 전달부터 소급하여 12개
월간의 아파트 분양가격상승률이 물가상승률의 1.5배를 초과한 지역에 분양가상한제 적
용지역을 지정할 수 있다.

④ 분양가상한제적용직전월부터 소급하여 2개월간의 주택매매거래량이 전년 동기 대비 30
퍼센트 이상 증가한 지역에 분양가상한제 적용지역을 지정할 수 있다.

⑤ 분양가상한제적용직전월부터 소급하여 주택공급이 있었던 3개월 동안 해당 지역에서 공
급되는 주택의 월평균 청약경쟁률이 모두 10대 1을 초과하였거나 해당 지역에서 공급되
는 국민주택규모 주택의 월평균 청약경쟁률이 모두 5대 1을 초과한 지역에 분양가상한
제 적용지역을 지정할 수 있다.

06 주택법령상 분양가상한제 적용주택에 관한 설명으로 옳은 것을 모두 고른 것은?

분양가상한제
적용주택

> ㉠ 도시형생활주택은 분양가상한제 적용주택에 해당하지 않는다.
> ㉡ 토지임대부 분양주택의 분양가격은 택지비와 건축비로 구성된다.
> ㉢ 사업주체는 분양가상한제 적용주택으로서 공공택지에서 공급하는 주택에 대하여 입주자 모집 공고에 분양가격을 공시해야 하는데, 간접비는 공시해야 하는 분양가격에 포함되지 않는다.

① ㉠
② ㉠, ㉡
③ ㉠, ㉢
④ ㉡, ㉢
⑤ ㉠, ㉡, ㉢

Point 07 주택법령상 투기과열지구의 지정기준에 관한 조문의 일부이다. 다음 (   )에 들어갈 숫자를 옳게 연결한 것은?

투기과열지구
지정기준

> 1. 투기과열지구로 지정하는 날이 속하는 달의 바로 전달(이하 '투기과열지구지정직전월'이라 한다)부터 소급하여 주택공급이 있었던 (㉠)개월 동안 해당 지역에서 공급되는 주택의 월별 평균 청약경쟁률이 모두 5대 1을 초과했거나 국민주택규모 주택의 월별 평균 청약경쟁률이 모두 (㉡)대 1을 초과한 곳
> 2. 다음 각 목에 해당하는 곳으로서 주택공급이 위축될 우려가 있는 곳
>   가. 투기과열지구지정직전월의 주택분양실적이 전달보다 (㉢)% 이상 감소한 곳

	㉠	㉡	㉢
①	2	7	30
②	2	10	30
④	3	6	40
③	3	10	30
⑤	4	10	50

08 

주택법령상 투기과열지구 및 전매제한 등에 관한 설명으로 **틀린** 것은? (단, 사업주체는 한국토지주택공사를 전제로 함)

① 투기과열지구는 그 지정 목적을 달성할 수 있는 최소한의 범위에서 시·군·구 또는 읍·면·동의 지역 단위로 지정하되, 택지개발지구 등 해당 지역 여건을 고려하여 지정 단위를 조정할 수 있다.

② 국토교통부장관이 투기과열지구를 지정하거나 이를 해제할 경우에는 미리 시·도지사의 의견을 듣고 그 의견에 대한 검토의견을 회신하여야 한다.

③ 투기과열지구에서 건설·공급되는 주택의 입주자로 선정된 자가 상속에 의하여 취득한 주택으로 세대원 전원이 이전하는 경우, 사업주체의 동의를 받으면 전매기간 제한의 적용을 받지 않는다.

④ 투기과열지구에서 건설·공급되는 주택의 입주자로 선정된 자의 세대원 전원이 해외로 이주하거나 2년 이상 해외에 체류하고자 하는 경우, 사업주체의 동의를 받으면 전매기간 제한의 적용을 받지 않는다.

⑤ 시·도지사는 반기마다 주거정책심의위원회의 회의를 소집하여 투기과열지구로 지정된 지역별로 해당 지역의 주택가격 안정 여건의 변화 등을 고려하여 투기과열지구 지정의 유지 여부를 재검토하여야 한다.

09

주택법령상 투기과열지구에 관한 설명으로 옳은 것은?

① 시·도지사는 해당 지역이 속하는 시·도의 주택보급률이 전국 평균을 초과하는 곳을 투기과열지구로 지정할 수 있다.

② 시·도지사가 투기과열지구를 지정할 경우에는 해당 지역의 시장·군수·구청장과 협의하여야 한다.

③ 투기과열지구는 그 지정 목적을 달성할 수 있는 최소한의 범위에서 시·군·구 또는 읍·면·동의 지역 단위로 지정하되, 지정 단위를 조정할 수 없다.

④ 국토교통부장관은 투기과열지구지정직전월의 주택분양실적이 전달보다 30% 이상 증가한 곳을 투기과열지구로 지정할 수 있다.

⑤ 투기과열지구에서 건설·공급되는 주택의 입주자로 선정된 지위를 세대원 전원이 해외로 이주하게 되어 한국토지주택공사(사업주체가 공공주택사업자인 경우에는 공공주택사업자)의 동의를 받아 전매하는 경우에는 전매제한이 적용되지 않는다.

10
조정대상지역의
지정기준

주택법령상 조정대상지역 중 과열지역의 지정기준에 관한 조문의 일부이다. (   )에 들어갈 숫자를 옳게 연결한 것은?

> 조정대상지역으로 지정하는 날이 속하는 달의 바로 전달(이하 '조정대상지역지정직전월')부터 소급하여 3개월간의 해당 지역 주택가격상승률이 그 지역이 속하는 시·도 소비자물가상승률의 1.3배를 초과한 지역으로서 다음 각 목에 해당하는 지역을 말한다.
> 1. 조정대상지역지정직전월부터 소급하여 주택공급이 있었던 (㉠)개월 동안 해당 지역에서 공급되는 주택의 월별 평균 청약경쟁률이 모두 5대 1을 초과했거나 국민주택규모 주택의 월별 평균 청약경쟁률이 모두 (㉡)대 1을 초과한 지역
> 2. 조정대상지역지정직전월부터 소급하여 3개월간의 분양권(주택의 입주자로 선정된 지위를 말한다) 전매거래량이 직전 연도의 같은 기간보다 (㉢)% 이상 증가한 지역

	㉠	㉡	㉢
①	2	5	30
②	2	10	30
③	6	5	30
④	6	10	30
⑤	6	10	40

11
조정대상지역의
지정기준

주택법령상 조정대상지역의 지정기준의 일부이다. (   )에 들어갈 숫자로 옳은 것은?

> • 조정대상지역지정직전월부터 소급하여 6개월간의 평균 주택가격상승률이 마이너스 (㉠)퍼센트 이하인 지역으로서 다음에 해당하는 지역
> • 조정대상지역지정직전월부터 소급하여 (㉡)개월 연속 주택매매거래량이 직전 연도의 같은 기간보다 (㉢)퍼센트 이상 감소한 지역
> • 조정대상지역지정직전월부터 소급하여 (㉡)개월간의 평균 미분양주택(「주택법」 제15조 제1항에 따른 사업계획승인을 받아 입주자를 모집했으나 입주자가 선정되지 않은 주택을 말한다)의 수가 직전 연도의 같은 기간보다 2배 이상인 지역

① ㉠: 1, ㉡: 3, ㉢: 20
② ㉠: 1, ㉡: 3, ㉢: 30
③ ㉠: 1, ㉡: 6, ㉢: 30
④ ㉠: 3, ㉡: 3, ㉢: 20
⑤ ㉠: 3, ㉡: 6, ㉢: 20

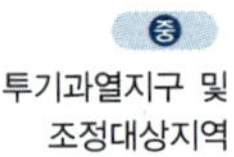

12
투기과열지구 및
조정대상지역

주택법령상 투기과열지구 및 조정대상지역에 관한 설명으로 옳은 것은?

① 국토교통부장관은 투기과열지구로 지정하는 날이 속하는 달의 바로 전달부터 소급하여 주택공급이 있었던 3개월 동안 해당 지역에서 공급되는 주택의 월별 평균 청약경쟁률이 모두 5대 1을 초과했거나 국민주택규모 주택의 월별 평균 청약경쟁률이 모두 10대 1을 초과한 곳을 대상으로 투기과열지구를 지정할 수 있다.

② 시·도지사는 주택의 분양·매매 등 거래가 위축될 우려가 있는 지역을 주거정책심의위원회의 심의를 거쳐 조정대상지역으로 지정할 수 있다.

③ 투기과열지구의 지정기간은 3년으로 하되, 당해 지역 시장·군수·구청장의 의견을 들어 연장할 수 있다.

④ 법 제15조에 따른 사업계획승인 건수나 「건축법」 제11조에 따른 건축허가 건수가 직전 월보다 급격하게 감소한 곳을 대상으로 투기과열지구로 지정할 수 있다.

⑤ 조정대상지역으로 지정된 지역의 시장·군수·구청장은 조정대상지역으로 유지할 필요가 없다고 판단되는 경우 국토교통부장관에게 그 지정의 해제를 요청할 수 있다.

13
전매제한의 특례

주택법령상 전매가 불가피하다고 인정되는 경우로서 한국토지주택공사(사업주체가 공공주택사업자인 경우에는 공공주택사업자)**의 동의를 받은 경우에는 전매제한의 규정을 적용받지 않는다. 이에 해당하지 않는 것은?**

① 근무 또는 생업상의 사정이나 질병 치료·취학·결혼으로 인하여 세대원 전원이 다른 광역시, 특별자치시, 특별자치도, 시 또는 군으로 이전하는 경우(수도권 안에서 이전하는 경우는 제외)

② 상속에 의하여 취득한 주택으로 세대원 전원이 이전하는 경우

③ 실직·파산 또는 신용불량으로 경제적 어려움이 발생한 경우

④ 세대원 일부가 해외로 이주하거나 2년 이상 해외에 체류하고자 하는 경우

⑤ 입주자로 선정된 지위 또는 주택의 일부를 그 배우자에게 증여하는 경우

14 주택법령상 주택의 전매행위제한에 관한 설명으로 **틀린** 것은? (단, 수도권은 「수도권정비계획법」에 따른 것임)

주택의 전매행위제한

① 전매제한기간은 주택의 수급상황 및 투기우려 등을 고려하여 지역별로 달리 정할 수 있다.

② 전매행위제한기간은 주택공급계약 체결일부터 기산한다.

③ 사업주체가 공공택지 외의 택지에서 건설·공급하는 주택을 공급하는 경우에는 그 주택의 소유권을 제3자에게 이전할 수 없음을 소유권에 관한 등기에 부기등기하여야 한다.

④ 이혼으로 인하여 입주자로 선정된 지위 또는 주택을 그 배우자에게 이전하는 경우로서 한국토지주택공사(사업주체가 공공주택사업자인 경우에는 공공주택사업자)의 동의를 받은 경우에는 전매제한 주택을 전매할 수 있다.

⑤ 입주자로 선정된 지위 또는 주택의 일부를 그 배우자에게 증여하는 경우로서 한국토지주택공사(사업주체가 공공주택사업자인 경우에는 공공주택사업자)의 동의를 받은 경우에는 전매를 할 수 있다.

15 주택법령상 주택공급과 관련하여 금지되는 공급질서 교란행위에 해당하지 <u>않는</u> 것은?

공급질서 교란행위

① 주택을 공급받을 수 있는 조합원 지위의 매매

② 입주자저축증서의 증여

③ 주택상환사채의 상속

④ 시장·군수·구청장이 발행한 무허가건물 확인서의 증여

⑤ 공공사업의 시행으로 인한 이주대책대상자 확인서의 매매

Point

16 주택법령상 주택공급과 관련하여 금지되는 공급질서 교란행위에 해당하는 것을 모두 고른 것은?

공급질서 교란행위

㉠ 주택상환사채의 상속
㉡ 입주자저축증서의 저당
㉢ 공공사업의 시행으로 인한 이주대책에 따라 주택을 공급받을 수 있는 지위의 증여
㉣ 주택을 공급받을 수 있는 증서로서 시장·군수·구청장이 발행한 건물철거예정 증명서의 매매

① ㉠, ㉡   ② ㉠, ㉢   ③ ㉠, ㉣
④ ㉢, ㉣   ⑤ ㉡, ㉢, ㉣

17 주택법령상 공급질서 교란행위에 관한 설명으로 틀린 것은?

공급질서 교란행위

① 사업주체는 주택공급질서 교란행위의 금지를 위반하여 입주자저축증서를 양도·양수한 경우 주택공급을 신청할 수 있는 지위를 무효화할 수 있다.

② 주택공급질서 교란행위의 금지를 위반하여 입주자저축증서를 양도·양수한 경우 이에 근거하여 체결한 주택공급계약은 무효가 된다.

③ 사업주체가 주택공급질서 교란행위를 한 자에게 주택가격에 상당하는 금액을 지급한 경우에는 그 지급한 날에 그 주택을 취득한 것으로 본다.

④ 사업주체가 주택공급질서 교란행위로 취득한 주택의 가격을 법원에 공탁한 때에는 그 주택에 입주한 자에 대하여 퇴거를 명할 수 있다.

⑤ 국토교통부장관은 주택공급질서 교란행위를 한 자에 대하여 위반한 행위를 적발한 날부터 10년 이내의 범위에서 국토교통부령으로 정하는 기간 동안 주택의 입주자자격을 제한할 수 있다.

18 주택법령상 ( ) 안에 들어갈 내용을 옳게 연결한 것은?

저당권 설정 등의 제한

주택건설사업주체로서의 주택조합은 사업계획승인을 받아 시행하는 주택건설사업에 따라 건설된 주택 및 대지에 대하여는 (㉠) 이후부터 입주예정자가 그 주택 및 대지의 (㉡) 동안 입주예정자의 동의 없이 해당 주택 및 대지에 전세권·지상권 또는 등기되는 부동산임차권을 설정하는 행위를 하여서는 아니 된다(다만, 그 주택의 건설을 촉진하기 위해 대통령령으로 정하는 경우를 제외).

① ㉠ 사업계획승인신청일
　㉡ 소유권이전등기를 신청할 수 있는 날 이후 60일까지의 기간

② ㉠ 사업계획승인신청일
　㉡ 소유권이전등기를 신청할 수 있는 날까지의 기간

③ ㉠ 사업계획승인일
　㉡ 소유권이전등기를 신청할 수 있는 날 이후 60일까지의 기간

④ ㉠ 사업계획승인일
　㉡ 소유권이전등기를 신청할 수 있는 날까지의 기간

⑤ ㉠ 사업계획승인일
　㉡ 소유권이전등기를 하는 날까지의 기간

19 **저당권 설정 등의 제한**

주택법령상 사업주체의 저당권설정 등의 제한에 관한 설명으로 **틀린** 것은? (단, 주택조합에 대한 적용 제외는 고려하지 않음)

① 부기등기는 주택건설대지에 대하여는 입주자 모집공고 승인신청과 동시에 하여야 한다.

② 부기등기는 건설된 주택에 대하여는 소유권이전등기와 동시에 하여야 한다.

③ 부기등기일 이후에 해당 대지 또는 주택을 양수하거나 제한물권을 설정받은 경우 또는 압류·가압류·가처분 등의 목적물로 한 경우에는 그 효력을 무효로 한다.

④ 대지의 경우 사업주체가 국가·지방자치단체·한국토지주택공사 또는 지방공사인 경우에는 부기등기를 요하지 아니한다.

⑤ 사업주체는 사업계획승인이 취소되거나 입주예정자가 소유권이전등기를 신청한 경우를 제외하고는 부기등기를 말소할 수 없다.

Point 20 **공동주택의 리모델링**

주택법령상 공동주택의 리모델링에 관한 설명으로 **옳은** 것은? (단, 조례는 고려하지 않음)

① 입주자대표회의가 리모델링하려는 경우에는 리모델링 설계개요, 공사비, 소유자의 비용 분담 명세가 적혀 있는 결의서에 주택단지 소유자 75% 이상의 동의를 받아야 한다.

② 공동주택의 입주자가 공동주택을 리모델링하려고 하는 경우에는 시·도지사의 허가를 받아야 한다.

③ 조합원 외의 자에 대한 분양계획은 세대수가 증가되는 리모델링을 하는 경우 수립하여야 하는 권리변동계획에 포함되지 않는다.

④ 시장·군수·구청장은 리모델링의 원활한 추진을 지원하기 위하여 리모델링지원센터를 설치하여 운영할 수 있다.

⑤ 수직증축형 리모델링의 대상이 되는 기존 건축물의 층수가 14층인 경우에는 3개 층까지 증축할 수 있다.

21
상
공동주택의
리모델링

주택법령상 공동주택의 리모델링에 관한 설명으로 틀린 것은? (단, 조례는 고려하지 않음)

① 입주자·사용자 또는 관리주체가 리모델링하려고 하는 경우에는 공사기간, 공사방법 등이 적혀 있는 동의서에 입주자 전체의 동의를 받아야 한다.

② 리모델링에 동의한 소유자는 입주자대표회의가 시장·군수·구청장에게 허가신청서를 제출한 이후에도 서면으로 동의를 철회할 수 있다.

③ 수직증축형 리모델링의 대상이 되는 기존 건축물의 층수가 15층 이상인 경우에는 3개층까지 증축할 수 있다.

④ 주택단지 전체를 리모델링하고자 조합을 설립하는 경우에는 주택단지 전체의 구분소유자와 의결권의 각 3분의 2 이상의 결의 및 각 동의 구분소유자와 의결권의 각 과반수의 결의를 얻어야 한다.

⑤ 증축형 리모델링을 하려는 자는 시장·군수·구청장에게 안전진단을 요청하여야 한다.

22
하
허가를 받기 위한
동의요건

주택법령상 리모델링주택조합이 시장·군수·구청장의 허가를 받기 위한 동의요건 중 (   )에 들어갈 내용을 순서대로 옳게 나열한 것은?

동별 또는 주택단지별로 설립된 리모델링주택조합이 주택단지 전체를 리모델링하는 경우에는 주택단지 전체 구분소유자 및 의결권의 각 (   ) 이상의 동의와 각 동별 구분소유자 및 의결권의 각 (   ) 이상의 동의를 받아야 하며, 동을 리모델링하는 경우에는 그 동의 구분소유자 및 의결권의 각 (   ) 이상의 동의를 받아야 한다.

① 50% − 50% − 75%
② 75% − 50% − 50%
③ 75% − 50% − 75%
④ 75% − 60% − 75%
⑤ 80% − 50% − 80%

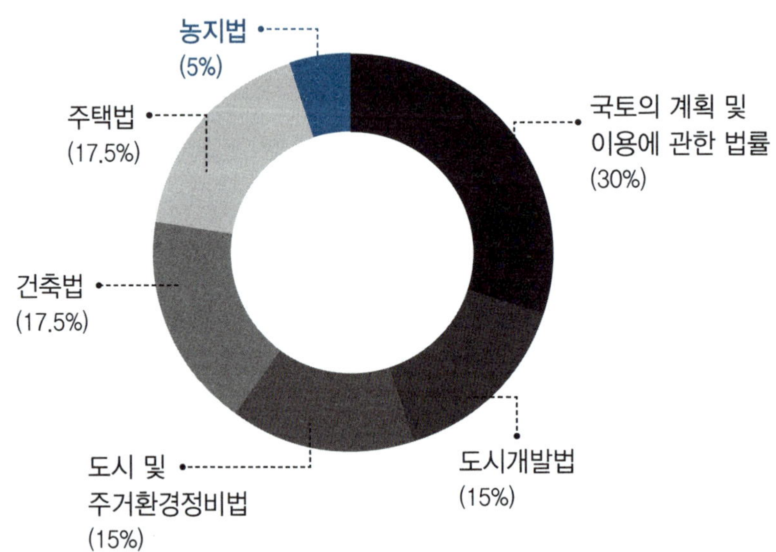

🔖 최근 5개년 출제경향 분석

이 법은 심화학습보다는 간단히 개념을 정리한다는 생각으로 공부하는 정리하여야 한다. 이 법에서 특히 비중을 두고 공부해야 되는 부분은 농지의 개념, 농지소유제한과 소유상한제도, 농지취득자격증명, 농업진흥지역, 농지전용에 관한 사항 등에 관한 부분이다.

농지법

대표유형

농지법령상 용어에 관한 설명으로 옳은 것은?

① 농작물의 경작지 또는 다년생식물 재배지로 실제로 이용하고 있는 토지의 개량시설로서 양·배수시설의 부지는 농지에 해당하지 않는다.

② 가금 600수를 사육하는 자는 농업인에 해당한다.

③ 위탁경영이란 농지 소유자가 타인에게 일정한 보수를 지급하기로 약정하고 농작업의 전부 또는 일부를 위탁하여 행하는 농업경영을 말한다.

④ 농작물의 경작지 또는 다년생식물 재배지에 설치한 농축산물 생산시설로서 간이퇴비장은 농지에 해당하지 않는다.

⑤ 자경이란 농업인이 그 소유 농지에서 농작물 경작 또는 다년생식물 재배에 상시 종사하거나 농작업의 3분의 1 이상을 자기의 노동력으로 경작 또는 재배하는 것을 말한다.

해설 ① 농작물의 경작지 또는 다년생식물 재배지로 실제로 이용하고 있는 토지의 개량시설로서 양·배수시설의 부지는 농지에 해당한다.
② 가금 600수를 사육하는 자는 농업인에 해당하지 않는다.
④ 농작물의 경작지 또는 다년생식물 재배지에 설치한 농축산물 생산시설로서 간이퇴비장은 농지에 해당한다.
⑤ 자경이란 농업인이 그 소유 농지에서 농작물 경작 또는 다년생식물 재배에 상시 종사하거나 농작업의 2분의 1 이상을 자기의 노동력으로 경작 또는 재배하는 것을 말한다.　　　　　　　　▶▶ 정답 ③

01
중
농지의 범위

농지법령상 농지에 해당하는 것은?

① 관상용 수목과 묘목을 조경목적으로 식재한 재배지로 이용되는 토지

② 「초지법」에 따라 조성된 초지

③ 「공간정보의 구축 및 관리 등에 관한 법률」에 따른 지목이 잡종지인 토지로서 실제로 농작물의 경작에 계속하여 2년간 이용되고 있는 토지

④ 「공간정보의 구축 및 관리 등에 관한 법률」에 따른 지목이 과수원인 토지로서 실제로 다년생식물 재배지로 계속하여 2년간 이용되고 있는 토지

⑤ 「공간정보의 구축 및 관리 등에 관한 법률」에 따른 지목이 임야인 토지로서 「산지관리법」에 따른 산지전용허가를 거치지 아니하고 다년생식물의 재배에 이용되는 토지

02

용어의 정의

농지법령상 용어에 관한 설명으로 틀린 것은?

① 실제로 농작물 경작지로 이용되는 토지로서 법적 지목이 답인 경우는 '농지'에 해당한다.

② 소가축 150두를 사육하면서 1년 중 90일을 축산업에 종사하는 개인은 '농업인'에 해당한다.

③ 1,500m²의 농지에서 농작물을 경작하면서 1년 중 80일을 농업에 종사하는 개인은 '농업인'에 해당한다.

④ 농작물의 경작지 또는 다년생식물 재배지에 설치한 농축산물 생산시설로서 연면적 33m² 이하인 간이저온저장고는 '농지'에 해당한다.

⑤ 농지소유자가 타인에게 일정한 보수를 지급하기로 약정하고 농작업의 일부만을 위탁하여 행하는 농업경영은 '위탁경영'에 해당하지 않는다.

03

농업인

농지법령상 농업에 종사하는 농업인에 해당하지 <u>않는</u> 것은?

① 1,000m² 이상의 농지에서 농작물을 경작하는 자

② 대가축 2두, 중가축 10두, 소가축 100두, 가금 1천수 또는 꿀벌 10군 이상을 사육하는 자

③ 농지에 500m²인 고정식온실을 설치하여 다년생식물을 재배하는 자

④ 1년 중 90일을 축산업에 종사하는 자

⑤ 농업경영을 통한 농산물의 연간 판매액이 120만원 이상인 자

04

대리경작자 및
농업법인

농지법령상 (   ) 안에 알맞은 것을 나열한 것은?

- 대리경작자는 수확량의 (㉠)을 대리경작농지에서 경작한 농작물의 수확일부터 (㉡) 월 이내에 토지사용료를 해당 농지의 소유권 또는 임차권을 가진 자에게 지급하여야 한다.
- 농업법인이란 「농어업경영체 육성 및 지원에 관한 법률」에 따라 설립된 영농조합법인과 같은 법에 따라 설립되고 업무집행권을 가진 자 중 (㉢) 이상이 농업인인 농업회사법인을 말한다.

	㉠	㉡	㉢
①	100분의 10	1	2분의 1
②	100분의 10	2	2분의 1
③	100분의 10	2	3분의 1
④	100분의 20	2	3분의 1
⑤	100분의 25	3	4분의 1

대표유형

농지법령상 농지의 소유에 관한 설명으로 틀린 것은?

① 농지는 자기의 농업경영에 이용하거나 이용할 자가 아니면 소유하지 못함이 원칙이다.

② 「초·중등교육법」 및 「고등교육법」에 따른 학교가 실습지로 쓰기 위하여 농지를 소유하는 경우에는 자기의 농업경영에 이용하지 않아도 해당 농지를 소유할 수 있다.

③ 농지를 임대하거나 무상사용하게 하는 경우에는 임대하거나 무상사용하게 하는 기간 동안 농지를 계속 소유할 수 있다.

④ 「농지법」에서 허용된 경우 외에는 농지 소유에 관한 특례를 정할 수 없다.

⑤ 주말·체험영농을 하려고 농업진흥지역 외의 농지를 소유하는 경우에는 자기의 농업경영에 이용하지 아니하면 농지를 소유할 수 없다.

해설 ⑤ 주말·체험영농을 하려고 농업진흥지역 외의 농지를 소유하는 경우에는 자기의 농업경영에 이용하지 아니할지라도 농지를 소유할 수 있다. ▶정답 ⑤

01

중

경자유전의
예외규정

농지법령상 농지를 자기의 농업경영에 이용하지 아니할지라도 농지를 소유할 수 있는 경우에 해당하지 않는 것은?

① 「공유수면 관리 및 매립에 관한 법률」에 따라 매립농지를 취득하여 소유하면서 농업경영에 이용되도록 하는 경우

② 담보농지를 취득하여 소유하면서 농업경영에 이용되도록 하는 경우

③ 「초·중등교육법」 및 「고등교육법」에 따른 학교가 실습지로 쓰기 위하여 농림축산식품부령으로 정하는 바에 따라 농지를 취득하여 소유하는 경우

④ 5년 이상 농업경영을 하던 사람이 이농한 후에도 이농 당시 소유하고 있던 농지 중 1만m^2를 계속 소유하면서 농업경영에 이용되도록 하는 경우

⑤ 상속으로 농지를 취득하여 소유하면서 농업경영에 이용되도록 하는 경우

02 
농지의 소유상한

농지법령상 농지의 소유에 관한 설명으로 틀린 것은?

① 농지전용협의를 마친 농지를 소유하면서 농업경영에 이용되도록 하는 경우에는 자기의 농업경영에 이용하지 않아도 해당 농지를 소유할 수 있다.

② 8년 이상 농업경영을 한 후 이농한 사람은 이농 당시 소유 농지 중에서 총 1만m²까지 소유할 수 있다.

③ 상속으로 농지를 취득한 사람으로서 농업경영을 하지 아니하는 사람은 그 상속 농지 중에서 총 2만m²까지 소유할 수 있다.

④ 주말·체험영농을 하려는 사람은 총 1,000m² 미만의 농지를 소유할 수 있다. 이 경우 면적 계산은 그 세대원 전부가 소유하는 총 면적으로 한다.

⑤ 농지를 임대하거나 무상사용하게 하는 경우에는 임대하거나 무상사용하게 하는 기간 동안 농지를 계속 소유할 수 있다.

03
농지취득자격증명

농지법령상 농지취득자격증명에 관한 설명으로 틀린 것은?

① 농지취득자격증명을 발급받으려는 자는 농업경영계획서 또는 주말·체험영농계획서를 작성하고 농림축산식품부령으로 정하는 서류를 첨부하여 농지 소재지를 관할하는 시장·구청장·읍장 또는 면장에게 발급을 신청하여야 한다.

② 「초·중등교육법」 및 「고등교육법」에 따른 학교가 그 목적사업을 수행하기 위하여 필요한 시험지·연구지·실습지로 쓰기 위하여 농지를 취득하여 소유하는 경우에는 농지취득자격증명을 발급받지 아니하고 농지를 취득할 수 있다.

③ 농업법인의 합병으로 농지를 취득하는 경우에는 농지취득자격증명을 발급받지 아니하고 농지를 취득할 수 있다.

④ 시효의 완성으로 농지를 취득하는 경우에는 농지취득자격증명을 발급받지 아니하고 농지를 취득할 수 있다.

⑤ 취득대상 농지에서 농업경영을 하는 데에 필요한 노동력 및 농업 기계·장비·시설의 확보 방안은 농업경영계획서에 포함되어야 한다.

04
농지취득자격증명

농지법령상 농지취득자격증명을 받아야 하는 경우로 옳은 것은?

① 주말·체험영농을 하려고 농업진흥지역 외의 농지를 소유하는 경우

② 국가나 지방자치단체가 농지를 소유하는 경우

③ 상속으로 농지를 취득하여 소유하는 경우

④ 「한국농어촌공사 및 농지관리기금법」에 따라 한국농어촌공사가 농지를 취득하여 소유하는 경우

⑤ 공유농지의 분할로 농지를 취득하여 소유하는 경우

Point
05
농지취득자격증명

농지법령상 농업경영계획서를 작성하지 아니하고 농지취득자격증명의 발급을 신청할 수 있는 사유에 해당하는 것은?

① 농업법인의 합병으로 농지를 취득하는 경우
② 농지전용협의를 마친 농지를 소유하는 경우
③ 농지전용허가를 받거나 농지전용신고를 한 자가 그 농지를 소유하는 경우
④ 담보농지를 취득하여 소유하는 경우
⑤ 시효의 완성으로 농지를 취득하는 경우

06
주말 · 체험영농

농지법령상 주말 · 체험영농을 하려고 농지를 소유하는 경우에 관한 설명으로 옳은 것은?

① 농업진흥지역 안에 있는 농지를 소유할 수 있다.
② 세대원이 각각 소유한 면적을 기준으로 1,000m² 미만까지 농지를 소유할 수 있다.
③ 농지를 취득하려면 농지취득자격증명을 발급받지 않아도 된다.
④ 농지를 취득한 자가 취학으로 인하여 그 농지를 주말 · 체험영농에 이용하지 못하게 되면 1년 이내에 그 농지를 처분하여야 한다.
⑤ 소유 농지를 농수산물 유통 · 가공시설의 부지로 전용하려면 농지전용신고를 하여야 한다.

07
농지의 처분의무

농지법령상 농지의 처분의무에 관한 설명으로 틀린 것은?

① 소유 농지를 정당한 사유 없이 자기의 농업경영에 이용하지 아니하게 되었다고 시장 · 군수 또는 구청장이 인정한 경우에는 농지의 소유자는 해당 농지를 1년 이내에 처분하여야 한다.
② 시장 · 군수 또는 구청장은 처분의무기간에 처분대상 농지를 처분하지 아니한 농지소유자에게 6개월 이내에 그 농지를 처분할 것을 명할 수 있다.
③ 시장 · 군수 또는 구청장은 처분의무기간에 처분대상 농지를 처분하지 아니한 농지소유자가 해당 농지를 자기의 농업경영에 이용하는 경우에는 처분의무기간이 지난 날부터 3년간 처분명령을 직권으로 유예할 수 있다.
④ 농지소유자는 처분명령을 받으면 시장 · 군수 또는 구청장에게 그 농지의 매수를 청구할 수 있다.
⑤ 시장 · 군수 또는 구청장은 처분명령을 받은 후 정당한 사유 없이 지정기간까지 그 처분명령을 이행하지 아니한 자에게 감정가격 또는 개별 공시지가 중 더 높은 가액의 100분의 25에 해당하는 이행강제금을 부과한다.

08
상
농지의 처분의무

농지법령상 농업경영에 이용하지 아니하는 농지의 처분의무에 관한 설명으로 **틀린** 것은?

① 농지소유자가 징집으로 휴경하는 경우에는 소유 농지를 자기의 농업경영에 이용하지 아니하더라도 농지처분의무가 면제된다.

② 농지 소유 상한을 초과하여 농지를 소유한 것이 판명된 경우에는 소유 상한을 초과하는 농지를 처분하여야 한다.

③ 농지처분의무기간은 처분사유가 발생한 날부터 1년이다.

④ 농지전용신고를 하고 그 농지를 취득한 자가 질병으로 인하여 취득한 날부터 2년이 초과하도록 그 목적사업에 착수하지 아니한 경우에는 농지처분의무가 면제된다.

⑤ 농지소유자가 시장·군수 또는 구청장으로부터 농지처분명령을 받은 경우 한국농어촌공사에 그 농지의 매수를 청구할 수 있다.

09
하
농지의 처분사유

농지법령상 농지의 처분사유에 해당하지 **않는** 것은?

① 농지를 소유하고 있는 농업회사법인이 요건에 맞지 아니하게 된 후 6개월이 지난 경우

② 농지전용허가를 받거나 농지전용신고를 하고 농지를 취득한 자가 취득한 날부터 2년 이내에 그 목적사업에 착수하지 아니한 경우

③ 농림축산식품부장관과의 협의를 마치지 아니하고 농지를 소유한 경우

④ 농지 소유 상한을 초과하여 농지를 소유한 것이 판명된 경우

⑤ 학교, 공공단체·농업연구기관 등이 시험지·연구지·실습지 등의 목적으로 농지를 취득한 후 그 농지를 해당 목적사업에 이용하지 아니하게 되었다고 시장·군수 또는 구청장이 인정한 경우

10
중
농지의 처분

농지법령상 소유 농지를 농업경영에 이용하지 아니하는 농지의 처분에 관한 규정으로 **틀린** 것은?

① 처분의무 통지　　　　　② 처분명령의 유예
③ 매수청구　　　　　　　④ 이행강제금의 부과
⑤ 행정대집행

11

중
농지의 위탁경영

농지법령상 소유 농지를 위탁경영할 수 있는 사유에 해당하지 **않는** 것은?

① 「병역법」에 따라 징집 또는 소집된 경우

② 3개월 이상 국외 여행 중인 경우

③ 주말·체험영농을 하려고 농업진흥지역 외의 농지를 소유하는 경우

④ 부상으로 3월 이상의 치료가 필요한 경우

⑤ 농업법인이 청산 중인 경우

12 농지법령상 농지 소유자가 소유 농지를 위탁경영할 수 있는 경우가 <u>아닌</u> 것은?

농지의 위탁경영

① 선거에 따른 공직 취임으로 자경할 수 없는 경우
② 「병역법」에 따라 징집 또는 소집된 경우
③ 농업법인이 청산 중인 경우
④ 농지이용증진사업 시행계획에 따라 위탁경영하는 경우
⑤ 농업인이 자기 노동력이 부족하여 농작업의 전부를 위탁하는 경우

13 농지법령상 (   ) 안에 알맞은 것을 나열한 것은?

농지취득자격증명 및
농업경영계획서

> • 시·구·읍·면의 장은 농지취득자격증명의 발급신청을 받은 때에는 그 신청을 받은 날부터 (㉠)일[농업경영계획서를 작성하지 아니하고 농지취득자격증명의 발급신청을 할 수 있는 경우에는 (㉡)일, 농지위원회의 심의대상의 경우에는 14일] 이내에 신청인에게 농지취득자격증명을 발급하여야 한다.
> • 시·구·읍·면의 장은 농업경영계획서를 (㉢)년간 보존하여야 한다.

	㉠	㉡	㉢
①	5	3	5
②	7	3	20
③	7	4	10
④	7	5	10
⑤	10	6	15

대표유형

농지법령상 대리경작자의 지정에 관한 설명으로 옳은 것은?

① 지력의 증진이나 토양의 개량·보전을 위하여 필요한 기간 동안 휴경하는 농지에 대하여는 대리경작자를 지정할 수 없다.
② 대리경작자 지정은 유휴농지를 경작하려는 농업인 또는 농업법인의 신청이 있을 때에만 할 수 있고, 직권으로는 할 수 없다.
③ 대리경작자가 경작을 게을리하는 경우라도 대리경작기간이 끝나기 전에는 대리경작자 지정을 해지할 수 없다.
④ 대리경작기간은 5년로 하되, 그 기간을 따로 정할 수 있다.
⑤ 시장·구청장·읍장·면장은 농지 소유권자나 임차권자를 대신하여 대리경작자를 지정할 수 있다.

해설 ② 대리경작자 지정은 시장·군수 또는 구청장이 직권으로 지정하거나 유휴농지를 경작하려는 농업인 또는 농업법인의 신청을 받아 지정할 수 있다.
③ 대리경작자가 경작을 게을리하는 경우에는 대리경작기간이 끝나기 전이라도 대리경작자 지정을 해지할 수 있다.
④ 대리경작기간은 3년로 하되, 그 기간을 따로 정할 수 있다.
⑤ 시장·군수·구청장은 농지 소유권자나 임차권자를 대신하여 대리경작자를 지정할 수 있다. ▶ 정답 ①

Point 01

대리경작자의 지정

농지법령상 대리경작자의 지정에 관한 설명으로 틀린 것은?

① 시장·군수 또는 구청장은 유휴농지에 대하여 대리경작자를 지정할 수 있다.
② 시장·군수 또는 구청장은 대리경작자를 지정하려면 농림축산식품부령으로 정하는 바에 따라 그 농지의 소유권자 또는 임차권자에게 예고하여야 한다.
③ 대리경작기간은 따로 정하지 아니하면 3년으로 한다.
④ 대리경작자는 수확량의 100분의 20을 해당 농지의 소유권 또는 임차권을 가진 자에게 토지사용료로 지급하여야 한다.
⑤ 대리경작자는 대리경작농지에서 경작한 농작물의 수확일부터 2월 이내에 토지사용료를 해당 농지의 소유권 또는 임차권을 가진 자에게 지급하여야 한다.

02 농지법령상 농지의 임대차 등에 관한 설명으로 **틀린** 것은? (단, 농업경영을 하려는 자에게 임대
하는 경우를 전제로 함)

농지의 임대차

① 임대 농지의 양수인은 「농지법」에 따른 임대인의 지위를 승계한 것으로 본다.
② 임대차계약과 사용대차계약은 서면계약을 원칙으로 한다.
③ 임대차계약은 그 등기가 없는 경우에도 임차인이 농지소재지를 관할하는 시·구·
읍·면의 장의 확인을 받고, 해당 농지를 인도받은 경우에는 그 다음 날부터 제3자에 대
하여 효력이 생긴다.
④ 「농지법」에 위반된 약정으로서 임차인에게 불리한 것은 그 효력이 없다.
⑤ 「국유재산법」과 「공유재산 및 물품 관리법」에 따른 국유재산과 공유재산인 농지에 대하
여도 서면계약과 임대인의 지위승계에 관한 규정을 적용하여야 한다.

03 농지법령상 농지의 임대차가 가능한 경우가 <u>아닌</u> 것은?

농지의 임대차

① 8년 이상 농업경영을 하던 사람이 이농하는 경우, 이농 당시 소유하고 있던 농지를 임대
하는 경우
② 질병·징집·취학·선거에 따른 공직취임 등 부득이한 사유로 인하여 일시적으로 농업
경영에 종사하지 아니하게 된 자가 소유하고 있는 농지를 임대하는 경우
③ 부상으로 3개월 이상의 치료가 필요한 경우
④ 60세 이상인 사람으로서 대통령령으로 정하는 사람이 소유하고 있는 농지 중에서 자기
의 농업경영에 이용한 기간이 3년이 넘은 농지를 임대하는 경우
⑤ 자기의 농업경영을 위하여 소유하고 있는 농지를 주말·체험영농을 하고자 하는 자에게
임대하는 것을 업으로 하는 자에게 임대하는 경우

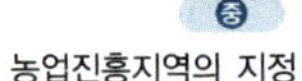
04 농지법령상 농업진흥지역의 지정에 관한 설명으로 옳은 것은?

농업진흥지역의 지정

① 농림축산식품부장관은 농지를 효율적으로 이용하고 보전하기 위하여 농업진흥지역을
지정한다.
② 농업진흥지역 지정은 「국토의 계획 및 이용에 관한 법률」에 따른 녹지지역·관리지역·
농림지역 및 자연환경보전지역을 대상으로 한다. 다만, 광역시의 녹지지역은 제외한다.
③ 농업진흥지역은 농업진흥구역과 농업보호구역으로 구분하여 지정할 수 있다.
④ 농업진흥구역에서는 국방·군사시설을 설치하는 행위를 할 수 없다.
⑤ 농림축산식품부장관은 생산관리지역이 농업진흥지역에 포함될 경우에는 농업진흥지역
의 지정을 승인하기 전에 국토교통부장관과 협의하여야 한다.

05 
농업진흥지역

농지법령상 농업진흥지역에 관한 설명으로 틀린 것은?

① 시·도지사는 시·도 농업·농촌 및 식품산업정책심의회의 심의를 거쳐 국토교통부장관의 승인을 받아 농업진흥지역을 지정한다.

② 농업보호구역은 농업진흥구역의 용수원 확보, 수질 보전 등 농업 환경을 보호하기 위하여 필요한 지역에 지정할 수 있다.

③ 농업진흥구역에서는 어린이놀이터, 마을회관 등 농업인의 공동생활에 필요한 편의 시설을 설치할 수 있다.

④ 농업보호구역에서는 매장 유산의 발굴행위를 할 수 있다.

⑤ 육종연구를 위한 농수산업에 관한 시험·연구시설로서 그 부지의 총면적이 3,000m² 미만인 시설은 농업진흥구역 내에 설치할 수 있다.

06
농업진흥지역

농지법령상 농업진흥구역에 설치할 수 있는 시설이 아닌 것은?

① 농업인 주택의 설치

② 국방·군사시설의 설치

③ 하천, 제방, 그 밖에 이에 준하는 국토 보존시설의 설치

④ 관광농원사업으로 설치하는 시설로서 그 부지가 3만m² 미만인 것

⑤ 국가유산의 보수·복원·이전

07
농업보호지역

농지법령상 농업보호구역에 설치할 수 있는 시설이 아닌 것은?

① 단독주택으로서 그 부지가 1,000m² 미만인 것

② 안마시술소, 노래연습장으로서 그 부지가 1,000m² 미만인 것

③ 관광농원사업으로 설치하는 시설로서 그 부지가 3만m² 미만인 것

④ 주말농원사업으로 설치하는 시설로서 그 부지가 3,000m² 미만인 것

⑤ 양수장, 정수장, 대피소, 공중화장실로서 그 부지가 3,000m² 미만인 것

08 농지법령상 농지의 전용 등에 관한 설명으로 옳은 것은?

농지의 전용

① 농업진흥지역 밖의 농지를 마을회관 부지로 전용하려는 자는 농지전용허가를 받아야 한다.
② 농지전용허가를 받은 자가 조업의 정지명령을 위반한 경우에는 그 허가를 취소하여야 한다.
③ 농지의 타용도 일시사용허가를 받으려는 자는 농지보전부담금을 농지관리기금을 운용·관리하는 자에게 내야 한다.
④ 「산지관리법」에 따른 산지전용허가를 받지 아니하거나 산지전용신고를 하지 아니하고 불법으로 개간한 농지를 산림으로 복구하는 경우에는 농지전용허가의 대상이다.
⑤ 농림축산식품부장관은 농지전용허가를 받은 자가 거짓이나 그 밖의 부정한 방법으로 허가를 받은 것이 판명된 경우에는 그 허가를 취소하여야 한다.

09 농지법령상 농지의 전용 등에 관한 설명으로 틀린 것은?

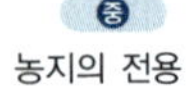

농지의 전용

① 「산지관리법」에 따른 산지전용허가를 받지 아니하고 불법으로 개간한 농지를 산림으로 복구하는 경우는 농지전용허가의 대상이 아니다.
② 농지를 토양의 침식이나 재해로 인한 농작물의 피해를 방지하기 위하여 설치하는 흙막이 부지로 사용하는 것은 농지의 전용에 해당하지 않는다.
③ 농지를 토목공사용 토석을 채굴하기 위하여 일시 사용하려는 사인(私人)은 5년 이내의 기간 동안 사용한 후 농지로 복구한다는 조건으로 시장, 군수 또는 자치구 구청장의 허가를 받아야 한다.
④ 농림축산식품부장관은 농지전용허가를 하려는 때에는 농지보전부담금의 전부 또는 일부를 미리 납부하게 하여야 한다.
⑤ 농지를 농축산물생산설부지인 연면적이 40제곱미터인 간이저온저장고로 사용하는 경우에는 농지의 전용으로 보지 않는다.

10 농지법령상 농지전용허가를 받은 자의 허가를 필수적으로 취소하여야 하는 경우로 옳은 것은?

필수적 취소사유

① 거짓이나 그 밖의 부정한 방법으로 허가를 받거나 신고한 것이 판명된 경우
② 허가 목적이나 허가조건을 위반하는 경우
③ 허가를 받거나 신고를 한 후 정당한 사유 없이 2년 이상 농지전용 목적사업에 착수하지 아니하거나 농지전용 목적사업에 착수한 후 1년 이상 공사를 중단한 경우
④ 허가를 받은 자가 관계 공사의 중지 등 조치명령을 위반한 경우
⑤ 농지보전부담금을 내지 아니한 경우

MEMO

박문각 공인중개사

부록

제36회 기출문제

*제36회 공인중개사 문제와 정답 원안입니다(출제 당시 법령 기준).

01 국토의 계획 및 이용에 관한 법령상 광역도시계획의 내용에 해당하지 <u>않는</u> 것은?

① 광역계획권의 교통 및 물류유통체계에 관한 사항
② 광역계획권의 문화·여가공간 및 방재에 관한 사항
③ 광역계획권의 교육시설 확충 및 부동산가격 안정화에 관한 사항
④ 경관계획에 관한 사항
⑤ 광역계획권의 녹지관리체계와 환경 보전에 관한 사항

02 주민 甲은 기반시설의 설치에 관한 사항에 대해서, 주민 乙은 지구단위계획구역의 지정에 관한 사항에 대해서 각각 도시·군관리계획의 입안을 제안하려고 한다. 국토의 계획 및 이용에 관한 법령상 甲과 乙의 제안에 필요한 토지소유자의 동의요건의 기준으로 옳은 것은? (단, 동의 대상 토지 면적에서 국·공유지는 제외)

① 甲 : 대상 토지 면적의 3분의 2 이상,
　 乙 : 대상 토지 면적의 3분의 2 이상
② 甲 : 대상 토지 면적의 3분의 2 이상,
　 乙 : 대상 토지 면적의 5분의 3 이상
③ 甲 : 대상 토지 면적의 5분의 3 이상,
　 乙 : 대상 토지 면적의 5분의 4 이상
④ 甲 : 대상 토지 면적의 5분의 4 이상,
　 乙 : 대상 토지 면적의 3분의 2 이상
⑤ 甲 : 대상 토지 면적의 5분의 4 이상,
　 乙 : 대상 토지 면적의 5분의 4 이상

03 국토의 계획 및 이용에 관한 법령상 도시·군관리계획의 입안을 위한 기초조사를 실시하지 아니할 수 있는 경우에 해당하지 <u>않는</u> 것은?

① 해당 도시·군계획시설의 결정을 해제하려는 경우
② 해당 지구단위계획구역 안의 나대지면적이 구역면적의 3퍼센트인 경우
③ 해당 지구단위계획구역이 도심지(상업지역과 상업지역에 연접한 지역을 말한다)에 위치하는 경우
④ 기존의 용도지구를 폐지하고 지구단위계획을 변경하여 그 용도지구에 따른 건축물이나 그 밖의 시설의 용도·종류 및 규모 등의 제한을 그대로 대체하려는 경우
⑤ 해당 지구단위계획구역의 지정목적이 해당 구역을 정비하고자 하는 경우로서 지구단위계획의 내용에 너비 12미터 이상 도로의 설치계획이 없는 경우

04 국토의 계획 및 이용에 관한 법령상 용도지역 또는 용도지구와 그에 관한 설명이 바르게 연결된 것은?

① 일반상업지역 : 도심·부도심의 상업기능 및 업무기능의 확충을 위하여 필요한 지역
② 제2종 일반주거지역 : 중고층주택을 중심으로 편리한 주거환경을 조성하기 위하여 필요한 지역
③ 보호취락지구 : 야생동식물서식처 등 생태적으로 보존가치가 큰 지역의 보호와 보존을 위하여 필요한 지구
④ 특화경관지구 : 산지·구릉지 등 자연경관을 보호하거나 유지하기 위하여 필요한 지구
⑤ 자연방재지구 : 토지의 이용도가 낮은 해안변, 하천변, 급경사지 주변 등의 지역으로서 건축 제한 등을 통하여 재해 예방이 필요한 지구

05 국토의 계획 및 이용에 관한 법령상 공동구가 설치된 경우 공동구에 수용하기 위하여 공동구협의회의 심의를 거쳐야 하는 시설은?

㉠ 열수송관	㉡ 하수도관	㉢ 가스관
㉣ 쓰레기수송관	㉤ 중수도관	

① ㉣
② ㉡, ㉢
③ ㉠, ㉣, ㉤
④ ㉠, ㉡, ㉢, ㉤
⑤ ㉠, ㉡, ㉢, ㉣, ㉤

06 국토의 계획 및 이용에 관한 법령상 도시지역에서 도시·군관리계획의 결정 없이 설치할 수 있는 시설에 해당하지 <u>않는</u> 것은?

① 공항 중 「공항시설법 시행령」에 의한 도심공항터미널
② 폐기물처리 및 재활용시설 중 재활용시설
③ 옥외에 설치하는 변전시설
④ 「신에너지 및 재생에너지 개발·이용·보급 촉진법 시행규칙」에 따른 연료전지 설비
⑤ 「산업입지 및 개발에 관한 법률」에 따른 산업단지 내에 설치하는 대지면적이 1천제곱미터인 도축장

07 국토의 계획 및 이용에 관한 법령상 건축위원회와 도시계획위원회의 공동위원회의 심의를 거쳐야 하는 지구단위계획 변경 사항에 해당하는 것은? (단, 조례는 고려하지 않음)

① 획지(구획된 한 단위의 토지) 면적의 25퍼센트의 변경
② 층수변경이 수반되는 경우로서 건축물높이의 15퍼센트의 변경
③ 건축물의 배치·형태의 변경
④ 용도지역 변경을 포함하는 경우로서 지구단위계획구역 면적의 4퍼센트의 변경
⑤ 「건축법」 등 다른 법령의 규정에 따른 건폐율 완화 내용을 반영하기 위한 지구단위계획의 변경

08 국토의 계획 및 이용에 관한 법령상 도시혁신구역에서 다른 법률 규정에도 불구하고 도시혁신계획으로 따로 정할 수 있는 사항이 <u>아닌</u> 것은?

① 「도시공원 및 녹지 등에 관한 법률」에 따른 도시공원 또는 녹지 확보기준
② 「문화예술진흥법」에 따른 건축물에 대한 미술작품의 설치
③ 「주차장법」에 따른 부설주차장의 설치
④ 「학교용지 확보 등에 관한 특례법」에 따른 학교용지의 조성·개발 기준
⑤ 「체육시설의 설치·이용에 관한 법률」에 따른 사업계획의 승인

09 국토의 계획 및 이용에 관한 법령상 시가화조정구역에서 관할 행정청의 허가를 받아 할 수 있는 행위는? (단, 도시·군계획사업이 아니며, 주어진 조건 외의 것은 고려하지 않음)

① 농업을 영위하는 자가 행하는 건축으로서 100제곱미터인 관리용건축물의 건축

② 증축 면적이 150제곱미터인 주택의 증축

③ 새로운 대지조성을 수반하는 종교시설의 증축

④ 공장·주택 등 시가화조정구역 안에서의 신축이 금지된 시설의 용도를 동물병원으로 변경하는 행위

⑤ 시가화조정구역 지정 당시 이미 관계 법령의 규정에 의하여 설치된 공장의 부대시설의 설치로서 새로운 대지조성을 수반하는 건축

10 국토의 계획 및 이용에 관한 법령상 용도지역 안에서의 건폐율의 범위로 틀린 것은? (단, 조례는 고려하지 않음)

① 자연녹지지역에 지정된 개발진흥지구: 30퍼센트 이하

② 수산자원보호구역: 40퍼센트 이하

③ 「자연공원법」에 따른 자연공원: 60퍼센트 이하

④ 계획관리지역에 지정된 산업·유통개발진흥지구: 40퍼센트 이하

⑤ 공업지역에 있는 「산업입지 및 개발에 관한 법률」에 따른 준산업단지: 80퍼센트 이하

11 국토의 계획 및 이용에 관한 법령상 도시·군계획시설사업의 시행에 관한 설명으로 옳은 것은?

① 광역도시계획과 관련되는 경우에는 도지사가 관계 시장 또는 군수의 의견을 들어 직접 도시·군계획시설사업을 시행할 수 있다.

② 「한국철도공사법」에 따른 한국철도공사가 도시·군계획시설사업의 시행자로 지정을 받으려면 도시·군계획시설사업의 대상인 토지로서 면적의 3분의 2 이상에 해당하는 토지를 소유하여야 한다.

③ 도시·군계획시설사업의 시행자인 「지방공기업법」에 의한 지방공사는 도시·군계획시설사업으로 비탈면에 조경을 할 필요가 있는 경우에는 이행보증금을 예치하여야 한다.

④ 도시·군관리계획결정을 고시한 경우에는 국공유지로서 도시·군계획시설사업에 필요한 토지는 그 도시·군관리계획으로 정하여진 목적 외의 목적으로도 양도할 수 있다.

⑤ 도시·군계획시설사업의 시행자인 시·도지사는 도시·군계획시설사업의 공사를 마친 때에는 국토교통부장관의 준공검사를 받아야 한다.

12 국토의 계획 및 이용에 관한 법령상 용도지역별 용적률의 최대한도가 큰 순서대로 나열한 것은? (단, 조례, 기타 강화·완화조건은 고려하지 않음)

> ㉠ 준주거지역 ㉡ 일반공업지역
> ㉢ 준공업지역 ㉣ 생산녹지지역

① ㉠ - ㉡ - ㉢ - ㉣
② ㉠ - ㉢ - ㉡ - ㉣
③ ㉡ - ㉢ - ㉠ - ㉣
④ ㉢ - ㉠ - ㉣ - ㉡
⑤ ㉢ - ㉣ - ㉠ - ㉡

13 도시개발법령상 도시개발구역의 지정에 관한 설명으로 **틀린** 것은? (단, 특례는 고려하지 않음)

① 국토교통부장관은 천재지변, 그 밖의 사유로 인하여 도시개발사업을 긴급하게 할 필요가 있는 경우 도시개발구역을 지정할 수 있다.

② 지정권자는 도시지역 외의 지역에 도시개발구역을 지정할 때에는 도시개발구역을 지정한 후에 개발계획을 수립할 수 있다.

③ 도시개발구역을 둘 이상의 사업시행지구로 분할하는 경우 분할 후 각 사업시행지구의 면적은 각각 1만제곱미터 이상이어야 한다.

④ 도시개발구역 지정대장은 전자적 처리가 불가능한 특별한 사유가 없으면 전자적 처리가 가능한 방법으로 작성·관리하여야 한다.

⑤ 환지 방식의 도시개발사업에서 환지처분의 공고가 이루어진 경우 그 도시개발구역에 대한 용도지역 및 지구단위계획구역은 해당 도시개발구역 지정 전의 용도지역 및 지구단위계획구역으로 각각 환원되거나 폐지된 것으로 본다.

14 도시개발법령상 특별자치도지사·시장·군수 또는 구청장에게 도시개발구역의 지정을 제안할 수 있는 자를 모두 고른 것은?

> ㉠ 「한국공항공사법」에 따른 한국공항공사
> ㉡ 「지방공기업법」에 따라 설립된 지방공사
> ㉢ 「한국철도공사법」에 따른 한국철도공사

① ㉠
② ㉢
③ ㉠, ㉡
④ ㉡, ㉢
⑤ ㉠, ㉡, ㉢

15 도시개발법령상 도시개발사업 조합에 관한 규정의 일부이다. (   )에 들어갈 숫자로 옳은 것은?

> • 조합을 설립하려면 도시개발구역의 토지 소유자 (㉠)명 이상이 정관을 작성하여 지정권자에게 조합 설립의 인가를 받아야 한다.
> • 의결권을 가진 조합원의 수가 (㉡)인 이상인 조합은 총회의 권한을 대행하게 하기 위하여 대의원회를 둘 수 있다.
> • 조합의 설립인가를 받은 조합의 대표자는 설립인가를 받은 날부터 (㉢)일 이내에 주된 사무소의 소재지에서 설립등기를 하여야 한다.

① ㉠: 7, ㉡: 50, ㉢: 14
② ㉠: 7, ㉡: 50, ㉢: 30
③ ㉠: 7, ㉡: 100, ㉢: 14
④ ㉠: 10, ㉡: 50, ㉢: 14
⑤ ㉠: 10, ㉡: 100, ㉢: 30

16 도시개발법령상 환지 예정지에 관한 설명으로 옳은 것은?

① 종전의 토지의 소유자는 환지 예정지 지정 이후에도 환지처분이 공고되는 날까지 종전의 토지를 사용하거나 수익할 수 있다.

② 환지 예정지가 지정되면 종전의 토지의 임차권자는 환지 예정지 지정의 효력발생일부터 환지처분 공고일까지 환지 예정지에 대하여 종전과 같은 내용의 권리를 행사할 수 없다.

③ 환지 예정지 지정의 효력이 발생하는 경우에 해당 환지예정지의 종전의 소유자는 환지처분 공고일의 다음날까지 이를 사용하거나 수익할 수 있다.

④ 시행자가 환지 예정지를 지정할 때 종전의 토지에 대한 임차권자등이 있으면 해당 환지예정지에 대하여 해당 권리의 목적인 토지 또는 그 부분을 아울러 지정하여야 한다.

⑤ 체비지의 용도로 환지 예정지가 지정된 경우 시행자는 도시개발사업에 드는 비용을 충당하기 위하여 이를 사용하게 할 수 있으나 처분할 수는 없다.

17 도시개발법령상 환지 방식에 의한 사업시행에 관한 설명으로 **틀린** 것은? (단, 시행자는 행정청
이 아님)

① 시행자는 입체 환지를 시행하는 경우 건축 계획이 포함된 환지 계획을 작성하여야 한다.

② 환지 설계를 평가식으로 하는 경우 평균부담률은 '[총사업비/(권리가액의 합계＋체비지
평가액의 합계)] × 100'의 계산식에 따른다.

③ 환지 계획에서 환지를 정하지 아니한 종전의 토지에 있던 권리는 그 환지처분이 공고되
고 소유권이전등기를 마친 때에 소멸한다.

④ 시행자는 토지 면적의 규모를 조정할 특별한 필요가 있으면 면적이 작은 토지는 과소 토지
가 되지 아니하도록 면적을 늘려 환지를 정하거나 환지 대상에서 제외할 수 있다.

⑤ 평면 환지는 환지 전 토지에 대한 권리를 도시개발사업으로 조성되는 토지에 이전하는
방식이다.

18 도시개발법령상 도시개발채권에 관한 설명으로 옳은 것은?

① 시·도지사가 도시개발채권을 발행하는 경우에는 국토교통부장관의 승인을 받아야 한다.

② 도시개발채권의 상환은 3년부터 10년까지의 범위에서 지방자치단체의 조례로 정한다.

③ 도시개발채권은 무기명으로 발행할 수 없다.

④ 도시개발채권의 소멸시효는 상환일부터 기산하여 원금은 3년, 이자는 1년으로 한다.

⑤ 도시개발채권 매입필증을 제출받는 자는 매입자로부터 제출받은 매입필증을 5년간 따로
보관하여야 한다.

19 도시 및 주거환경정비법령상 도시·주거환경정비기본계획(이하 "기본계획")에 관한 설명으로
틀린 것은?

① 국토교통부장관은 기본계획에 대하여 5년마다 타당성을 검토하여 그 결과를 기본계획에
반영하여야 한다.

② 도지사가 대도시가 아닌 시로서 기본계획을 수립할 필요가 없다고 인정하는 시에 대하
여는 기본계획을 수립하지 아니할 수 있다.

③ 기본계획에는 건폐율·용적률 등에 관한 건축물의 밀도 계획이 포함되어야 한다.

④ 기본계획의 내용 중 정비사업의 계획기간을 단축하는 경우에는 주민공람 절차를 거치지
아니할 수 있다.

⑤ 기본계획의 내용 중 공동이용시설에 대한 설치계획을 변경하는 경우에는 지방의회의 의
견청취 절차를 거치지 아니할 수 있다.

20 도시 및 주거환경정비법령상 정비구역에 관한 설명으로 옳은 것은?

① 관리처분계획을 수립하는 경우 정비구역의 지정은 이전 고시가 있은 날에 해제된 것으로 본다.

② 준공인가에 따라 정비구역의 지정이 해제되면 조합도 해산된 것으로 본다.

③ 신탁업자인 지정개발자는 토지등소유자 과반수의 동의를 받아 지정권자에게 정비구역의 지정을 제안할 수 있다.

④ 정비구역에서는 「주택법」에 따른 지역주택조합의 조합원을 모집해서는 아니 된다.

⑤ 정비구역의 지정권자는 정비구역을 직권으로 해제하려는 경우 15일 이상 주민에게 공람하여 의견을 들어야 한다.

21 도시 및 주거환경정비법령상 사업시행자가 사업시행계획인가를 받은 때에 의제될 수 있는 인·허가등에 해당하지 <u>않는</u> 것은?

① 「공공주택 특별법」에 따른 주택건설사업계획의 승인

② 「사도법」에 따른 사도개설허가

③ 「농지법」에 따른 농지전용허가

④ 「하수도법」에 따른 개인하수처리시설의 설치신고

⑤ 「유통산업발전법」에 따른 대규모점포등의 등록

22 도시 및 주거환경정비법령상 주민대표회의에 관한 설명으로 <u>틀린</u> 것은?

① 주민대표회의는 토지등소유자의 과반수의 동의를 받아 구성하며, 시장·군수등의 승인을 받아야 한다.

② 주민대표회의는 사업시행자가 정비사업비의 부담에 관하여 시행규정을 정하는 때에 의견을 제시할 수 있다.

③ 주민대표회의에는 위원장 1명, 부위원장과 감사 각 2명을 둔다.

④ 시장·군수등 또는 토지주택공사등은 주민대표회의의 운영에 필요한 경비의 일부를 해당 정비사업비에서 지원할 수 있다.

⑤ 주민대표회의의 위원의 선출·교체 및 해임에 필요한 사항은 주민대표회의가 정한다.

23 도시 및 주거환경정비법령상 임시거주시설의 설치 등에 관한 규정의 일부이다. ( )에 들어갈 내용으로 옳은 것은?

> • 사업시행자는 주거환경개선사업 및 (㉠)사업의 시행으로 철거되는 주택의 소유자 또는 세입자에게 해당 정비구역 안과 밖에 위치한 임대주택 등의 시설에 임시로 거주하게 하거나 주택자금의 융자를 알선하는 등 임시거주에 상응하는 조치를 하여야 한다.
> • 사업시행자는 정비사업의 공사를 완료한 때에는 완료한 날부터 (㉡)일 이내에 임시거주시설을 철거하고, 사용한 건축물이나 토지를 원상회복하여야 한다.

① ㉠: 재건축, ㉡: 20
② ㉠: 재건축, ㉡: 60
③ ㉠: 재개발, ㉡: 20
④ ㉠: 재개발, ㉡: 30
⑤ ㉠: 재개발, ㉡: 60

24 도시 및 주거환경정비법령상 조합에 관한 설명으로 옳은 것은?

① 조합 정관의 기재사항 중 정비사업비의 부담 시기 및 절차를 변경하려는 경우에는 조합원 과반수의 찬성으로 시장·군수등의 인가를 받아야 한다.
② 법인인 토지등소유자가 조합원일 경우 법인의 대리인은 조합임원으로 선임될 수 없다.
③ 조합장은 선임일부터 정비사업의 준공인가 시까지는 해당 정비구역에서 거주하여야 한다.
④ 조합의 전문조합관리인의 임기는 5년의 범위에서 시·도 조례로 따로 정한다.
⑤ 조합의 대의원회는 총회의 의결사항 중 사업완료로 인한 조합 해산에 관한 사항에 대하여 총회의 권한을 대행할 수 있다.

25 주택법령상 리모델링주택조합이 공동주택의 리모델링 허가를 받기 위한 동의비율에 관한 내용이다. (   )에 들어갈 숫자로 옳은 것은?

> 주택단지 전체를 리모델링하는 경우에는 주택단지 전체 구분소유자 및 의결권의 각 (㉠) 퍼센트 이상의 동의와 각 동별 구분소유자 및 의결권의 각 (㉡)퍼센트 이상의 동의를 받아야 하며, 동을 리모델링하는 경우에는 그 동의 구분소유자 및 의결권의 각 (㉢)퍼센트 이상의 동의를 받아야 한다.

① ㉠: 50, ㉡: 50, ㉢: 75
② ㉠: 50, ㉡: 75, ㉢: 50
③ ㉠: 75, ㉡: 50, ㉢: 50
④ ㉠: 75, ㉡: 50, ㉢: 75
⑤ ㉠: 75, ㉡: 75, ㉢: 50

26 주택법령상 분양가상한제가 적용되는 토지임대부 분양주택에 관한 설명으로 옳은 것은?

① 토지임대부 분양주택 입주자의 거주의무기간은 10년이다.

② 토지임대부 분양주택의 건축물의 공용부분·부속건물 및 복리시설은 토지임대부 분양주택 건설사업을 시행하는 자와 분양받은 자들이 공유한다.

③ 토지임대부 분양주택의 분양가격은 건축비로 구성한다.

④ 토지임대부 분양주택의 입주자는 해당 주택의 최초 입주가능일부터 3년 이내에 입주하여야 한다.

⑤ 토지임대부 분양주택의 토지에 대한 임대차기간은 50년 이내로 한다.

27 주택법령상 공동주택 품질점검단에 관한 설명으로 옳은 것은?

① 품질점검단은 시장·군수·구청장이 설치·운영한다.

② 사업주체가 품질점검단의 점검에 따르지 아니하거나 기피 또는 방해한 경우 과태료 부과의 대상에 해당한다.

③ 품질점검단은 품질점검을 실시한 후 점검 종료일부터 3일 이내에 점검결과를 사용검사권자에게 제출하여야 한다.

④ 사용검사권자는 품질점검단으로부터 제출받은 점검결과를 사용검사가 있은 날부터 3년 이상 보관하여야 한다.

⑤ 공무원으로서 공동주택 관련 지도·감독 및 인·허가업무 등에 종사한 경력이 4년인 사람은 품질점검단의 위원이 될 수 있다.

28 주택법령상 모집주체가 지역주택조합의 조합원을 모집하기 위하여 광고를 하는 경우 포함되어야 하는 내용을 모두 고른 것은?

> ㉠ "지역주택조합의 조합원 모집을 위한 광고"라는 문구
> ㉡ 주택조합의 설립 인가일
> ㉢ 조합임원의 대표권을 제한하는 경우에는 그 내용
> ㉣ 주택건설대지의 사용권원 및 소유권을 확보한 비율

① ㉠, ㉡   ② ㉠, ㉣

③ ㉠, ㉡, ㉢   ④ ㉡, ㉢, ㉣

⑤ ㉠, ㉡, ㉢, ㉣

29 주택법령상 주택건설사업의 등록과 주택건설사업자에 관한 설명으로 옳은 것은?

① 지방자치단체가 30호의 단독주택을 건설하는 주택건설사업을 시행하려면 국토교통부장관에게 등록하여야 한다.

② 지방공사가 20세대의 도시형 생활주택을 건설하는 주택건설사업을 시행하려면 국토교통부장관에게 등록하여야 한다.

③ 등록사업자는 등록사항에 변경이 있으면 변경 사유가 발생한 날부터 60일 이내에 국토교통부장관에게 신고하여야 한다.

④ 세대수를 증가하지 않는 리모델링주택조합이 그 구성원의 주택을 건설하는 경우에는 한국토지주택공사와 공동으로 사업을 시행하여야 한다.

⑤ 거짓으로 주택건설사업을 등록하여 그 등록이 말소된 후 2년이 지나지 아니한 자는 주택건설사업의 등록을 할 수 없다.

30 주택법령상 사용검사에 관한 설명으로 틀린 것은?

① 한국토지주택공사가 사업주체인 경우 시장·군수·구청장의 사용검사를 받아야 한다.

② 사업주체가 파산 등으로 사용검사를 받을 수 없는 경우에는 해당 주택의 시공을 보증한 자 또는 입주예정자는 대통령령으로 정하는 바에 따라 사용검사를 받을 수 있다.

③ 사용검사는 그 신청일부터 15일 이내에 하여야 한다.

④ 사업주체는 구획별로 공사가 완료된 대지조성사업의 경우로서 사용검사권자의 임시 사용승인을 받은 경우에는 사용검사를 받기 전에 대지를 사용하게 할 수 있다.

⑤ 사용검사권자가 임시사용을 승인하는 경우 임시 사용승인의 대상이 공동주택인 경우에는 세대별로 임시 사용승인을 할 수 있다.

31 주택법령상 주택상환사채에 관한 설명으로 옳은 것은?

① 주택상환사채의 납입금은 주택건설자재의 구입을 위하여 사용할 수 있다.

② 주택상환사채는 무기명증권으로 한다.

③ 등록사업자의 등록이 말소된 경우에는 등록사업자가 발행한 주택상환사채의 효력도 소멸한다.

④ 등록사업자가 발행할 수 있는 주택상환사채의 규모는 최근 5년간의 연평균 주택건설 호수 이내로 한다.

⑤ 주택상환사채의 상환기간은 5년 이내로 한다.

32 건축법령상 승강기에 관한 설명으로 옳은 것을 모두 고른 것은? (단, 특례는 고려하지 않음)

> ㉠ 연면적이 3천제곱미터인 7층 건축물을 건축하려면 승강기를 설치하여야 한다.
> ㉡ 고층건축물에는 승용승강기 중 1대 이상을 피난용승강기로 설치하여야 한다.
> ㉢ 피난용승강기의 승강장의 바닥면적은 승강기 1대당 8제곱미터 이상으로 하여야 한다.
> ㉣ 높이 21미터를 초과하는 건축물에는 승용승강기뿐만 아니라 비상용승강기를 추가로 설치하여야 한다.

① ㉠
② ㉠, ㉡
③ ㉡, ㉢
④ ㉢, ㉣
⑤ ㉠, ㉡, ㉣

33 건축법령상 자연환경이나 수질을 보호하기 위하여 도지사가 지정 · 공고한 구역에 건축하는 3층 이상인 건축물로 시장 · 군수가 건축허가를 하려면 미리 도지사의 승인을 받아야 하는 용도의 건축물이 아닌 것은?

① 공장
② 공동주택
③ 위락시설
④ 숙박시설
⑤ 제2종 근린생활시설 중 일반음식점

34 건축법령상 건축 관련 입지와 규모의 사전결정에 관한 설명으로 <u>틀린</u> 것은?

① 건축허가 대상 건축물을 건축하려는 자는 건축허가를 신청하기 전에 허가권자에게 건축허가를 받기 위하여 신청자가 고려하여야 할 사항에 대한 사전결정을 신청할 수 있다.
② 사전결정신청자는 건축위원회 심의와 「도시교통정비촉진법」에 따른 교통영향평가서의 검토를 동시에 신청할 수 있다.
③ 허가권자는 사전결정이 신청된 건축물의 대지면적이 「환경영향평가법」에 따른 소규모 환경영향평가 대상사업인 경우 환경부장관(기후에너지환경부장관)이나 지방환경관서의 장과 소규모 환경영향평가에 관한 협의를 하여야 한다.
④ 허가권자는 사전결정을 하려면 미리 관계 행정기관의 장과 협의하여야 하며, 협의를 요청받은 관계 행정기관의 장은 요청받은 날부터 10일 이내에 의견을 제출하여야 한다.
⑤ 사전결정신청자가 사전결정을 통지받은 날부터 2년 이내에 건축허가를 신청하지 아니하면 그 사전결정의 효력이 상실된다.

35 건축법령상 피난층 또는 지상으로 통하는 직통계단을 2개소 이상 설치하여야 하는 건축물이 <u>아</u><u>닌</u> 것은? (단, 각 시설이 위치한 층은 피난층이 아니며, 특례 및 주어진 조건 외의 것은 고려하지 않음)

① 장례시설의 용도로 쓰는 층으로서 그 층에서 해당 용도로 쓰는 바닥면적의 합계가 220제곱미터인 건축물

② 업무시설 중 오피스텔의 용도로 쓰는 층으로서 그 층의 해당 용도로 쓰는 거실의 바닥면적의 합계가 350제곱미터인 건축물

③ 제2종 근린생활시설 중 공연장의 용도로 쓰는 층으로서 그 층에서 해당 용도로 쓰는 바닥면적의 합계가 400제곱미터인 건축물

④ 숙박시설의 용도로 쓰는 3층 이상의 층으로서 그 층의 해당 용도로 쓰는 거실의 바닥면적의 합계가 150제곱미터인 건축물

⑤ 수련시설 중 유스호스텔의 용도로 쓰는 3층 이상의 층으로서 그 층의 해당 용도로 쓰는 거실의 바닥면적의 합계가 250제곱미터인 건축물

36 건축법령상 허가권자가 가로구역별로 건축물의 높이를 지정·공고할 때에 고려하여야 할 사항이 <u>아닌</u> 것은?

① 도시·군관리계획 등의 토지이용계획

② 해당 가로구역이 접하는 도로의 교통량

③ 해당 가로구역의 상·하수도 등 간선시설의 수용능력

④ 도시미관 및 경관계획

⑤ 해당 도시의 장래 발전계획

37 건축법령상 용어의 정의로 <u>틀린</u> 것은?

① "불연재료"란 불에 잘 타지 아니하는 성능을 가진 재료로서 국토교통부령으로 정하는 기준에 적합한 재료를 말한다.

② "내화구조"란 화재에 견딜 수 있는 성능을 가진 구조로서 국토교통부령으로 정하는 기준에 적합한 구조를 말한다.

③ "방화구조"란 화염의 확산을 막을 수 있는 성능을 가진 구조로서 국토교통부령으로 정하는 기준에 적합한 구조를 말한다.

④ "초고층 건축물"이란 층수가 50층 이상이거나 높이가 200미터 이상인 건축물을 말한다.

⑤ "증축"이란 기존 건축물이 있는 대지에서 건축물의 건축면적, 연면적, 층수 또는 높이를 늘리는 것을 말한다.

38 건축법령상 건축법의 적용 제외 건축물이 <u>아닌</u> 것은?

① 고속도로 통행료 징수시설
② 철도의 선로 부지에 있는 플랫폼
③ 이동이 쉬운 컨테이너를 이용한 임시숙소
④ 「하천법」에 따른 하천구역 내의 수문조작실
⑤ 「문화유산의 보존 및 활용에 관한 법률」에 따른 임시지정문화유산

39 농지법령상 농지 소유자가 소유농지를 위탁경영할 수 있는 경우로서 옳은 것을 모두 고른 것은?

> ㉠ 농업법인이 청산 중인 경우
> ㉡ 「병역법」에 따라 징집된 경우
> ㉢ 3월 이상의 치료가 필요한 부상으로 자경할 수 없는 경우
> ㉣ 6개월간 국내 여행 중인 경우

① ㉠, ㉡ 　　② ㉢, ㉣ 　　③ ㉠, ㉡, ㉢
④ ㉡, ㉢, ㉣ 　　⑤ ㉠, ㉡, ㉢, ㉣

40 농지법령상 농지를 개량하기 위하여 성토를 하려는 자가 농지개량행위의 신고를 하지 않아도 되는 경미한 행위에 관한 내용이다. ( )에 들어갈 숫자로 옳은 것은? (단, 조례는 고려하지 않음)

> • 면적(성토가 이루어지는 해당 필지의 총면적을 말한다) (㉠)천제곱미터 이하인 농지에 대한 성토
> • 높이(성토가 이루어지는 해당 필지에서 최근 1년간 성토한 높이를 합산한 것을 말한다) (㉡)센티미터 이내의 성토

① ㉠: 1, ㉡: 50 　　② ㉠: 1, ㉡: 60 　　③ ㉠: 3, ㉡: 50
④ ㉠: 3, ㉡: 60 　　⑤ ㉠: 3, ㉡: 70

Answer

01 ③	02 ④	03 ②	04 ⑤	05 ②	06 ③	07 ⑤	08 ⑤	09 ④	10 ④
11 ①	12 ②	13 ⑤	14 ⑤	15 ②	16 ④	17 ③	18 ⑤	19 ①	20 ④
21 ②	22 ③	23 ④	24 ⑤	25 ④	26 ③	27 ②	28 ②	29 ⑤	30 ①
31 ①	32 ②	33 ①	34 ④	35 ④	36 ②	37 ①	38 ③	39 ③	40 ①

박문각 공인중개사

방송 시간표

방송대학 TV

▶ 기본이론 방송
▶ 문제풀이 방송
▶ 모의고사 방송

※ 본 방송기간 및 방송시간은 사정에 의해 변동될 수 있습니다.

기본이론 방송 (1강 30분, 총 75강)

순 서	날 짜	요 일	과 목	순 서	날 짜	요 일	과 목
1	1. 12	월	부동산학개론 1강	39	4. 8	수	부동산공시법령 7강
2	1. 13	화	민법·민사특별법 1강	40	4. 13	월	부동산세법 5강
3	1. 14	수	공인중개사법·중개실무 1강	41	4. 14	화	부동산학개론 8강
4	1. 19	월	부동산공법 1강	42	4. 15	수	민법·민사특별법 8강
5	1. 20	화	부동산공시법령 1강	43	4. 20	월	공인중개사법·중개실무 8강
6	1. 21	수	부동산학개론 2강	44	4. 21	화	부동산공법 8강
7	1. 26	월	민법·민사특별법 2강	45	4. 22	수	부동산공시법령 8강
8	1. 27	화	공인중개사법·중개실무 2강	46	4. 27	월	부동산세법 6강
9	1. 28	수	부동산공법 2강	47	4. 28	화	부동산학개론 9강
10	2. 2	월	부동산공시법령 2강	48	4. 29	수	민법·민사특별법 9강
11	2. 3	화	부동산학개론 3강	49	5. 4	월	공인중개사법·중개실무 9강
12	2. 4	수	민법·민사특별법 3강	50	5. 5	화	부동산공법 9강
13	2. 9	월	공인중개사법·중개실무 3강	51	5. 6	수	부동산공시법령 9강
14	2. 10	화	부동산공법 3강	52	5. 11	월	부동산세법 7강
15	2. 11	수	부동산공시법령 3강	53	5. 12	화	부동산학개론 10강
16	2. 16	월	부동산세법 1강	54	5. 13	수	민법·민사특별법 10강
17	2. 17	화	부동산학개론 4강	55	5. 18	월	공인중개사법·중개실무 10강
18	2. 18	수	민법·민사특별법 4강	56	5. 19	화	부동산공법 10강
19	2. 23	월	공인중개사법·중개실무 4강	57	5. 20	수	부동산공시법령 10강
20	2. 24	화	부동산공법 4강	58	5. 25	월	부동산세법 8강
21	2. 25	수	부동산공시법령 4강	59	5. 26	화	부동산학개론 11강
22	3. 2	월	부동산세법 2강	60	5. 27	수	민법·민사특별법 11강
23	3. 3	화	부동산학개론 5강	61	6. 1	월	부동산공법 11강
24	3. 4	수	민법·민사특별법 5강	62	6. 2	화	부동산세법 9강
25	3. 9	월	공인중개사법·중개실무 5강	63	6. 3	수	부동산학개론 12강
26	3. 10	화	부동산공법 5강	64	6. 8	월	민법·민사특별법 12강
27	3. 11	수	부동산공시법령 5강	65	6. 9	화	부동산공법 12강
28	3. 16	월	부동산세법 3강	66	6. 10	수	부동산세법 10강
29	3. 17	화	부동산학개론 6강	67	6. 15	월	부동산학개론 13강
30	3. 18	수	민법·민사특별법 6강	68	6. 16	화	민법·민사특별법 13강
31	3. 23	월	공인중개사법·중개실무 6강	69	6. 17	수	부동산공법 13강
32	3. 24	화	부동산공법 6강	70	6. 22	월	부동산학개론 14강
33	3. 25	수	부동산공시법령 6강	71	6. 23	화	민법·민사특별법 14강
34	3. 30	월	부동산세법 4강	72	6. 24	수	부동산공법 14강
35	3. 31	화	부동산학개론 7강	73	6. 29	월	부동산학개론 15강
36	4. 1	수	민법·민사특별법 7강	74	6. 30	화	민법·민사특별법 15강
37	4. 6	월	공인중개사법·중개실무 7강	75	7. 1	수	부동산공법 15강
38	4. 7	화	부동산공법 7강				

과목별 강의 수
부동산학개론: 15강 / 민법·민사특별법: 15강
공인중개사법·중개실무: 10강 / 부동산공법: 15강 / 부동산공시법령: 10강 / 부동산세법: 10강

TV방송 편성표

문제풀이 방송(1강 30분, 총 21강)

순 서	날 짜	요 일	과 목	순 서	날 짜	요 일	과 목
1	7. 6	월	부동산학개론 1강	12	7. 29	수	부동산세법 2강
2	7. 7	화	민법·민사특별법 1강	13	8. 3	월	부동산학개론 3강
3	7. 8	수	공인중개사법·중개실무 1강	14	8. 4	화	민법·민사특별법 3강
4	7. 13	월	부동산공법 1강	15	8. 5	수	공인중개사법·중개실무 3강
5	7. 14	화	부동산공시법령 1강	16	8. 10	월	부동산공법 3강
6	7. 15	수	부동산세법 1강	17	8. 11	화	부동산공시법령 3강
7	7. 20	월	부동산학개론 2강	18	8. 12	수	부동산세법 3강
8	7. 21	화	민법·민사특별법 2강	19	8. 17	월	부동산학개론 4강
9	7. 22	수	공인중개사법·중개실무 2강	20	8. 18	화	민법·민사특별법 4강
10	7. 27	월	부동산공법 2강	21	8. 19	수	부동산공법 4강
11	7. 28	화	부동산공시법령 2강				

과목별 강의 수	부동산학개론: 4강 / 민법·민사특별법: 4강 공인중개사법·중개실무: 3강 / 부동산공법: 4강 / 부동산공시법령: 3강 / 부동산세법: 3강

모의고사 방송(1강 30분, 총 18강)

순 서	날 짜	요 일	과 목	순 서	날 짜	요 일	과 목
1	8. 24	월	부동산학개론 1강	10	9. 14	월	부동산공법 2강
2	8. 25	화	민법·민사특별법 1강	11	9. 15	화	부동산공시법령 2강
3	8. 26	수	공인중개사법·중개실무 1강	12	9. 16	수	부동산세법 2강
4	8. 31	월	부동산공법 1강	13	9. 21	월	부동산학개론 3강
5	9. 1	화	부동산공시법령 1강	14	9. 22	화	민법·민사특별법 3강
6	9. 2	수	부동산세법 1강	15	9. 23	수	공인중개사법·중개실무 3강
7	9. 7	월	부동산학개론 2강	16	9. 28	월	부동산공법 3강
8	9. 8	화	민법·민사특별법 2강	17	9. 29	화	부동산공시법령 3강
9	9. 9	수	공인중개사법·중개실무 2강	18	9. 30	수	부동산세법 3강

과목별 강의 수	부동산학개론: 3강 / 민법·민사특별법: 3강 공인중개사법·중개실무: 3강 / 부동산공법: 3강 / 부동산공시법령: 3강 / 부동산세법: 3강

연구 집필위원

| 김희상 | 이석규 | 박희용 | 이경철 |
| 이유종 | 정원표 | 박종철 | |

제37회 공인중개사 시험대비 **전면개정**

2026 박문각 공인중개사
합격예상문제 2차 부동산공법

초판인쇄 | 2026. 4. 5. **초판발행** | 2026. 4. 10. **편저** | 박문각 공인중개사연구소
발행인 | 박 용 **발행처** | (주)박문각출판 **등록** | 2015년 4월 29일 제2019-000137호
주소 | 06654 서울시 서초구 효령로 283 서경 B/D 4층 **팩스** | (02)584-2927
전화 | 교재 주문 (02)6466-7202, 동영상문의 (02)6466-7201

판 권
본 사
소 유

정가 32,000원
ISBN 979-11-7519-982-8 | ISBN 979-11-7519-980-4(2차 세트)

박문각 출판 홈페이지에서
공인중개사 정오표를 활용하세요!

보다 빠르고, 편리하게 법령의 제·개정 내용을 확인하실 수 있습니다.

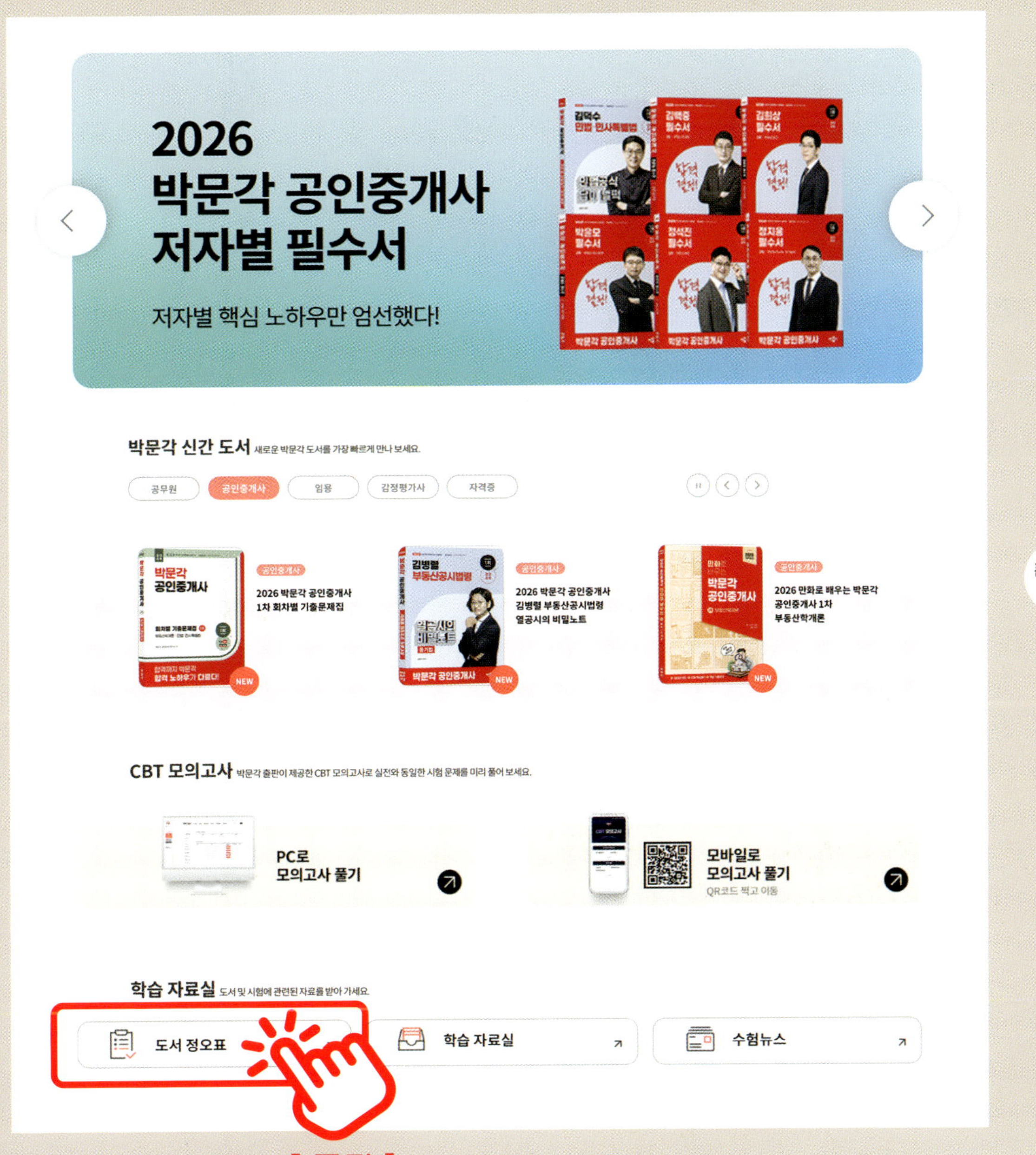

박문각 공인중개사 정오표의 장점

- ✓ 공인중개사 1회부터 함께한 박문각 공인중개사 전문 교수진의 철저한 제·개정 법령 감수
- ✓ 과목별 정오표 업데이트 서비스 실시! (해당 연도 시험 전까지)
- ✓ 박문각 공인중개사 온라인 "교수학습 Q&A"에서 박문각 공인중개사 교수진에게 직접 문의·답변

박문각 공인중개사

2026 합격 로드맵

합격을 향한 가장 확실한 선택

박문각 공인중개사 수험서 시리즈는 공인중개사 합격을 위한 가장 확실한 선택입니다.

---

01 기초입문

합격을 향해
기초부터 차근차근!

—

기초입문서 총 2권

합격 자신감 UP! 합격지원 플러스 교재

합격설명서 | 민법 판례 | 핵심용어집 | 기출문제해설

---

02 기본이론

기본 개념을
체계적으로 탄탄하게!

—

기본서 총 6권

---

03 필수이론

합격을 향해
저자직강
필수 이론 과정!

—

저자필수서

이 책의 차례

PART 01
국토의 계획 및 이용에 관한 법률

PART 02
도시개발법

PART 03
도시 및 주거환경정비법

2026

전면개정 | 제37회 공인중개사 시험대비 방송대학TV 무료강의 | 첫방송 2026.7.6(월) 오전 7시

박문각 공인중개사

합격예상문제 2차
부동산공법

정답해설집

박문각 공인중개사연구소 편

합격까지 박문각
합격 노하우가 다르다!

건축법

주택법

농지법

국토의 계획 및 이용에 관한 법률

제1장 총 칙

Answer

| 01 ③ | 02 ⑤ | 03 ① | 04 ② | 05 ⑤ | 06 ⑤ | 07 ③ | 08 ① |

01 ③ 도시 · 군기본계획은 도시 · 군관리계획 수립의 지침이 되는 계획이다.

02 ⑤ 기반시설부담구역이란 개발밀도관리구역 외의 지역으로서 개발로 인하여 도로, 공원, 녹지 등 대통령령으로 정하는 기반시설의 설치가 필요한 지역을 대상으로 기반시설을 설치하거나 그에 필요한 용지를 확보하게 하기 위하여 지정 · 고시하는 구역을 말한다. 지문은 '개발밀도관리구역'에 대한 설명이다.

03 ② 도시 · 군기본계획의 내용이 광역도시계획의 내용과 다를 때에는 광역도시계획의 내용이 우선한다.
③ 특별시장 · 광역시장 · 특별자치시장 · 특별자치도지사 · 시장 또는 군수가 관할 구역에 대하여 다른 법률에 따른 환경 · 교통 · 수도 · 하수도 · 주택 등에 관한 부문별 계획을 수립할 때에는 도시 · 군기본계획의 내용에 부합되게 하여야 한다.
④ 도시 · 군계획은 도시 · 군기본계획과 도시 · 군관리계획으로 구분한다.
⑤ 국토교통부장관은 도시의 지속 가능하고 균형 있는 발전을 위하여 도시의 지속 가능성을 평가할 수 있다.

04 ② 대학은 기반시설부담구역에서 설치가 필요한 기반시설에 해당하지 않는다.

05 ① 도시 · 군계획은 도시 · 군기본계획과 도시 · 군관리계획으로 구분한다.
② 용도구역의 지정 및 변경에 관한 계획은 도시 · 군관리계획으로 결정한다.
③ 성장관리계획구역의 지정은 도시 · 군관리계획으로 결정하여야 하는 사항에 해당하지 않는다.
④ 도시 · 군계획시설이란 기반시설 중 도시 · 군관리계획으로 결정된 시설을 말한다.

06 ① 도시 · 군계획은 도시 · 군기본계획과 도시 · 군관리계획으로 구분한다.
② 개발제한구역, 시가화조정구역의 지정 또는 변경에 관한 계획은 도시 · 군관리계획으로 결정한다.
③ 정비사업은 도시 · 군계획사업에 포함된다.
④ 도시 · 군계획시설은 기반시설 중 도시 · 군관리계획으로 결정된 시설을 말한다.

07 ③ 학교 중 「고등교육법」 제2조에 따른 학교는 기반시설부담구역에 설치가 필요한 기반시설에 해당하지 않는다.

08 ① 도시의 지속가능성 및 생활인프라 수준의 최종평가 주체는 국토교통부장관이다.

제2장 광역도시계획

Answer

| 01 ④ | 02 ③ | 03 ⑤ | 04 ③ | 05 ② | 06 ⑤ | 07 ④ | 08 ④ | 09 ⑤ |

01 ④ 광역계획권은 인접한 둘 이상의 특별시·광역시·특별자치시·특별자치도·시 또는 군의 관할구역의 전부 또는 일부를 대상으로 지정할 수 있다.

02 ③ 공간구조 및 인구의 배분에 관한 사항은 도시·군기본계획의 내용에 포함된다.

🏠 **광역도시계획의 내용**

> 광역도시계획에는 다음 사항 중 광역계획권의 지정목적을 이루는 데 필요한 사항에 대한 정책방향이 포함되어야 하며, 수립기준 등은 대통령령으로 정하는 바에 따라 국토교통부장관이 정한다.
> 1. 광역계획권의 공간 구조와 기능 분담에 관한 사항
> 2. 광역계획권의 녹지관리체계와 환경 보전에 관한 사항(④)
> 3. 광역시설의 배치·규모·설치에 관한 사항(②)
> 4. 경관계획에 관한 사항(①)
> 5. 그 밖에 광역계획권에 속하는 특별시·광역시·특별자치시·특별자치도·시 또는 군 상호 간의 기능 연계에 관한 다음의 사항
>   • 광역계획권의 교통 및 물류유통체계에 관한 사항(⑤)
>   • 광역계획권의 문화·여가공간 및 방재에 관한 사항

03 ⑤ 시장 또는 군수는 광역도시계획을 수립하려면 도지사의 승인을 받아야 한다.

04 ③ 광역도시계획을 수립하기 위한 공청회는 경미한 변경이라도 그 절차를 생략할 수 없다.

05 ② 단독으로 조정신청을 받은 경우에만 기한을 정하여 당사자 간에 다시 협의할 것을 권고할 수 있다.

06 ① 중앙행정기관의 장은 국토교통부장관에게 광역계획권의 지정 또는 변경을 요청할 수 있다.
② 시장 또는 군수가 광역도시계획을 변경하려면 도지사의 승인을 받아야 한다.
③ 시·도지사가 협의를 거쳐 요청하는 경우에는 국토교통부장관이 광역도시계획을 단독으로 수립할 수 없다.
④ 국토교통부장관이 광역계획권을 지정하려면 중앙도시계획위원회의 심의를 거쳐야 한다.

07 ④ 광역도시계획을 공동으로 수립하는 시·도지사는 그 내용에 관하여 서로 협의되지 아니하면 단독이나 공동으로 국토교통부장관에게 조정을 신청할 수 있다.

08 ④ 국토교통부장관은 광역도시계획을 승인하거나 직접 수립하려면 관계 중앙행정기관의 장과 협의한 후 중앙도시계획위원회의 심의를 거쳐야 한다.

09 ① 군수는 도지사에게 광역계획권의 지정을 요청할 수 있다.
② 도지사가 광역계획권을 변경하려면 관계 중앙행정기관의 장, 시·도지사, 시장 또는 군수의 의견을 들은 후 지방도시계획위원회의 심의를 거쳐야 한다.
③ 국토교통부장관은 광역계획권을 변경하면 지체 없이 시·도지사에게 그 사실을 통보하여야 한다.
④ 광역계획권을 지정한 날부터 3년이 지날 때까지 시장·군수의 광역도시계획 승인 신청이 없는 경우에는 관할 도지사가 광역도시계획을 수립한다.

제 **3** 장　　**도시·군기본계획**

Answer

01 ⑤	02 ③	03 ②	04 ③	05 ④	06 ⑤	07 ②	08 ⑤	09 ④

01 ① 특별시장·광역시장·특별자치시장·특별자치도지사·시장 또는 군수가 관할 구역에 대하여 도시·군기본계획을 수립하여야 하며, 국토교통부장관은 도시·군기본계획의 수립권자가 될 수 없다.
② 도시·군관리계획이 아니라 도시·군기본계획이 수립된 것으로 본다.
③ 도지사는 도시·군기본계획의 수립권자가 될 수 없다.
④ 특별시장·광역시장·특별자치시장 또는 특별자치도지사는 도시·군기본계획을 수립하거나 변경하려면 관계 행정기관의 장과 협의한 후 지방도시계획위원회의 심의를 거쳐 확정한다. 따라서 국토교통부장관의 승인을 받지 아니한다.

02 ③ 기반시설의 설치·정비 또는 개량에 관한 계획은 도시·군관리계획의 내용이다.

03 ② 여건 변화에 탄력적으로 대응할 수 있도록 포괄적·개략적으로 수립하여야 한다.

04 ① 광역도시계획은 광역계획권의 장기발전방향을 제시하는 계획을 말한다.
② 5년마다 타당성을 검토하는 계획은 도시·군기본계획과 도시·군관리계획이다. 광역도시계획은 5년마다 타당성을 검토하지 않는다.
④ 다음에 해당하는 시·군은 시 또는 군의 위치, 인구의 규모, 인구 감소율 등을 고려하여 도시·군기본계획을 수립하지 아니할 수 있다.

> 1. 「수도권정비계획법」에 의한 수도권에 속하지 아니하고 광역시와 경계를 같이하지 아니한 시 또는 군으로서 인구 10만명 이하인 시 또는 군
> 2. 관할 구역 전부에 대하여 광역도시계획이 수립되어 있는 시 또는 군으로서 당해 광역도시계획에 도시·군기본계획의 내용이 모두 포함되어 있는 시 또는 군

⑤ 시장 또는 군수가 도시·군기본계획을 수립하거나 변경하려면 기초조사, 공청회, 지방의회 의견을 들어야 하고, 도지사가 도시·군기본계획을 승인하려면 관계 행정기관의 장과 협의한 후 지방도시계획위원회의 심의를 거쳐야 한다.

05 ① 공청회는 생략할 수 없다.
② 도시·군기본계획은 인접한 시 또는 군의 관할 구역을 포함하여 계획을 수립할 수 있다.
③ 이해관계자를 포함한 주민은 도시·군기본계획의 입안을 제안할 수 없다.
⑤ 도시·군기본계획의 내용이 광역도시계획의 내용과 다를 때에는 광역도시계획의 내용이 우선한다.

06 ⑤ 「수도권정비계획법」에 의한 수도권에 속하지 아니하고 광역시와 경계를 같이하지 아니하는 인구 10만명 이하인 시 또는 군은 도시·군기본계획을 수립하지 아니할 수 있다.

07 ① 공청회 개최예정일 14일 전까지 1회 이상 공고하여야 한다.
③ 5년마다 타당성을 전반적으로 재검토하여 정비하여야 한다.
④ 시장 또는 군수가 도시·군기본계획을 변경하려면 도지사의 승인을 받아야 한다.
⑤ 도시·군기본계획의 수립기준은 국토교통부장관이 정한다.

08 도시·군기본계획의 내용에는 ㉠ 토지의 용도별 수요 및 공급에 관한 사항, ㉡ 기후변화 대응 및 에너지절약에 관한 사항, ㉢ 방재 및 안전에 관한 사항, ㉣ 경관에 관한 사항이 포함되어야 한다.

09 ④ 시장 또는 군수는 5년마다 관할구역의 도시·군기본계획에 대하여 그 타당성을 전반적으로 재검토하여 정비하여야 한다.

제4장 도시·군관리계획

Answer

1 도시·군관리계획

01 ②	02 ⑤	03 ③	04 ⑤	05 ⑤	06 ①	07 ⑤	08 ③	09 ②	10 ⑤
11 ④	12 ②	13 ④	14 ⑤	15 ⑤	16 ②	17 ②	18 ⑤	19 ④	20 ②

2 용도지역·용도지구·용도구역

01 ③	02 ⑤	03 ③	04 ③	05 ②	06 ③	07 ⑤	08 ①	09 ①	10 ③
11 ④	12 ②	13 ②	14 ①	15 ④	16 ①	17 ②	18 ①	19 ④	20 ②
21 ④	22 ①	23 ⑤	24 ③	25 ⑤	26 ③	27 ②	28 ⑤	29 ④	30 ⑤
31 ②	32 ④	33 ②	34 ⑤	35 ④					

3 기반시설과 도시·군계획시설 등

01 ③	02 ②	03 ④	04 ③	05 ⑤	06 ⑤	07 ①	08 ③	09 ④	10 ⑤
11 ②	12 ④	13 ④	14 ⑤	15 ④	16 ②	17 ⑤	18 ⑤	19 ④	20 ③
21 ②	22 ③	23 ④	24 ④						

4 지구단위계획구역과 지구단위계획

01 ③	02 ①	03 ②	04 ③	05 ①	06 ②	07 ②	08 ③	09 ④	10 ⑤
11 ③									

1 도시·군관리계획

01 ② 성장관리계획은 도시·군관리계획에 해당하지 않는다.

02 ⑤ 기반시설부담구역의 지정은 도시·군관리계획에 해당하지 않는다.

🏠 **도시·군관리계획의 내용**

> 1. 용도지역·용도지구의 지정 또는 변경에 관한 계획
> 2. 개발제한구역·도시자연공원구역·시가화조정구역·수산자원보호구역의 지정 또는 변경에 관한 계획
> 3. 기반시설의 설치·정비 또는 개량에 관한 계획
> 4. 도시개발사업이나 정비사업에 관한 계획
> 5. 지구단위계획구역의 지정 또는 변경에 관한 계획과 지구단위계획
> 6. 도시혁신구역의 지정 또는 변경에 관한 계획과 도시혁신계획
> 7. 복합용도구역의 지정 또는 변경에 관한 계획과 복합용도계획
> 8. 도시·군계획시설복합입체구역의 지정 또는 변경에 관한 계획

03 ③ 둘 이상의 시·도에 걸쳐 지정되는 용도지역·용도지구·용도구역은 국토교통부장관이 직접 도시·군관리계획을 입안할 수 있다.

04 ⑤ 해당 지구단위계획구역의 지정 목적이 해당 구역을 정비 또는 관리하고자 하는 경우로서 지구단위계획의 내용에 너비 12m 이상 도로의 설치계획이 없는 경우에는 토지적성평가를 실시하지 아니할 수 있다.

🏠 **토지적성평가를 실시하지 아니할 수 있는 경우**(영 제21조 제2항 제3호)

1. 해당 지구단위계획구역이 도심지(상업지역과 상업지역에 연접한 지역)에 위치하는 경우
2. 해당 지구단위계획구역 안의 나대지 면적이 구역 면적의 2%에 미달하는 경우(③)
3. 해당 지구단위계획구역 또는 도시·군계획시설부지가 다른 법률에 따라 지역·지구 등으로 지정되거나 개발계획이 수립된 경우
4. 해당 지구단위계획구역의 지정 목적이 해당 구역을 정비 또는 관리하고자 하는 경우로서 지구단위계획의 내용에 너비 12m 이상 도로의 설치계획이 없는 경우(⑤)
5. 해당 도시·군계획시설의 결정을 해제하려는 경우(②)
6. 기존의 용도지구를 폐지하고 지구단위계획을 수립 또는 변경하여 그 용도지구에 따른 건축물이나 그 밖의 시설의 용도·종류 및 규모 등의 제한을 그대로 대체하려는 경우
7. 도시·군관리계획 입안일부터 5년 이내에 토지적성평가를 실시한 경우(④)
8. 주거지역·상업지역 또는 공업지역에 도시·군관리계획을 입안하는 경우
9. 법 또는 다른 법령에 따라 조성된 지역에 도시·군관리계획을 입안하는 경우
10. 개발제한구역에서 조정 또는 해제된 지역에 대하여 도시·군관리계획을 입안하는 경우
11. 개발제한구역 안에 기반시설을 설치하는 경우(①)
12. 「도시개발법」에 따른 도시개발사업의 경우
13. 지구단위계획구역 또는 도시·군계획시설부지에서 도시·군관리계획을 입안하는 경우

05 ① 도시·군관리계획의 결정은 지형도면을 고시한 날부터 효력이 발생한다.

② 국가계획과 연계하여 시가화조정구역의 지정이 필요한 경우, 국토교통부장관이 직접 그 지정을 도시·군관리계획으로 결정할 수 있다.

③ 시 또는 군의 위치, 인구의 규모, 인구 감소율 등을 고려하여 대통령령으로 정하는 시 또는 군은 도시·군기본계획을 수립하지 아니할 수 있는 경우는 있어도, 도시·군관리계획의 입안을 생략하는 경우는 없다.

④ 도시·군관리계획의 입안을 제안받은 자는 도시·군관리계획의 입안 및 결정에 필요한 비용의 전부를 제안자와 협의하여 제안자에게 부담시킬 수 있다.

06 ① 「도시개발법」에 따른 도시개발사업의 경우에는 토지적성평가를 실시하지 아니할 수 있다.

07 ① 시장 또는 군수가 입안한 지구단위계획구역의 지정·변경에 관한 도시·군관리계획은 시장 또는 군수가 직접 결정한다.

② 공업지역에서 도시·군관리계획을 입안하는 경우에는 토지적성평가를 실시하지 아니할 수 있다.

③ 도시·군관리계획을 결정할 때에는 관계 행정기관의 장과 협의하고, 도시계획위원회의 심의를 거치면 된다. 지방의회의 의견청취는 입안권자가 거쳐야 하는 입안절차에 해당한다.

④ 도시지역의 축소에 따른 용도지역의 변경을 도시·군관리계획으로 입안하는 경우에는 지방의회 의견청취절차를 생략할 수 있다.

08 ③ 국토교통부장관, 시·도지사, 시장 또는 군수는 열람기간 내에 제출된 의견을 도시·군관리계획안에 반영할 것인지 여부를 검토하여 그 결과를 열람기간이 종료된 날부터 60일 이내에 해당 의견을 제출한 자에게 통보해야 한다.

09 ② 주민은 용도지역의 지정 또는 변경에 관한 사항에 대하여는 입안을 제안할 수 없다.

🏠 **도시·군관리계획 입안의 제안**

> 주민(이해관계자를 포함)은 다음의 사항에 대하여 도시·군관리계획을 입안할 수 있는 자에게 도시·군관리계획의 입안을 제안할 수 있다.
> 1. 기반시설의 설치·정비 또는 개량에 관한 사항
> 2. 지구단위계획구역의 지정 및 변경과 지구단위계획의 수립 및 변경에 관한 사항
> 3. 산업·유통개발진흥지구의 지정 및 변경에 관한 사항
> 4. 용도지구 중 해당 용도지구에 따른 건축물이나 그 밖의 시설의 용도·종류 및 규모 등의 제한을 지구단위계획으로 대체하기 위한 용도지구의 지정 및 변경에 관한 사항
> 5. 도시·군계획시설입체복합구역의 지정 및 변경과 도시·군계획시설입체복합구역의 건축제한·건폐율·용적률·높이 등에 관한 사항

10 ① 지구단위계획구역의 지정 및 변경과 지구단위계획의 수립 및 변경에 관한 사항에 대한 입안을 제안하려는 자는 국·공유지를 제외한 대상 토지 면적의 3분의 2 이상의 동의를 받아야 한다.
② 산업·유통개발진흥지구의 지정을 제안할 수 있는 대상 지역의 면적은 1만m^2 이상 3만m^2 미만이다.
③ 산업·유통개발진흥지구의 지정에 관한 사항에 대한 입안을 제안하려는 자는 국·공유지를 제외한 대상 토지 면적의 3분의 2 이상의 동의를 받아야 한다.
④ 기반시설의 설치·정비·개량에 관한 사항에 대한 입안을 제안하려는 자는 국·공유지를 제외한 대상 토지 면적의 5분의 4 이상의 동의를 받아야 한다.

11 ④ 「지방자치법」에 따른 서울특별시와 광역시 및 특별자치시를 제외한 인구 50만 이상의 대도시의 경우에는 해당 대도시 시장이 직접 결정한다.

12 ② 주민이 기반시설의 정비에 관한 사항에 대하여 입안을 제안하려면 대상 토지 면적의 5분의 4 이상의 토지소유자의 동의를 받아야 한다.

🏠 **토지소유자의 동의**(영 제19조의2 제2항)

> 도시·군관리계획의 입안을 제안하려는 자는 다음의 구분에 따라 토지소유자의 동의를 받아야 한다. 이 경우 동의대상 토지 면적에서 국·공유지는 제외한다.
> 1. 기반시설의 설치·정비 또는 개량에 관한 사항: 대상 토지 면적의 5분의 4 이상
> 2. 지구단위계획구역의 지정 및 변경과 지구단위계획의 수립 및 변경에 관한 사항: 대상 토지 면적의 3분의 2 이상
> 3. 개발진흥지구 중 산업·유통개발진흥지구의 지정 및 변경에 관한 사항: 대상 토지 면적의 3분의 2 이상
> 4. 용도지구 중 해당 용도지구에 따른 건축물이나 그 밖의 시설의 용도·종류 및 규모 등의 제한을 지구단위계획으로 대체하기 위한 용도지구의 지정 및 변경에 관한 사항: 대상 토지 면적의 3분의 2 이상
> 5. 도시·군계획시설입체복합구역의 지정 및 변경과 도시·군계획시설입체복합구역의 건축제한·건폐율·용적률·높이 등에 관한 사항: 대상 토지 면적의 5분의 4 이상

13 ④ 시ㆍ도지사가 지구단위계획(지구단위계획과 지구단위계획구역을 동시에 결정할 때에는 지구단위계획구역의 지정 또는 변경에 관한 사항을 포함할 수 있다)이나 지구단위계획으로 대체하는 용도지구 폐지에 관한 사항을 결정하려면 대통령령으로 정하는 바에 따라 「건축법」에 따라 시ㆍ도에 두는 건축위원회와 도시계획위원회가 공동으로 하는 심의를 거쳐야 한다.

14 ① 도시ㆍ군관리계획결정은 지형도면을 고시한 날부터 효력이 발생한다.
② 수산자원보호구역의 변경은 해양수산부장관 또는 시ㆍ도지사가 도시ㆍ군관리계획으로 결정할 수 있다.
③ 시가화조정구역의 지정에 관한 도시ㆍ군관리계획결정 당시 승인받은 사업이나 공사에 이미 착수한 자는 3월 이내에 신고를 하고 그 사업이나 공사를 계속할 수 있다.
④ 도시ㆍ군관리계획의 입안을 제안받은 자는 제안자와 협의하여 제안된 도시ㆍ군관리계획의 입안 및 결정에 필요한 비용의 전부 또는 일부를 제안자에게 부담시킬 수 있다.

15 ⑤ 도시ㆍ군계획시설부지에서 도시ㆍ군관리계획을 입안하는 경우에는 토지적성평가를 실시하지 아니할 수 있다.

16 ② A도 B군수가 지구단위계획구역의 지정 및 변경에 관한 지형도면을 작성하면 A도지사의 승인을 받지 않아도 된다.

17 ② 광역도시계획(㉠)과 도시ㆍ군기본계획(㉢)을 수립하거나 변경하려면 공청회를 열어 주민과 관계 전문가로부터 의견을 들어야 한다.

18 ⑤ 광역계획권의 미래상과 이를 실현할 수 있는 체계화된 전략을 제시하고 국토종합계획 등과 서로 연계되도록 할 것은 광역도시계획의 수립기준을 정할 때 고려하여야 하는 사항이다.

19 ④ 주민은 기반시설의 설치ㆍ정비에 관한 사항(㉡), 지구단위계획의 수립 및 변경에 관한 사항(㉢), 산업ㆍ유통개발진흥지구의 지정 및 변경에 관한 사항(㉣)은 입안권자에게 입안을 제안할 수 있지만, 시가화조정구역의 지정 및 변경에 관한 사항은 입안을 제안할 수 없다.

20 ② 주민이 복합용도구역의 지정을 위하여 공간재구조화계획의 입안을 제안하려면 대상 토지면적(국유지 제외)의 3분의 2 이상의 토지소유자의 동의를 받아야 한다.

2 용도지역 · 용도지구 · 용도구역

01 ① 용도지역의 지정 또는 변경은 도시 · 군관리계획으로 결정 · 고시한다.
② 용도지역은 도시지역 · 관리지역 · 농림지역 · 자연환경보전지역으로 구분된다.
④ 도시지역은 주거지역 · 상업지역 · 공업지역 · 녹지지역으로 구분된다.
⑤ 일반주거지역에 대한 설명이다.

02 ⑤ 관리지역의 산림 중 「산지관리법」에 따라 보전산지로 지정 · 고시된 지역은 그 고시에서 구분하는 바에 따라 이 법에 따른 농림지역 또는 자연환경보전지역으로 결정 · 고시된 것으로 본다.

03 ① 제1종 전용주거지역에 대한 설명이다. 제1종 일반주거지역은 저층주택을 중심으로 편리한 주거환경을 조성하기 위하여 필요한 지역이다.
② 중심상업지역에 대한 설명이다. 일반상업지역은 일반적인 상업기능 및 업무기능을 담당하게 하기 위하여 필요한 지역이다.
④ 보전녹지지역에 대한 설명이다. 생산녹지지역은 주로 농업적 생산을 위하여 개발을 유보할 필요가 있는 지역이다.
⑤ 생산관리지역에 대한 설명이다. 보전관리지역은 자연환경 보호, 산림 보호, 수질오염 방지, 녹지공간 확보 및 생태계 보전 등을 위하여 보전이 필요하나, 주변 용도지역과의 관계 등을 고려할 때 자연환경보전지역으로 지정하여 관리하기가 곤란한 지역이다.

04 ㉡ 도시지역이 세부 용도지역으로 지정되지 아니한 경우 적용되는 건폐율의 최대한도는 20%이다.
㉢ 주로 농업적 생산을 위하여 개발을 유보할 필요가 있는 지역은 생산녹지지역이다.

05 ② 공유수면(바다만 해당)의 매립 목적이 그 매립구역과 이웃하고 있는 용도지역의 내용과 같으면 도시 · 군관리계획의 입안 및 결정절차 없이 그 매립준공구역은 그 매립의 준공인가일부터 이와 이웃하고 있는 용도지역으로 지정된 것으로 본다. 이 경우 관계 특별시장 · 광역시장 · 특별자치시장 · 특별자치도지사 · 시장 또는 군수는 그 사실을 지체 없이 고시하여야 한다.

06 ③ 「산업입지 및 개발에 관한 법률」 규정에 따른 국가산업단지, 일반산업단지 및 도시첨단산업단지는 도시지역으로 결정 · 고시된 것으로 본다.

07 ① 「어촌 · 어항법」에 따른 어항구역으로서 도시지역에 연접한 공유수면은 도시지역으로 결정 · 고시된 것으로 본다.
② 「전원개발촉진법」에 따른 수력발전소는 도시지역으로 결정 · 고시된 것으로 보지 않는다.
③ 관리지역에서 「농지법」에 따른 농업진흥지역으로 지정 · 고시된 지역은 농림지역으로 결정 · 고시된 것으로 본다.
④ 농림지역에 「택지개발촉진법」에 따른 택지개발지구로 지정 · 고시되었다가 택지개발사업의 완료로 택지개발지구의 지정이 해제되더라도 그 지역은 농림지역으로 환원된 것으로 보지 않는다.

08 ① 제3종 일반주거지역 안에서는 제2종 근린생활시설 중 안마시술소(㉣)와 의료시설 중 격리병원(㉤)을 건축할 수 없다. 따라서 문화 및 집회시설 중 공연장, 위험물저장 및 처리시설 중 주유소, 업무시설로서 그 용도에 쓰이는 바닥면적의 합계가 3,000m² 이하인 것은 건축할 수 있다.

09 ① 아파트는 제1종 전용주거지역, 제1종 일반주거지역, 전용공업지역, 일반공업지역, 유통상업지역과 녹지지역·관리지역·농림지역 및 자연환경보전지역 안에서 건축이 금지된다.

10 ③ 「산업입지 및 개발에 관한 법률」에 따른 농공단지 안에서는 「산업입지 및 개발에 관한 법률」이 정하는 바에 따른다.

11 ① 제2종 전용주거지역 - 50% 이하
② 제2종 일반주거지역 - 60% 이하
③ 유통상업지역 - 80% 이하
⑤ 자연환경보전지역 - 20% 이하

◈ 용도지역별 건폐율

용도지역	내용	법률	시행령	
도시지역	주거지역	70% 이하	제1종 전용주거지역	50% 이하
			제2종 전용주거지역	50% 이하
			제1종 일반주거지역	60% 이하
			제2종 일반주거지역	60% 이하
			제3종 일반주거지역	50% 이하
			준주거지역	70% 이하
	상업지역	90% 이하	중심상업지역	90% 이하
			일반상업지역	80% 이하
			유통상업지역	80% 이하
			근린상업지역	70% 이하
	공업지역	70% 이하	전용공업지역	70% 이하
			일반공업지역	70% 이하
			준공업지역	70% 이하
	녹지지역	20% 이하	보전녹지지역	20% 이하
			자연녹지지역	20% 이하
			생산녹지지역	20% 이하
관리지역	보전관리지역	20% 이하	20% 이하	
	생산관리지역	20% 이하	20% 이하	
	계획관리지역	40% 이하	40% 이하	
농림지역		20% 이하	20% 이하	
자연환경보전지역		20% 이하	20% 이하	

12 ② 계획관리지역에 지정된 산업·유통개발진흥지구 − 60% 이하

🏠 **건폐율의 특례**(도시·군계획조례로 정할 수 있는 건폐율)

> 1. 취락지구 − 60% 이하(자연취락지구에 한함)
> 2. 도시지역 외의 지역에 지정된 개발진흥지구 − 40% 이하. 다만, 계획관리지역에 지정된 산업·유통개발진흥지구는 60% 이하
> 3. 자연녹지지역에 지정된 개발진흥지구 − 30% 이하
> 4. 수산자원보호구역 − 40% 이하
> 5. 「자연공원법」에 따른 자연공원 − 60% 이하
> 6. 「산업입지 및 개발에 관한 법률」에 따른 농공단지 − 70% 이하. 다만, 해당 지방도시계획위원회의 심의를 거쳐 도로·상수도·하수도 등의 기반시설이 충분히 확보되었다고 인정되거나 도시·군계획조례로 정하는 기반시설 확보요건을 갖춘 경우에는 80%로 한다.
> 7. 공업지역에 있는 「산업입지 및 개발에 관한 법률」에 따른 국가산업단지, 일반산업단지, 도시첨단산업단지 및 준산업단지 − 80% 이하

13 ② 전용공업지역 − 70% 이하, 일반상업지역 − 80% 이하

14 ① 용도지역이 미세분된 도시지역의 경우에는 보전녹지지역의 규정을 적용하므로 건폐율의 최대한도는 20% 이하이다.

15 ④ 생산관리지역에 대한 설명이고, 용적률의 최대한도는 80% 이하이다.

16 ② 유통상업지역 − 1,100% 이하
③ 일반공업지역 − 350% 이하
④ 생산녹지지역 − 100% 이하
⑤ 계획관리지역 − 100% 이하

17 ① 제3종 일반주거지역 − 건폐율의 최대한도 50% 이하, 용적률의 최대한도 300% 이하
③ 자연녹지지역 − 건폐율의 최대한도 20% 이하, 용적률의 최대한도 100% 이하
④ 생산관리지역 − 건폐율의 최대한도 20% 이하, 용적률의 최대한도 80% 이하
⑤ 농림지역 − 건폐율의 최대한도 20% 이하, 용적률의 최대한도 80% 이하

18 ① 도시지역 또는 관리지역이 세부 용도지역으로 지정되지 아니한 경우에는 건축물의 건축제한, 건폐율, 용적률을 적용할 때에 해당 용도지역이 도시지역인 경우에는 '보전녹지지역'에 관한 규정을 적용하고, 관리지역인 경우에는 '보전관리지역'에 관한 규정을 적용한다.

19 ① 용도지구는 도시·군관리계획으로 결정한다.
② 시·도지사 또는 대도시 시장은 경관지구를 자연경관지구, 시가지경관지구, 특화경관지구로 세분하여 지정할 수 있다.
③ 주거기능, 공업기능, 유통·물류기능 및 관광·휴양기능 외의 기능을 중심으로 특정한 목적을 위하여 개발·정비할 필요가 있는 지구는 특정개발진흥지구에 해당한다.
⑤ 자연경관지구는 산지·구릉지 등 자연경관을 보호하거나 유지하기 위하여 필요한 지구를 말한다.

20 ② 일반주거지역에 지정된 복합용도지구에서는 준주거지역에서 허용되는 건축물을 건축할 수 있다. 다만, 제2종 근린생활시설 중 안마시술소(③), 관람장(①), 공장, 위험물 저장 및 처리시설, 동물 및 식물 관련 시설(⑤), 장례시설(④)은 건축할 수 없다.

21 ④ 집단취락지구는 개발제한구역 안의 취락을 정비하기 위하여 필요한 지구이다.

◈ 용도지구별 지정 목적

용도지구	지정 목적
경관지구	• 자연경관지구 : 산지·구릉지 등 자연경관을 보호하거나 유지하기 위하여 필요한 지구 • 시가지경관지구 : 지역 내 주거지, 중심지 등 시가지의 경관을 보호 또는 유지하거나 형성하기 위하여 필요한 지구 • 특화경관지구 : 지역 내 주요 수계의 수변 또는 문화적 보존가치가 큰 건축물 주변의 경관 등 특별한 경관을 보호 또는 유지하거나 형성하기 위하여 필요한 지구
보호지구	• 역사문화환경보호지구 : 국가유산·전통사찰 등 역사·문화적으로 보존가치가 큰 시설 및 지역의 보호와 보존을 위하여 필요한 지구 • 중요시설물보호지구 : 중요시설물(항만, 공항, 공용시설, 교정시설, 군사시설)의 보호와 기능의 유지 및 증진 등을 위하여 필요한 지구 • 생태계보호지구 : 야생동식물서식처 등 생태적으로 보존가치가 큰 지역의 보호와 보존을 위하여 필요한 지구
개발진흥지구	• 주거개발진흥지구 : 주거기능을 중심으로 개발·정비할 필요가 있는 지구 • 산업·유통개발진흥지구 : 공업기능 및 유통·물류기능을 중심으로 개발·정비할 필요가 있는 지구 • 관광·휴양개발진흥지구 : 관광·휴양기능을 중심으로 개발·정비할 필요가 있는 지구 • 복합개발진흥지구 : 주거기능, 공업기능, 유통·물류기능 및 관광·휴양기능 중 2 이상의 기능을 중심으로 개발·정비할 필요가 있는 지구 • 특정개발진흥지구 : 주거기능, 공업기능, 유통·물류기능 및 관광·휴양기능 외의 기능을 중심으로 특정한 목적을 위하여 개발·정비할 필요가 있는 지구
취락지구	• 자연취락지구 : 녹지지역·관리지역·농림지역 또는 자연환경보전지역 안의 취락을 정비하기 위하여 필요한 지구 • 보호취락지구 : 녹지지역·관리지역·농림지역 또는 자연환경보전지역 안의 주거환경 보호와 주거기능 강화를 목적으로 정비하기 위한 지구 • 집단취락지구 : 개발제한구역 안의 취락을 정비하기 위하여 필요한 지구
방재지구	• 시가지방재지구 : 건축물·인구가 밀집되어 있는 지역으로서 시설 개선 등을 통하여 재해 예방이 필요한 지구 • 자연방재지구 : 토지의 이용도가 낮은 해안변, 하천변, 급경사지 주변 등의 지역으로서 건축제한 등을 통하여 재해 예방이 필요한 지구

22 ① 시·도지사 또는 대도시 시장은 일반주거지역, 일반공업지역, 계획관리지역에 복합용도지구를 지정할 수 있다.

23 ① 취락지구는 자연취락지구, 보호취락지구, 집단취락지구로 세분된다.
② 개발진흥지구는 주거개발진흥지구, 산업·유통개발진흥지구, 관광·휴양개발진흥지구, 복합개발진흥지구, 특정개발진흥지구로 세분된다.
③ 보호지구는 역사문화환경보호지구, 중요시설물보호지구, 생태계보호지구로 세분된다.
④ 경관지구는 자연경관지구, 시가지경관지구, 특화경관지구로 세분된다.

24 ③ 시·도지사 또는 대도시 시장이 법령에서 정한 용도지구 외의 용도지구를 신설하는 경우, 해당 용도지역 또는 용도구역의 행위제한을 완화하는 용도지구를 신설하여서는 아니 된다.

25 ① 경관지구 안에서는 그 지구의 경관의 보전·관리·형성에 장애가 된다고 인정하여 도시·군계획조례가 정하는 건축물을 건축할 수 없다.
② 고도지구 안에서는 도시·군관리계획으로 정하는 높이를 초과하는 건축물을 건축할 수 없다.
③ 자연취락지구 안에서는 층수가 3층인 제2종 근린생활시설 중 일반음식점을 건축할 수 없다.
④ 집단취락지구 안에서의 건축제한에 관하여는 개발제한구역의 지정 및 관리에 관한 특별조치법령이 정하는 바에 의한다.

26 ③ 도시자연공원구역 지정은 시·도지사 또는 대도시 시장이 도시·군관리계획으로 결정한다.

27 ① 개발밀도관리구역과 기반시설부담구역은 도시·군관리계획으로 결정하는 용도구역에 해당하지 않는다.
③ 도시의 무질서한 확산을 방지하고 도시민의 건전한 생활환경의 확보를 위하여 개발제한구역을 지정한다.
④ 국토교통부장관은 국방부장관의 요청이 있어 보안상 도시의 개발을 제한할 필요가 있다고 인정되면 개발제한구역의 지정 또는 변경을 도시·군관리계획으로 결정할 수 있다.
⑤ 시·도지사 또는 대도시 시장은 도시자연공원구역의 지정 또는 변경을 도시·군관리계획으로 결정할 수 있다.

28 ① 국방부장관의 요청이 있어 보안상 도시의 개발을 제한할 필요가 있다고 인정되면 개발제한구역의 지정 또는 변경을 도시·군관리계획으로 결정할 수 있다.
② 시가화유보기간은 5년 이상 20년 이내의 범위에서 도시·군관리계획으로 결정한다.
③ 시가화조정구역에서 도시·군계획사업에 의한 행위가 아닌 경우 대통령령으로 정하는 행위에 한정하여 특별시장·광역시장·특별자치시장·특별자치도지사·시장 또는 군수의 허가를 받아 그 행위를 할 수 있다.
④ 시가화조정구역의 지정에 관한 도시·군관리계획의 결정은 시가화유보기간이 끝나는 날의 다음 날부터 그 효력을 잃는다.

29 ④ 시가화조정구역에서 입목의 조림 또는 육림은 허가를 받아 그 행위를 할 수 있다.

30 ⑤ 복합유통게임제공업의 시설은 시가화조정구역에서 허가를 받아 설치할 수 있는 시설에 해당하지 않는다.

31 ② 공간재구조화계획 결정권자가 도시혁신구역의 지정을 위한 공간재구조화계획을 결정하기 위하여 관계 행정기관의 장과 협의하는 경우 협의 요청을 받은 기관의 장은 그 요청을 받은 날부터 10일 (근무일 기준) 이내에 의견을 회신하여야 한다.

32 ④ 도시혁신구역에서는 주택법에 따른 부대·복리시설의 설치기준 및 대지조성기준, 부설주차장 설치, 건축물에 대한 미술작품의 설치, 공개공지 등의 확보, 도시공원 및 녹지확보기준, 학교용지의 조성·개발기준을 도시혁신계획으로 따로 정할 수 있다.

33 ㉠ 도시혁신구역과 ㉡ 복합용도구역으로 지정된 지역은 건축법에 따른 특별건축구역으로 지정된 것으로 본다.

34 ⑤ 하나의 건축물이 방화지구와 그 밖의 용도지역 등에 걸치는 경우에는 그 건축물 전부에 대하여 방화지구의 건축물에 관한 규정을 적용한다.

35 ④ 하나의 대지가 둘 이상의 용도지역에 걸치는 경우로서 각 용도지역에 걸치는 부분 중 가장 작은 부분의 규모가 $330m^2$ 이하인 경우에는 전체 대지의 건폐율 및 용적률은 각 부분이 전체 대지 면적에서 차지하는 비율을 고려하여 가중평균한 값을 적용하므로, 용적률은 $(700 \times 3 + 300 \times 2.5) \div 1,000 \times 100 = 285\%$이다. 용적률 285%란 대지면적의 2.85배가 연면적이 된다는 뜻이므로, 건축 가능한 최대 연면적은 $2,850m^2$이다.

3 기반시설과 도시·군계획시설 등

01 ③ 하수도는 기반시설 중 환경기초시설에 해당한다.

02 ② 하천·유수지·저수지·방화설비·방풍설비·방수설비·사방설비·방조설비 등이 방재시설에 해당한다.

03 ④ 하천·유수지·저수지 등은 방재시설에 해당한다.

04 ③ 하천은 방재시설에 해당한다.

05 ㉡ 광장 중 건축물 부설광장, ㉢ 대지면적이 500m² 미만인 도축장, ㉣ 폐기물처리 및 재활용시설 중 재활용시설은 도시·군관리계획으로 결정하지 않아도 설치할 수 있는 시설에 해당하고, ㉠ 옥외에 설치하는 변전시설은 도시·군관리계획으로 결정하여야 한다.

06 ⑤ 다음에 해당하는 지역·지구·구역 등이 200만m²를 초과하는 경우에는 해당 지역 등에서 개발사업을 시행하는 자(이하 '사업시행자')는 공동구를 설치하여야 한다.

> 1. 「도시개발법」에 따른 도시개발구역
> 2. 「택지개발촉진법」에 따른 택지개발지구
> 3. 「경제자유구역의 지정 및 운영에 관한 특별법」에 따른 경제자유구역
> 4. 「도시 및 주거환경정비법」에 따른 정비구역
> 5. 「공공주택 특별법」제2조 제2호에 따른 공공주택지구
> 6. 「도청이전을 위한 도시건설 및 지원에 관한 특별법」 제2조 제3호에 따른 도청이전신도시

이 경우에도 관광단지 및 관광특구는 공동구의 설치대상에 해당하지 않는다.

07 ① 공동구가 설치된 경우에는 다음의 1.부터 6.까지의 시설을 공동구에 모두 수용되도록 하여야 한다.

> 1. 전선로　　　　　　　　2. 통신선로
> 3. 수도관　　　　　　　　4. 열수송관
> 5. 중수도관　　　　　　　6. 쓰레기수송관
> 7. 가스관　　　　　　　　8. 하수도관, 그 밖의 시설
> 이 경우 7. 및 8.의 시설은 법 제44조의2 제4항에 따른 공동구협의회(이하 '공동구협의회'라 한다)의 심의를 거쳐 수용할 수 있다.

08 ③ 공동구의 설치에 필요한 비용은 이 법 또는 다른 법률에 특별한 규정이 있는 경우를 제외하고는 공동구 점용예정자와 사업시행자가 부담한다.

09 ④ 도로·철도·광장은 광역시설이 될 수 있다.

10 ⑤ 단계별 집행계획의 내용에는 재원조달계획, 보상계획 등이 포함되어야 한다.

11 ② 「지방공기업법」에 의한 지방공사 및 지방공단은 도시·군계획시설사업의 대상인 토지 면적의 3분의 2 이상에 해당하는 토지를 소유하지 않아도 도시·군계획시설사업의 시행자로 지정받을 수 있다.

12 ④ 「학교시설사업 촉진법」에 따른 학교시설의 변경인 경우에는 실시계획 변경인가를 받지 않아도 된다.

13 ④ 도시·군계획시설사업의 시행자는 사업시행을 위하여 특히 필요하다고 인정되는 때에는 도시·군계획시설에 인접한 토지나 건축물을 일시 사용할 수 있다.

14 ⑤ 국가 또는 지방자치단체, 기타 대통령령으로 정하는 다음의 공공기관은 도시·군계획시설사업의
시행자로 지정을 받아서 도시·군계획시설사업을 시행할 수 있다.

> 1. "대통령령으로 정하는 다음의 공공기관"
>   - 「한국농수산식품유통공사법」에 따른 한국농수산식품유통공사
>   - 「대한석탄공사법」에 따른 대한석탄공사
>   - 「한국토지주택공사법」에 따른 한국토지주택공사
>   - 「한국관광공사법」에 따른 한국관광공사
>   - 「한국농어촌공사 및 농지관리기금법」에 따른 한국농어촌공사
>   - 「한국도로공사법」에 따른 한국도로공사
>   - 「한국석유공사법」에 따른 한국석유공사
>   - 「한국수자원공사법」에 따른 한국수자원공사
>   - 「한국전력공사법」에 따른 한국전력공사
>   - 「한국철도공사법」에 따른 한국철도공사
> 2. 그 밖의 "대통령령으로 정하는 자"
>   - 「지방공기업법」에 의한 지방공사 및 지방공단
>   - 다른 법률에 의하여 도시·군계획시설사업이 포함된 사업의 시행자로 지정된 자
>   - 법 제65조의 규정에 의하여 공공시설을 관리할 관리청에 무상으로 귀속되는 공공시설을 설
>   치하고자 하는 자
>   - 「국유재산법」 또는 「공유재산 및 물품관리법」에 따라 기부를 조건으로 시설물을 설치하려는 자

① 대도시 시장은 인가받을 필요가 없다.

② 도시·군계획시설사업이 둘 이상의 특별시·광역시·특별자치시·특별자치도·시 또는 군의 관
할 구역에 걸쳐 시행하게 되는 때에는 관계 특별시장·광역시장·특별자치시장·특별자치도지사·
시장 또는 군수가 서로 협의하여 시행자를 정한다.

③ 도시·군계획시설사업의 대상시설을 둘 이상으로 분할하여 도시·군계획시설사업을 시행할 수 있다.

④ 행정청인 시행자 이외의 자는 대통령령이 정하는 바에 따라 국토교통부장관, 시·도지사, 시장
또는 군수로부터 시행자로 지정을 받아 도시·군계획시설사업을 시행할 수 있다. 도시·군계획시설
사업의 시행자로 지정받고자 하는 자는 다음의 사항을 기재한 신청서를 국토교통부장관, 시·도지
사 또는 시장·군수에게 제출하여야 한다.

> 1. 사업의 종류 및 명칭
> 2. 사업시행자의 성명 및 주소(법인인 경우에는 법인의 명칭 및 소재지와 대표자의 성명 및 주소)
> 3. 토지 또는 건물의 소재지·지번·지목 및 면적, 소유권과 소유권 외의 권리의 명세 및 그 소유
>   자·권리자의 성명·주소
> 4. 사업의 착수예정일 및 준공예정일
> 5. 자금조달계획

따라서 「한국토지주택공사법」에 따른 한국토지주택공사가 도시·군계획시설사업의 시행자로 지정
받기 위해서 제출해야 하는 신청서에 자금조달계획도 포함된다.

15 ① 특별시장·광역시장·특별자치시장·특별자치도지사·시장 또는 군수는 도시·군계획시설에 대하여 도시·군계획시설결정의 고시일부터 3개월 이내에 대통령령으로 정하는 바에 따라 재원조달계획, 보상계획 등을 포함하는 단계별 집행계획을 수립하여야 한다. 다만, 대통령령으로 정하는 다음의 법률에 따라 도시·군관리계획의 결정이 의제되는 경우에는 해당 도시·군계획시설결정의 고시일부터 2년 이내에 단계별 집행계획을 수립할 수 있다.

> 1. 「도시 및 주거환경정비법」
> 2. 「도시재정비 촉진을 위한 특별법」
> 3. 「도시재생 활성화 및 지원에 관한 특별법」

② 3년 이내에 시행하는 도시·군계획시설사업은 단계별 집행계획 중 제1단계 집행계획에 포함되어야 한다.

③ 한국토지주택공사가 도시·군계획시설사업의 시행자로 지정을 받으려는 경우에는 토지소유자의 동의를 받을 필요가 없다.

⑤ 사업시행자는 도시·군계획시설사업 대상시설을 둘 이상으로 분할하여 도시·군계획시설사업을 시행할 수 있다.

16 ① 도시지역 또는 지구단위계획구역에서 다음의 기반시설을 설치하고자 하는 경우에는 도시·군관리계획으로 결정하지 않아도 된다.

> 1. 주차장, 차량검사 및 운전면허시설, 공공공지, 공공청사, 열공급설비, 방송·통신시설, 시장·문화시설·공공필요성이 인정되는 체육시설·연구시설·사회복지시설·공공직업 훈련시설·청소년수련시설·저수지·방화설비·방풍설비·방수설비·사방설비·방조설비·장사시설·종합의료시설·빗물저장 및 이용시설·폐차장
> 2. 「도시공원 및 녹지 등에 관한 법률」의 규정에 따라 점용허가대상이 되는 공원 안의 기반시설
> 3. 폐기물처리 및 재활용시설 중 재활용시설
> 4. 공항 중 「항공법 시행령」 제10조 제3호의 규정에 의한 도심공항터미널
> 5. 여객자동차터미널 중 전세버스운송사업용 여객자동차터미널
> 6. 광장 중 건축물부설광장

③ 실시계획의 인가가 있는 경우에는 매수청구권이 인정되지 않는다.

④ 도시·군계획시설결정의 고시일부터 10년 이내에 그 도시·군계획시설의 설치에 관한 도시·군계획시설사업이 시행되지 아니한 경우로서 단계별 집행계획상 해당 도시·군계획시설의 실효시까지 집행계획이 없는 경우에는 그 도시·군계획시설 부지로 되어 있는 토지의 소유자는 해당 도시·군계획시설에 대한 도시·군관리계획 입안권자에게 그 토지의 도시·군계획시설결정 해제를 위한 도시·군관리계획 입안을 신청할 수 있다.

⑤ 타인의 토지를 재료 적치장 또는 임시통로로 일시사용하거나 나무, 흙, 돌, 그 밖의 장애물을 변경 또는 제거하려는 자는 토지의 소유자·점유자 또는 관리인의 동의를 받아야 한다.

17 ⑤ 7일 전까지 당해 토지의 소유자·점유자 또는 관리인에게 그 일시와 장소를 알려야 한다.

18 ① 매수의무자는 매수청구를 받은 날부터 6개월 이내에 매수 여부를 결정하여 토지소유자에게 알려야 한다.
② 매수의무자는 매수하기로 결정한 토지를 매수결정을 알린 날부터 2년 이내에 매수하여야 한다.
③ 매수의무자는 특별시장·광역시장·특별자치시장·특별자치도지사·시장 또는 군수로 한정되지 않고, 사업시행자나 도시·군계획시설을 설치하거나 관리하여야 할 의무가 있는 자가 있는 경우에는 그 의무가 있는 자도 매수의무자가 될 수 있다.
④ 매수청구된 토지의 매수대금은 현금으로 지급하는 것이 원칙이다. 단, 매수의무자가 지방자치단체인 경우로서 토지소유자가 원하는 경우에는 도시·군계획시설채권을 발행하여 매수할 수 있다.

19 ④ 지방자치단체인 매수의무자는 비업무용 토지로서 매수대금이 3천만원을 초과하여 그 초과하는 금액을 지급하는 경우에 도시·군계획시설채권을 발행할 수 있다.

20 ① 매수청구의 대상은 지목이 대(垈)인 경우에 한한다.
② 매수하기로 결정한 토지는 매수결정을 알린 날부터 2년 이내에 매수하여야 한다.
④ 매수청구된 토지의 매수가격·매수절차 등에 관하여 이 법에 특별한 규정이 있는 경우를 제외하고는 「공익사업을 위한 토지 등의 취득 및 보상에 관한 법률」의 규정을 준용한다.
⑤ 도시·군계획시설의 결정·고시일부터 20년이 지날 때까지 그 시설의 설치에 관한 도시·군계획시설사업이 시행되지 아니한 경우, 그 고시일부터 20년이 되는 날의 다음 날에 도시·군계획시설결정의 효력을 잃는다.

21 ② 매수청구대상이 되는 토지가 비업무용 토지로서 매수의무자가 지방자치단체인 경우에는 매수대금이 3천만원을 초과하는 경우, 그 초과하는 금액에 대하여 도시·군계획시설채권을 발행하여 지급할 수 있다.

22 ① 도시·군계획시설부지에서의 매수청구의 대상은 토지에 있는 건축물과 정착물을 포함한다.
② 용도지역·용도지구 안에서의 도시·군계획시설에 대하여는 용도지역·용도지구 안에서의 건축제한에 관한 규정을 적용하지 아니한다.
④ 도시·군계획시설부지에서 도시·군관리계획을 입안하는 경우에는 그 계획의 입안을 위한 토지적성평가를 실시하지 아니할 수 있다.
⑤ 도시·군계획시설사업의 시행자가 행정청인 경우, 시행자의 처분에 대하여 행정심판을 제기할 수 있다.

23 ① 행정청인 도시·군계획시설사업의 시행자가 도시·군계획시설사업에 의하여 새로 공공시설을 설치한 경우, 새로 설치된 공공시설은 그 시설을 관리할 관리청에 무상으로 귀속된다.
② 도시·군계획시설결정의 고시일부터 20년이 지날 때까지 그 시설의 설치에 관한 도시·군계획시설사업이 시행되지 아니하는 경우, 그 도시·군계획시설결정은 그 고시일부터 20년이 되는 날의 다음 날에 효력을 잃는다.
③ 같은 도의 관할 구역에 속하는 둘 이상의 시·군에 걸쳐 시행되는 사업의 시행자를 정함에 있어 관계 시장·군수 간의 협의가 성립되지 않는 경우에는 관할 도지사가 시행자를 지정한다.

⑤ 도지사가 시행한 도시·군계획시설사업으로 그 도에 속하지 않는 군이 현저히 이익을 받는 경우, 해당 도지사와 군수 간의 비용부담에 관한 협의가 성립되지 아니하는 때에는 행정안전부장관이 결정하는 바에 따른다.

24 ④ 도시·군계획시설결정이 고시된 도시·군계획시설에 대하여 그 고시일부터 20년이 지날 때까지 그 시설의 설치에 관한 도시·군계획시설사업이 시행되지 아니하는 경우 그 도시·군계획시설결정은 그 고시일부터 20년이 되는 날의 다음 날에 그 효력을 잃는다.

4 지구단위계획구역과 지구단위계획

01 ③ 일반주거지역, 준주거지역, 준공업지역 및 상업지역에서 낙후된 도심 기능을 회복하거나 도시균형발전을 위한 중심지 육성이 필요한 경우로서 세 개 이상의 노선이 교차하는 대중교통 결절지로부터 1km 이내에 위치한 지역의 전부 또는 일부에 대하여 지구단위계획구역으로 지정할 수 있다.

02 ② 「주택법」에 따른 대지조성사업지구는 그 전부 또는 일부에 대하여 지구단위계획구역으로 지정할 수 있다.
③ 도시개발구역에서 시행되는 사업이 끝난 후 10년이 지난 지역은 의무적 지정대상지역에 해당하지 않는다.
④ 녹지지역에서 공업지역으로 변경되는 면적이 30만㎡ 이상이면 지구단위계획구역으로 지정하여야 한다.
⑤ 3년이 되는 날의 다음 날에 도시·군관리계획결정은 효력을 잃는다.

03 ② 준주거지역에서 낙후된 도심기능을 회복하기 위하여 필요한 경우로서 「역세권의 개발 및 이용에 관한 법률」에 따른 역세권개발구역으로 지정된 지역은 지구단위계획구역을 지정할 수 있다.

04 ① 시장·군수가 입안한 지구단위계획구역의 지정에 관한 지구단위계획구역의 지정권자는 시장·군수이다.
② 택지개발사업이 완료된 지역은 10년이 지나면 지구단위계획구역으로 지정하여야 한다.
④ 녹지지역에서 주거지역으로 변경되는 면적이 30만㎡ 이상인 경우에는 지구단위계획구역으로 지정하여야 한다.
⑤ 교통처리계획은 지구단위계획에 반드시 포함해야할 사항이 아니다.

05 ①은 의무적 지정대상에 해당하지 않는다.

06 ② 도시지역 내 주거·상업·업무 등의 기능을 결합하는 등 복합적인 토지 이용을 증진시킬 필요가 있는 일반주거지역, 준주거지역, 준공업지역 및 상업지역에서 낙후된 도심 기능을 회복하거나 도시균형발전을 위한 중심지 육성이 필요하여 도시·군기본계획에 반영된 경우로서 다음의 어느 하나에 해당하는 지역은 지구단위계획구역으로 지정될 수 있다. 따라서 일반공업지역은 이에 해당하지 않는다.

> 1. 주요 역세권, 고속버스 및 시외버스 터미널, 간선도로의 교차지 등 양호한 기반시설을 갖추고 있어 대중교통 이용이 용이한 지역
> 2. 역세권의 체계적·계획적 개발이 필요한 지역
> 3. 세 개 이상의 노선이 교차하는 대중교통 결절지(結節地)로부터 1킬로미터 이내에 위치한 지역
> 4. 역세권개발구역, 고밀복합형 재정비촉진지구로 지정된 지역

① 「산업입지 및 개발에 관한 법률」에 따른 산업단지 또는 준산업단지는 지구단위계획구역의 지정 대상에 해당한다.

③ 「택지개발촉진법」에 따라 지정된 택지개발지구에서 시행되는 사업이 끝난 후 10년이 지나면 해당 지역은 지구단위계획구역으로 지정하여야 한다.

④ 도시지역 외의 지역을 지구단위계획구역으로 지정하려면 지정하려는 구역 면적의 100분의 50 이상이 계획관리지역이어야 한다.

⑤ 산업·유통개발진흥지구 및 복합개발진흥지구(주거기능이 포함되지 아니한 경우에 한한다)는 계획관리지역·생산관리지역 또는 농림지역에 위치해야 한다.

07 ② 생산관리지역에 주거개발진흥지구가 지정된 경우에 해당 지구를 체계적·계획적으로 개발하기 위하여 이를 지구단위계획구역으로 지정할 수 없다.

🏠 **개발진흥지구의 지정요건**

> 개발진흥지구가 다음의 지역에 위치할 것(도시지역 외의 지역에 지구단위계획구역을 지정할 수 있는 요건)
> 1. 주거개발진흥지구, 복합개발진흥지구(주거기능이 포함된 경우에 한함) 및 특정개발진흥지구 ⇨ 계획관리지역
> 2. 산업·유통개발진흥지구 및 복합개발진흥지구(주거기능이 포함되지 않은 경우에 한함) ⇨ 계획관리지역·생산관리지역 또는 농림지역
> 3. 관광·휴양개발진흥지구 ⇨ 도시지역 외의 지역

08 ① 지구단위계획은 도시·군계획 수립대상 지역의 일부에 대하여 토지이용을 합리화하기 위하여 도시·군관리계획으로 결정한다.
② 목욕장을 불허하고 있는 지구단위계획구역에서는 일반상업지역인 경우라도 목욕장을 건축할 수 없다.
④ 지구단위계획구역은 계획관리지역에 한하여 지정할 수 있는 것은 아니다.
⑤ 지구단위계획구역의 지정권자는 국토교통부장관, 시·도지사, 시장 또는 군수이며, 지정에 관한 도시·군관리계획결정의 고시일부터 3년 이내에 지구단위계획이 결정·고시되어야 한다.

09 ④ 특정개발진흥지구는 계획관리지역에 지정된 경우에 지구단위계획을 수립하여 개발할 수 있다.

10 ⑤ 건축물의 배치·형태·색채 또는 건축선에 관한 계획은 지구단위계획의 필수적 포함사항이 아니다.

🏠 **지구단위계획에 의무적으로 포함되어야 하는 사항**

> 1. 대통령령으로 정하는 기반시설의 배치와 규모
> 2. 건축물의 용도제한, 건축물의 건폐율 또는 용적률, 건축물 높이의 최고한도 또는 최저한도

11 • 지구단위계획구역의 지정에 관한 도시·군관리계획결정의 고시일부터 '3년' 이내에 그 지구단위
계획구역에 관한 지구단위계획이 결정·고시되지 아니하면 그 '3년'이 되는 날의 다음 날에 그 지
구단위계획구역의 지정에 관한 도시·군관리계획결정은 효력을 잃는다.
• 지구단위계획(주민이 입안을 제안한 것에 한정)에 관한 도시·군관리계획결정의 고시일부터 '5년'
이내에 이 법 또는 다른 법률에 따라 허가·인가·승인 등을 받아 사업이나 공사에 착수하지 아니
하면 그 '5년'이 된 날의 다음 날에 그 지구단위계획에 관한 도시·군관리계획결정은 효력을 잃는다.

제 5 장 개발행위의 허가 등

Answer

01 ③	02 ①	03 ②	04 ③	05 ⑤	06 ③	07 ①	08 ①	09 ③	10 ②
11 ③	12 ③	13 ②	14 ①	15 ④	16 ⑤	17 ④	18 ③	19 ②	20 ③
21 ②									

01 ① 재해복구나 재난수습을 위한 응급조치는 허가를 받지 아니하고 할 수 있다.

② 공업지역·관리지역·농림지역 안에서 개발행위허가를 받아 할 수 있는 형질변경 면적은 3만제
곱미터 미만이다.

④ 토지의 일부를 국유지 또는 공유지로 하거나 공공용지로 사용하기 위한 토지의 분할은 개발행위
허가를 받지 않아도 된다.

⑤ 특별시장·광역시장·특별자치시장·특별자치도지사·시장 또는 군수는 개발행위허가를 받지
아니하고 개발행위를 하는 자에게는 그 토지의 원상회복을 명할 수 있다.

02 ②, ④, ⑤ 자연녹지지역, 생산녹지지역, 주거지역은 1만제곱미터 미만이다.

③ 공업지역은 3만제곱미터 미만이다.

03 ② 도시·군계획사업으로 공유수면을 매립하는 행위는 허가대상 개발행위가 아니다.

🏠 **허가대상 개발행위**

> 허가대상 개발행위는 다음과 같다. 다만, 도시·군계획사업(다른 법률에 따라 도시·군계획사업을 의제한
> 사업을 포함)에 의하는 경우에는 그러하지 아니하다.
> 1. 건축물의 건축 또는 공작물(인공을 가하여 제작한 시설물)의 설치
> 2. 토지의 형질변경(경작을 위한 토지의 형질변경은 제외) : 절토(땅깎기)·성토(흙쌓기)·정지(땅고르
>   기)·포장 등의 방법으로 토지의 형상을 변경하는 행위와 공유수면의 매립
> 3. 토석의 채취 : 흙·모래·자갈·바위 등의 토석을 채취하는 행위(토지의 형질변경을 목적으로 하는 것
>   은 제외)

> 4. 다음 어느 하나에 해당하는 토지의 분할(「건축법」에 따른 건축물이 있는 대지는 제외)
>   - 녹지지역·관리지역·농림지역 및 자연환경보전지역 안에서 관계 법령에 따른 허가·인가 등을 받지 아니하고 행하는 토지의 분할
>   - 「건축법」에 따른 분할제한면적 미만으로의 토지의 분할
>   - 관계 법령에 의한 허가·인가 등을 받지 아니하고 행하는 너비 5m 이하로의 토지의 분할
> 5. 물건을 쌓아놓는 행위 : 녹지지역·관리지역 또는 자연환경보전지역 안에서 건축물의 울타리 안(적법한 절차에 의하여 조성된 대지에 한함)에 위치하지 아니한 토지에 물건을 1개월 이상 쌓아놓는 행위

04 ③ 개발행위가 도시·군계획사업의 시행에 지장을 주는지의 여부에 관하여 해당 지역에서 시행되는 도시·군계획사업의 시행자의 의견을 들어야 한다.

05 ⑤ 토지분할과 물건을 쌓아놓는 행위는 준공검사의 대상이 아니다.

06 ① 시장 또는 군수는 도시·군관리계획상 특히 필요하다고 인정되는 지역에 대하여는 지방도시계획위원회의 심의를 거쳐 개발행위허가를 제한할 수 있다.
② 개발행위허가는 한 차례만 2년 이내의 기간 동안 제한기간을 연장할 수 있다.
④ 국토교통부장관은 기반시설부담구역으로 지정된 지역에 대해서는 최장 5년까지 개발행위허가를 제한할 수 있다.
⑤ 도시·군관리계획을 수립하고 있는 지역으로서 도시·군관리계획이 결정될 경우 용도지역·용도지구 또는 용도구역의 변경이 예상되고, 그에 따라 개발행위허가의 기준이 크게 달라질 것으로 예상되는 지역은 최장 5년까지 개발행위허가를 제한할 수 있다.

07 ① 개발행위를 원활하게 수행하기 위한 자금조달계획은 개발행위허가의 기준이 아니다.

🏠 **개발행위허가의 기준**

> 특별시장·광역시장·특별자치시장·특별자치도지사·시장 또는 군수는 개발행위허가의 신청내용이 다음의 기준에 적합한 경우에 한하여 개발행위허가를 하여야 한다.
> 1. 용도지역별 특성을 고려하여 대통령령으로 정하는 다음의 개발행위(토지의 형질변경 면적)의 규모에 적합할 것
>   - 5천m^2 미만 : 보전녹지지역, 자연환경보전지역
>   - 1만m^2 미만 : 주거지역, 상업지역, 자연녹지지역, 생산녹지지역
>   - 3만m^2 미만 : 관리지역, 농림지역, 공업지역
> 2. 도시·군관리계획 및 성장관리계획의 내용에 어긋나지 아니할 것
> 3. 도시·군계획사업의 시행에 지장이 없을 것
> 4. 주변지역의 토지이용실태 또는 토지이용계획, 건축물의 높이, 토지의 경사도, 수목의 상태, 물의 배수, 하천·호소·습지의 배수 등 주변환경이나 경관과 조화를 이룰 것
> 5. 해당 개발행위에 따른 기반시설의 설치나 그에 필요한 용지의 확보계획이 적절할 것

08 ② 개발행위허가를 받은 자가 행정청이 아닌 경우, 개발행위허가를 받은 자가 새로 설치한 공공시설은 그 시설을 관리할 관리청에 무상으로 귀속된다.

③ 공공시설의 관리청이 불분명한 경우 도로에 대하여는 국토교통부장관을 관리청으로 본다.

④ 개발행위허가를 받은 자가 행정청이 아닌 경우, 개발행위로 용도가 폐지되는 공공시설은 「국유재산법」과 「공유재산 및 물품 관리법」에도 불구하고 새로 설치한 공공시설의 설치비용에 상당하는 범위에서 개발행위허가를 받은 자에게 무상으로 양도할 수 있다.

⑤ 개발행위허가를 받은 자가 행정청인 경우, 개발행위허가를 받은 자는 그에게 귀속된 공공시설의 처분으로 인한 수익금을 도시·군계획사업 외의 목적으로 사용하여서는 아니 된다.

09 ③ 성장관리계획구역 내 생산관리지역에서는 30% 이하의 범위에서 성장관리계획으로 정하는 바에 따라 조례로 정하는 비율까지 건폐율을 완화하여 적용할 수 있다.

10 ② 기반시설이 부족할 것으로 예상되나 기반시설을 설치하기 곤란한 지역을 대상으로 건폐율이나 용적률을 강화하여 적용하기 위한 지역은 개발밀도관리구역으로 지정할 수 있는 지역에 해당한다.

11 ③ 계획관리지역은 50퍼센트 이하이고, 생산관리지역·농림지역 및 대통령령으로 정하는 녹지지역은 30퍼센트 이하이다.

12 ① 공업지역은 성장관리계획구역으로 지정할 수 없다.

② 성장관리계획구역 내 보전녹지지역에서는 건폐율을 완화하여 적용할 수 없다.

④ 성장관리계획구역의 면적을 5퍼센트 이내에서 변경하려면 미리 주민과 지방의회의 의견청취를 거치지 아니할 수 있다.

⑤ 군수는 성장관리계획구역의 지정 또는 변경에 관한 공고를 한 때에는 성장관리계획구역안을 14일 이상 일반이 열람할 수 있도록 해야 한다.

13 ① 개발밀도관리구역의 지정은 도시·군관리계획으로 결정하여야 하는 사항이 아니다.

③ 개발밀도관리구역에서는 해당 용도지역에 적용되는 용적률의 최대한도의 50% 범위에서 용적률을 강화하여 적용한다.

④ 개발밀도관리구역에서는 개발밀도관리계획을 수립하지 않는다.

⑤ 개발밀도관리구역을 지정하거나 변경한 때에는 이를 고시하여야 한다.

14 ② 개발밀도관리구역 안의 기반시설의 변화를 주기적으로 검토하여 용적률을 강화 또는 완화하거나 개발밀도관리구역을 해제하는 등 필요한 조치를 취하여야 한다.

③ 지방도시계획위원회의 심의를 거쳐야 한다.

④ 특별시장·광역시장·특별자치시장·특별자치도지사·시장 또는 군수는 주거지역·상업지역·공업지역에서 개발행위로 인하여 기반시설이 부족할 것으로 예상되는 지역 중 기반시설의 설치가 곤란한 지역을 개발밀도관리구역으로 지정할 수 있다.

⑤ 시장 또는 군수가 개발밀도관리구역을 지정하려는 경우에는 지방도시계획위원회의 심의를 거쳐야 하며, 주민의 의견을 들어야 하는 절차는 없다.

15 ① 기반시설부담구역은 개발밀도관리구역과 중복하여 지정할 수 없다.

② 기반시설부담구역은 기반시설이 적절하게 배치될 수 있는 규모로서 최소 10만㎡ 이상의 규모가 되도록 지정하여야 한다.

③ 해당 지역의 전년도 개발행위허가 건수가 전전년도 개발행위허가 건수보다 20% 이상 증가한 지역은 기반시설부담구역으로 지정하여야 한다.

⑤ 기반시설부담구역의 지정·고시일부터 1년이 되는 날까지 기반시설설치계획을 수립하지 아니하면 그 1년이 되는 날의 다음 날에 기반시설부담구역의 지정은 해제된 것으로 본다.

16 ⑤ 상업지역에서의 개발행위로 인하여 기반시설(도시·군계획시설을 포함)의 처리·공급 또는 수용능력이 부족할 것으로 예상되는 지역 중 기반시설의 설치가 곤란한 지역은 개발밀도관리구역의 지정대상이다.

🏠 **기반시설부담구역의 지정대상지역**

> 1. 이 법 또는 다른 법령의 제정·개정으로 인하여 행위제한이 완화되거나 해제되는 지역(①)
> 2. 이 법 또는 다른 법령에 따라 지정된 용도지역 등이 변경되거나 해제되어 행위제한이 완화되는 지역(②)
> 3. 특별시장·광역시장·특별자치시장·특별자치도지사·시장 또는 군수가 기반시설의 설치가 필요하다고 인정하는 지역으로서 다음의 어느 하나에 해당하는 지역
>   • 해당 지역의 전년도 개발행위허가 건수가 전전년도 개발행위허가 건수보다 20% 이상 증가한 지역(③)
>   • 해당 지역의 전년도 인구증가율이 그 지역이 속하는 특별시·광역시·특별자치시·특별자치도·시 또는 군(광역시의 관할 구역에 있는 군은 제외)의 전년도 인구증가율보다 20% 이상 높은 지역(④)

17 ④ 민간 개발사업자가 부담하는 부담률은 원칙적으로 100분의 20으로 하며 특별시장·광역시장·특별자치시장·특별자치도지사·시장 또는 군수가 건물의 규모, 지역 특성 등을 고려하여 100분의 25의 범위에서 부담률을 가감할 수 있다.

18 ③ 특별시장·광역시장·특별자치시장·특별자치도지사·시장 또는 군수는 납부의무자가 건축허가를 받은 날부터 2개월 이내에 기반시설설치비용을 부과하여야 하고, 납부의무자는 납부기일의 연기 또는 분할납부가 인정되지 않는 한 사용승인(준공검사 등 사용승인이 의제되는 경우에는 그 준공검사) 신청 시까지 기반시설설치비용을 내야 한다.

19 ① 공동주택: 0.7

② 문화 및 집회시설: 1.4

③ 제1종 근린생활시설: 1.3

④ 숙박시설: 1.0

⑤ 의료시설: 0.9

따라서 기반시설유발계수가 가장 큰 것은 문화 및 집회시설이다.

20 ㉢ 판매시설 : 1.3
㉡ 종교시설 : 1.4
㉠ 노래연습장(제2종 근린생활시설) : 1.6
㉣ 관광휴게시설 : 1.9
따라서 기반시설유발계수를 낮은 것부터 나열하면 ㉢ − ㉡ − ㉠ − ㉣이 된다.

21 ② 광역시장이 개발밀도관리구역을 지정하려면 지방도시계획위원회의 심의는 거쳐야 하나, 국토교통부장관의 승인은 받지 않아도 된다.

<table>
<tr><td>제6장</td><td colspan="7">보칙 및 벌칙</td></tr>
<tr><td colspan="8">Answer</td></tr>
<tr><td>01 ⑤</td><td>02 ③</td><td>03 ④</td><td>04 ③</td><td>05 ⑤</td><td>06 ②</td><td>07 ③</td><td></td></tr>
</table>

01 ⑤ 광역시장이 단계별 집행계획을 수립하려는 경우에는 관계 행정기관의 장과 협의하여야 하며, 해당 지방의회의 의견을 들어야 한다. 따라서 도시계획위원회의 심의를 거치지 않아도 된다.

02 ③ 일출 전이나 일몰 후에는 그 토지점유자의 승낙 없이 택지나 담장 또는 울타리로 둘러싸인 타인의 토지에 출입할 수 없다.

03 ④ 국토교통부장관, 관계 중앙행정기관의 장은 시범도시에 대하여 시범도시사업계획의 수립에 소요되는 비용의 80% 이하의 범위에서 보조 또는 융자를 할 수 있다.

04 ① 시·도도시계획위원회는 위원장 및 부위원장 각 1명을 포함한 25명 이상 30명 이하의 위원으로 구성한다.
② 시·도도시계획위원회의 위원장은 위원 중에서 해당 시·도지사가 임명 또는 위촉하며, 부위원장은 위원 중에서 호선한다.
④ 시·군·구도시계획위원회는 분과위원회를 둘 수 있다.
⑤ 중앙도시계획위원회의 회의록은 심의 종결 후 6개월이 지난 후에는 공개요청이 있는 경우 회의록의 공개는 열람 또는 사본을 제공하는 방법으로 공개하여야 한다.

05 ⑤ 국토교통부장관, 시·도지사, 시장·군수 또는 구청장은 다음에 해당하는 처분을 하려면 청문을 하여야 한다.

> 1. 개발행위허가의 취소
> 2. 도시·군계획시설사업의 시행자 지정의 취소
> 3. 실시계획인가의 취소

06 ② 개발행위허가를 받지 아니하거나 부정한 방법으로 허가를 받아 개발행위를 한 자는 3년 이하의 징역 또는 3천만원 이하의 벌금에 처한다.

07 ③ 정당한 사유 없이 지가의 농향 및 토지거래의 상황에 관한 조사를 방해한 자는 1천만원 이하 과태료에 처한다.

① 도시·군관리계획의 결정이 없이 기반시설을 설치한 자는 2년 이하의 징역이나 2천만원 이하의 벌금에 처한다.

② 공동구에 수용하여야 하는 시설을 공동구에 수용하지 아니한 자는 2년 이하의 징역이나 2천만원 이하의 벌금에 처한다.

④ 지구단위계획에 맞지 아니하게 건축물을 건축하거나 용도를 변경한 자는 2년 이하의 징역이나 2천만원 이하의 벌금에 처한다.

⑤ 기반시설설치비용을 면탈·경감하게 할 목적으로 거짓 자료를 제출한 자는 3년 이하의 징역 또는 기반시설설치비용의 3배 이하에 상당하는 벌금에 처한다.

제1장 개발계획의 수립 및 도시개발구역의 지정

Answer

01 ③	02 ⑤	03 ④	04 ⑤	05 ④	06 ④	07 ②	08 ③	09 ①	10 ④
11 ⑤	12 ②	13 ③	14 ⑤	15 ②	16 ③	17 ①	18 ②	19 ④	

01 ③ 보건의료시설 및 복지시설의 설치계획에 관한 사항은 도시개발구역을 지정한 후에 개발계획에 포함시킬 수 없다.

02 ⑤ 존치하는 기존 건축물 및 공작물 등에 관한 계획은 도시개발구역을 지정한 후에 개발계획에 포함시킬 수 있는 내용에 해당하지 않는다.

🏠 **개발계획에 포함되어야 하는 사항**

> 개발계획에는 다음의 사항이 포함되어야 한다. 다만, 14.부터 17.까지의 규정에 해당하는 사항은 도시개발구역을 지정한 후에 이를 개발계획에 포함시킬 수 있다.
> 1. 도시개발구역의 명칭·위치 및 면적
> 2. 도시개발구역의 지정 목적과 도시개발사업의 시행기간
> 3. 도시개발구역을 둘 이상의 사업시행지구로 분할하거나 서로 떨어진 둘 이상의 지역을 하나의 구역으로 결합하여 도시개발사업을 시행하는 경우에는 그 분할이나 결합에 관한 사항
> 4. 도시개발사업의 시행자에 관한 사항
> 5. 도시개발사업의 시행방식
> 6. 인구수용계획(분양주택 및 임대주택으로 구분한 주택별 수용계획을 포함한다)
> 7. 토지이용계획
> 8. 원형지로 공급될 대상 토지 및 개발방향
> 9. 교통처리계획
> 10. 환경보전계획
> 11. 보건의료시설 및 복지시설의 설치계획
> 12. 도로, 상하수도 등 주요 기반시설의 설치계획
> 13. 재원조달계획
> 14. 도시개발구역 밖의 지역에 기반시설을 설치하여야 하는 경우에는 그 시설의 설치에 필요한 비용의 부담계획
> 15. 수용(收用) 또는 사용의 대상이 되는 토지·건축물 또는 토지에 정착한 물건과 이에 관한 소유권 외의 권리, 광업권, 어업권, 양식업권, 물의 사용에 관한 권리(토지 등)가 있는 경우에는 그 세부목록
> 16. 임대주택건설계획 등 세입자 등의 주거 및 생활 안정 대책
> 17. 순환개발 등 단계적 사업추진이 필요한 경우 사업추진계획 등에 관한 사항
> 18. 그 밖에 대통령령으로 정하는 사항

03 ④ 도시개발사업이 필요하다고 인정되는 지역이 둘 이상의 시·도의 행정구역에 걸치는 경우에는 관계 시·도지사가 협의하여 도시개발구역을 지정할 자를 정한다.

04 ⑤ 국토교통부장관이 지역균형발전을 위하여 관계 중앙행정기관의 장과 협의하여 도시개발구역으로 지정하고자 하는 지역 중 자연환경보전지역은 도시개발구역을 지정한 후에 개발계획을 수립할 수 있는 지역에서 제외된다.

05 ④ 지정권자는 직접 또는 관계 중앙행정기관의 장 또는 시장(대도시 시장은 제외)·군수·구청장 또는 도시개발사업의 시행자의 요청을 받아 개발계획을 변경할 수 있다.

06 ④ 도시개발구역은 특별시장·광역시장 또는 도지사, 특별자치도지사(이하 '시·도지사'라 한다), 서울특별시와 광역시를 제외한 인구 50만 이상의 대도시의 시장은 계획적인 도시개발이 필요하다고 인정되는 때에는 도시개발구역을 지정할 수 있으며, 예외적으로 국토교통부장관은 다음에 해당하는 경우에는 도시개발구역을 지정할 수 있다.

> 1. 국가가 도시개발사업을 실시할 필요가 있는 경우
> 2. 관계 중앙행정기관의 장이 요청하는 경우
> 3. 대통령령이 정하는 공공기관 또는 정부출연기관의 장이 30만m² 이상으로서 국가계획과 밀접한 관련이 있는 도시개발구역의 지정을 제안하는 경우
> 4. 시·도지사, 대도시 시장의 협의가 성립되지 아니하는 경우
> 5. 천재지변이나 그 밖의 사유로 인하여 도시개발사업을 긴급하게 할 필요가 있는 경우

07 ② 지방공사의 장은 국토교통부장관에게 도시개발구역의 지정을 요청할 수 없다.

🏠 **국토교통부장관이 도시개발구역을 지정할 수 있는 경우**

> 1. 국가가 도시개발사업을 실시할 필요가 있는 경우
> 2. 관계 중앙행정기관의 장이 요청하는 경우
> 3. 공공기관의 장 또는 정부출연기관의 장이 30만m² 이상으로 국가계획과 밀접한 관련이 있는 도시개발구역의 지정을 제안하는 경우
> 4. 둘 이상의 시·도 또는 대도시의 행정구역에 걸치는 경우로서 시·도지사 또는 대도시 시장의 협의가 성립되지 아니하는 경우
> 5. 천재지변, 그 밖의 사유로 인하여 도시개발사업을 긴급하게 할 필요가 있는 경우

08 ③ 개발계획의 변경을 요청받은 후부터 개발계획이 변경되기 전까지의 사이에 토지소유자가 변경된 경우 변경되기 전의 토지소유자의 동의서를 기준으로 한다.

09 ① 국가 및 지방자치단체와 도시개발조합을 제외한 나머지 사업시행자는 국토교통부령이 정하는 서류를 특별자치도지사, 시장·군수·구청장에게 제출하여 특별자치도지사, 시장·군수 또는 구청장에게 도시개발구역의 지정을 제안할 수 있다.

10 ④ 도시개발구역의 지정을 제안하고자 하는 자가 토지소유자인 경우에는 대상 구역의 토지 면적의 3분의 2 이상에 해당하는 토지소유자(지상권자 포함)의 동의를 받아야 한다.

11 ⑤ 도시개발구역 지정의 제안을 받은 국토교통부장관·특별자치도지사·시장·군수·구청장은 제안내용의 수용 여부를 1개월 이내에 제안자에게 통보하여야 한다.

12 ② 도시개발구역으로 지정할 수 있는 면적은 다음과 같다.

도시지역 안	주거지역 및 상업지역	1만m² 이상
	공업지역	3만m² 이상
	자연녹지지역	1만m² 이상
	생산녹지지역(생산녹지지역이 도시개발구역 지정 면적의 100분의 30 이하인 경우에 한한다)	1만m² 이상
도시지역 밖	30만m² 이상. 다만, 공동주택 중 아파트 또는 연립주택의 건설계획이 포함되는 경우로서 다음 요건을 모두 갖춘 경우에는 10만m² 이상으로 한다. • 도시개발구역에 초등학교용지를 확보(도시개발구역 내 또는 도시개발구역으로부터 통학이 가능한 거리에 학생을 수용할 수 있는 초등학교가 있는 경우를 포함한다)하여 관할 교육청과 협의한 경우 • 도시개발구역에서 「도로법」 제12조부터 제15조까지의 규정에 해당하는 도로 또는 국토교통부령으로 정하는 도로와 연결되거나 4차로 이상의 도로를 설치하는 경우	

다만, 다음에 해당하는 지역으로서 도시개발구역을 지정하는 자('지정권자')가 계획적인 도시개발이 필요하다고 인정하는 지역에 대하여는 지정면적의 제한을 적용하지 아니한다.

> 1. 「국토의 계획 및 이용에 관한 법률」에 따른 취락지구 또는 개발진흥지구로 지정된 지역
> 2. 「국토의 계획 및 이용에 관한 법률」에 따른 지구단위계획구역으로 지정된 지역
> 3. 국토교통부장관이 지역균형발전을 위하여 관계 중앙행정기관의 장과 협의하여 도시개발구역으로 지정하고자 하는 지역(자연환경보전지역 제외)

13 ③ 도시지역과 지구단위계획구역으로 결정·고시된 것으로 보는 사항에 대한 지형도면의 고시는 도시개발사업의 시행기간에 할 수 있다.

14 ⑤ 도시개발구역에서는 토지의 합병이 아니라 토지의 분할이 허가대상 개발행위이다.

🏠 **특별시장·광역시장·특별자치도지사·시장 또는 군수의 허가를 받아야 하는 행위**

> 1. 건축물의 건축 등 : 「건축법」에 따른 건축물(가설건축물을 포함)의 건축, 대수선 또는 용도 변경
> 2. 공작물의 설치 : 인공을 가하여 제작한 시설물(「건축법」에 따른 건축물은 제외)의 설치
> 3. 토지의 형질변경 : 절토(땅깎기)·성토(흙쌓기)·정지·포장 등의 방법으로 토지의 형상을 변경하는 행위, 토지의 굴착 또는 공유수면의 매립

4. 토석의 채취: 흙·모래·자갈·바위 등의 토석을 채취하는 행위. 다만, 토지의 형질변경을 목적으로 하는 것은 위 3.에 따른다.
5. 토지분할
6. 물건을 쌓아놓는 행위: 옮기기 쉽지 아니한 물건을 1개월 이상 쌓아놓는 행위
7. 죽목의 벌채 및 식재

15 ② 농림수산물의 생산에 직접 이용되는 버섯재배사의 설치는 허가를 받지 아니하고 할 수 있다.

🏠 **도시개발구역 안에서 허가받지 아니하고 할 수 있는 행위**

1. 재해 복구 또는 재난 수습에 필요한 응급조치를 위하여 하는 행위
2. 농림수산물의 생산에 직접 이용되는 것으로서 국토교통부령으로 정하는 간이공작물의 설치(비닐하우스, 버섯재배사, 종묘장, 퇴비장, 탈곡장 등)
3. 경작을 위한 토지의 형질변경
4. 도시개발구역의 개발에 지장을 주지 아니하고 자연경관을 훼손하지 아니하는 범위에서의 토석채취
5. 도시개발구역에 남겨두기로 결정된 대지에서 물건을 쌓아놓는 행위
6. 관상용 죽목의 임시 식재(경작지에서의 임시 식재는 제외한다)

16 ③ 도시지역 중 보전녹지지역은 도시개발구역으로 지정할 수 없다.

17 ② 둘 이상의 시·도 또는 대도시의 행정구역에 걸치는 경우에는 관계 시·도지사 또는 대도시 시장이 협의하여 도시개발구역을 지정할 자를 정한다.
③ 도시개발구역의 면적이 100만㎡ 이상인 경우에는 공람기간이 끝난 후에 공청회를 개최하여 의견을 청취하여야 한다.
④ 도시개발구역의 지정은 도시개발사업의 공사완료의 공고일의 다음 날에 해제된 것으로 본다.
⑤ 도시개발구역의 면적이 10만㎡ 미만인 경우에는 일간신문에 공고하지 아니하고 공보와 해당 시·군 또는 구의 인터넷 홈페이지에 공고할 수 있다.

18 ② 도시개발구역 지정 후 개발계획을 수립하는 경우에는 도시개발구역을 지정·고시한 날부터 2년이 되는 날까지 개발계획을 수립·고시하지 아니한 경우에는 그 2년이 되는 날의 다음 날에 도시개발구역의 지정이 해제된 것으로 본다. 다만, 도시개발구역의 면적이 330만㎡ 이상인 경우에는 5년으로 한다.

19 ④ 도시개발조합은 도시개발구역의 지정을 제안할 수 없다.

제 2 장   도시개발사업의 시행자 및 실시계획

Answer

| 01 ③ | 02 ③ | 03 ④ | 04 ④ | 05 ③ | 06 ② | 07 ④ | 08 ② | 09 ② | 10 ⑤ |
| 11 ④ | 12 ② | 13 ⑤ | 14 ③ | 15 ① | 16 ③ | 17 ④ | 18 ① | | |

01 ③ 지정권자가 시행자 지정시 도시개발구역의 전부를 환지방식으로 시행하는 경우에는 토지소유자 또는 조합을 우선적으로 시행자로 지정한다.

02 ③ 도시개발구역의 전부를 환지방식으로 시행하는 시행자가 도시개발구역 지정의 고시일로부터 1년 이내에 도시개발사업에 관한 실시계획의 인가를 신청하지 아니한 경우에는 시행자를 변경할 수 있다.

03 ④ 토지소유자인 시행자는 지정권자의 승인을 받아 신탁업자와 신탁계약을 체결하여 도시개발사업 을 시행할 수 있다.

04 ④의 경우 국·공유지를 포함하여 산정한다.

05 ① 도시개발구역의 토지소유자가 미성년자인 경우 조합의 이사가 될 수 없다.
② 공유토지의 경우에는 공유자의 동의를 받은 공유대표자 1명만 의결권이 있다.
④ 조합설립의 인가를 신청하려면 해당 도시개발구역의 토지 면적의 3분의 2 이상에 해당하는 토지 소유자와 그 구역의 토지소유자 총수의 2분의 1 이상의 동의를 받아야 한다.
⑤ 토지소유자가 조합설립인가신청에 동의하였더라도 이후 조합설립인가의 신청 전에 그 동의를 철 회하면 그 토지소유자는 동의자 수에서 제외된다.

06 ① 의결권을 가진 조합원의 수가 50인 이상인 조합은 총회의 권한을 대행하게 하기 위하여 대의원회 를 둘 수 있다.
③ 조합의 임원은 그 조합의 다른 임원이나 직원을 겸할 수 없다.
④ 파산선고를 받은 자로서 복권되지 아니한 자는 조합의 임원이 될 수 없다.
⑤ 조합에 관하여는 「민법」 중 사단법인에 관한 규정을 준용한다.

07 ① 조합원은 보유토지의 면적에 관계없이 평등한 의결권을 갖는다.
② 도시개발조합의 조합원은 도시개발구역의 토지소유자로 한다.
③ 조합설립의 인가를 신청하려면 해당 도시개발구역의 국·공유지를 포함한 토지 면적의 3분의 2 이상에 해당하는 토지소유자와 그 구역의 토지소유자 총수의 2분의 1 이상의 동의를 받아야 한다. 면적과 총수의 동의 요건을 동시에 충족하여야 한다.
⑤ 조합의 이사는 그 조합의 조합장을 겸할 수 없다.

08 ② 조합설립인가를 받은 후 정관기재사항인 주된 사무소의 소재지를 변경하려는 경우에는 지정권자 에게 신고하여야 한다.

09 ① 조합의 임원으로 선임된 자가 결격사유에 해당하게 된 때에는 그 다음 날부터 임원의 자격을 상실한다.
③ 조합원이 아닌 조합의 임원의 결격사유에 해당한다.
④ 보유토지의 면적과 관계없는 평등한 의결권을 부여한다.
⑤ 조합장 또는 이사의 자기를 위한 조합과의 계약이나 소송에 관하여는 감사가 조합을 대표한다.

10 ⑤ 체비지 등의 처분 방법은 대의원회에서 총회의 권한을 대행할 수 있다.

11 ④ 조합임원의 선임은 총회에서만 의결할 수 있다.

12 ② 지정권자가 실시계획을 작성하거나 인가하는 경우 국토교통부장관인 지정권자는 시·도지사 또는 대도시 시장의 의견을, 시·도지사인 지정권자는 시장·군수 또는 구청장의 의견을 미리 들어야 한다.

13 ⑤ 시행지는 사업시행 면적을 100분의 10의 범위에서 감소시키고자 하는 경우 인가받은 실시계획에 관하여 변경인가를 받지 않아도 된다.

14 ③ 실시계획을 인가할 때 지정권자가 해당 실시계획에 대한 「하수도법」에 따른 공공하수도 공사시행의 허가에 관하여 관계 행정기관의 장과 협의한 때에는 해당 허가를 받은 것으로 본다.

15 ㉡ 실시계획을 고시한 경우 그 고시된 내용 중 도시·군관리계획으로 결정하여야 하는 사항은 도시·군관리계획으로 결정되어 고시된 것으로 본다.
㉢ 계획적이고 체계적인 도시개발 등 집단적인 조성과 공급이 필요한 경우에는 수용 또는 사용방식으로 시행방식을 선정한다.
㉣ 지방공사인 시행자는 신탁업자와 신탁계약을 체결하여 도시개발사업을 시행할 수 없다.

16 ③ 토지소유자가 도시개발구역의 지정을 제안하려는 경우에는 대상 구역 토지 면적의 3분의 2 이상에 해당하는 토지소유자의 동의를 받아야 한다.

17 ④ 지방자치단체 등(한국토지주택공사, 지방공사, 신탁업자 중 외부감사의 대상이 되는 자)인 시행자가 도시개발사업의 전부를 환지방식으로 시행하려고 할 때에는 도시개발사업에 관한 시행규정을 작성하여야 한다.

18 ① 지정권자는 한국관광공사가 시행자인 경우에는 도시개발사업의 시행방식을 혼용방식에서 전부 수용 또는 사용방식으로 변경할 수 없다.

🏠 **시행방식의 변경**

> 지정권자는 도시개발구역 지정 이후 다음 어느 하나에 해당하는 경우에는 도시개발사업의 시행방식을 변경할 수 있다.
> 1. 공공사업시행자가 도시개발사업의 시행방식을 수용 또는 사용방식에서 전부 환지방식으로 변경하는 경우
> 2. 공공사업시행자가 도시개발사업의 시행방식을 혼용방식에서 전부 환지방식으로 변경하는 경우
> 3. 도시개발조합을 제외한 시행자가 도시개발사업의 시행방식을 수용 또는 사용방식에서 혼용방식으로 변경하는 경우

제 **3** 장 **도시개발사업의 시행**

Answer

1 수용 또는 사용방식

01 ③	02 ④	03 ④	04 ⑤	05 ⑤	06 ③	07 ③	08 ④	09 ④	10 ②
11 ④	12 ⑤	13 ⑤	14 ①						

2 환지방식에 의한 사업의 시행

01 ④	02 ②	03 ⑤	04 ⑤	05 ③	06 ⑤	07 ②	08 ③	09 ④	10 ①
11 ⑤	12 ④	13 ④	14 ③	15 ②	16 ④	17 ①			

1 수용 또는 사용방식

01 ⓒ 국가, 지방자치단체, 공공기관, 「지방공기업법」에 따라 설립된 지방공사와 같은 공공사업시행자는 토지소유자의 동의를 받지 않고 도시개발사업에 필요한 토지를 수용하거나 사용할 수 있다.
ⓒ 금융기관의 지급보증을 받아야만 토지상환채권을 발행할 수 있는 것은 민간사업시행자에 한한다. 즉, 공공사업시행자가 토지상환채권을 발행하는 경우는 지급보증을 요하지 않는다.

02 ① 지정권자는 도시개발구역지정 이후 다음의 어느 하나에 해당하는 경우에는 도시개발사업의 시행방식을 변경할 수 있다.

> 1. 국가, 지방자치단체, 공공단체, 정부출연기관, 지방공사인 사업시행자가 대통령령으로 정하는 기준에 따라 도시개발사업의 시행방식을 수용 또는 사용방식에서 전부 환지방식으로 변경하는 경우
> 2. 국가, 지방자치단체, 공공단체, 정부출연기관, 지방공사인 사업시행자가 대통령령으로 정하는 기준에 따라 도시개발사업의 시행방식을 혼용방식에서 전부 환지방식으로 변경하는 경우
> 3. 조합을 제외한 나머지 사업시행자가 대통령령으로 정하는 기준에 따라 도시개발사업의 시행방식을 수용 또는 사용 방식에서 혼용방식으로 변경하는 경우

따라서 도시개발구역지정 이후 그 시행방식을 혼용방식에서 수용 또는 사용방식으로 변경할 수는 없다.
② 토지소유자, 민간법인, 등록사업자, 토목공사업면허를 받은 자, 부동산투자회사 및 공동출자법인(법 제11조 제1항 제5호, 제7호부터 제11호에 해당하는 시행자)에 해당하는 시행자는 사업대상 토지면적의 3분의 2 이상에 해당하는 토지를 소유하고 토지소유자 총수의 2분의 1 이상에 해당하는 자의 동의를 얻어야 한다. 그러므로 정부출연기관이 그 사업에 필요한 토지를 수용하는 경우에는 토지소유자의 동의를 받을 필요가 없다.
③ 공공기관을 포함한 모든 시행자는 토지소유자가 원하면 토지 등의 매수대금의 일부를 지급하기 위하여 그 토지상환채권으로 상환할 토지·건축물이 해당 도시개발사업으로 조성되는 분양토지 또는 분양건축물 면적의 2분의 1을 초과하지 아니하는 범위 안에서 사업시행으로 조성된 토지·건축물로 상환하는 채권(이하 '토지상환채권'이라 한다)을 발행할 수 있다.

⑤ 원형지개발자의 선정은 수의계약의 방법으로 한다. 다만, 원형지를 학교나 공장 등의 부지로 직접 사용하는 자에 해당하는 경우에는 원형지개발자의 선정은 경쟁입찰의 방식으로 하며, 경쟁입찰이 2회 이상 유찰된 경우에는 수의계약의 방법으로 할 수 있다. 원형지를 추첨의 방법으로 공급할 수는 없다.

03 ④ 시행자가 아닌 지정권자는 도시개발사업에 필요한 토지 등을 수용할 수 없다.

04 ⑤ 민간사업시행자는 공급하려는 토지에 대한 도시개발사업의 공사 진척률이 100분의 10 이상이어야 한다.

05 ① 시행자는 토지소유자가 원하면 토지 등의 매수대금의 일부를 지급하기 위하여 사업시행으로 조성된 토지·건축물로 상환하는 채권을 발행할 수 있다.
② 금융기관이나 보험회사로부터 지급보증을 받은 경우에만 토지상환채권을 발행할 수 있는 시행자는 민간사업시행자에 한한다.
③ 토지상환채권의 발행총액은 토지상환채권의 발행계획에 포함된다.
④ 토지상환채권은 기명식 증권으로 발행한다.

06 ③ 토지상환채권은 양도하거나 이전할 수 있다.

07 ③ 원형지개발자인 한국토지주택공사는 원형지에 대한 공사완료 공고일부터 5년이 지난 시점이라면 해당 원형지를 매각할 수 있다.

08 ④ 원형지 공급가격은 개발계획이 반영된 원형지의 감정가격에 시행자가 원형지에 설치한 기반시설 등의 공사비를 더한 금액을 기준으로 시행자와 원형지개발자가 협의하여 결정한다.

09 ④ 시행자는 학교(①), 폐기물처리시설(②), 임대주택, 그 밖에 대통령령으로 정하는 다음의 시설을 설치하기 위한 조성토지등과 이주단지의 조성을 위한 토지를 공급하는 경우에는 해당 토지의 가격을 「감정평가 및 감정평가사에 관한 법률」에 따른 감정평가법인등이 감정평가한 가격 이하로 정할 수 있다.

> 1. 공공청사(③)
> 2. 사회복지시설(행정기관 및 사회복지사업법에 따른 사회복지법인이 설치하는 사회복지시설을 말한다). 다만, 「사회복지사업법」에 따른 사회복지시설의 경우에는 유료시설을 제외한 시설로서 관할 지방자치단체의 장의 추천을 받은 경우로 한정한다.
> 3. 공장(해당 도시개발사업으로 이전되는 공장의 소유자가 설치하는 경우로 한정)
> 4. 임대주택
> 5. 「주택법」에 따른 국민주택 규모 이하의 공동주택. 다만, 공공사업시행자가 국민주택 규모 이하의 공동주택을 건설하려는 자에게 공급하는 경우로 한정한다.
> 6. 「관광진흥법」에 따른 호텔업 시설. 다만, 공공사업시행자가 200실 이상의 객실을 갖춘 호텔의 부지로 토지를 공급하는 경우로 한정한다.
> 7. 행정청이 직접 설치하는 시장(⑤)·자동차정류장·종합의료시설

10 ② 국민주택규모 이하의 주택건설용지, 공공택지, 330m² 이하의 단독주택용지 및 공장용지에 대하여는 추첨의 방법으로 분양할 수 있다.

11 ④ 수의계약의 방법으로 조성토지를 공급하기로 하였으나 공급신청량이 공급계획에서 계획된 면적을 초과하는 경우에는 추첨방법에 의한다.

12 ⑤ 토지상환채권에 의하여 토지를 상환하는 경우는 수의계약의 방법으로 공급할 수 있는 사유이다.

13 ⑤ 시행자는 학교, 폐기물처리시설, 그 밖에 대통령령으로 정하는 다음의 시설을 설치하기 위한 조성토지 등과 이주단지의 조성을 위한 토지를 공급하는 경우에는 해당 토지의 가격을 「감정평가 및 감정평가사에 관한 법률」에 따른 감정평가법인등이 감정평가한 가격 이하로 정할 수 있다.

> 1. 공공청사(2013년 12월 31일까지는 정부가 납입자본금 전액을 출자한 법인의 주된 사무소를 포함한다)
> 2. 사회복지시설(행정기관 및 「사회복지사업법」에 따른 사회복지법인이 설치하는 사회복지시설을 말한다). 다만, 「사회복지사업법」에 따른 사회복지시설의 경우에는 유료시설을 제외한 시설로서 관할 지방자치단체의 장의 추천을 받은 경우로 한정한다.
> 3. 「국토의 계획 및 이용에 관한 법률 시행령」 별표 17 제2호 차목에 해당하는 공장. 다만, 해당 도시개발사업으로 이전되는 공장의 소유자가 설치하는 경우로 한정한다)
> 4. 임대주택
> 5. 「주택법」 제2조 제6호에 따른 국민주택 규모 이하의 공동주택. 다만, 법 제11조 제1호부터 제4호까지의 규정에 따른 시행자가 국민주택 규모 이하의 공동주택을 건설하려는 자에게 공급하는 경우로 한정한다.
> 6. 「관광진흥법」 제3조 제1항 제2호 가목에 따른 호텔업 시설. 다만, 법 제11조 제1항 제1호부터 제4호까지의 규정에 따른 시행자가 200실 이상의 객실을 갖춘 호텔의 부지로 토지를 공급하는 경우로 한정한다.
> 7. 그 밖에 「국토의 계획 및 이용에 관한 법률」 제2조 제6호에 따른 기반시설로서 국토교통부령으로 정하는 시설

위 ⑤의 경우 유료시설을 제외한 시설을 설치하는 경우 감정평가가격 이하로 공급할 수 있다.

14 ① 「주택법」에 따른 국민주택규모 이하의 주택건설용지에 대하여는 추첨의 방법으로 분양할 수 있다.

2 환지방식에 의한 사업의 시행

01 ④ 청산금의 결정은 환지계획의 내용이 아니다.

🏠 **환지계획의 내용**(법 제28조 제1항)

> 1. 환지설계
> 2. 필지별로 된 환지명세(②)
> 3. 필지별과 권리별로 된 청산대상 토지명세(③)
> 4. 체비지 또는 보류지의 명세(⑤)
> 5. 입체환지를 계획하는 경우에는 입체환지용 건축물의 명세(①)와 입체환지에 따른 공급방법·규모에 관한 사항

02 ② 행정청이 아닌 시행자가 환지계획을 작성한 경우에는 특별자치도지사·시장·군수 또는 구청장의 인가를 받아야 한다.

03 ① 환지계획의 작성에 따른 환지계획의 기준, 보류지(체비지·공공시설용지)의 책정기준 등에 관하여 필요한 사항은 국토교통부령으로 정할 수 있다.

② 시행자는 도시개발사업에 필요한 경비에 충당하거나 규약, 정관, 시행규정 또는 실시계획으로 정하는 목적을 위하여 일정한 토지를 환지로 정하지 아니하고 보류지로 정할 수 있으며, 그중 일부를 체비지로 정하여 도시개발사업에 필요한 경비에 충당할 수 있다.

③ 시행자는 토지면적의 규모를 조정할 특별한 필요가 있으면 면적이 넓은 토지는 면적을 줄여서 환지를 정할 수 있지만, 환지대상에서 제외할 수는 없다.

④ 입체환지의 신청기간은 통지한 날부터 30일 이상 60일 이하로 하여야 한다.

04 ⑤ 환지계획은 시행자가 작성한 것만으로 효력을 발생하는 것이 아니고, 행정청이 아닌 시행자인 경우에는 환지계획을 작성한 때에는 특별자치도지사, 시장·군수 또는 구청장의 인가를 받아야 한다. 또한 인가받은 내용을 변경하고자 하는 경우에 관하여 이를 준용한다. 다만, 다음에 해당하는 경미한 변경은 그러하지 아니하다.

> 1. 종전 토지의 합필 또는 분필로 환지명세가 변경되는 경우
> 2. 토지 또는 건축물 소유자(체비지인 경우에는 시행자 또는 체비지 매수자를 말한다)의 동의에 따라 환지계획을 변경하는 경우. 다만, 다른 토지 또는 건축물 소유자에 대한 환지계획의 변경이 없는 경우로 한정한다.
> 3. 「공간정보의 구축 및 관리 등에 관한 법률」 제2조 제4호에 따른 지적측량의 결과를 반영하기 위하여 환지계획을 변경하는 경우
> 4. 환지로 지정된 토지나 건축물을 금전으로 청산하는 경우
> 5. 그 밖에 국토교통부령으로 정하는 경우

05 ③ 시행자는 도시개발사업을 원활히 시행하기 위하여 특히 필요한 경우에는 토지 또는 건축물 소유자의 신청을 받아 건축물의 일부와 그 건축물이 있는 토지의 공유지분을 부여할 수 있다.

06 ⑤ 해당 환지계획구역의 특성을 고려하여 지정권자가 인정하는 경우에는 평균 토지부담률을 60%까지로 할 수 있다.

07 ② 시행자에게 무상귀속되는 토지와 시행자가 소유하는 토지의 면적은 $30,000\text{m}^2(= 20,000\text{m}^2 + 10,000\text{m}^2)$이므로 $(106,500\text{m}^2 - 30,000) \div (200,000\text{m}^2 - 30,000\text{m}^2) \times 100 = 45$퍼센트

08 ③ 환지설계는 평가식(도시개발사업 시행 전후의 토지의 평가가액에 비례하여 환지를 결정하는 방법을 말한다)을 원칙으로 하되, 환지지정으로 인하여 토지의 이동이 경미하거나 기반시설의 단순한 정비 등의 경우에는 면적식(도시개발사업 시행 전의 토지 및 위치를 기준으로 환지를 결정하는 방식을 말한다. 이하 같다)을 적용할 수 있다. 이 경우 하나의 환지계획구역에서는 같은 방식을 적용하여야 하며, 입체환지를 시행하는 경우에는 반드시 평가식을 적용하여야 한다. 이 경우 평가식 비례율 공식은 다음과 같다.

> [도시개발사업으로 조성되는 토지·건축물의 평가액 합계(공공시설 또는 무상으로 공급되는 토지·건축물의 평가액 합계를 제외한다) − 총 사업비] / [환지 전 토지·건축물의 평가액 합계(제27조 제5항 각 호에 해당하는 토지 및 같은 조 제7항에 해당하는 건축물의 평가액 합계를 제외한다)] × 100

따라서 $(500억 - 50억) / 300억 \times 100 = 150$퍼센트

09 ① 환지 전 토지에 대한 권리를 도시개발사업으로 조성된 토지에 이전하는 방식은 입체환지가 아니라 평면환지에 해당한다.
② 시행자는 토지 면적의 규모를 조정할 특별한 필요가 있으면 면적이 작은 토지는 과소(過小) 토지가 되지 아니하도록 면적을 늘려 환지를 정하거나 환지대상에서 제외할 수 있다.
③ 동의 또는 신청에 의한 환지부지정의 경우에는 용익권자의 동의를 받아야 한다.
⑤ 입체환지의 경우에는 임차권자의 동의를 받지 않아도 된다.

10 ① 시행자는 도시개발사업을 시행하기 위하여 필요한 경우 도시개발구역의 토지에 대하여 환지예정지를 지정할 수 있다.

11 ⑤ 체비지의 용도로 환지예정지가 지정된 경우 시행자는 그 체비지를 사용 또는 수익하게 하거나 처분할 수 있다. 이 경우 처분된 체비지는 그 체비지를 매입한 자가 소유권이전등기를 마친 때에 소유권을 취득한다.

12 ④ 종전 토지의 임차권자는 환지예정지 지정 이후에도 환지처분이 공고되는 날까지 종전의 토지를 사용하거나 수익할 수 없다.

13 ④ 도시개발사업의 준공검사 전에 체비지를 사용할 수 있다.

14 ③ 시행자는 지정권자에 의한 준공검사를 받은 경우에는 60일 이내에 환지처분을 하여야 한다.

15 ② 도시개발사업의 시행으로 행사할 이익이 없어진 지역권은 환지처분이 공고된 날이 끝나는 때에 소멸한다.

16 ④ 행정청이 아닌 시행자는 특별자치도지사, 시장·군수 또는 구청장에게 청산금의 징수를 위탁할 수 있다. 이 경우 징수한 금액의 100분의 4에 해당하는 금액을 수수료로 지급하여야 한다.

17 ① 청산금은 환지처분의 공고일의 다음 날에 확정된다.

제**4**장　비용부담

Answer

01 ①	02 ④	03 ④	04 ③

01 ② 시·도지사는 도시개발채권을 발행하려는 경우 채권의 발행총액에 대하여 행정안전부장관의 승인을 받아야 한다.
③ 도시개발채권의 상환은 5년부터 10년까지의 범위에서 지방자치단체의 조례로 정한다.
④ 도시개발채권의 소멸시효는 상환일부터 기산하여 원금은 5년, 이자는 2년으로 한다.
⑤ 도시개발채권 매입필증을 제출받는 자는 매입필증을 5년간 보관하여야 한다.

02 ④ 도시개발채권의 상환은 5년 내지 10년의 범위 안에서 지방자치단체의 조례로 정한다. 따라서 도시개발채권의 상환기간은 5년보다 짧게 정할 수 없다.
① 「국토의 계획 및 이용에 관한 법률」에 따른 개발행위허가를 받은 자 중 토지의 형질변경허가를 받은 자는 도시개발채권을 매입하여야 한다.
② 도시개발채권의 이율은 채권의 발행 당시의 국채·공채 등의 금리와 특별회계의 상황 등을 참작하여 당해 시·도의 조례로 정한다.
③ 시·도지사는 도시개발채권의 발행하려는 경우에는 행정안전부장관의 승인을 받아야 한다.
⑤ 도시개발채권의 소멸시효는 상환일부터 기산하여 원금은 5년, 이자는 2년으로 한다.

03 ④ 시행자는 공동구를 설치하는 경우에는 다른 법률에 따라 그 공동구에 수용될 시설을 설치할 의무가 있는 자에게 공동구의 설치에 드는 비용을 부담시킬 수 있다.

04 ⓒ 지정권자가 시행자인 경우 그 시행자는 그가 시행한 도시개발사업으로 이익을 얻는 시·도가 있으면 그 도시개발사업에 소요된 비용의 2분의 1을 넘지 않는 범위 안에서 그 이익을 얻는 시·도에 부담시킬 수 있다.

제1장 총 칙

01 ④ 정비기반시설이 열악하고 노후·불량건축물이 밀집한 지역에서 주거환경을 개선하거나 상업지역·공업지역 등에서 도시기능의 회복 및 상권활성화 등을 위하여 도시환경을 개선하기 위한 사업은 재개발사업에 해당한다.

02 ⑤ 공공재건축사업 : 시장·군수등 또는 토지주택공사등(조합과 공동으로 시행하는 경우를 포함)이 재건축사업의 시행자나 재건축사업의 대행자일 것 + 종전의 용적률, 토지면적, 기반시설 현황 등을 고려하여 공공재건축사업을 추진하는 단지의 종전 세대수의 '100분의 160'에 해당하는 세대수 이상을 건설·공급할 것

03 ② 재건축사업은 토지등소유자가 사업을 시행할 수 없다.

04 ① 공동작업장은 정비기반시설에 해당하지 않고, 공동이용시설에 해당한다.

05 ② 구거(溝渠 : 도랑)는 공동이용시설에 해당하지 않고, 정비기반시설에 해당한다.

06 ③ 정비사업의 조합원은 토지등소유자로 한다. 재개발사업의 경우 토지등소유자는 정비구역에 위치한 토지 또는 건축물의 소유자 또는 그 지상권자이다.

제 2 장

기본계획의 수립 및 정비구역의 지정

Answer

01 ②　02 ③　03 ⑤　04 ④　05 ③　06 ⑤　07 ⑤　08 ④　09 ⑤　10 ③
11 ④　12 ③　13 ④

01 ② 단계별 정비사업 추진계획은 기본방침에 포함되는 사항이 아니라 도시·주거환경정비기본계획에 포함되어야 하는 사항이다.

🏠 **기본방침 포함 사항**

> 1. 도시 및 주거환경정비를 위한 국가정책방향(①)
> 2. 도시·주거환경정비기본계획의 수립방향(③)
> 3. 노후·불량 주거지 조사 및 개선계획의 수립(④)
> 4. 도시 및 주거환경 개선에 필요한 재정지원계획(⑤)

02 ③ '특별시장·광역시장·특별자치시장·특별자치도지사 또는 시장'은 기본계획을 '10년' 단위로 수립하여야 하며, '5년'마다 타당성을 검토하여 그 결과를 기본계획에 반영하여야 한다. 다만, 도지사가 대도시가 아닌 시로서 기본계획을 수립할 필요가 없다고 인정하는 시에 대하여는 기본계획을 수립하지 아니할 수 있다.

03 ⑤ 정비기본계획의 내용은 다음과 같다.

> 1. 정비사업의 기본방향(ㄴ)
> 2. 정비사업의 계획기간
> 3. 토지이용계획·정비기반시설계획·공동이용시설설치계획 및 교통계획
> 4. 녹지·조경·에너지공급·폐기물처리 등에 관한 환경계획
> 5. 사회복지시설 및 주민문화시설 등의 설치계획
> 6. 도시의 광역적 재정비를 위한 기본방향(ㄹ)
> 7. 정비구역으로 지정할 예정인 구역(정비예정구역)의 개략적 범위
> 8. 단계별 정비사업 추진계획(정비예정구역별 정비계획의 수립시기가 포함되어야 한다)(ㄱ)
> 9. 건폐율·용적률 등에 관한 건축물의 밀도계획(ㄷ)
> 10. 세입자에 대한 주거안정대책

04 ④ 특별시장·광역시장·특별자치시장·특별자치도지사 또는 시장은 기본계획에 대하여 5년마다 타당성을 검토하여 그 결과를 기본계획에 반영하여야 한다.

05 ① 재건축진단의 실시를 요청하려면 정비예정구역에 위치한 건축물 및 그 부속토지의 소유자 10분의 1 이상의 동의를 받아야 한다.
② 주택의 구조안전상 사용금지가 필요하다고 시장·군수등이 인정할 때에는 재건축진단을 실시하지 아니할 수 있다.
④ 천재지변 등으로 주택이 붕괴되어 신속히 재건축을 추진할 필요가 있다고 시장·군수등이 인정할 때에는 재건축진단을 실시하지 아니할 수 있다.
⑤ 시장·군수등은 재건축진단에 드는 비용을 해당 재건축진단의 실시를 요청하는 자에게 부담하게 할 수 있다.

06 ⑤ 정비계획에는 ㉠ 도시·군계획시설의 설치에 관한 계획, ㉢ 건축물의 주용도·건폐율·용적률·높이에 관한 계획, ㉣ 세입자 주거대책에 관한 사항이 포함되어야 한다. ㉡ 도시의 광역적 재정비를 위한 기본방향은 기본계획에 포함되어야 하는 사항이다.

07 ⑤ 건축물의 용적률을 20% 확대하는 경우에는 경미한 변경(건폐율 또는 용적률을 10% 미만의 범위에서 확대하는 경우)에 해당하지 않기 때문에 정비계획의 입안을 위하여 주민의 의견청취 절차를 거쳐야 한다.

08 ④ 토지의 합병(㉤)은 정비구역에서 허가를 받아야 하는 행위에 해당하지 않는다.

🏠 **허가대상 개발행위**

> 1. 건축물의 건축 등 : 「건축법」에 따른 건축물(가설건축물을 포함)의 건축 또는 용도변경
> 2. 공작물의 설치 : 인공을 가하여 제작한 시설물(「건축법」에 따른 건축물은 제외)의 설치
> 3. 토지의 형질변경 : 절토(땅깎기)·성토(흙쌓기)·정지(땅고르기)·포장 등의 방법으로 토지의 형상을 변경하는 행위, 토지의 굴착 또는 공유수면의 매립
> 4. 토석의 채취 : 흙·모래·자갈·바위 등의 토석을 채취하는 행위(다만, 토지의 형질변경을 목적으로 하는 것은 위 3.에 따름)
> 5. 토지분할
> 6. 물건을 쌓아놓는 행위 : 이동이 쉽지 아니한 물건을 1개월 이상 쌓아놓는 행위
> 7. 죽목의 벌채 및 식재

09 ⑤ 경작지에서의 관상용 죽목의 임시식재는 시장·군수등의 허가를 받아야 한다.

🏠 **허용사항**

> 다음의 어느 하나에 해당하는 행위는 정비구역에서 허가를 받지 아니하고 이를 할 수 있다.
> 1. 재해복구 또는 재난수습에 필요한 응급조치를 위한 행위
> 2. 기존 건축물의 붕괴 등 안전사고의 우려가 있는 경우 해당 건축물에 대한 안전조치를 위한 행위
> 3. 농림수산물의 생산에 직접 이용되는 것으로서 국토교통부령으로 정하는 간이공작물의 설치(비닐하우스, 버섯재배사, 종묘배양장, 퇴비장, 탈곡장 등)(④)
> 4. 경작을 위한 토지의 형질변경(③)
> 5. 정비구역의 개발에 지장을 주지 아니하고 자연경관을 손상하지 아니하는 범위에서의 토석의 채취(②)
> 6. 정비구역에 존치하기로 결정된 대지에 물건을 쌓아놓는 행위(①)
> 7. 관상용 죽목의 임시식재(경작지에서의 임시식재는 제외)

10 ③ 정비구역의 해제사유는 다음과 같다.

> • 토지등소유자가 시행하는 재개발사업으로서 토지등소유자가 정비구역으로 지정·고시된 날부터 '5년'이 되는 날까지 사업시행계획인가를 신청하지 아니하는 경우
> • 재개발사업을 조합이 시행하는 경우로서 추진위원회가 추진위원회 승인일부터 '2년'이 되는 날까지 조합설립인가를 신청하지 아니하는 경우
> • 재개발사업을 조합이 시행하는 경우로서 토지등소유자가 정비구역으로 지정·고시된 날부터 '2년'이 되는 날까지 추진위원회의 승인을 신청하지 아니하는 경우

11 ① 조합의 재건축사업의 경우, 토지등소유자가 정비구역으로 지정·고시된 날부터 2년이 되는 날까지 조합설립추진위원회의 승인을 신청하지 않은 경우

② 조합의 재건축사업의 경우, 토지등소유자가 정비구역으로 지정·고시된 날부터 3년이 되는 날까지 조합설립인가를 신청하지 않은 경우

③ 조합의 재건축사업의 경우, 조합설립추진위원회가 추진위원회승인일부터 2년이 되는 날까지 조합설립인가를 신청하지 않은 경우

⑤ 추진위원회가 구성되지 아니한 구역으로서 100분의 30 이상이 해제를 요청하는 경우에 해제할 수 있는 사유에 해당한다.

12 ③ 정비구역의 지정권자는 다음의 어느 하나에 해당하는 경우 지방도시계획위원회의 심의를 거쳐 정비구역등을 해제할 수 있다.

> ㉠ 정비사업의 시행으로 토지등소유자에게 과도한 부담이 발생할 것으로 예상되는 경우
> ㉡ 정비구역등의 추진 상황으로 보아 지정 목적을 달성할 수 없다고 인정되는 경우
> ㉢ 토지등소유자의 100분의 30 이상이 정비구역등(추진위원회가 구성되지 아니한 구역으로 한정한다)의 해제를 요청하는 경우
> ㉣ 주거환경개선사업의 정비구역이 지정·고시된 날부터 10년 이상 지나고, 추진 상황으로 보아 지정 목적을 달성할 수 없다고 인정되는 경우로서 토지등소유자의 과반수가 정비구역의 해제에 동의하는 경우
> ㉤ 추진위원회 구성 또는 조합 설립에 동의한 토지등소유자의 2분의 1 이상 3분의 2 이하의 범위에서 시·도조례로 정하는 비율 이상의 동의로 정비구역의 해제를 요청하는 경우(사업시행계획인가를 신청하지 아니한 경우로 한정한다)
> ㉥ 추진위원회가 구성되거나 조합이 설립된 정비구역에서 토지등소유자 과반수의 동의로 정비구역의 해제를 요청하는 경우(사업시행계획인가를 신청하지 아니한 경우로 한정한다)

13 ① 광역시의 군수는 직접 정비구역을 지정할 수 없다.

② 정비구역에서 건축물의 용도만을 변경하는 경우에는 따로 시장·군수등의 허가를 받아야 한다.

③ 재개발사업을 시행하는 조합이 조합설립인가를 받은 날부터 3년이 되는 날까지 사업시행계획인가를 신청하지 않은 경우 해당 정비구역을 해제하여야 한다.

⑤ 토지등소유자는 공공재개발사업을 추진하려는 경우 정비계획의 입안권자에게 정비계획의 입안을 제안할 수 있다.

제3장 정비사업의 시행

1 시행자 및 사업시행계획

01 ⑤	02 ③	03 ①	04 ③	05 ⑤	06 ④	07 ①	08 ②	09 ③	10 ②
11 ④	12 ④	13 ②	14 ⑤	15 ②	16 ③	17 ①	18 ④	19 ①	20 ④
21 ③	22 ②	23 ④	24 ①	25 ②	26 ③	27 ②	28 ③	29 ①	30 ③
31 ①									

2 관리처분계획 및 소유권이전

01 ④	02 ④	03 ⑤	04 ③	05 ③	06 ①	07 ④	08 ⑤	09 ①	10 ③
11 ①	12 ③	13 ⑤	14 ③	15 ④	16 ③	17 ④	18 ①	19 ④	20 ②

1 시행자 및 사업시행계획

01　⑤ 재건축사업은 정비구역에서 인가받은 관리처분계획에 따라 건축물을 건설하여 공급하는 방법으로 한다. 이 경우 공동주택 외 건축물을 건설하여 공급하는 경우에는 「국토의 계획 및 이용에 관한 법률」에 따른 '준주거지역 및 상업지역'에서만 건설할 수 있다. 이 경우 공동주택 외 건축물의 연면적은 전체 건축물 연면적의 '100분의 30' 이하이어야 한다.

02　㉠ 재건축사업은 환지로 공급하는 방법으로 사업을 시행할 수 없다.
　　㉡ 주거환경개선사업의 경우에는 오피스텔을 건설하여 공급할 수 없다.

03　① 광역시장은 정비사업의 시행자가 될 수 없다.

04　③ 주거환경개선사업은 정비계획의 입안을 위한 공람 공고일 현재 해당 정비예정구역의 토지 또는 건축물의 소유자 또는 지상권자의 '3분의 2' 이상의 동의와 세입자 세대수 '과반수'의 동의를 각각 받아 시장·군수등이 직접 시행하거나 토지주택공사등을 사업시행자로 지정하여 이를 시행하게 할 수 있다. 다만, 세입자의 세대수가 토지등소유자의 '2분의 1' 이하인 경우 등 대통령령으로 정하는 사유가 있는 경우에는 세입자의 동의절차를 거치지 아니할 수 있다.

05　⑤ ㉠, ㉡, ㉢ 모두 옳은 내용이다.

06　④ 재개발사업은 사업시행자가 정비구역에서 인가받은 관리처분계획에 따라 건축물을 건설하여 공급하거나 환지로 공급하는 방법으로 하며, 혼용할 수는 없다.

07　② 재개발사업은 토지등소유자가 20인 미만인 경우에는 토지등소유자가 직접 시행할 수 있다.
　　③ 토지등소유자가 재개발사업을 시행하는 경우에는 사업시행계획인가를 받은 후 규약으로 정하는 바에 따라 건설업자 또는 등록사업자를 시공자로 선정하여야 한다.

④ 조합은 조합설립인가를 받은 후 조합 총회에서 경쟁입찰 또는 수의계약(2회 이상 경쟁입찰이 유찰된 경우로 한정)의 방법으로 건설업자 또는 등록사업자를 시공자로 선정하여야 한다. 다만, 조합원이 100명 이하인 정비사업은 조합 총회에서 정관으로 정하는 바에 따라 선정할 수 있다.
⑤ 주민대표회의는 위원장을 포함하여 5명 이상 25명 이하로 구성한다.

08 ② 정비계획에서 정한 정비사업시행 예정일부터 2년 이내에 사업시행계획인가를 신청하지 아니하거나 사업시행계획인가를 신청한 내용이 위법 또는 부당하다고 인정하는 때에 재개발사업을 시장·군수등이 직접 정비사업을 시행하거나 토지주택공사등을 시행자로 지정하여 정비사업을 시행하게 할 수 있다.

🏠 시장·군수등 또는 토지주택공사등의 재개발사업시행 가능사유

1. 천재지변, 「재난 및 안전관리 기본법」 또는 「시설물의 안전 및 유지관리에 관한 특별법」에 따른 사용제한·사용금지, 그 밖의 불가피한 사유로 긴급하게 정비사업을 시행할 필요가 있다고 인정하는 때
2. 정비계획에서 정한 정비사업시행 예정일부터 2년 이내에 사업시행계획인가를 신청하지 아니하거나 사업시행계획인가를 신청한 내용이 위법 또는 부당하다고 인정하는 때(재건축사업의 경우는 제외)
3. 추진위원회가 시장·군수등의 구성승인을 받은 날부터 3년 이내에 조합설립인가를 신청하지 아니하거나 조합이 조합설립인가를 받은 날부터 3년 이내에 사업시행계획인가를 신청하지 아니한 때
4. 지방자치단체의 장이 시행하는 「국토의 계획 및 이용에 관한 법률」에 따른 도시·군계획사업과 병행하여 정비사업을 시행할 필요가 있다고 인정하는 때
5. 순환정비방식으로 정비사업을 시행할 필요가 있다고 인정하는 때
6. 사업시행계획인가가 취소된 때
7. 해당 정비구역의 국·공유지 면적 또는 국·공유지와 토지주택공사등이 소유한 토지를 합한 면적이 전체 토지면적의 2분의 1 이상으로서 토지등소유자의 과반수가 시장·군수등 또는 토지주택공사등을 사업시행자로 지정하는 것에 동의하는 때
8. 해당 정비구역의 토지면적 2분의 1 이상의 토지소유자와 토지등소유자의 3분의 2 이상에 해당하는 자가 시장·군수등 또는 토지주택공사등을 사업시행자로 지정할 것을 요청하는 때

09 ③ 주거환경개선사업의 사업시행자가 임시거주시설의 설치 등을 위하여 지방자치단체의 건축물을 일시 사용하고자 신청한 경우, 그 지방자치단체는 사용신청 이전에 사용계획이 확정된 경우에는 이를 거절할 수 있다.

10 ① 재건축사업은 정비기반시설이 양호한 지역을 대상으로 사업을 시행한다.
③ 재건축사업의 토지등소유자가 의무적으로 조합원이 되는 것은 아니고, 재건축사업에 동의한 자에 한하여 조합원이 된다.
④ 재건축사업은 수용방법으로는 사업을 시행할 수 없고, 인가받은 관리처분계획에 따라 건축물을 건설하여 공급하는 방법으로 사업을 시행할 수 있다.
⑤ 재건축사업의 추진위원회가 조합을 설립하려면 주택단지가 아닌 지역이 정비구역에 포함된 때에는 주택단지가 아닌 지역의 토지 또는 건축물 소유자의 4분의 3 이상 및 토지면적의 3분의 2 이상의 토지소유자의 동의를 받아야 한다.

11 ④ 도시·주거환경정비기본계획 수립(ⓒ) - 정비계획 수립 및 정비구역 지정(ⓛ) - 사업시행계획 수립 및 인가(㉠) - 관리처분계획 인가(ⓜ) - 준공인가(ⓔ)의 순서이다.

12 ④ 정비사업비의 조합원별 분담내역의 결정에 관한 업무는 추진위원회에서 수행하는 업무사항에 해당하지 않는다.

13 ② 추진위원회는 추진위원회를 대표하는 추진위원장 1명과 감사를 두어야 한다.

14 ⑤ 재건축사업의 추진위원회가 조합을 설립하려는 때에는 주택단지의 공동주택의 각 동별 구분소유자의 과반수의 동의와 주택단지의 전체 구분소유자의 100분의 70 이상 및 토지면적의 100분의 70 이상의 토지소유자의 동의를 받아 시장·군수등의 인가를 받아야 한다.

15 ② 토지에 지상권이 설정되어 있는 경우 토지의 소유자와 해당 토지의 지상권자를 대표하는 1인을 토지등소유자로 산정한다.

16 ③ 지번1은 A와 H 각각 1명, 지번2의 경우 B, D 중 1명, 지번3의 경우 F와 G 각각 1명, 지번4는 0명이다. 따라서 조합원은 모두 5명이다.

🏠 토지등소유자 산정방법

1. 주거환경개선사업, 재개발사업의 경우에는 다음의 기준에 따라 산정한다.
   - 1필지의 토지 또는 하나의 건축물을 여럿이서 공유할 때에는 그 여럿을 대표하는 1인을 토지등소유자로 산정할 것
   - 토지에 지상권이 설정되어 있는 경우 토지의 소유자와 해당 토지의 지상권자를 대표하는 1인을 토지등소유자로 산정할 것
   - 1인이 다수 필지의 토지 또는 다수의 건축물을 소유하고 있는 경우에는 필지나 건축물의 수에 관계없이 토지등소유자를 1인으로 산정할 것. 다만, 재개발사업으로서 토지등소유자가 재개발사업을 시행하는 경우 토지등소유자가 정비구역 지정 후에 정비사업을 목적으로 취득한 토지 또는 건축물에 대해서는 정비구역 지정 당시의 토지 또는 건축물의 소유자를 토지등소유자의 수에 포함하여 산정하되, 이 경우 동의 여부는 이를 취득한 토지등소유자에 따를 것
   - 둘 이상의 토지 또는 건축물을 소유한 공유자가 동일한 경우에는 그 공유자 여럿을 대표하는 1인을 토지등소유자로 산정할 것
2. 재건축사업의 경우에는 다음의 기준에 따를 것
   - 소유권 또는 구분소유권을 여럿이서 공유하는 경우에는 그 여럿을 대표하는 1인을 토지등소유자로 산정할 것
   - 1인이 둘 이상의 소유권 또는 구분소유권을 소유하고 있는 경우에는 소유권 또는 구분소유권의 수에 관계없이 토지등소유자를 1인으로 산정할 것
   - 둘 이상의 소유권 또는 구분소유권을 소유한 공유자가 동일한 경우에는 그 공유자 여럿을 대표하는 1인을 토지등소유자로 할 것
3. 추진위원회의 구성 또는 조합의 설립에 동의한 자로부터 토지 또는 건축물을 취득한 자는 추진위원회의 구성 또는 조합의 설립에 동의한 것으로 볼 것
4. 토지건물등기사항증명서·건물등기사항증명서·토지대장 및 건축물관리대장에 소유자로 등재될 당시 주민등록번호의 기록이 없고 기록된 주소가 현재 주소와 상이한 경우로서 소재가 확인되지 아니한 자는 토지등소유자의 수 또는 공유자 수에서 제외할 것
5. 국·공유지에 대해서는 그 재산관리청 각각을 토지등소유자로 산정할 것. 이 경우 재산관리청은 동의 요청을 받은 날부터 30일 이내에 동의 여부를 표시하지 않으면 동의한 것으로 본다.

17 • A, B 2인이 공유한 1필지 토지에 하나의 주택을 단독 소유한 C = 2명
　　• 4필지의 나대지를 단독 소유한 D = 1명
　　• 1필지의 나대지를 단독 소유한 E와 그 나대지에 대한 지상권자 F = 1명
　　따라서 모두 4명이다.

18 ① 「도시 및 주거환경정비법」을 위반하여 벌금 100만원 이상의 형을 선고받고 10년이 지나지 아니한 자는 조합의 임원이 될 수 없다.
② 조합이 조합원의 자격에 관한 정관을 변경하려면 총회를 개최하여 조합원 3분의 2 이상의 찬성으로 시장·군수등의 인가를 받아야 한다.
③ 시공자 선정 취소를 위한 총회의 경우 조합원의 100분의 20 이상이 직접 출석하여야 한다.
⑤ 조합장을 제외한 이사와 감사는 대의원이 될 수 없다.

19 ① 조합임원의 수 및 업무의 범위를 변경하려면 조합원 과반수의 찬성으로 한다.
②③④⑤ 조합원의 자격, 조합원의 제명·탈퇴 및 교체, 정비구역의 위치 및 면적, 조합의 비용부담 및 조합의 회계, 정비사업비의 부담 시기 및 절차 또는 시공자·설계자의 선정 및 계약서에 포함될 내용의 경우에는 조합원 3분의 2 이상의 찬성으로 한다.

20 ④ 조합이 정관을 변경하려는 경우에는 총회를 개최하여 조합원 과반수의 찬성으로 시장·군수등의 인가를 받아야 한다. 다만, 아래의 2.,3.,4. · 8.,13. 또는 16.의 경우에는 조합원 3분의 2 이상의 찬성으로 한다.

> 1. 조합의 명칭 및 사무소의 소재지
> 2. 조합원의 자격(조합원 3분의 2 이상의 찬성)
> 3. 조합원의 제명·탈퇴 및 교체(조합원 3분의 2 이상의 찬성)
> 4. 정비구역의 위치 및 면적(조합원 3분의 2 이상의 찬성)
> 5. 제41조에 따른 조합의 임원(이하 "조합임원"이라 한다)의 수 및 업무의 범위
> 6. 조합임원의 권리·의무·보수·선임방법·변경 및 해임
> 7. 대의원의 수, 선임방법, 선임절차 및 대의원회의 의결방법
> 8. 조합의 비용부담 및 조합의 회계(조합원 3분의 2 이상의 찬성)
> 9 정비사업의 시행연도 및 시행방법
> 10. 총회의 소집 절차·시기 및 의결방법
> 11. 총회의 개최 및 조합원의 총회소집 요구
> 12. 제73조 제3항에 따른 이자 지급
> 13. 정비사업비의 부담 시기 및 절차(조합원 3분의 2 이상의 찬성)
> 14. 정비사업이 종결된 때의 청산절차
> 15. 청산금의 징수·지급의 방법 및 절차
> 16. 시공자·설계자의 선정 및 계약서에 포함될 내용(조합원 3분의 2 이상의 찬성)
> 17. 정관의 변경절차
> 18. 그 밖에 정비사업의 추진 및 조합의 운영을 위하여 필요한 사항으로서 대통령령으로 정하는 사항

21 ① 조합임원의 임기는 3년 이하의 범위에서 정관으로 정하되, 연임할 수 있다.

② 조합임원은 조합원 10분의 1 이상의 요구로 소집된 총회에서 조합원 과반수의 출석과 출석 조합원 과반수의 동의를 받아 해임할 수 있다.

④ 조합장의 자기를 위한 조합과의 계약이나 소송에 관하여는 감사가 조합을 대표한다.

⑤ 조합임원은 같은 목적의 정비사업을 하는 다른 조합의 임원 또는 직원을 겸할 수 없다.

22 • 재건축사업의 추진위원회가 조합을 설립하는 때에는 주택단지의 공동주택의 각 동(복리시설의 경우에는 주택단지의 복리시설 전체를 하나의 동으로 봄)별 구분소유자의 '과반수' 동의(공동주택의 각 동별 구분소유자가 5 이하인 경우는 제외)와 주택단지의 전체 구분소유자의 100분의 70 이상 및 토지 면적의 '100분의 70' 이상의 토지소유자의 동의를 받아 제16조에 따른 정비구역 지정·고시 후 시장·군수등의 인가를 받아야 한다.

• 재건축사업의 추진위원회가 조합을 설립하려면 주택단지가 아닌 지역이 정비구역에 포함된 때에는 주택단지가 아닌 지역의 토지 또는 건축물 소유자의 '4분의 3' 이상 및 토지 면적의 3분의 2 이상의 토지소유자의 동의를 받아 시장·군수등의 인가를 받아야 한다.

23 ④ ㉠ 4분의 3, ㉡ 2분의 1, ㉢ 3분의 2

24 ① 임기 중 궐위된 이사의 보궐선임에 관한 사항은 대의원회에서 총회의 권한을 대행할 수 있다.

25 ① 조합원이 정비구역에 위치한 하나의 건축물 또는 토지를 다른 사람과 공유한 경우에는 가장 많은 지분을 소유한 경우로 한정하여 조합의 임원이 된다.

③ 조합임원은 같은 목적의 정비사업을 하는 다른 조합의 임직원을 겸할 수 없다.

④ 시공자의 선정을 의결하는 총회의 경우에는 조합원 과반수가 직접 출석하여야 하고, 시공자 선정 취소를 위한 총회의 경우 조합원의 100분의 20 이상이 직접 출석하여야 한다.

⑤ 조합장이 선임 당시 결격사유에 해당하는 자임이 밝혀진 경우 당연 퇴임하고, 퇴임된 임원이 퇴임 전에 관여한 행위는 그 효력을 잃지 않는다.

26 ③ 주민대표회의에는 위원장과 부위원장 각 1명과, 1명 이상 3명 이하의 감사를 둔다.

27 ① 토지등소유자가 재개발사업을 시행하려는 경우에는 사업시행계획인가를 신청하기 전에 사업시행계획서에 대하여 토지등소유자의 4분의 3 이상 및 토지면적의 2분의 1 이상의 토지소유자의 동의를 받아야 한다.

③ 시장·군수등은 사업시행계획인가를 하거나 사업시행계획서를 작성하려는 경우에는 대통령령으로 정하는 방법 및 절차에 따라 관계 서류의 사본을 14일 이상 일반인이 공람할 수 있게 하여야 한다.

④ 시장·군수등이 재개발사업의 사업시행계획인가를 하는 경우 해당 정비사업의 사업시행자가 지정개발자(지정개발자가 토지등소유자인 경우로 한정한다)인 때에는 정비사업비의 100분의 20의 범위에서 시·도 조례로 정하는 금액을 예치하게 할 수 있다.

⑤ 사업시행자는 일부 건축물의 존치 또는 리모델링에 관한 내용이 포함된 사업시행계획서를 작성하여 사업시행계획인가의 신청을 할 수 있다.

28　③ 임대주택의 건설계획은 재건축사업의 경우에는 사업시행계획서의 내용에 포함되지 않는다.

29　• 사업시행자는 주거환경개선사업 및 (재개발)사업의 시행으로 철거되는 주택의 소유자 또는 세입자에게 해당 정비구역 안과 밖에 위치한 임대주택 등의 시설에 임시로 거주하게 하거나 주택자금의 융자를 알선하는 등 임시거주에 상응하는 조치를 하여야 한다.
　　• 사업시행자는 정비사업의 공사를 완료한 때에는 완료한 날부터 (30)일 이내에 임시거주시설을 철거하고, 사용한 건축물이나 토지를 원상회복하여야 한다.

30　③ 사업시행자가 사업시행계획인가를 받은 후 대지면적을 10%의 범위에서 변경하는 경우 시장·군수등에게 신고하여야 한다.

31　① 건축물이 아닌 부대시설·복리시설의 위치를 변경하는 경우는 사업시행계획인가의 경미한 변경에 해당하지 않는다.

2 관리처분계획 및 소유권이전

01　④ 사업시행자는 분양신청기간 종료 이전에 분양신청을 철회한 경우에는 관리처분계획이 인가·고시된 다음 날부터 90일 이내에 손실보상에 관한 협의를 하여야 한다.

02　④ 분양대상자별 분담금의 추산액은 분양공고에 포함되어야 할 사항이 아니다.

03　① 분양신청을 하지 아니한 경우에는 관리처분계획이 인가·고시된 다음 날부터 90일 이내에 손실보상에 관한 협의를 하여야 한다.
　　② 사업시행자는 분양신청기간이 종료된 때에는 기존 건축물을 철거하기 전에 분양신청의 현황을 기초로 관리처분계획을 수립하여 시장·군수등의 인가를 받아야 한다.
　　③ 조합원 5분의 1 이상이 관리처분계획인가 신청이 있은 날부터 15일 이내에 관리처분계획의 타당성 검증을 요청한 경우 시장·군수는 이에 따라야 한다.
　　④ 재건축사업의 사업시행자는 관리처분계획을 수립하여 시장·군수등의 인가를 받아야 하며, 해당 관리처분계획을 중지하는 경우에도 시장·군수등에게 인가를 받아야 한다.

04　③ 정비구역 지정 후 분할된 토지를 취득한 자에 대하여 현금으로 청산할 수 있다.

05　③ 관리처분계획의 인가·고시가 있은 때에는 종전의 토지의 임차권자는 사업시행자의 동의를 받은 경우에는 이전의 고시가 있는 날까지 종전의 토지를 사용할 수 있다.

06　① 사업시행자의 변동에 따른 권리·의무의 변동이 있는 경우로서 분양설계의 변경을 수반하지 아니하는 경우에는 시장·군수등에게 신고를 하여야 한다.

07 ④ 분양설계에 관한 계획은 분양신청기간이 만료되는 날을 기준으로 하여 수립한다.

08 ⑤ 시·도지사는 정비구역에서 바닥면적이 40m² 미만인 사실상 주거를 위하여 사용하는 건축물을 소유한 자로서 토지를 소유하지 아니한 자의 요청이 있는 경우에는 인수한 임대주택의 일부를 「주택법」에 따른 토지임대부 분양주택으로 전환하여 공급하여야 한다.

09 ① 재개발사업의 시행자는 관리처분계획을 수립하여 시장·군수등의 인가를 받아야 하며, 관리처분계획을 중지 또는 폐지하고자 하는 경우에도 인가를 받아야 한다.

10 ③ 건축물의 높이 및 용적률 등에 관한 건축계획은 사업시행계획에 포함되는 내용이다.

🏠 **관리처분계획의 내용**

> 1. 분양설계
> 2. 분양대상자의 주소 및 성명
> 3. 분양대상자별 분양예정인 대지 또는 건축물의 추산액(임대관리 위탁주택에 관한 내용을 포함)
> 4. 일반 분양분, 공공지원민간임대주택, 임대주택, 그 밖에 부대시설·복리시설 등 보류지 등의 명세와 추산방법. 다만, 공공지원민간임대주택의 경우에는 임대사업자의 성명 및 주소(법인인 경우에는 법인의 명칭 및 소재지와 대표자의 성명 및 주소)를 포함한다.
> 5. 분양대상자별 종전의 토지 또는 건축물 명세 및 사업시행계획인가 고시가 있은 날을 기준으로 한 가격 (사업시행계획인가 전에 철거된 건축물은 시장·군수등에게 허가를 받은 날을 기준으로 한 가격)
> 6. 정비사업비의 추산액(재건축사업의 경우에는 「재건축초과이익 환수에 관한 법률」에 따른 재건축부담금에 관한 사항을 포함) 및 그에 따른 조합원 분담규모 및 분담시기
> 7. 분양대상자의 종전 토지 또는 건축물에 관한 소유권 외의 권리명세
> 8. 세입자별 손실보상을 위한 권리명세 및 그 평가액

11 ① 분양대상자별 종전의 토지 또는 건축물의 명세 및 사업시행계획인가 고시가 있은 날을 기준으로 한 가격의 범위 또는 종전 주택의 주거전용면적의 범위에서 '2주택'을 공급할 수 있고, 이 중 1주택은 주거전용면적을 '60'm² 이하로 한다. 다만, '60'm² 이하로 공급받은 1주택은 소유권이전고시일 다음 날부터 '3년'이 지나기 전에는 주택을 전매(매매·증여나 그 밖에 권리의 변동을 수반하는 모든 행위를 포함하되 상속의 경우는 제외)하거나 전매를 알선할 수 없다.

12 ③ 재개발사업의 경우 분양대상자별 종전의 토지가격은 ㉠ <u>사업시행계획인가의 고시가 있은 날을 기준으로 한 가격</u>으로 ㉡ <u>시장·군수등이 선정·계약한</u> ㉢ <u>2인 이상의 감정평가법인등이 평가한 금액을 산술평균</u>하여 산정한다. 따라서 ㉠㉢은 옳은 내용이고, ㉡은 틀린 내용이다.

13 ⑤ 종전의 건축물의 전세권자가 관리처분계획인가의 고시가 있은 때부터 소유권이전고시가 있은 날까지 종전의 건축물을 사용하거나 수익하려면 사업시행자의 동의를 받아야 한다.

14 ③ 조합이 재개발사업의 시행으로 건설된 임대주택의 인수를 요청하는 경우, 시·도지사 또는 시장, 군수, 구청장이 우선하여 인수하여야 하며, 시·도지사 또는 시장, 군수, 구청장이 예산·관리인력의 부족 등 부득이한 사정으로 인수하기 어려운 경우에는 국토교통부장관에게 토지주택공사등을 인수자로 지정할 것을 요청할 수 있다.

15 ④ 정비구역의 지정은 준공인가의 고시가 있은 날(관리처분계획을 수립하는 경우에는 이전고시가 있은 때를 말한다)의 다음 날에 해제된 것으로 본다. 그러나 정비구역의 해제는 조합의 존속에 영향을 주지 아니한다. 그러므로 준공인가에 따른 정비구역의 해제가 된다 하더라도 조합은 해산된 것으로 보지 않는다.

16 ③ 정비구역의 해제는 조합의 존속에 영향을 주지 아니한다.

17 ④ 청산금을 지급받을 권리 또는 이를 징수할 권리는 소유권이전고시일의 다음 날로부터 5년간 이를 행사하지 아니하면 소멸한다.

18 ② 시장·군수등이 아닌 사업시행자는 정비사업에 관한 공사를 완료한 때에는 대통령령이 정하는 방법 및 절차에 의하여 시장·군수등의 준공인가를 받아야 한다.
③ 시장·군수등은 준공인가를 하기 전이라도 완공된 건축물이 사용에 지장이 없는 등 대통령령이 정하는 기준에 적합한 경우에는 입주예정자가 완공된 건축물을 사용할 수 있도록 사업시행자에게 허가할 수 있다.
④ 대지 또는 건축물을 분양받을 자는 소유권이전고시가 있은 날의 다음 날에 그 대지 또는 건축물에 대한 소유권을 취득한다.
⑤ 사업시행자(공동시행자인 경우를 포함)가 한국토지주택공사인 경우로서 「한국토지주택공사법」에 따라 준공인가 처리결과를 시장·군수등에게 통보한 경우에는 준공인가를 받지 않아도 된다.

19 ④ 국가 또는 지방자치단체는 시장·군수등이 아닌 사업시행자가 시행하는 정비사업에 드는 비용의 일부를 보조 또는 융자하거나 융자를 알선할 수 있다.

20 ① 정산금을 지급(분할지급을 포함한다)받을 권리 또는 이를 징수할 권리는 이전고시일의 다음 날부터 5년간 행사하지 아니하면 소멸한다.
③ 청산금을 지급받을 자가 받을 수 없거나 받기를 거부한 때에는 사업시행자는 그 청산금을 공탁할 수 있다.
④ 청산금을 납부할 자가 이를 납부하지 아니하는 경우에는 시장·군수 등인 사업시행자는 지방세 체납처분의 예에 의하여 이를 징수(분할징수를 포함한다)할 수 있으며, 시장·군수 등이 아닌 사업시행자는 시장·군수 등에게 청산금의 징수를 위탁할 수 있다. 이 경우 사업시행자는 징수한 금액의 100분의 4에 해당하는 금액을 당해 시장·군수 등에게 지급하여야 한다.
⑤ 국가 또는 지방자치단체는 토지임대부 분양주택을 공급받는 자에게 해당 공급비용의 전부 또는 일부를 보조 또는 융자할 수 있다.

제**1**장 **총 칙**

Answer

01 ⑤	02 ①	03 ①	04 ③	05 ④	06 ④	07 ③	08 ①	09 ④	10 ②
11 ②	12 ③	13 ②	14 ④	15 ④	16 ②	17 ⑤	18 ③	19 ③	20 ②
21 ①	22 ①	23 ②	24 ③	25 ④	26 ③	27 ②			

01 ① 주요구조부란 내력벽(耐力壁), 기둥, 바닥, 보, 지붕틀 및 주계단(主階段)을 말한다. 다만, 사이 기둥, 최하층 바닥, 작은 보, 차양, 옥외 계단, 그 밖에 이와 유사한 것으로 건축물의 구조상 중요하지 아니한 부분은 제외한다.
② 고층건축물이란 층수가 30층 이상이거나 높이가 120m 이상인 건축물을 말한다.
③ 도로란 보행과 자동차 통행이 가능한 너비 4m 이상의 도로로서 예정도로를 포함한다.
④ 건축물을 이전하는 것은 '대수선'이 아니라 '건축'에 해당한다.

02 ② "초고층 건축물"이란 층수가 50층 이상이거나 높이가 200미터 이상인 건축물을 말한다.
③ 건축물이 천재지변으로 멸실된 경우 그 대지에 종전 규모보다 연면적의 합계를 늘려 건축물을 다시 축조하는 것은 신축에 해당한다.
④ 이전이란 건축물의 주요구조부를 해체하지 아니하고 같은 대지 안의 다른 위치로 옮기는 것을 말한다.
⑤ 기존 건축물이 있는 대지에서 건축물의 내력벽을 증설하여 건축면적을 늘리는 것은 증축에 해당한다.

03 ① 주요구조부란 내력벽(耐力壁), 기둥, 바닥, 보, 지붕틀 및 주계단(主階段)을 말한다. 다만, 사이 기둥, 최하층 바닥, 작은 보, 차양, 옥외 계단, 그 밖에 이와 유사한 것으로 건축물의 구조상 중요하지 아니한 부분은 제외한다. 따라서 ㉠ 작은 보, ㉢ 사이 기둥, ㉣ 최하층 바닥은 주요구조부에 해당하지 않는다.

04 ① 지하층은 건축물의 층수에 산입하지 아니한다.
② 지하층의 바닥면적은 용적률을 산정할 때에는 연면적에서 제외한다.
④ 지하층의 바닥으로부터 지표면까지의 높이가 다른 경우에는 가중평균한 높이의 수평면을 지표면으로 본다.
⑤ 바닥에서 지표면까지의 평균 높이가 3m이고 해당 층 높이가 5m인 경우에는 지하층에 해당한다.

05 ④ 다중이용 건축물은 바닥면적의 합계가 5,000m² 이상이거나 16층 이상이어야 한다. 따라서 17층의 종합병원은 다중이용 건축물에 해당한다.

① 바닥면적의 합계가 5,000m² 이하이고 16층 이하이므로 다중이용 건축물에 해당하지 않는다.

②⑤ 동물원, 식물원은 다중이용 건축물에서 제외된다.

③ 바닥면적의 합계가 5,000m²인 교육연구시설은 다중이용 건축물에 해당하지 않는다.

🏠 **다중이용 건축물**

> 1. 다음의 어느 하나에 해당하는 용도로 쓰는 바닥면적의 합계가 5,000m² 이상인 건축물
>   - 문화 및 집회시설(동물원 및 식물원은 제외)
>   - 종교시설
>   - 판매시설
>   - 운수시설 중 여객용 시설
>   - 의료시설 중 종합병원
>   - 숙박시설 중 관광숙박시설
> 2. 16층 이상인 건축물

06 ④ 다중이용 건축물은 문화 및 집회시설(동물원 및 식물원은 제외), 종교시설, 판매시설, 운수시설 중 여객용 시설, 의료시설 중 종합병원, 숙박시설 중 관광숙박시설 + 해당 용도로 쓰는 바닥면적의 합계가 5,000m² 이상인 건축물을 말한다. 따라서 업무시설은 다중이용 건축물에 해당하지 않는다.

07 ③ 지하나 고가의 공작물에 설치하는 점포는 「건축법」의 적용을 받는 건축물에 해당한다.

🏠 **「건축법」이 적용되는 건축물과 적용되지 않는 건축물**

> 1. 「건축법」이 적용되는 건축물
>   ⓐ 토지에 정착하는 공작물 중 지붕과 기둥 또는 벽이 있는 것과 이에 딸린 시설물
>   ⓑ 지하 또는 고가의 공작물에 설치하는 사무소 · 공연장 · 점포 · 창고
> 2. 「건축법」을 적용하지 아니하는 건축물
>   ⓐ 「문화유산의 보존 및 활용에 관한 법률」에 따른 지정문화유산이나 임시지정문화유산 또는 「자연유산의 보존 및 활용에 관한 법률」에 따라 지정된 천연기념물등이나 임시지정천연기념물, 임시지정명승, 임시지정시 · 도자연유산, 임시자연유산자료
>   ⓑ 철도나 궤도의 선로 부지에 있는 다음의 시설
>   - 운전보안시설
>   - 철도 선로의 위나 아래를 가로지르는 보행시설
>   - 플랫폼
>   - 해당 철도 또는 궤도사업용 급수 · 급탄 및 급유 시설
>   ⓒ 고속도로 통행료 징수시설
>   ⓓ 컨테이너를 이용한 간이창고(「산업집적활성화 및 공장설립에 관한 법률」에 따른 공장의 용도로만 사용되는 건축물의 대지에 설치하는 것으로서 이동이 쉬운 것만 해당)
>   ⓔ 「하천법」에 따른 하천구역 내의 수문조작실

08 ① 사용승인을 신청할 때 필지를 나눌 것을 조건으로 건축허가를 하는 경우, 그 필지가 나누어지는 토지의 일부를 하나의 대지로 볼 수 있다.

09 ① 상업지역에 설치하는 통신용 철탑은 높이가 6m를 넘어야 한다.

② 옹벽은 높이가 2m를 넘어야 한다.

③ 굴뚝은 높이가 6m를 넘어야 한다.

⑤ 장식탑은 높이가 4m를 넘어야 한다.

🏠 **신고대상 공작물**

> 1. 높이 2m를 넘는 옹벽 또는 담장
> 2. 높이 4m를 넘는 광고탑 · 광고판
> 3. 높이 4m를 넘는 장식탑, 기념탑, 첨탑
> 4. 높이 6m를 넘는 굴뚝, 골프연습장 등의 운동시설을 위한 철탑과 주거지역 · 상업지역에 설치하는 통신용 철탑
> 5. 높이 8m를 넘는 고가수조
> 6. 높이 8m(위험방지를 위한 난간의 높이는 제외) 이하의 기계식 주차장 및 철골조립식 주차장(바닥면적이 조립식이 아닌 것을 포함)으로서 외벽이 없는 것
> 7. 바닥면적 30m²를 넘는 지하대피호
> 8. 높이 5m를 넘는 「신에너지 및 재생에너지 개발 · 이용 · 보급 촉진법」에 따른 태양에너지를 이용하는 발전설비

10 ①의 굴뚝은 높이 6미터를 넘어야 하며, ③의 기념탑은 높이 4미터를 넘어야 한다.

④ 고가수조는 높이가 8미터를 넘어야 한다.

⑤ 골프연습장 등의 운동시설을 위한 철탑, 주거지역 · 상업지역에 설치하는 통신용 철탑, 그 밖에 이와 비슷한 것은 높이 6미터를 넘어야 한다.

11 ② 기존 건축물이 있는 대지에서 건축물의 건축면적, 연면적, 층수 또는 높이를 늘리는 것은 증축이다.

12 ① 기존 건축물의 높이를 높이는 행위는 증축에 해당한다.

② 부속건축물만 있는 대지에 새로 주된 건축물을 축조한 행위는 신축에 해당한다.

④ 건축물이 천재지변이나 그 밖의 재해로 멸실된 경우, 그 대지에 연면적 합계, 동수, 층수, 높이를 모두 종전 규모 이하로 다시 축조하는 것은 재축에 해당한다.

⑤ 건축물의 주요구조부를 해체하지 아니하고 같은 대지의 다른 위치로 옮긴 행위는 이전에 해당한다.

13 ② 피난계단을 증설 또는 해체하거나 수선 또는 변경하는 것은 대수선에 해당한다.

🏠 **대수선**

> 대수선이란 건축물의 기둥, 보, 내력벽, 주계단 등의 구조나 외부형태를 수선 · 변경하거나 증설하는 다음의 어느 하나에 해당하는 것으로서, 증축 · 개축 또는 재축에 해당하지 아니하는 것을 말한다.
> 1. 내력벽을 증설 또는 해체하거나 내력벽의 벽면적을 30m² 이상 수선 또는 변경하는 것
> 2. 기둥을 증설 또는 해체하거나 기둥을 세 개 이상 수선 또는 변경하는 것
> 3. 보를 증설 또는 해체하거나 보를 세 개 이상 수선 또는 변경하는 것
> 4. 지붕틀(한옥의 경우에는 지붕틀의 범위에서 서까래는 제외)을 증설 또는 해체하거나 지붕틀을 세 개 이상 수선 또는 변경하는 것
> 5. 방화벽 또는 방화구획을 위한 바닥 또는 벽을 증설 또는 해체하거나 수선 또는 변경하는 것

6. 주계단 · 피난계단 또는 특별피난계단을 증설 또는 해체하거나 수선 또는 변경하는 것
7. 다가구주택의 가구 간 경계벽 또는 다세대주택의 세대 간 경계벽을 증설 또는 해체하거나 수선 또는 변경하는 것
8. 건축물의 외벽에 사용하는 마감재료를 증설 또는 해체하거나 벽면적 $30m^2$ 이상을 수선 또는 변경하는 것

14 ④ 보 3개를 증설하여 건축물의 연면적을 늘리는 것은 증축에 해당한다.

15 ① 동물원 · 식물원은 문화 및 집회시설에 해당한다.
② 안마시술소는 제2종 근린생활시설에 해당한다.
③ 노래연습장은 제2종 근린생활시설에 해당한다.
⑤ 물류터미널은 창고시설에 해당한다.

16 ① 유스호스텔 − 수련시설
③ 유치원 − 교육연구시설
④ 일반음식점 · 기원 − 제2종 근린생활시설
⑤ 카지노영업소 − 위락시설

17 ① 바닥면적의 합계가 $500m^2$ 미만인 골프연습장은 제2종 근린생활시설에 해당한다.
② 바닥면적의 합계가 $500m^2$ 미만인 다중생활시설은 제2종 근린생활시설에 해당한다.
③ 바닥면적의 합계가 $300m^2$ 이상인 동물병원은 제2종 근린생활시설에 해당한다.
④ 독서실은 제2종 근린생활시설에 해당한다.

18 ③ 위락시설은 문화 및 집회시설군에 해당한다.

🏠 **시설군과 세부 용도**

1. 자동차 관련 시설군
   • 자동차 관련 시설
2. 산업 등의 시설군
   • 운수시설
   • 창고시설
   • 공장
   • 위험물저장 및 처리시설
   • 자원순환 관련 시설
   • 묘지 관련 시설
   • 장례시설
3. 전기통신시설군
   • 방송통신시설
   • 발전시설
4. 문화 및 집회시설군
   • 문화 및 집회시설
   • 종교시설
   • 위락시설
   • 관광휴게시설
5. 영업시설군
   • 판매시설
   • 운동시설
   • 숙박시설
   • 제2종 근린생활시설 중 다중생활시설
6. 교육 및 복지시설군
   • 의료시설
   • 교육연구시설
   • 노유자시설
   • 수련시설
   • 야영장시설
7. 근린생활시설군
   • 제1종 근린생활시설
   • 제2종 근린생활시설 (다중생활시설은 제외)
8. 주거업무시설군
   • 단독주택
   • 공동주택
   • 업무시설
   • 교정시설, 국방 · 군사시설
9. 그 밖의 시설군
   • 동물 및 식물 관련 시설

19 ③ 운동시설은 영업시설군에 해당한다.

20 ② 종교시설을 창고시설로 변경하는 행위는 상위군에 해당하는 용도변경에 해당하여 허가사항이다.
① 판매시설을 수련시설로 변경하는 행위는 신고하여야 한다.
③ 노유자시설을 제1종 근린생활시설로 변경하는 행위는 신고하여야 한다.
④ 운동시설을 업무시설로 변경하는 행위는 신고하여야 한다.
⑤ 공장을 장례시설로 변경하는 행위는 건축물대장 기재내용 변경신청대상이다.

21 ② 발전시설을 공장으로 용도변경하는 경우에는 관할 구청장의 허가를 받아야 한다.
③ 운동시설을 수련시설로 용도변경하는 경우에는 관할 구청장에게 신고하여야 한다.
④ 숙박시설을 종교시설로 용도변경하는 경우에는 관할 구청장의 허가를 받아야 한다.
⑤ 업무시설을 교육연구시설로 용도변경하는 경우에는 관할 구청장의 허가를 받아야 한다.

22 ㉠ 판매시설에서 창고시설로의 용도변경은 허가대상이다.
㉡ 숙박시설에서 위락시설로의 용도변경은 허가대상이다.
㉢ 장례시설에서 종교시설로의 용도변경은 신고대상이다.
㉣ 의료시설에서 교육연구시설로의 용도변경은 기재내용 변경신청대상이다.
㉤ 제1종 근린생활시설에서 업무시설로의 용도변경은 신고대상이다.

23 ② 의료시설인 한방병원을 제1종 근린생활시설인 산후조리원으로의 용도변경은 교육 및 복지시설 군에서 근린생활시설군으로의 변경이므로 신고대상에 해당한다.
① 연면적이 200m² 미만이고 3층 미만인 건축물의 건축 및 대수선에 대하여는 건축사가 아니어도 설계를 할 수 있다. 따라서 甲이 3층 건축물을 대수선하는 경우에는 건축사가 아니면 설계를 할 수 없다.
③ 건축주는 건축물의 용도를 복수로 하여 제11조에 따른 건축허가, 제14조에 따른 건축신고 및 제19조에 따른 용도변경 허가·신고 또는 건축물대장 기재내용의 변경신청을 할 수 있다.
④ 준주거지역에서는 제1종 근린생활시설인 산후조리원은 허용되므로 한방병원을 산후조리원으로의 용도변경은 허용된다.
⑤ 5층 이상인 층이 제2종 근린생활시설 중 공연장·종교집회장·인터넷컴퓨터게임시설제공업소(해당 용도로 쓰는 바닥면적의 합계가 각각 300제곱미터 이상인 경우만 해당한다), 문화 및 집회시설(전시장 및 동·식물원은 제외한다), 종교시설, 판매시설, 위락시설 중 주점영업 또는 장례시설의 용도로 쓰는 경우에는 피난 용도로 쓸 수 있는 광장을 옥상에 설치하여야 하므로 3층인 경우에는 해당하지 않는다.

24 ③ 용도변경의 허가나 신고 대상인 경우로서 용도변경하려는 부분의 바닥면적의 합계가 100제곱미터 이상인 경우의 사용승인에 관하여는 제22조(사용승인에 관한 규정)를 준용한다. 따라서 바닥면적의 합계 1천제곱미터의 부분에 대해서만 업무시설로 용도를 변경하는 경우라도 사용승인을 받아야 한다. 다만, 용도변경하려는 부분의 바닥면적의 합계가 500제곱미터 미만으로서 대수선에 해당되는 공사를 수반하지 아니하는 경우에는 그러하지 아니하다.

25 ④ 면에 속하는 지구단위계획구역이 아닌 자연환경보전지역은 「건축법」을 전면적으로 적용하는 대상지역에 해당하지 않는다.

🏠 「건축법」을 전면적으로 적용하는 지역

> 1. 도시지역
> 2. 도시지역 외의 지역에 지정된 지구단위계획구역
> 3. 동 또는 읍에 속하는 지역(섬의 경우 인구가 500명 이상인 경우에 한함)

26 ③ 건축물의 높이제한의 규정은 전면적 적용대상지역 외의 지역에서도 적용된다.

27 ② 대지 안의 공지에 관한 규정은 전면적 적용대상이 아닌 지역에서 적용된다.

PART 04

제2장 건축물의 건축 등

Answer

01 ②	02 ③	03 ①	04 ⑤	05 ⑤	06 ④	07 ④	08 ⑤	09 ④	10 ②
11 ①	12 ③	13 ②	14 ①	15 ④	16 ②	17 ④	18 ⑤	19 ⑤	20 ③
21 ⑤	22 ④	23 ④							

01 ② 「도로법」에 따른 도로점용허가는 사전결정 통지를 받은 경우에 의제되는 사항이 아니다.

🏠 사전결정 통지의 효과

> 사전결정 통지를 받은 경우에는 다음의 허가를 받거나 신고 또는 협의를 한 것으로 본다.
> 1. 「국토의 계획 및 이용에 관한 법률」에 따른 개발행위허가
> 2. 「산지관리법」에 따른 산지전용허가와 산지전용신고, 같은 법에 따른 산지일시사용허가·신고. 다만, 보전산지인 경우에는 도시지역만 해당된다.
> 3. 「농지법」에 따른 농지전용허가·신고 및 협의
> 4. 「하천법」에 따른 하천점용허가

02 ③ 사전결정을 통지받은 경우에는 다음의 허가를 받거나 신고 또는 협의를 한 것으로 본다.

> 1. 「국토의 계획 및 이용에 관한 법률」 제56조에 따른 개발행위허가
> 2. 「산지관리법」 제14조와 제15조에 따른 산지전용허가와 산지전용신고, 같은 법 제15조의2에 따른 산지일시사용허가·신고. 다만, 보전산지인 경우에는 도시지역만 해당된다.
> 3. 「농지법」 제34조, 제35조 및 제43조에 따른 농지전용허가·신고 및 협의
> 4. 「하천법」 제33조에 따른 하천점용허가

03 ② 연면적의 합계가 10만㎡ 이상인 공장과 창고는 광역시장이 아닌 해당 구청장에게 허가를 받아야
한다.
③ 고속도로 통행료 징수시설은 「건축법」의 적용을 받지 않는다.
④ 허가권자는 건축허가를 받은 자가 허가를 받은 날부터 2년 내에 공사에 착수하지 아니한 경우
허가를 취소하여야 한다.
⑤ 사전결정을 통지받은 날부터 2년 이내에 건축허가를 신청하여야 한다.

04 ① 고속도로 통행료 징수시설을 대수선하려는 자는 특별자치시장·특별자치도지사 또는 시장·군
수·구청장의 허가를 받지 않아도 된다.
② 공장은 광역시장의 허가대상에서 제외된다.
③ 허가를 받은 날부터 착공기간 이내에 공사에 착수하였으나 공사의 완료가 불가능하다고 인정되
는 경우에는 허가를 취소하여야 한다.
④ 건축허가나 건축물의 착공을 제한하는 경우 제한기간은 2년 이내로 한다. 다만, 1회에 한하여 1년
이내의 범위에서 제한기간을 연장할 수 있다.

05 ① 甲은 B구청장에게 건축허가를 받아야 한다.
② 甲이 건축허가를 받은 경우에는 해당 대지를 조성하기 위해 높이 5m의 옹벽을 축조하기 위해
따로 공작물 축조신고를 하지 않아도 된다. 건축허가를 받으면 공작물의 축조신고를 한 것으로 의제
되기 때문이다.
③ 甲이 건축허가를 받은 이후에 공사시공자를 변경하는 경우에는 B구청장에게 신고하여야 한다.
④ 甲이 건축허가를 받은 경우에도 A광역시장은 지역계획에 특히 필요하다고 인정하면 甲의 건축
물의 착공을 제한할 수 있다. 구청장은 건축허가나 착공을 제한할 수 없다.

06 ④ 허가를 받은 날부터 2년 이내에 공사에 착수하지 아니한 경우 허가를 취소할 수 있다가 아니라
허가를 취소하여야 한다.

07 ④ ㉠ 2년, ㉡ 2년

08 ⑤ 건축허가를 받으려는 자가 해당 대지의 소유권을 확보하지 않아도 되는 경우는 다음과 같다.

> 1. 건축주가 대지의 소유권을 확보하지 못하였으나 그 대지를 사용할 수 있는 권원을 확보한 경
>   우(㉠). 다만, 분양을 목적으로 하는 공동주택은 제외한다.
> 2. 건축주가 집합건물의 공용부분을 변경하기 위하여 「집합건물의 소유 및 관리에 관한 법률」
>   제15조 제1항에 따른 결의가 있었음을 증명한 경우(㉡)
> 3. 건축하려는 대지에 포함된 국유지 또는 공유지에 대하여 허가권자가 해당 토지의 관리청이
>   해당 토지를 건축주에게 매각하거나 양여할 것을 확인한 경우(㉢)

4. 건축주가 건축물의 노후화 또는 구조안전 문제 등 대통령령으로 정하는 사유로 건축물을 신축·개축·재축 및 리모델링을 하기 위하여 건축물 및 해당 대지의 공유자 수의 100분의 80 이상의 동의를 얻고 동의한 공유자의 지분 합계가 전체 지분의 100분의 80 이상인 경우
5. 건축주가 건축허가를 받아 주택과 주택 외의 시설을 동일 건축물로 건축하기 위하여 「주택법」 제21조를 준용한 대지 소유 등의 권리관계를 증명한 경우. 다만, 「주택법」 제15조 제1항 각 호 외의 부분 본문에 따른 대통령령으로 정하는 호수 이상으로 건설·공급하는 경우에 한정한다.
6. 건축주가 집합건물을 재건축하기 위하여 「집합건물의 소유 및 관리에 관한 법률」 제47조에 따른 결의가 있었음을 증명한 경우

09 ④ 주거환경이나 교육환경 등 주변 환경을 보호하기 위하여 필요하다고 인정하여 도지사가 지정·공고한 구역에 건축하는 위락시설 및 숙박시설에 해당하는 건축물은 도지사의 사전승인을 받아야 한다.

10 ② 건축허가나 건축물의 착공을 제한하는 경우 제한기간은 2년 이내로 한다. 다만, 1회에 한하여 1년 이내의 범위에서 제한기간을 연장할 수 있다.

11 ① 국방, 국가유산의 보존·환경보전 또는 국민경제를 위하여 특히 필요한 경우 주무부장관은 허가권자의 건축허가를 제한할 수 없고, 국토교통부장관에게 건축허가의 제한을 요청할 수 있다.

12 ㉠ 연면적이 150m²이고 2층인 건축물의 대수선은 신고대상이다.
㉡ 연면적이 250m²이고 3층인 건축물의 기둥을 4개 수선하는 것은 신고대상이다.
㉢ 연면적이 200m²이고 3층인 건축물의 내력벽의 면적을 50m² 수선하는 것은 신고대상이다.
㉣ 연면적의 합계가 150m²인 건축물을 신축하는 경우에는 허가를 받아야 한다.
㉤ 건축물의 높이를 5m 증축하는 경우에는 허가를 받아야 한다.

🏠 **건축법령상 건축신고대상**

1. 바닥면적의 합계가 85m² 이내의 증축·개축 또는 재축. 다만, 3층 이상 건축물인 경우에는 증축·개축 또는 재축하려는 부분의 바닥면적의 합계가 건축물 연면적의 10분의 1 이내인 경우로 한정한다.
2. 관리지역, 농림지역 또는 자연환경보전지역에서 연면적이 200m² 미만이고 3층 미만인 건축물의 건축. 다만, 지구단위계획구역, 방재지구, 붕괴위험지역에서의 건축은 제외한다.
3. 연면적이 200m² 미만이고 3층 미만인 건축물의 대수선
4. 주요구조부의 해체가 없는 등 다음의 어느 하나에 해당하는 대수선
   • 내력벽의 면적을 30m² 이상 수선하는 것
   • 기둥을 세 개 이상 수선하는 것
   • 보를 세 개 이상 수선하는 것
   • 지붕틀을 세 개 이상 수선하는 것
   • 방화벽 또는 방화구획을 위한 바닥 또는 벽을 수선하는 것
   • 주계단·피난계단 또는 특별피난계단을 수선하는 것

> 5. 다음의 어느 하나에 해당하는 건축물의 건축
>   - 연면적의 합계가 100m² 이하인 건축물
>   - 건축물의 높이를 3m 이하의 범위에서 증축하는 건축물
>   - 표준설계도서에 따라 건축하는 건축물로서 그 용도 및 규모가 주위환경이나 미관에 지장이 없다고 인정하여 건축조례로 정하는 건축물
>   - 「국토의 계획 및 이용에 관한 법률」 제36조 제1항 제1호 다목에 따른 공업지역, 같은 법 제51조 제3항에 따른 지구단위계획구역(같은 법 시행령 제48조 제10호에 따른 산업·유통형만 해당한다) 및 「산업입지 및 개발에 관한 법률」에 따른 산업단지에서 건축하는 2층 이하인 건축물로서 연면적 합계 500제곱미터 이하인 공장(별표 1 제4호 너목에 따른 제조업소 등 물품의 제조·가공을 위한 시설을 포함한다)
>   - 농업이나 수산업을 영위하기 위하여 읍·면지역(특별자치시장, 특별자치도지사, 시장 또는 군수가 지역계획 또는 도시·군계획에 지장이 있다고 지정·공고한 구역은 제외)에서 건축하는 연면적 200m² 이하인 창고 및 연면적 400m² 이하인 축사·작물재배사, 종묘배양시설, 화초 및 분재 등의 온실

13 ② 연면적의 합계가 100m²인 건축물의 신축은 신고대상이다.

14 ② 공사시공자 변경은 신고사항에 해당한다.
③ 허가권자는 초고층 건축물 등 대통령령으로 정하는 다음의 주요 건축물에 대하여 제11조에 따른 건축허가를 하기 전에 건축물의 구조안전과 인접 대지의 안전에 미치는 영향 등을 평가하는 건축물 안전영향평가(이하 "안전영향평가"라 한다)를 안전영향평가기관에 의뢰하여 실시하여야 한다.

> 1. 초고층 건축물
> 2. 다음의 요건을 모두 충족하는 건축물
>   ㉠ 연면적(하나의 대지에 둘 이상의 건축물을 건축하는 경우에는 각각의 건축물의 연면적을 말한다)이 10만 제곱미터 이상일 것
>   ㉡ 16층 이상일 것

따라서 신고대상은 안전영향평가대상에 해당하지 아니한다.
④ 신고대상은 1년 이내에 공사에 착수하지 아니하면 그 신고의 효력이 없어진다.
⑤ 건축허가나 신고대상인 경우에는 사용승인을 받아야 한다.

15 ④ 공사용 가설건축물은 별도로 축조신고를 요하지 아니한다.

16 ② 건축허가를 받으면 제20조 제3항에 따른 공사용 가설건축물의 축조신고, 제83조에 따른 공작물의 축조신고, 「국토의 계획 및 이용에 관한 법률」 제56조에 따른 개발행위허가 등을 받거나 신고를 한 것으로 보기 때문에 甲이 건축허가를 받은 경우에는 해당 대지를 조성하기 위해 높이 5미터의 옹벽을 설치하더라도 별도로 축조신고를 할 필요가 없다.

17 ① 공장은 도지사의 사전승인대상이 아니다.
② 허가권자는 착공신고 전에 경매 또는 공매 등으로 건축주가 대지의 소유권을 상실한 때부터 6개월이 지난 이후 공사의 착수가 불가능하다고 판단되는 경우에는 허가를 취소하여야 한다.

③ 교육감은 국토교통부장관에게 건축허가의 제한을 요청할 수 없다.
⑤ 특별시장·광역시장·도지사가 시장·군수·구청장의 건축허가 또는 건축물의 착공을 제한하는 경우에는 즉시 국토교통부장관에게 보고하여야 한다.

18 ⑤ 건축신고를 한 경우에는 공사용 가설건축물의 축조신고를 한 것으로 의제되기 때문에 공사에 필요한 규모로 공사용 가설건축물의 축조가 필요한 경우에는 별도로 가설건축물의 축조신고를 하지 않아도 된다.

19 ⑤ 안전영향평가를 실시하여야 하는 건축물이 다른 법률에 따라 구조안전과 인접 대지의 안전에 미치는 영향 등을 평가받은 경우에는 안전영향평가의 해당 항목을 평가받은 것으로 본다.

20 ③ 「한국토지주택공사법」에 따라 설립된 한국토지주택공사와 「지방공기업법」에 따라 건축사업을 수행하기 위하여 설립된 지방공사는 안전관리예치금의 예치대상에서 제외된다.

21 ⑤ 존치기간을 연장하려는 허가대상 가설건축물의 건축주는 존치기간 만료일 14일 전까지 특별자치시장·특별자치도지사 또는 시장·군수·구청장에게 허가를 신청하여야 한다.

22 ④ 가설건축물의 존치기간은 3년 이내이어야 한다.

🏠 **허가대상 가설건축물의 요건**

> 1. 철근콘크리트조 또는 철골철근콘크리트조가 아닐 것
> 2. 존치기간은 3년 이내일 것. 다만, 도시·군계획사업이 시행될 때까지 그 기간을 연장할 수 있다.
> 3. 전기·수도·가스 등 새로운 간선 공급설비의 설치를 필요로 하지 아니할 것
> 4. 공동주택·판매시설·운수시설 등으로서 분양을 목적으로 건축하는 건축물이 아닐 것

23 ① 건축주가 건축물의 건축공사를 완료한 후 그 건축물을 사용하려면 공사감리자가 작성한 감리완료보고서와 공사완료도서를 첨부하여 허가권자에게 사용승인을 신청하여야 한다.
② 허가권자는 사용승인신청을 받은 경우 7일 이내에 검사를 실시하고, 검사에 합격된 건축물에 대하여는 사용승인서를 내주어야 한다.
③ 허가권자가 사용승인서 교부기간 내에 사용승인서를 교부하지 아니한 경우 건축주는 사용승인을 받지 아니하고도 건축물을 사용할 수 있다.
⑤ 임시사용승인의 기간은 2년 이내로 한다.

제3장 건축물의 대지와 도로

01 ① 대지의 배수에 지장이 없거나 건축물의 용도상 방습이 필요 없는 경우에는 대지는 인접한 도로면보다 낮아도 된다.

02 ④ 면적 5,000m² 미만인 대지에 건축하는 공장(㉠), 연면적 합계가 2,000m²인 축사(㉢)는 조경 등의 조치를 하지 아니할 수 있다. 상업지역에 건축하는 연면적 합계가 1,500m² 미만인 물류시설(㉡)은 조경 등의 조치를 하여야 한다.

03 ③ 지구단위계획구역으로 지정된 보전관리지역에 건축하는 단독주택은 조경 등의 조치를 하여야 한다.

🏠 **조경 등의 조치를 하지 아니할 수 있는 사유**

> 1. 녹지지역에 건축하는 건축물
> 2. 면적 5,000m² 미만인 대지에 건축하는 공장
> 3. 연면적의 합계가 1,500m² 미만인 공장
> 4. 「산업집적활성화 및 공장설립에 관한 법률」에 따른 산업단지의 공장
> 5. 대지에 염분이 함유되어 있는 경우 또는 건축물 용도의 특성상 조경 등의 조치를 하기가 곤란하거나 조경 등의 조치를 하는 것이 불합리한 경우로서 건축조례로 정하는 건축물
> 6. 축사
> 7. 도시·군계획시설 및 도시·군계획시설예정지에 건축하는 가설건축물
> 8. 연면적의 합계가 1,500m² 미만인 물류시설(주거지역 또는 상업지역에 건축하는 것은 제외)로서 국토교통부령으로 정하는 것
> 9. 「국토의 계획 및 이용에 관한 법률」에 따라 지정된 자연환경보전지역·농림지역 또는 관리지역(지구단위계획구역으로 지정된 지역 제외)의 건축물
> 10. 다음의 어느 하나에 해당하는 건축물 중 건축조례로 정하는 건축물
>   • 「관광진흥법」에 따른 관광지 또는 관광단지에 설치하는 관광시설
>   • 「관광진흥법 시행령」에 따른 전문휴양업의 시설 또는 종합휴양업의 시설
>   • 「국토의 계획 및 이용에 관한 법률 시행령」에 따른 관광·휴양형 지구단위계획구역에 설치하는 관광시설
>   • 「체육시설의 설치·이용에 관한 법률 시행령」 별표 1에 따른 골프장

04 ① 공개공지 또는 공개공간을 설치하여야 하는 용도지역은 다음과 같다.

> 1. 일반주거지역(④), 준주거지역(⑤)
> 2. 상업지역(②, ③)
> 3. 준공업지역
> 4. 특별자치시장·특별자치도지사 또는 시장·군수·구청장이 도시화의 가능성이 크거나 노후 산업단지의 정비가 필요하다고 인정하여 지정·공고하는 지역

05 ① 공개공지등의 면적은 대지면적의 100분의 10 이하의 범위에서 건축조례로 정한다.
② 용적률 및 건축물 높이제한은 1.2배 이하의 범위에서 완화하여 적용할 수 있다. 건폐율은 완화하여 적용할 수 있지만, 1.2배 이하의 범위에서 완화하여 적용하는 규정은 없다.
③ 공개공지는 필로티의 구조로 설치할 수 있다.
⑤ 공개공지등에는 연간 60일 이내의 기간 동안 건축조례로 정하는 바에 따라 주민들을 위한 문화행사를 열거나 판촉활동을 할 수 있다.

06 ⑤ 공개공지등을 확보하여야 하는 건축물은 다음과 같다.

> 1. 바닥면적의 합계가 5,000m² 이상인 문화 및 집회시설, 종교시설, 판매시설(「농수산물유통 및 가격안정에 관한 법률」에 따른 농수산물유통시설은 제외), 운수시설(여객용 시설만 해당), 업무시설 및 숙박시설
> 2. 그 밖에 다중이 이용하는 시설로서 건축조례로 정하는 건축물

07 ⑤ 다음의 어느 하나에 해당하는 건축물의 대지에는 공개공지 또는 공개공간을 확보하여야 한다. 이 경우 공개공지는 필로티의 구조로 설치할 수 있다.

> 1. 문화 및 집회시설, 종교시설, 판매시설(「농수산물 유통 및 가격안정에 관한 법률」에 따른 농수산물유통시설은 제외한다), 운수시설(여객용 시설만 해당한다), 숙박시설 및 업무시설로서 해당 용도로 쓰는 바닥면적의 합계가 5천 제곱미터 이상인 건축물
> 2. 그 밖에 다중이 이용하는 시설로서 건축조례로 정하는 건축물

08 ④ 상업지역의 건축물에 설치하는 공개공지등의 면적은 대지면적의 100분의 10 이하의 범위에서 건축조례로 정한다.

09 ④ 시장·군수·구청장이 도로의 위치를 지정·공고하려면 특별시장·광역시장·도지사의 승인을 받는 것이 아니라 이해관계인의 동의를 받아야 한다.

10 ④ 허가권자가 지정한 도로를 변경하거나 폐지하려면 반드시 이해관계인의 동의를 받아야 한다.

11 ③ 소요 너비에 못 미치는 너비의 도로인 경우에는 그 중심선으로부터 그 소요 너비의 2분의 1의 수평거리만큼 물러난 선을 건축선으로 한다.

12 ③ 소요너비에 미달하는 도로에서의 건축선은 다음과 같다.

> • 소요너비에 못 미치는 너비의 도로인 경우에는 그 중심선으로부터 그 소요 너비의 2분의 1의 수평거리만큼 물러난 선을 건축선으로 한다.
> • 그 도로의 반대쪽에 경사지, 하천, 철도, 선로부지 그 밖에 이와 유사한 것이 있는 경우에는 그 경사지 등이 있는 쪽의 도로경계선에서 소요너비에 해당하는 수평거리의 선을 건축선으로 한다.
> • 소요너비 미달도로와 도로모퉁이의 건축선인 경우에는 도로와 건축선 사이의 면적은 해당 대지의 대지면적을 산정하는 경우에 이를 '제외'한다.

13 ③ 소요 너비에 못 미치는 도로로서 도로 반대쪽에 선로부지가 있으므로 선로부지가 있는 쪽의 도로 경계선에서 소요 너비에 해당하는 수평거리의 선을 건축선으로 한다. 따라서 대지 A쪽으로 1m를 후퇴하여 건축선이 정해지므로 대지면적은 $(7m \times 10m) + (13m \times 10m) = 200m^2$가 된다.

14 ⑤ 甲의 건축물은 높이가 4.5m 이하에 해당하므로 창문을 열었을 때 건축선의 수직면을 넘어서는 아니 된다.

15 ① 건축물과 담장은 건축선의 수직면(垂直面)을 넘어서는 건축할 수 없다.
② 도로면으로부터 높이 4.5m 이하에 있는 출입구, 창문, 그 밖에 이와 유사한 구조물은 열고 닫을 때 건축선의 수직면을 넘지 아니하는 구조로 하여야 한다.
③ 지표 아래 부분은 도지사의 승인을 받지 않아도 건축선의 수직면을 넘을 수 있다.
⑤ 도로의 반대쪽에 경사지, 하천, 철도, 선로부지, 그 밖에 이와 유사한 것이 있는 경우에는 그 경사지 등이 있는 쪽의 도로경계선에서 소요 너비에 해당하는 수평거리를 후퇴한 선을 건축선으로 한다.

제 **4** 장 건축물의 구조 및 재료

Answer

01 ⑤	02 ④	03 ③	04 ②	05 ①

01 ⑤ 층수가 11층 이상인 건축물로서 11층 이상인 층의 바닥면적의 합계가 1만m² 이상인 건축물의 옥상(건축물의 지붕을 평지붕으로 하는 경우)에는 헬리포트를 설치하거나 헬리콥터를 통하여 인명 등을 구조할 수 있는 공간을 확보하여야 한다.

02 ④ 소음 방지를 위하여 일정한 기준에 따라 경계벽을 설치하여야 하는 경우는 다음과 같다.

> 1. 단독주택 중 다가구주택의 각 가구 간 또는 공동주택(기숙사는 제외)의 각 세대 간 경계벽(거실·침실 등의 용도로 쓰지 아니하는 발코니 부분은 제외)
> 2. 공동주택 중 기숙사의 침실(②), 의료시설의 병실(⑤), 교육연구시설 중 학교의 교실(③) 또는 숙박시설의 객실(①) 간 경계벽
> 3. 제1종 근린생활시설 중 산후조리원의 다음의 어느 하나에 해당하는 경계벽
>   • 임산부실 간 경계벽
>   • 신생아실 간 경계벽
>   • 임산부실과 신생아실 간 경계벽
> 4. 제2종 근린생활시설 중 다중생활시설의 호실 간 경계벽
> 5. 노유자시설 중 「노인복지법」에 따른 노인복지주택의 각 세대 간 경계벽
> 6. 노유자시설 중 노인요양시설의 호실 간 경계벽

03 ③ 건축법령상 피난층 또는 지상으로 통하는 직통계단을 2개소 이상 설치하여야 하는 건축물은 다음과 같다.

> 1. 거실의 바닥면적의 합계가 200m² 이상인 노인복지시설이 3층 이상에 있는 건축물
> 2. 거실의 바닥면적의 합계가 200m² 이상인 독서실이 3층 이상에 있는 건축물
> 3. 거실의 바닥면적의 합계가 200m² 이상인 지하층에 주점이 있는 건축물
> 4. 업무시설 중 오피스텔의 용도로 쓰는 층으로서 그 층의 해당 용도로 쓰는 거실의 바닥면적의 합계가 300m² 이상인 건축물

04 ② 준초고층 건축물에는 피난층 또는 지상으로 통하는 직통계단과 직접 연결되는 피난안전구역을 해당 건축물 전체 층수의 '2분의 1'에 해당하는 층으로부터 상하 '5'개 층 이내에 '1'개소 이상 설치하여야 한다. 다만, 국토교통부령으로 정하는 기준에 따라 피난층 또는 지상으로 통하는 직통계단을 설치하는 경우에는 그러하지 아니하다.

05 ① 범죄예방기준에 따라 건축하여야 하는 건축물은 다음과 같다.

> 1. 다가구주택, 아파트, 연립주택 및 다세대주택(⑤)
> 2. 제1종 근린생활시설 중 일용품을 판매하는 소매점
> 3. 제2종 근린생활시설 중 다중생활시설
> 4. 문화 및 집회시설(동·식물원은 제외)(④)
> 5. 교육연구시설(연구소 및 도서관은 제외)
> 6. 노유자시설
> 7. 수련시설
> 8. 업무시설 중 오피스텔(②)
> 9. 숙박시설 중 다중생활시설(③)

제 5 장 지역 및 지구 안의 건축물

Answer

01 ④　02 ⑤　03 ②　04 ③　05 ③　06 ④　07 ①　08 ④　09 ①　10 ②
11 ③　12 ⑤　13 ②

01
- 건축물 : 방화지구에 걸치는 경우에는 그 건축물 전부에 대하여 방화지구의 건축물에 관한 규정을 적용한다.
- 대지 : 녹지지역과 그 밖의 지역·지구 또는 구역에 걸치는 경우에는 각 지역·지구 또는 구역 안의 건축물과 대지에 관한 「건축법」의 규정을 적용한다.

02　⑤ 하나의 대지에 건축물이 둘 이상 있는 경우 용적률의 제한은 건축물별로 각각 적용하는 것이 아니라, 건축물의 연면적의 합계로 산정하여 적용한다.

03
- 용적률 = 연면적 ÷ 대지면적 × 100%이다.
- 연면적은 하나의 건축물 각 층의 바닥면적의 합계로 하되, 용적률을 산정할 때에는 지하층의 면적, 지상층의 주차용으로 쓰는 면적, 초고층 건축물과 준초고층 건축물에 설치하는 피난안전구역의 면적, 건축물의 경사지붕 아래에 설치하는 대피공간의 면적은 연면적에서 제외한다. 그러므로 연면적 = 320m^2 × 7 = 2,240m^{2}이다.
- 따라서 용적률 = 2,240m^2 ÷ 1,000m^2 × 100% = 224%가 된다.

04　③ 건축물이 있는 대지의 분할제한 면적은 다음과 같다.

> - 주거지역 : 60m^2
> - 공업지역 : 150m^2
> - 기타지역 : 60m^2
> - 상업지역 : 150m^2
> - 녹지지역 : 200m^2

05
① 생활폐기물 보관시설의 면적은 건축면적에 산입하지 아니한다.
② 지하층에 설치한 기계실, 전기실의 면적은 용적률을 산정할 때 연면적에서 제외한다.
④ 건축물의 층고는 방의 바닥구조체 윗면으로부터 위층 바닥구조체의 윗면까지의 높이로 한다.
⑤ 건축물이 부분에 따라 그 층수가 다른 경우에는 그중 가장 많은 층수를 그 건축물의 층수로 본다.

06　④ 용적률을 산정할 때에 초고층 건축물에 설치하는 피난안전구역의 면적은 연면적에서 제외한다.

07　① 경사진 형태의 지붕의 경우로서 층고가 1.8m 이하인 다락은 바닥면적에 산입하지 아니한다.

08 ④ 건축물의 노대 등의 바닥은 난간 등의 설치 여부에 관계없이 노대 등의 면적(외벽의 중심선으로부터 노대 등의 끝부분까지의 면적)에서 노대 등이 접한 가장 긴 외벽에 접한 길이에 1.5m를 곱한 값을 뺀 면적을 바닥면적에 산입한다.

09 ② 층고가 3m인 다락은 바닥면적에 산입한다.

③ 필로티의 부분은 그 부분이 공중의 통행이나 차량의 통행 또는 주차에 전용되는 경우와 공동주택의 경우에는 바닥면적에 산입하지 아니한다.

④ 벽·기둥의 구획이 없는 건축물의 바닥면적은 그 지붕 끝부분으로부터 수평거리 1m를 후퇴한 선으로 둘러싸인 수평투영면적으로 한다.

⑤ 공동주택으로서 지상층에서 설치한 기계실, 전기실, 어린이놀이터, 조경시설의 면적은 바닥면적에 산입하지 아니한다.

10 • 건축면적의 1/8은 560m² × 1/8 = 70m²가 된다.

• 옥상에 설치된 높이 6m인 장식탑의 수평투영면적이 60m²이기 때문에 건축면적의 1/8 이하에 해당한다. 따라서 옥상에 설치된 높이 6m인 장식탑의 높이는 건축물의 높이에서 제외하여야 한다.

• 따라서 층고가 4m인 6층의 건축물의 높이는 24m가 된다.

11 ③ 16m이므로 4m마다 하나의 층으로 본다. 따라서 4층이다.

12 ① 일반상업지역과 중심상업지역에 건축하는 공동주택의 경우에는 채광의 확보를 위한 높이제한이 적용되지 않는다.

② 전용주거지역과 일반주거지역 안에서 건축하는 건축물에 대하여는 일조의 확보를 위한 높이제한이 적용된다.

③ 허가권자는 같은 가로구역(도로로 둘러싸인 일단의 지역)에서 건축물의 용도 및 형태에 따라 건축물의 높이를 다르게 정할 수 있다.

④ 2층 이하로서 높이가 8m 이하인 건축물에는 지방자치단체의 조례로 정하는 바에 따라 일조 등의 확보를 위한 높이 제한에 관한 규정을 적용하지 아니할 수 있다.

13 ② 일조 등의 확보를 위한 높이제한이 적용되는 지역은 다음과 같다.

> • 전용주거지역과 일반주거지역에 건축하는 건축물
> • 중심상업지역과 일반상업지역을 제외한 지역에 건축하는 공동주택

제6장 특별건축구역, 건축협정, 결합건축, 벌칙

Answer

| 01 ④ | 02 ① | 03 ④ | 04 ⑤ | 05 ③ | 06 ④ | 07 ④ | 08 ③ | 09 ④ | 10 ③ |
| 11 ③ |

01 ① 국토교통부장관은 「도시개발법」에 따른 도시개발구역에는 특별건축구역을 지정할 수 있다.
② 시·도지사는 「자연공원법」에 따른 자연공원에는 특별건축구역을 지정할 수 없다.
③ 국토교통부장관은 지정신청을 받은 날부터 30일 이내에 중앙건축위원회의 심의를 거쳐야 한다.
⑤ 특별건축구역을 지정하거나 변경한 경우에는 「국토의 계획 및 이용에 관한 법률」에 따라 도시·군관리계획의 결정(용도지역·지구·구역의 지정 및 변경은 제외)이 있는 것으로 본다.

02 ① 특별건축구역에 건축하는 건축물에 대하여는 다음의 규정을 적용하지 않을 수 있다.

> • 대지의 조경(②)
> • 건축물의 건폐율
> • 건축물의 용적률(④)
> • 대지 안의 공지(③)
> • 건축물의 높이제한(⑤)
> • 일조 등의 확보를 위한 건축물의 높이제한
> • 「주택법」 제35조(주택건설기준 등) 중 대통령령으로 정하는 규정

03 ① 건축물의 소유자 등은 전원의 합의로 건축물의 리모델링에 관한 건축협정을 체결할 수 있다.
② 건축협정에 따른 특례를 적용하여 착공신고를 한 경우에는 착공신고를 한 날부터 20년이 지난 후에 건축협정의 폐지 인가를 신청할 수 있다.
③ 건축협정을 인가받은 경우에는 「경관법」에 따른 경관협정의 인가를 받은 것으로 본다.
⑤ 건축협정의 인가를 받은 건축협정구역에서 연접한 대지에 대하여 용적률에 관한 규정은 통합하여 적용할 수 없다.

04 ⑤ 건축협정의 인가를 받은 건축협정구역에서 연접한 대지에 대하여는 다음의 관계 법령의 규정을 개별 건축물마다 적용하지 아니하고 건축협정구역의 전부 또는 일부를 대상으로 통합하여 적용할 수 있다.

> 1. 대지의 조경(㉠)
> 2. 대지와 도로와의 관계
> 3. 지하층의 설치(㉢)
> 4. 건폐율(㉡)
> 5. 「주차장법」 제19조에 따른 부설주차장의 설치(㉣)
> 6. 「하수도법」 제34조에 따른 개인하수처리시설의 설치(㉤)

05 ③ 특별가로구역은 결합건축대상지역으로 지정할 수 없다.

🏠 **결합건축대상지역으로 지정할 수 있는 지역**

1. 「국토의 계획 및 이용에 관한 법률」에 따라 지정된 상업지역(①)
2. 「역세권의 개발 및 이용에 관한 법률」에 따라 지정된 역세권개발구역(②)
3. 「도시 및 주거환경정비법」에 따른 정비구역 중 주거환경개선사업의 시행을 위한 구역(④)
4. 건축협정구역
5. 특별건축구역
6. 리모델링 활성화구역(⑤)
7. 「도시재생 활성화 및 지원에 관한 특별법」에 따른 도시재생활성화지역
8. 「한옥 등 건축자산의 진흥에 관한 법률」에 따른 건축자산진흥구역

06 ④ 결합건축협정서에 따른 협정체결 유지기간은 최소 30년으로 한다.

07 ④ 허가권자는 영리 목적을 위한 위반이나 상습적 위반의 경우에는 이행강제금 부과금액의 100분의 100의 범위에서 해당 지방자치단체의 조례로 정하는 바에 따라 가중하여야 한다.

08 ③ 이행강제금을 산정하기 위하여 위반내용에 따라 곱하는 비율은 다음과 같다.

㉠ 용적률을 초과하여 건축한 경우: 100분의 90
㉡ 허가를 받지 아니하고 건축한 경우: 100분의 100
㉢ 신고를 하지 아니하고 건축한 경우: 100분의 70
㉣ 건폐율을 초과하여 건축한 경우: 100분의 80

따라서 이행강제금을 산정하기 위하여 위반내용에 따라 곱하는 비율을 높은 순서대로 나열하면 ㉡ − ㉠ − ㉣ − ㉢이 된다.

09 ④ 건축분쟁전문위원회의 조정 및 재정의 대상은 다음과 같다.

• 건축관계자와 해당 건축물의 건축 등으로 피해를 입은 인근주민 간의 분쟁
• 관계전문기술자와 인근주민 간의 분쟁(②)
• 건축관계자와 관계전문기술자 간의 분쟁
• 건축관계자 간의 분쟁(①, ⑤)
• 인근주민 간의 분쟁(③)
• 관계전문기술자 간의 분쟁

10 ③ 공무원이 아닌 위원의 임기는 3년으로 하되, 연임할 수 있다.

11 ③ 조정안을 제시받은 당사자는 제시를 받은 날부터 15일 이내에 수락 여부를 조정위원회에 알려야 한다.

제1장 총 칙

Answer

01 ②	02 ③	03 ⑤	04 ④	05 ②	06 ④	07 ②	08 ①	09 ③	10 ③
11 ⑤	12 ④	13 ③							

01 ① 주택법령상 단독주택에는 「건축법 시행령」에 따른 다가구주택이 포함된다.

③ 어린이놀이터, 근린생활시설, 유치원, 경로당과 같은 주택단지 안의 입주자 등의 생활복리를 위한 공동시설은 복리시설에 해당한다.

④ 수도권에 소재한 읍 또는 면지역의 경우, 국민주택규모의 주택이란 1호 또는 1세대당 주거전용면적이 $85m^2$ 이하인 주택을 말한다.

⑤ 도시형 생활주택이란 300세대 미만의 국민주택규모에 해당하는 주택으로서 도시지역에 건설하는 주택을 말한다.

02 ① 공구란 하나의 주택단지에서 둘 이상으로 구분되는 일단의 구역으로 공구별 세대수는 300세대 이상으로 하여야 한다.

② 리모델링이란 건축물의 노후화 억제 또는 기능 향상 등을 위하여 대수선을 하거나 사용검사일 또는 사용승인일부터 15년이 지난 공동주택을 각 세대의 주거전용면적의 30% 이내에서 전유부분을 증축하는 행위를 말한다.

④ 민영주택은 국민주택을 제외한 주택을 말한다.

⑤ 세대구분형 공동주택이란 공동주택의 주택 내부 공간의 일부를 세대별로 구분하여 생활이 가능한 구조로 하되, 그 구분된 공간의 일부를 구분소유할 수 없는 주택이다.

03 ⑤ 기숙사, 오피스텔, 노인복지주택 등은 준주택에 해당한다.

04 ㉠ 지역난방 공급시설은 부대시설에서 제외된다.

05 ② 국민주택: 다음의 어느 하나에 해당하는 주택으로서 주거전용면적이 1호 또는 1세대당 $85m^2$ 이하인 주택(「수도권정비계획법」에 따른 수도권을 제외한 도시지역이 아닌 읍 또는 면 지역은 1호 또는 1세대당 주거전용면적이 $100m^2$ 이하인 주택을 말한다)을 말한다.

> 1. 국가·지방자치단체, 「한국토지주택공사법」에 따른 한국토지주택공사 또는 「지방공기업법」
>   에 따라 주택사업을 목적으로 설립된 지방공사가 건설하는 주택
> 2. 국가·지방자치단체의 재정 또는 「주택도시기금법」에 따른 주택도시기금으로부터 자금을 지
>   원받아 건설되거나 개량되는 주택

따라서 주택도시기금으로부터 자금을 지원받아 수도권에 건설되는 1호당 주거전용면적 $80m^2$인 다
가구주택은 '국민주택'에 해당한다.

06 ④ 하나의 건축물에는 단지형 연립주택 또는 단지형 다세대주택과 아파트형 주택을 함께 건축할 수
없다.

07 ② 세대구분형 공동주택의 세대수가 해당 주택단지 안의 공동주택 전체 세대수의 3분의 1을 넘지
아니하여야 한다.

08 ⓛ 하나의 세대가 통합하여 사용할 수 있도록 세대 간에 연결문 또는 경량구조의 경계벽 등을 설치
하여야 하는 대상은 사업계획승인을 받아 건설한 세대구분형 공동주택에 해당한다.
ⓒ 「공동주택관리법」 제35조에 따른 행위의 허가를 받거나 신고하고 설치하는 세대구분형 공동주택
은 세대수가 해당 주택단지 안의 공동주택 전체 세대수의 10분의 1과 동의 전체 세대수의 3분의 1을
넘지 아니하여야 한다.

09 ③ 주택에 딸린 자전거보관소는 복리시설이 아니라 부대시설에 해당한다.

10 ③ '공공택지'란 다음에 해당하는 공공사업에 의하여 개발·조성되는 공동주택이 건설되는 용지를
말한다.

> 1. 「주택법」에 따라 국가·지방자치단체·한국토지주택공사 및 지방공사인 사업주체가 토지
>   등을 수용 또는 사용하여 시행하는 국민주택건설사업 또는 대지조성사업
> 2. 「택지개발촉진법」에 따른 택지개발사업(①)
> 3. 「산업입지 및 개발에 관한 법률」에 따른 산업단지개발사업(②)
> 4. 「공공주택 특별법」에 따른 공공주택지구조성사업(④)
> 5. 「민간임대주택에 관한 특별법」에 따른 공공지원민간임대주택 공급촉진지구 조성사업(수용
>   또는 사용의 방식으로 시행하는 사업만 해당)
> 6. 「도시개발법」에 따른 도시개발사업(공공사업시행자가 수용 또는 사용의 방식으로 시행하는
>   사업과 혼용방식 중 수용 또는 사용의 방식이 적용되는 구역에서 시행하는 사업만 해당)
> 7. 「경제자유구역의 지정 및 운영에 관한 특별법」에 따른 경제자유구역개발사업(수용 또는 사
>   용의 방식으로 시행하는 사업과 혼용방식 중 수용 또는 사용의 방식이 적용되는 구역에서
>   시행하는 사업만 해당)
> 8. 「혁신도시 조성 및 발전에 관한 특별법」에 따른 혁신도시개발사업(⑤)

> 9. 「신행정수도 후속대책을 위한 연기·공주지역 행정중심복합도시 건설을 위한 특별법」에 따른 행정중심복합도시건설사업
>
> 10. 「공익사업을 위한 토지 등의 취득 및 보상에 관한 법률」에 따른 공익사업으로서 대통령령으로 정하는 사업

11 ⑤ 폭 8m 이상인 도시계획예정도로로 분리된 주택단지는 각각 별개의 주택단지로 본다. 따라서 폭 6m의 도시계획예정도로로 분리된 주택단지는 하나의 주택단지로 본다.

12 ④ 동을 리모델링하고자 주택조합을 설립하기 위해서는 그 동의 구분소유자 및 의결권의 각 3분의 2 이상의 결의가 필요하다.

13 ③ 공구별로 착공신고 및 사용검사를 별도로 수행할 수는 있지만, 사업계획승인을 별도로 수행할 수는 없다.

제 2 장 주택의 건설

Answer

01 ③	02 ⑤	03 ②	04 ③	05 ③	06 ③	07 ⑤	08 ⑤	09 ④	10 ④
11 ①	12 ⑤	13 ⑤	14 ③	15 ②	16 ②	17 ⑤	18 ①	19 ③	20 ⑤
21 ③	22 ⑤	23 ②	24 ④	25 ③	26 ③	27 ①	28 ⑤	29 ④	30 ⑤
31 ⑤	32 ④	33 ⑤	34 ①						

01 ① 주택건설공사를 시공할 수 있는 등록사업자가 최근 3년간 300세대 이상의 공동주택을 건설한 실적이 있는 경우에는 주택으로 쓰는 층수가 6개 층 이상인 주택을 건설할 수 있다.
② 고용자가 그 근로자의 주택을 건설하는 경우에는 등록사업자와 공동으로 사업을 시행하여야 한다.
④ 지방공사인 사업주체가 연간 1만㎡ 이상의 대지조성사업을 시행하려는 경우에는 국토교통부장관에게 등록하지 않아도 된다.
⑤ 등록말소 또는 영업정지처분을 받은 등록사업자는 그 처분 전에 사업계획승인을 받은 사업을 계속 수행할 수 있다.

02 ⑤ 다음에 해당하는 자는 주택건설사업 등의 등록을 할 수 없다.

> 1. 미성년자·피성년후견인 또는 피한정후견인
>
> 2. 파산선고를 받은 자로서 복권되지 아니한 자
>
> 3. 「부정수표 단속법」 또는 「주택법」을 위반하여 금고 이상의 실형을 선고받고 그 집행이 끝나거나(집행이 끝난 것으로 보는 경우를 포함) 집행이 면제된 날부터 2년이 지나지 아니한 자

> 4. 「부정수표 단속법」 또는 「주택법」을 위반하여 금고 이상의 형의 집행유예를 선고받고 그 유예기간 중에 있는 자
> 5. 등록이 말소(위 1. 및 2.에 해당하여 말소된 경우는 제외)된 후 2년이 지나지 아니한 자
> 6. 임원 중에 위 1.부터 5.까지의 규정 중 어느 하나에 해당하는 자가 있는 법인

03 ① 한국토지주택공사가 대지조성사업을 시행하려는 경우에는 국토교통부장관에게 등록하지 않아도 된다.

③ 지방자치단체가 주택건설사업을 시행하려는 경우에는 국토교통부장관에게 등록하지 않아도 된다.

④ 근로자를 고용하고 있는 고용자가 등록사업자와 공동으로 근로자의 주택을 건설하는 주택건설사업을 시행하려는 경우에는 국토교통부장관에게 등록하지 않아도 된다.

⑤ 국가가 주택건설사업을 시행하려는 경우에는 국토교통부장관에게 등록하지 않아도 된다.

04 ① 「공익법인의 설립·운영에 관한 법률」에 따라 주택건설사업을 목적으로 설립된 공익법인이 연간 20호 이상의 단독주택 건설사업을 시행하려는 경우 국토교통부장관에게 등록할 필요가 없다.

② 주택조합(세대수를 증가하지 아니하는 리모델링주택조합은 제외한다)이 그 구성원의 주택을 건설하는 경우에는 대통령령으로 정하는 바에 따라 등록사업자(지방자치단체·한국토지주택공사 및 지방공사를 포함한다)와 공동으로 사업을 시행할 수 있다. 이 경우 국가는 제외된다.

④ 국토교통부장관은 ㉠ 거짓이나 그 밖의 부정한 방법으로 등록한 경우, ㉡ 타인에게 등록증을 대여한 경우에는 그 등록을 말소하여야 한다.

⑤ 등록말소 또는 영업정지 처분을 받은 등록사업자는 그 처분 전에 사업계획승인을 받은 사업은 계속 수행할 수 있다. 다만, 등록말소 처분을 받은 등록사업자가 그 사업을 계속 수행할 수 없는 중대하고 명백한 사유가 있을 경우에는 그러하지 아니하다.

05 ③ 등록이 말소된 후 2년이 지나지 아니한 자는 주택건설사업 등의 등록을 할 수 없다.

06 ①② 조합원은 조합규약으로 정하는 바에 따라 조합에 탈퇴 의사를 알리고 탈퇴할 수 있다. 이 경우 탈퇴한 조합원(제명된 조합원을 포함한다)은 조합규약으로 정하는 바에 따라 부담한 비용의 환급을 청구할 수 있다.

④ 지역주택조합 또는 직장주택조합의 설립인가를 받기 위하여 조합원을 모집하려는 자는 해당 주택건설대지의 50퍼센트 이상에 해당하는 토지의 사용권원을 확보하여 관할 시장·군수·구청장에게 신고하고, 공개모집의 방법으로 조합원을 모집하여야 한다. 조합 설립인가를 받기 전에 신고한 내용을 변경하는 경우에도 또한 같다. 다만, 공개모집 이후 조합원의 사망·자격상실·탈퇴 등으로 인한 결원을 충원하거나 미달된 조합원을 재모집하는 경우에는 신고하지 아니하고 선착순의 방법으로 조합원을 모집할 수 있다.

⑤ 조합의 임원이 금고 이상의 실형을 받아 당연퇴직을 하면 그가 퇴직 전에 관여한 행위는 그 효력을 상실하지 아니한다.

07
- 주택조합의 가입을 신청한 자는 가입비 등을 예치한 날부터 '30'일 이내에 주택조합 가입에 관한 청약을 철회할 수 있다.
- 모집주체는 주택조합의 가입을 신청한 자가 청약철회를 한 경우 청약철회의사가 도달한 날부터 '7'일 이내에 예치기관의 장에게 가입비 등의 반환을 요청하여야 한다.
- 예치기관의 장은 가입비 등의 반환요청을 받은 경우 요청일부터 '10'일 이내에 그 가입비 등을 예치한 자에게 반환하여야 한다.

08
⑤ 조합원이 사망한 경우에는 조합원 수가 주택건설 예정 세대수의 50% 이상을 유지하고 있더라도 조합원을 충원할 수 있다.

09
④ 조합원으로 추가모집되거나 충원되는 자가 조합원 자격 요건을 갖추었는지를 판단할 때에는 해당 조합설립인가신청일을 기준으로 한다.

10
① 주택조합의 발기인은 조합원 모집 신고가 수리된 날부터 2년이 되는 날까지 주택조합 설립인가를 받지 못하는 경우 대통령령으로 정하는 바에 따라 주택조합 가입신청자 전원으로 구성되는 총회 의결을 거쳐 주택조합 사업의 종결 여부를 결정하도록 하여야 한다.
② 주택조합은 주택조합의 설립인가를 받은 날부터 3년이 되는 날까지 사업계획승인을 받지 못하는 경우 대통령령으로 정하는 바에 따라 총회의 의결을 거쳐 해산 여부를 결정하여야 한다.
③ 주택조합(리모델링주택조합은 제외)은 그 구성원을 위하여 건설하는 주택을 그 조합원에게 우선 공급할 수 있으며, 직장주택조합에 대하여는 사업주체가 국민주택을 그 직장주택조합원에게 우선 공급할 수 있다.
⑤ 시장·군수·구청장은 주택조합 또는 그 조합의 구성원이 「주택법」 제94조에 따른 명령이나 처분을 위반한 경우에 주택조합의 설립인가를 취소할 수 있다.

11
② 사업계획승인을 받아 건설한 공동주택의 소유자는 리모델링주택조합의 조합원이 될 수 있다.
③ 리모델링주택조합의 설립인가를 받으려는 자는 인가신청서에 해당 주택건설대지의 80% 이상에 해당하는 토지의 사용권원을 확보하였음을 증명하는 서류를 관할 시장·군수 또는 구청장에게 제출하지 않아도 된다.
④ 국민주택을 공급받기 위하여 직장주택조합을 설립하려는 자는 관할 시장·군수·구청장에게 신고하여야 한다.
⑤ 리모델링의 허가를 신청하기 위한 동의율을 확보한 경우 리모델링 결의를 한 리모델링주택조합은 그 리모델링 결의에 찬성하지 아니하는 자의 주택 및 토지에 대하여 매도청구를 할 수 있다.

12
⑤ 총회의 의결을 하는 경우에는 조합원의 100분의 10 이상이 직접 출석하여야 한다. 다만, 창립총회 또는 국토교통부령으로 정하는 다음의 사항을 의결하는 총회의 경우에는 조합원의 100분의 20 이상이 직접 출석하여야 한다.

1. 조합규약(영 제20조 제2항 각 호의 사항만 해당한다)의 변경
2. 자금의 차입과 그 방법·이자율 및 상환방법
3. 예산으로 정한 사항 외에 조합원에게 부담이 될 계약의 체결(ㄹ)
4. 업무대행자의 선정·변경 및 업무대행계약의 체결(ㄴ)
5. 시공자의 선정·변경 및 공사계약의 체결
6. 조합임원의 선임 및 해임(ㄱ)
7. 사업비의 조합원별 분담 명세 확정 및 변경
8. 사업비의 세부항목별 사용계획이 포함된 예산안(ㅁ)
9. 조합해산의 결의(ㄷ) 및 해산 시의 회계 보고

13 ⑤ 주택조합(세대수를 증가하지 아니하는 리모델링주택조합은 제외)이 그 구성원의 주택을 건설하는 경우에는 등록사업자(지방자치단체·한국토지주택공사 및 지방공사를 포함)와 공동으로 사업을 시행할 수 있다.

14 ③ 주택을 리모델링하기 위하여 주택조합을 설립하려는 경우에는 다음의 구분에 따른 구분소유자(「집합건물의 소유 및 관리에 관한 법률」에 따른 구분소유자를 말한다)와 의결권(「집합건물의 소유 및 관리에 관한 법률」에 따른 의결권을 말한다)의 결의를 증명하는 서류를 첨부하여 관할 시장·군수·구청장의 인가를 받아야 한다.

1. 주택단지 전체를 리모델링하고자 하는 경우에는 주택단지 전체 구분소유자와 의결권의 각 '3분의 2' 이상의 결의 및 각 동의 구분소유자와 의결권의 각 '과반수'의 결의
2. 동을 리모델링하고자 하는 경우에는 그 동의 구분소유자 및 의결권의 각 '3분의 2' 이상의 결의

15 ② 모집주체가 주택조합의 조합원을 모집하기 위하여 광고를 하는 경우에는 다음의 내용이 포함되어야 한다.

1. "지역주택조합 또는 직장주택조합의 조합원 모집을 위한 광고"라는 문구
2. 조합원의 자격기준에 관한 내용
3. 주택건설대지의 사용권원 및 소유권을 확보한 비율
4. 그 밖에 조합원 보호를 위하여 대통령령으로 정하는 다음의 내용
   • 조합의 명칭 및 사무소의 소재지
   • 조합원 모집 신고 수리일

16 ② 주택상환사채를 발행하려는 자는 주택상환사채 발행계획을 수립하여 국토교통부장관의 승인을 받아야 한다.

17 ⑤ 세대원의 취학으로 인하여 세대원 전원이 다른 행정구역으로 이전하는 경우에는 주택상환사채를 양도하거나 중도에 해약할 수 있다.

18 ① 사업계획승인권자는 착공신고를 받은 날부터 20일 이내에 신고수리 여부를 신고인에게 통지하여야 한다.

19 ⓒ 주택분양보증을 받지 않은 사업주체가 경매로 인하여 대지의 소유권을 상실한 경우 사업계획승인권자는 그 사업계획승인을 취소할 수 있다. 따라서 사업계획승인을 취소할 수 있는 사유에 해당하지 않는다.

20 ⑤ 주택 외의 시설과 주택을 동일 건축물로 건축하는 경우 등 대통령령으로 정하는 다음의 경우에는 사업계획 승인을 받지 아니한다.

> 1. 다음의 요건을 모두 갖춘 사업의 경우
>   - 「국토의 계획 및 이용에 관한 법률 시행령」에 따른 준주거지역 또는 상업지역(유통상업지역은 제외한다)에서 300세대 미만의 주택과 주택 외의 시설을 동일 건축물로 건축하는 경우일 것
>   - 해당 건축물의 연면적에서 주택의 연면적이 차지하는 비율이 90퍼센트 미만일 것
> 2. 「농어촌정비법」 제2조 제10호에 따른 생활환경정비사업 중 「농업협동조합법」 제2조 제4호에 따른 농업협동조합중앙회가 조달하는 자금으로 시행하는 사업인 경우

따라서 ⑤ ㉠: 준주거지역, ㉡: 300, ㉢: 90

21 • 지방공사인 사업주체가 서울특별시 A구에서 대지면적 10만m²에 60호의 한옥 건설사업을 시행하려는 경우 '서울특별시장'으로부터 사업계획승인을 받아야 한다.
• 지역균형개발이 필요하여 국토교통부장관이 지정·고시하는 지역 안에 50호의 한옥 건설사업을 시행하는 경우에는 '국토교통부장관'으로부터 사업계획승인을 받아야 한다.

22 ① 주거전용 단독주택인 건축법령상의 한옥 50호 이상의 건설사업을 시행하려는 자는 사업계획승인을 받아야 한다.
② 주택건설사업을 시행하려는 자는 전체 세대수가 600세대 이상의 주택단지를 공구별로 분할하여 주택을 건설·공급할 수 있다.
③ 사업계획승인의 조건으로 부과된 사항을 이행함에 따라 공사 착수가 지연되는 경우, 사업계획승인권자는 그 사유가 없어진 날부터 1년의 범위에서 공사의 착수기간을 연장할 수 있다.
④ 사업계획승인권자는 사업계획승인의 신청을 받았을 때에는 정당한 사유가 없으면 신청받은 날부터 60일 이내에 사업주체에게 승인 여부를 통보하여야 한다.

23 ① 지역주택조합은 설립인가를 받은 날부터 2년 이내에 사업계획승인을 신청하여야 한다.
③ 사업계획승인권자는 주택분양보증을 받지 않은 사업주체가 경매로 인하여 대지소유권을 상실한 경우에는 그 사업계획의 승인을 취소할 수 있다.
④ 국토교통부장관은 주택조합의 원활한 사업추진 및 조합원의 권리보호를 위하여 표준조합규약 및 표준공사계약서를 작성·보급할 수 있다.

⑤ 주택조합이 사업주체인 경우 건축물의 설계와 용도별 위치를 변경하지 아니하는 범위에서의 주택단지 안 도로의 선형을 변경하려면 변경승인을 받아야 한다.

24 ④ 사업계획승인을 받은 사업주체는 승인받은 사업계획대로 사업을 시행하여야 하고, 다음의 구분에 따라 공사를 시작하여야 한다. 다만, 사업계획승인권자는 대통령령으로 정하는 정당한 사유가 있다고 인정하는 경우에는 사업주체의 신청을 받아 그 사유가 없어진 날부터 1년의 범위에서 아래의 1. 또는 2.의 ㉠에 따른 공사의 착수기간을 연장할 수 있다.

> 1. 사업계획승인을 받은 경우: 승인받은 날부터 5년 이내
> 2. 공구별 분할시행을 위한 승인을 받은 경우
>   ㉠ 최초로 공사를 진행하는 공구: 승인받은 날부터 5년 이내
>   ㉡ 최초로 공사를 진행하는 공구 외의 공구: 해당 주택단지에 대한 최초 착공신고일부터 2년 이내(연장 안됨)

25 ③ 1년의 범위에서 연장할 수 있다.
⑤의 경우 사업계획승인권자는 다음의 어느 하나에 해당하는 경우 그 사업계획의 승인을 취소(2.또는 3.에 해당하는 경우 「주택도시기금법」 제26조에 따라 주택분양보증이 된 사업은 제외한다)할 수 있다.

> 1. 사업주체가 공사착수기간(최초로 공사를 진행하는 공구 외의 공구는 제외한다)을 위반하여 공사를 시작하지 아니한 경우
> 2. 사업주체가 경매·공매 등으로 인하여 대지소유권을 상실한 경우
> 3. 사업주체의 부도·파산 등으로 공사의 완료가 불가능한 경우

따라서 사업주체가 공사착수기간을 위반하여 공사를 시작하지 아니한 경우에는 그 사업계획의 승인을 취소할 수 있지만 최초로 공사를 진행하는 공구 외의 공구는 제외된다.

26 ③ 사업주체는 용적률의 완화로 건설되는 임대주택을 국토교통부장관, 시·도지사, 한국토지주택공사 또는 지방공사에 공급하여야 하며 시·도지사가 우선 인수할 수 있다.

27 ① ㉠ 시가 ㉡ 3개월 ㉢ 95퍼센트 ㉣ 10년

28 ① 사업주체는 주택건설대지 중 사용할 수 있는 권원을 확보하지 못한 대지의 소유자에게 그 대지를 시가로 매도할 것을 청구할 수 있다.
② 사업주체는 주택건설대지 중 사용할 수 있는 권원을 확보하지 못한 대지는 물론 건축물에 대해서도 매도청구를 할 수 있다.
③ 사업주체는 매도청구대상이 되는 대지의 소유자와 매도청구를 하기 전에 3개월 이상 협의를 하여야 한다.
④ 주택건설대지면적 중 95% 이상에 대하여 사용권원을 확보한 경우에는 사용권원을 확보하지 못한 대지의 모든 소유자에게 매도청구할 수 있다.

29 • 주택의 소유자들은 대표자를 선정하여 매도청구에 관한 소송을 제기할 수 있다. 이 경우 대표자
는 주택의 소유자 전체의 '4분의 3' 이상의 동의를 얻어 선정한다.
• 매도청구를 하려는 경우에는 해당 토지의 면적이 주택단지의 전체 대지 면적의 '5'% 미만이어야
한다.
• 매도청구의 의사표시는 실소유자가 해당 토지소유권을 회복한 날부터 '2'년 이내에 해당 실소유
자에게 송달되어야 한다.

30 ⑤ 주택의 소유자들은 매도청구로 인하여 발생한 비용의 전부를 사업주체에게 구상(求償)할 수 있다.

31 ① 사업계획승인권자는 「국토의 계획 및 이용에 관한 법률」에 따른 용적률을 완화하여 적용할 수
있다.
② 사업계획승인권자가 임대주택의 건설을 이유로 용적률을 완화하는 경우 사업주체는 완화된 용적
률의 60% 이내에서 대통령령으로 정하는 비율(30% 이상 60% 이하의 범위에서 시·도조례로 정하
는 비율)에 해당하는 면적을 임대주택으로 공급하여야 한다.
③ 사업주체는 용적률의 완화로 건설되는 임대주택을 인수자에게 공급하여야 하며, 이 경우 시·도
지사가 우선 인수할 수 있다.
④ 사업주체가 임대주택을 인수자에게 공급하는 경우 임대주택의 부속토지의 공급가격은 기부채납
한 것으로 본다.

32 ④ 토지임대부 분양주택의 토지에 대한 임대차기간을 갱신하기 위해서는 토지임대부 분양주택 소유
자의 75% 이상이 갱신을 청구하여야 한다.

33 ⑤ 공동주택이 동별로 공사가 완료되고 임시사용승인신청이 있는 경우, 대상 주택이 사업계획의 내
용에 적합하고 사용에 지장이 없는 때에는 세대별로 임시사용승인을 할 수 있다.

34 ① 사업주체는 사업계획승인을 받아 시행하는 주택건설사업 또는 대지조성사업을 완료한 경우에는
주택 또는 대지에 대하여 국토교통부령으로 정하는 바에 따라 시장·군수·구청장(국가 또는 한국
토지주택공사가 사업주체인 경우와 대통령령으로 정하는 경우에는 국토교통부장관을 말한다)의 사
용검사를 받아야 한다. 다만, 공구별로 분할시행을 위한 사업계획을 승인받은 경우에는 완공된 주택
에 대하여 공구별로 사용검사(이하 "분할 사용검사"라 한다)를 받을 수 있고, 사업계획승인 조건의
미이행 등 대통령령으로 정하는 다음의 사유가 있는 경우에는 공사가 완료된 주택에 대하여 동별로
사용검사(이하 '동별 사용검사'라 한다)를 받을 수 있다.

> 1. 사업계획승인 조건의 미이행
> 2. 하나의 주택단지의 입주자를 분할 모집하여 전체 단지의 사용검사를 마치기 전에 입주가 필
>   요한 경우
> 3. 그 밖에 사업계획승인권자가 동별로 사용검사를 받을 필요가 있다고 인정하는 경우

제3장 주택의 공급 및 리모델링

01 ① 사업주체(공공주택사업자는 제외)가 입주자를 모집하려는 경우에는 시장·군수·구청장의 승인 (복리시설의 경우에는 신고)을 받아야 한다.

02 ②「관광진흥법」에 따라 지정된 관광특구에서 건설·공급하는 공동주택으로서 해당 건축물의 층수 가 50층 이상이거나 높이가 150m 이상인 경우에는 분양가상한제를 적용하지 아니한다.

03 ④ 시장·군수·구청장이 공공택지 외의 택지에서 공급되는 분양가상한제 적용주택에 대하여 입주 자모집승인을 하는 경우에는 분양가격을 공시하여야 한다.

04 ③ 분양가상한제 적용지역 지정대상은 투기과열지구 중 다음의 어느 하나에 해당하는 지역을 말한다.

> 1. 분양가상한제 적용지역으로 지정하는 날이 속하는 달의 바로 전달(이하 '분양가상한제적용직 전월')부터 소급하여 12개월간의 아파트 분양가격상승률이 물가상승률의 '2'배를 초과한 지역
> 2. 분양가상한제적용직전월부터 소급하여 3개월간의 주택매매거래량이 전년 동기 대비 '20'% 이 상 증가한 지역
> 3. 분양가상한제적용직전월부터 소급하여 주택공급이 있었던 2개월 동안 해당 지역에서 공급되 는 주택의 월평균 청약경쟁률이 모두 5대 1을 초과하였거나 해당 지역에서 공급되는 국민주 택규모 주택의 월평균 청약경쟁률이 모두 '10'대 1을 초과한 지역

05 ① 분양가상한제 적용지역은 국토교통부장관이 지정한다.
③ 분양가상한제 적용 지역으로 지정하는 날이 속하는 달의 바로 전달("분양가상한제적용직전월") 부터 소급하여 12개월간의 아파트 분양가격상승률이 물가상승률(해당 지역이 포함된 시·도 소비자 물가상승률을 말한다)의 2배를 초과한 지역이어야 한다.
④ 분양가상한제적용직전월부터 소급하여 3개월간의 주택매매거래량이 전년 동기 대비 20퍼센트 이상 증가한 지역 지역에 분양가상한제 적용지역을 지정할 수 있다.
⑤ 분양가상한제적용직전월부터 소급하여 주택공급이 있었던 2개월 동안 해당 지역에서 공급되는 주택의 월평균 청약경쟁률이 모두 5대 1을 초과하였거나 해당 지역에서 공급되는 국민주택규모 주 택의 월평균 청약경쟁률이 모두 10대 1을 초과한 지역이어야 한다.

06 ㉡ 분양가격은 택지비와 건축비로 구성(토지임대부 분양주택의 경우에는 건축비만 해당한다)되며, 구체적인 명세, 산정방식, 감정평가기관 선정방법 등은 국토교통부령으로 정한다.

㉢ 사업주체는 분양가상한제 적용주택으로서 공공택지에서 공급하는 주택에 대하여 입주자모집 승인을 받았을 때에는 입주자 모집공고에 다음 각 호[국토교통부령으로 정하는 세분류(細分類)를 포함한다]에 대하여 분양가격을 공시하여야 한다.

1. 택지비	2. 공사비
3. 간접비	4. 그 밖에 국토교통부령으로 정하는 비용

07 ② 투기과열지구의 지정대상지역은 다음과 같다.

> 1. 투기과열지구로 지정하는 날이 속하는 달의 바로 전달(이하 '투기과열지구지정직전월'이라 한다)부터 소급하여 주택공급이 있었던 '2'개월 동안 해당 지역에서 공급되는 주택의 월별 평균 청약경쟁률이 모두 5대 1을 초과했거나 국민주택규모 주택의 월별 평균 청약경쟁률이 모두 '10'대 1을 초과한 곳
> 2. 투기과열지구지정직전월의 주택분양실적이 전달보다 '30'% 이상 감소하여 주택공급이 위축될 우려가 있는 곳
> 3. 「주택법」에 따른 사업계획승인 건수나 「건축법」에 따른 건축허가 건수(투기과열지구지정직전월부터 소급하여 6개월간의 건수를 말함)가 직전 연도보다 급격하게 감소하여 주택공급이 위축될 우려가 있는 곳
> 4. 해당 지역이 속하는 시·도의 주택보급률 또는 자가주택비율이 전국 평균 이하인 지역
> 5. 해당 지역의 분양주택(투기과열지구로 지정하는 날이 속하는 연도의 직전 연도에 분양된 주택을 말함)의 수가 입주자저축에 가입한 사람으로서 주택청약 1순위자의 수보다 현저히 적은 곳

08 ⑤ 국토교통부장관은 반기마다 주거정책심의위원회의 회의를 소집하여 투기과열지구로 지정된 지역별로 해당 지역의 주택가격 안정 여건의 변화 등을 고려하여 투기과열지구 지정의 유지 여부를 재검토하여야 한다.

09 ① 시·도지사는 시·도별 주택보급률이 전국 평균 이하인 지역을 투기과열지구로 지정할 수 있다.

② 시·도지사가 투기과열지구를 지정할 경우에는 국토교통부장관과 협의하여야 한다.

③ 투기과열지구는 그 지정 목적을 달성할 수 있는 최소한의 범위에서 시·군·구 또는 읍·면·동의 지역 단위로 지정하되, 지역 여건을 고려하여 지정 단위를 조정할 수 있다.

④ 투기과열지구지정직전월의 주택분양실적이 전달보다 30% 이상 감소한 곳은 투기과열지구로 지정할 수 있다.

10 ② 조정대상지역 중 과열지역의 지정대상지역은 다음과 같다.

> 조정대상지역으로 지정하는 날이 속하는 달의 바로 전달(이하 '조정대상지역지정직전월')부터 소급하여 3개월간의 해당 지역 주택가격상승률이 그 지역이 속하는 시·도 소비자물가상승률의 1.3배를 초과한 지역으로서 다음 각 목에 해당하는 지역을 말한다.
> 1. 조정대상지역지정직전월부터 소급하여 주택공급이 있었던 '2'개월 동안 해당 지역에서 공급되는 주택의 월별 평균 청약경쟁률이 모두 5대 1을 초과했거나 국민주택규모 주택의 월별 평균 청약경쟁률이 모두 '10'대 1을 초과한 지역
> 2. 조정대상지역지정직전월부터 소급하여 3개월간의 분양권(주택의 입주자로 선정된 지위를 말한다) 전매거래량이 직전 연도의 같은 기간보다 '30'% 이상 증가한 지역
> 3. 해당 지역이 속하는 시·도의 주택보급률 또는 자가주택비율이 전국 평균 이하인 지역

11 ① 국토교통부장관은 다음 각 호의 어느 하나에 해당하는 지역으로서 국토교통부령으로 정하는 기준을 충족하는 지역을 주거정책심의위원회의 심의를 거쳐 조정대상지역(이하 "조정대상지역"이라 한다)으로 지정할 수 있다.

> 1. 주택가격, 청약경쟁률, 분양권 전매량 및 주택보급률 등을 고려하였을 때 주택 분양 등이 과열되어 있거나 과열될 우려가 있는 다음의 지역
>   조정대상지역으로 지정하는 날이 속하는 달의 바로 전달("조정대상지역지정직전월")부터 소급하여 3개월간의 해당 지역 주택가격상승률이 그 지역이 속하는 시·도 소비자물가상승률의 1.3배를 초과한 지역으로서 다음에 해당하는 지역
>   • 조정대상지역지정직전월부터 소급하여 주택공급이 있었던 2개월 동안 해당 지역에서 공급되는 주택의 월별 평균 청약경쟁률이 모두 5대 1을 초과했거나 국민주택규모 주택의 월별 평균 청약경쟁률이 모두 10대 1을 초과한 지역
>   • 조정대상지역지정직전월부터 소급하여 3개월간의 분양권(주택의 입주자로 선정된 지위를 말한다) 전매거래량이 직전 연도의 같은 기간보다 30퍼센트 이상 증가한 지역
>   • 해당 지역이 속하는 시·도의 주택보급률 또는 자가주택비율이 전국 평균 이하인 지역
> 2. 주택가격, 주택거래량, 미분양주택의 수 및 주택보급률 등을 고려하여 주택의 분양·매매 등 거래가 위축되어 있거나 위축될 우려가 있는 다음의 지역
>   조정대상지역지정직전월부터 소급하여 6개월간의 평균 주택가격상승률이 마이너스 1퍼센트 이하인 지역으로서 다음에 해당하는 지역
>   • 조정대상지역지정직전월부터 소급하여 3개월 연속 주택매매거래량이 직전 연도의 같은 기간보다 20퍼센트 이상 감소한 지역
>   • 조정대상지역지정직전월부터 소급하여 3개월간의 평균 미분양주택(사업계획승인을 받아 입주자를 모집했으나 입주자가 선정되지 않은 주택을 말한다)의 수가 직전 연도의 같은 기간보다 2배 이상인 지역
>   • 해당 지역이 속하는 시·도의 주택보급률 또는 자가주택비율이 전국 평균을 초과하는 지역

12 ① 주택공급이 있었던 2개월 동안 해당 지역에서 공급되는 주택의 월별 평균 청약경쟁률이 모두 5대 1을 초과했거나 국민주택규모 주택의 월별 평균 청약경쟁률이 모두 10대 1을 초과한 곳이어야 한다.
② 국토교통부장관은 주택가격, 주택거래량, 미분양주택의 수 및 주택보급률 등을 고려하여 주택의 분양·매매등 거래가 위축되어 있거나 위축될 우려가 있는 지역을 주거정책심의위원회의 심의를 거쳐 조정대상지역으로 지정할 수 있다.
③ 투기과열지구의 지정기간은 규정되어 있지 않다.
④ 직전 월이 아니라 직전 연도보다 급격하게 감소한 곳이어야 한다.

13 ④ 세대원 전원이 해외로 이주하거나 2년 이상 해외에 체류하고자 하는 경우에는 전매제한을 적용하지 아니한다.

14 ② 전매행위제한기간은 주택공급계약 체결일이 아니라 해당 주택의 입주자로 선정된 날부터 기산한다.

15 ③ 누구든지 이 법에 따라 건설·공급되는 주택을 공급받거나 공급받게 하기 위하여 다음에 해당하는 증서 또는 지위를 양도·양수(매매·증여나 그 밖에 권리변동을 수반하는 모든 행위를 포함하되, 상속·저당의 경우는 제외) 또는 이를 알선하거나 양도·양수 또는 이를 알선할 목적으로 하는 광고 (각종 간행물·인쇄물·전화·인터넷, 그 밖의 매체를 통한 행위를 포함)를 하여서는 아니 되며, 누구든지 거짓이나 그 밖의 부정한 방법으로 이 법에 따라 건설·공급되는 증서나 지위 또는 주택을 공급받거나 공급받게 하여서는 아니 된다.

> 1. 주택을 공급받을 수 있는 조합원의 지위
> 2. 입주자저축증서
> 3. 주택상환사채
> 4. 시장·군수·구청장이 발행한 무허가건물 확인서, 건물철거예정 증명서 또는 건물철거 확인서
> 5. 공공사업의 시행으로 인한 이주대책에 따라 주택을 공급받을 수 있는 지위 또는 이주대책대상자 확인서

16 ④ 누구든지 이 법에 따라 건설·공급되는 주택을 공급받거나 공급받게 하기 위하여 다음의 어느 하나에 해당하는 증서 또는 지위를 양도·양수(매매·증여나 그 밖에 권리변동을 수반하는 모든 행위를 포함하되, 상속·저당의 경우는 제외) 또는 이를 알선하거나 양도·양수 또는 이를 알선할 목적으로 하는 광고(각종 간행물·인쇄물·전화·인터넷, 그 밖의 매체를 통한 행위를 포함)를 하여서는 아니 되며, 누구든지 거짓이나 그 밖의 부정한 방법으로 이 법에 따라 건설·공급되는 증서나 지위 또는 주택을 공급받거나 공급받게 하여서는 아니 된다.

> 1. 주택을 공급받을 수 있는 조합원의 지위
> 2. 입주자저축증서
> 3. 주택상환사채

> 4. 시장·군수·구청장이 발행한 무허가건물 확인서, 건물철거예정 증명서 또는 건물철거 확인서(ㄹ)
> 5. 공공사업의 시행으로 인한 이주대책에 따라 주택을 공급받을 수 있는 지위 또는 이주대책대상자 확인서(ㄷ)

17 ② 주택공급질서 교란행위의 금지를 위반하여 체결한 주택공급계약도 유효하다. 다만, 국토교통부장관 또는 사업주체는 공급질서교란행위의 금지사항을 위반하여 증서 또는 지위를 양도하거나 양수한 자, 거짓이나 그 밖의 부정한 방법으로 증서나 지위 또는 주택을 공급받은 자에 대하여는 그 주택공급을 신청할 수 있는 지위를 무효로 하거나 이미 체결된 주택의 공급계약을 취소하여야 한다.

18 ① 사업주체는 사업계획승인을 받아 시행하는 주택건설사업에 따라 건설된 주택 및 대지에 대하여는 입주자 모집공고 승인신청일(주택조합의 경우에는 '사업계획승인신청일'을 말함) 이후부터 입주예정자가 그 주택 및 대지의 '소유권이전등기를 신청할 수 있는 날 이후 60일까지의 기간' 동안 입주예정자의 동의 없이 다음의 행위를 하여서는 아니 된다.

> 1. 해당 주택 및 대지에 저당권 또는 가등기담보권 등 담보물권을 설정하는 행위
> 2. 해당 주택 및 대지에 전세권·지상권(地上權) 또는 등기되는 부동산임차권을 설정하는 행위
> 3. 해당 주택 및 대지를 매매 또는 증여 등의 방법으로 처분하는 행위

19 ② 부기등기는 주택건설대지에 대하여는 입주자 모집공고 승인신청과 동시에 하여야 하고, 건설된 주택에 대하여는 소유권보존등기와 동시에 하여야 한다.

20 ① 입주자대표회의가 리모델링하려는 경우에는 리모델링 설계개요, 공사비, 소유자의 비용분담 명세가 적혀 있는 결의서에 주택단지 소유자 전원의 동의를 받아야 한다.
② 공동주택의 입주자가 공동주택을 리모델링하려고 하는 경우에는 시장·군수·구청장의 허가를 받아야 한다.
③ 조합원 외의 자에 대한 분양계획은 세대수가 증가되는 리모델링을 하는 경우 수립하여야 하는 권리변동계획에 포함된다.
⑤ 수직증축형 리모델링의 대상이 되는 기존 건축물의 층수가 14층인 경우에는 2개 층까지 증축할 수 있다.

21 ② 리모델링에 동의한 소유자는 리모델링주택조합 또는 입주자대표회의가 시장·군수·구청장에게 허가신청서를 제출하기 전까지 서면으로 동의를 철회할 수 있다.

22 ③ 동별 또는 주택단지별로 설립된 리모델링주택조합이 주택단지 전체를 리모델링하는 경우에는 주택단지 전체 구분소유자 및 의결권의 각 '75%' 이상의 동의와 각 동별 구분소유자 및 의결권의 각 '50%' 이상의 동의를 받아야 하며, 동을 리모델링하는 경우에는 그 동의 구분소유자 및 의결권의 각 '75%' 이상의 동의를 받아야 한다.

제1장 총 칙

Answer

01 ④   02 ⑤   03 ④   04 ③

01 ④ 「공간정보의 구축 및 관리 등에 관한 법률」에 따른 지목이 전·답, 과수원 등인 토지로서 실제로 다년생식물 재배지로 계속하여 2년간 이용되는 토지는 농지에 해당한다.

🏠 **농지의 제외**

> 1. 「공간정보의 구축 및 관리 등에 관한 법률」에 따른 지목이 전·답, 과수원이 아닌 토지로서 농작물 경작지 또는 다년생식물의 재배지로 계속하여 이용되는 기간이 3년 미만인 토지
> 2. 「공간정보의 구축 및 관리 등에 관한 법률」에 따른 지목이 임야인 토지로서 「산지관리법」에 따른 산지전용허가를 거치지 아니하고 농작물의 경작 또는 다년생식물의 재배에 이용되는 토지
> 3. 「초지법」에 따라 조성된 초지
> 4. 조경목적으로 식재한 관상용 수목과 그 묘목

02 ⑤ 농지소유자가 타인에게 일정한 보수를 지급하기로 약정하고 농작업의 일부만을 위탁하여 행하는 농업경영도 '위탁경영'에 해당한다.

03 ④ 1년 중 120일 이상을 축산업에 종사하는 자가 농업인에 해당한다.

🏠 **농업인**

> 1. 1,000m² 이상의 농지에서 농작물 또는 다년생식물을 경작 또는 재배하거나 1년 중 90일 이상 농업에 종사하는 자
> 2. 농지에 330m² 이상의 고정식온실·버섯재배사·비닐하우스 등 농업생산에 필요한 시설을 설치하여 농작물 또는 다년생식물을 경작 또는 재배하는 자
> 3. 대가축 2두, 중가축 10두, 소가축 100두, 가금(집에서 기르는 날짐승) 1천수 또는 꿀벌 10군 이상을 사육하거나 1년 중 120일 이상 축산업에 종사하는 자
> 4. 농업경영을 통한 농산물의 연간 판매액이 120만원 이상인 자

04 • 대리경작자는 수확량의 '100분의 10'을 대리경작농지에서 경작한 농작물의 수확일부터 '2'월 이내에 토지사용료를 해당 농지의 소유권 또는 임차권을 가진 자에게 지급하여야 한다.
  • 농업법인이란 「농어업경영체 육성 및 지원에 관한 법률」에 따라 설립된 영농조합법인과 같은 법에 따라 설립되고 업무집행권을 가진 자 중 '3분의 1' 이상이 농업인인 농업회사법인을 말한다.

제 2 장   농지의 소유

Answer

01 ④	02 ③	03 ②	04 ①	05 ③	06 ⑤	07 ④	08 ④	09 ①	10 ⑤
11 ③	12 ⑤	13 ③							

01 ④ 8년 이상 농업경영을 하던 사람이 이농한 후에도 이농 당시 소유하고 있던 농지 중 1만m^2를 계속 소유하면서 농업경영에 이용되도록 하는 경우에는 농지를 계속 소유할 수 있다.

🏠 **경자유전의 예외규정**

다음의 어느 하나에 해당하는 경우에는 농지를 소유할 수 있다. 단, 소유농지는 농업경영에 이용되도록 하여야 한다(2. 및 3.은 제외).

1. 국가나 지방자치단체가 농지를 소유하는 경우
2. 「초·중등교육법」 및 「고등교육법」에 따른 학교, 농림수산식품부령으로 정하는 공공단체·농업연구기관·농업생산자단체 또는 종묘나 그 밖의 농업 기자재 생산자가 그 목적사업을 수행하기 위하여 필요한 시험지·연구지·실습지·종묘생산지 또는 과수 인공수분용 꽃가루 생산지로 쓰기 위하여 농림수산식품부령으로 정하는 바에 따라 농지를 취득하여 소유하는 경우
3. 주말·체험영농을 하려고 농업진흥지역 외의 농지를 소유하는 경우
4. 상속(상속인에게 한 유증을 포함)으로 농지를 취득하여 소유하는 경우
5. 8년 이상 농업경영을 하던 사람이 이농한 후에도 이농 당시 소유하고 있던 농지를 계속 소유하는 경우
6. 담보농지를 취득하여 소유하는 경우(「자산유동화에 관한 법률」에 따른 유동화전문회사 등이 저당권자로부터 농지를 취득하는 경우를 포함)
7. 농지전용허가를 받거나 농지전용신고를 한 자가 그 농지를 소유하는 경우
8. 농지전용협의를 마친 농지를 소유하는 경우
9. 「한국농어촌공사 및 농지관리기금법」에 따른 농지의 개발사업지구에 있는 농지로서 대통령령으로 정하는 $1,500m^2$ 미만의 농지나 「농어촌정비법」에 따른 농지를 취득하여 소유하는 경우
10. 농업진흥지역 밖의 농지 중 최상단부부터 최하단부까지의 평균경사율이 15% 이상인 농지로서 대통령령으로 정하는 농지를 소유하는 경우
11. 다음의 어느 하나에 해당하는 경우
    • 「한국농어촌공사 및 농지관리기금법」에 따라 한국농어촌공사가 농지를 취득하여 소유하는 경우
    • 「농어촌정비법」에 따라 농지를 취득하여 소유하는 경우
    • 「공유수면 관리 및 매립에 관한 법률」에 따라 매립농지를 취득하여 소유하는 경우
    • 토지수용으로 농지를 취득하여 소유하는 경우
    • 농림축산식품부장관과 협의를 마치고 「공익사업을 위한 토지 등의 취득 및 보상에 관한 법률」에 따라 농지를 취득하여 소유하는 경우

02 ③ 상속으로 농지를 취득한 사람으로서 농업경영을 하지 아니하는 사람은 그 상속 농지 중에서 총 1만m²까지 소유할 수 있다.

🏠 **농지의 소유 상한**

> 1. 상속농지: 상속으로 농지를 취득한 사람으로서 농업경영을 하지 아니하는 사람은 그 상속 농지 중에서 총 1만m²까지만 소유할 수 있다.
> 2. 이농농지: 8년 이상 농업경영을 한 후 이농한 사람은 이농 당시 소유 농지 중에서 총 1만m²까지만 소유할 수 있다.
> 3. 주말·체험영농농지: 주말·체험영농을 하려는 사람은 총 1,000m² 미만의 농지를 소유할 수 있다. 이 경우 면적 계산은 그 세대원 전부가 소유하는 총 면적으로 한다.

03 ② 「초·중등교육법」 및 「고등교육법」에 따른 학교가 그 목적사업을 수행하기 위하여 필요한 시험지·연구지·실습지로 쓰기 위하여 농지를 취득하여 소유하는 경우에는 농지취득자격증명을 발급받아야 한다.

04 ① 주말·체험영농을 하려고 농업진흥지역 외의 농지를 소유하는 경우에는 농지취득자격증명을 발급받아야 한다.

🏠 **농지취득자격증명 발급대상의 예외**

> 1. 국가나 지방자치단체가 농지를 소유하는 경우(②)
> 2. 상속[상속인에게 한 유증(遺贈)을 포함]으로 농지를 취득하여 소유하는 경우(③)
> 3. 담보농지를 취득하여 소유하는 경우
> 4. 농지전용협의를 마친 농지를 소유하는 경우
> 5. 다음의 어느 하나에 해당하는 경우
>   - 「한국농어촌공사 및 농지관리기금법」에 따라 한국농어촌공사가 농지를 취득하여 소유하는 경우(④)
>   - 「농어촌정비법」에 따라 농지를 취득하여 소유하는 경우
>   - 「공유수면 관리 및 매립에 관한 법률」에 따라 매립농지를 취득하여 소유하는 경우
>   - 토지수용으로 농지를 취득하여 소유하는 경우
>   - 농림축산식품부장관과 협의를 마치고 「공익사업을 위한 토지 등의 취득 및 보상에 관한 법률」에 따라 농지를 취득하여 소유하는 경우
> 6. 농업법인의 합병으로 농지를 취득하는 경우
> 7. 공유농지의 분할(⑤)이나 그 밖에 대통령령으로 정하는 원인으로 농지를 취득하는 경우

05 ③ 농지전용허가를 받거나 농지전용신고를 한 자가 그 농지를 소유하는 경우에는 농업경영계획서를 작성하지 아니하고 그 농지취득자격증명의 발급을 신청할 수 있다.

🏠 **농업경영계획서 면제사유**

> 다음의 경우에는 농업경영계획서를 작성하지 아니하고 농지취득자격증명의 발급을 신청할 수 있다.
> 1. 「초·중등교육법」 및 「고등교육법」에 따른 학교, 농림수산식품부령으로 정하는 공공단체·농업연구기관·농업생산자단체 또는 종묘나 그 밖의 농업 기자재 생산자가 그 목적사업을 수행하기 위하여 필요한 시험지·연구지·실습지·종묘생산지 또는 과수 인공수분용 꽃가루 생산지로 쓰기 위하여 농림수산식품부령으로 정하는 바에 따라 농지를 취득하여 소유하는 경우
> 2. 농지전용허가를 받거나 농지전용신고를 한 자가 농지를 소유하는 경우

3. 「한국농어촌공사 및 농지관리기금법」에 따른 농지의 개발사업지구에 있는 농지로서 대통령령으로 정하는 1,500m² 미만의 농지나 「농어촌정비법」에 따른 농지를 취득하여 소유하는 경우
4. 농업진흥지역 밖의 농지 중 최상단부부터 최하단부까지의 평균경사율이 15% 이상인 농지로서 대통령령으로 정하는 농지를 소유하는 경우
5. 「공공토지의 비축에 관한 법률」에 해당하는 토지 중 공공토지비축심의위원회가 비축이 필요하다고 인정하는 토지로서 「국토의 계획 및 이용에 관한 법률」에 따른 계획관리지역과 자연녹지지역 안의 농지를 한국토지주택공사가 취득하여 소유하는 경우

06 ① 농업진흥지역 밖에 있는 농지를 소유할 수 있다.
② 세대원 전부가 소유한 면적을 합하여 총 1,000m² 미만의 농지를 소유할 수 있다.
③ 농지를 취득하려면 농지취득자격증명을 발급받아야 한다.
④ 농지를 취득한 자가 취학으로 인하여 그 농지를 주말·체험영농에 이용하지 못하게 되면 농지의 처분의무가 면제된다.

07 ④ 농지소유자는 처분명령을 받으면 「한국농어촌공사 및 농지관리기금법」에 따른 한국농어촌공사에 그 농지의 매수를 청구할 수 있다.

08 ④ 농지전용신고를 하고 그 농지를 취득한 자가 질병으로 인하여 취득한 날부터 2년 이내에 그 목적사업에 착수하지 아니한 경우에는 해당 농지를 그 사유가 발생한 날 당시 세대를 같이하는 세대원이 아닌 자에게 처분하여야 한다.

09 ① 농지를 소유하고 있는 농업회사법인이 요건에 맞지 아니하게 된 후 3개월이 지난 경우에는 해당 농지를 1년 이내에 처분하여야 한다.

10 ⑤ 행정대집행은 소유 농지를 농업경영에 이용하지 아니하는 농지 등의 처분에 관한 규정과는 관련이 없는 내용이다.

11 ③ 주말·체험영농을 하려고 농지를 소유하는 경우에는 위탁하여 경영할 수 없다.

🏠 **농지를 위탁경영할 수 있는 사유**

1. 「병역법」에 따라 징집 또는 소집된 경우
2. 3개월 이상 국외 여행 중인 경우
3. 농업법인이 청산 중인 경우
4. 질병, 취학, 선거에 따른 공직 취임, 부상으로 3월 이상의 치료가 필요한 경우, 교도소·구치소 또는 보호감호시설에 수용 중인 경우, 임신 중이거나 분만 후 6개월 미만인 경우로 자경할 수 없는 경우
5. 농지이용증진사업 시행계획에 따라 위탁경영하는 경우
6. 농업인이 자기 노동력이 부족하여 농작업의 일부를 위탁하는 경우

12 ⑤ 농지 소유자는 다음의 어느 하나에 해당하는 경우 외에는 소유 농지를 위탁경영할 수 없다.

> 1. 「병역법」에 의하여 징집 또는 소집된 경우
> 2. 3개월 이상의 국외 여행 중인 경우
> 3. 농업법인이 청산 중인 경우
> 4. 질병, 취학, 선거에 따른 공직 취임, 그 밖에 대통령령으로 정하는 다음의 사유로 자경할 수 없는 경우(영 제8조 제1항)
>   ㉠ 부상으로 3월 이상의 치료가 필요한 경우
>   ㉡ 교도소·구치소 또는 보호감호시설에 수용 중인 경우
>   ㉢ 임신 중이거나 분만 후 6개월 미만인 경우
> 5. 농지이용증진사업시행계획에 따라 위탁경영하는 경우
> 6. 농업인이 자기 노동력이 부족하여 농작업의 일부를 위탁하는 경우: 자기노동력이 부족한 경우는 다음 각 호의 어느 하나에 해당하는 경우로서 통상적인 농업경영관행에 따라 농업경영을 함에 있어서 자기 또는 세대원의 노동력으로는 해당 농지의 농업경영에 관련된 농작업의 전부를 행할 수 없는 경우로 한다(영 제8조 제2항).
>   ㉠ 다음의 어느 하나에 해당하는 작목별 주요 농작업의 3분의 1 이상을 자기 또는 세대원의 노동력에 의하는 경우
>   • 벼: 이식 또는 파종, 재배관리 및 수확
>   • 과수: 가지치기 또는 열매솎기, 재배관리 및 수확
>   • 이외의 농작물 또는 다년생식물: 파종 또는 육묘, 이식, 재배관리 및 수확
>   ㉡ 자기의 농업경영에 관련된 위 ㉠의 어느 하나에 해당하는 농작업에 1년 중 30일 이상 직접 종사하는 경우

13 • 시·구·읍·면의 장은 농지취득자격증명의 발급신청을 받은 때에는 그 신청을 받은 날부터 '7'일(농업경영계획서를 작성하지 아니하고 농지취득자격증명의 발급신청을 할 수 있는 경우에는 '4'일, 농지위원회의 심의대상의 경우에는 14일) 이내에 신청인에게 농지취득자격증명을 발급하여야 한다.
    • 시·구·읍·면의 장은 농업경영계획서를 '10'년간 보존하여야 한다.

제3장 농지의 이용과 보전

01 ④	02 ⑤	03 ④	04 ③	05 ①	06 ④	07 ②	08 ②	09 ⑤	10 ④

01 ④ 대리경작자는 수확량의 100분의 10을 해당 농지의 소유권 또는 임차권을 가진 자에게 토지사용료로 지급하여야 한다.

02 ⑤ 「국유재산법」과 「공유재산 및 물품 관리법」에 따른 국유재산과 공유재산인 농지에 대하여는 서면계약·임대차기간·묵시적 갱신 및 임대인의 지위승계의 규정을 적용하지 아니한다.

03 ④ 60세 이상인 사람으로서 대통령령으로 정하는 사람이 소유하고 있는 농지 중에서 자기의 농업경영에 이용한 기간이 5년이 넘은 농지를 임대하거나 무상사용하게 하는 경우에 임대하거나 무상사용하게 할 수 있다.

04 ① 시·도지사는 농지를 효율적으로 이용하고 보전하기 위하여 농업진흥지역을 지정한다.
② 농업진흥지역 지정은 「국토의 계획 및 이용에 관한 법률」에 따른 녹지지역·관리지역·농림지역 및 자연환경보전지역을 대상으로 한다. 다만, 특별시의 녹지지역은 제외한다.
④ 농업진흥구역에서는 국방·군사시설을 설치하는 행위를 할 수 있다.
⑤ 농림축산식품부장관은 녹지지역 또는 계획관리지역이 농업진흥지역에 포함될 경우에는 농업진흥지역의 지정을 승인하기 전에 국토교통부장관과 협의하여야 한다.

05 ① 시·도지사는 시·도 농업·농촌 및 식품산업정책심의회의 심의를 거쳐 농림축산식품부장관의 승인을 받아 농업진흥지역을 지정한다.

06 ④ 관광농원사업으로 설치하는 시설로서 그 부지가 3만m² 미만인 것은 농업보호구역에 설치할 수 있는 시설에 해당한다.

🏠 **농업진흥구역에 설치할 수 있는 시설**

> 농업진흥구역에서는 다음의 토지이용행위를 할 수 있다.
> 1. 대통령령으로 정하는 농수산물의 가공·처리시설 및 농수산업 관련 시험·연구시설의 설치
> 2. 어린이놀이터, 마을회관, 그 밖에 대통령령으로 정하는 농업인의 공동생활에 필요한 편의시설 및 이용시설의 설치
> 3. 대통령령으로 정하는 농업인 주택, 어업인 주택, 농업용 시설, 축산업용 시설 또는 어업용 시설의 설치
> 4. 국방·군사시설의 설치
> 5. 하천, 제방, 그 밖에 이에 준하는 국토 보존시설의 설치
> 6. 국가유산의 보수·복원·이전, 매장 유산의 발굴, 비석이나 기념탑, 그 밖에 이와 비슷한 공작물의 설치
> 7. 도로, 철도, 그 밖에 대통령령으로 정하는 공공시설의 설치
> 8. 지하자원 개발을 위한 탐사 또는 지하광물 채광과 광석의 선별 및 적치를 위한 장소로 사용하는 행위
> 9. 농어촌 소득원 개발 등 농어촌 발전에 필요한 시설로서 대통령령으로 정하는 시설의 설치

07 ② 안마시술소, 노래연습장으로서 그 부지가 1,000m² 미만인 것은 설치할 수 없다.

🏠 **농업보호구역에 허용되는 토지이용행위**

> 농업보호구역에서는 다음의 토지이용행위를 할 수 있다.
> 1. 농업진흥구역에서 예외적으로 허용되는 행위
> 2. 농업인 소득 증대에 필요한 시설로서 다음의 건축물·공작물, 그 밖의 시설의 설치
>   ㉠ 「농어촌정비법」 규정에 따른 관광농원사업으로 설치하는 시설로서 그 부지가 3만m² 미만인 것
>   ㉡ 「농어촌정비법」 규정에 따른 주말농원사업으로 설치하는 시설로서 그 부지가 3,000m² 미만인 것
>   ㉢ 태양에너지 발전설비로서 그 부지가 1만m² 미만인 것
> 3. 농업인의 생활 여건을 개선하기 위하여 필요한 시설로서 다음의 건축물·공작물, 그 밖의 시설의 설치
>   ㉠ 다음의 시설로서 그 부지가 1,000m² 미만인 것
>   ⓐ 단독주택
>   ⓑ 제1종 근린생활시설
>   • 식품·잡화·의류·완구·서적·건축자재·의약품·의료기기 등 일용품을 판매하는 소매점
>   • 의원·치과의원·한의원·침술원·접골원, 조산원, 안마원, 산후조리원
>   • 탁구장, 체육도장으로서 같은 건축물에 해당 용도로 쓰는 바닥면적의 합계가 500m² 미만인 것
>   • 지역자치센터·파출소·지구대·소방서·우체국·방송국·보건소·공공도서관·건강보험공단 사무소
>   • 마을회관·마을공동작업소·마을공동구판장 그 밖에 이와 비슷한 것
>   ㉢ 제2종 근린생활시설(단, 일반음식점, 휴게음식점, 골프연습장, 단란주점, 안마시술소, 노래연습장, 다중생활시설은 제외)
>   • 공연장으로서 같은 건축물에 해당 용도로 쓰는 바닥면적의 합계가 500m² 미만인 것
>   • 종교집회장으로서 같은 건축물에 해당 용도로 쓰는 바닥면적의 합계가 500m² 미만인 것
>   • 서점, 총포판매소, 사진관, 표구점, 독서실, 기원
>   • 청소년게임제공업소, 복합유통게임제공업소, 인터넷컴퓨터게임시설제공업소, 그 밖에 이와 비슷한 게임 관련 시설로서 같은 건축물에 해당 용도로 쓰는 바닥면적의 합계가 500m² 미만인 것
>   • 장의사, 동물병원, 동물미용실, 그 밖에 이와 유사한 것
>   • 학원, 교습소, 직원훈련소로서 같은 건물에 해당 용도로 쓰는 바닥면적의 합계가 500m² 미만인 것
>   ㉡ 다음의 시설로서 그 부지가 3,000m² 미만인 것 : 제1종 근린생활시설 중 양수장·정수장·대피소·공중화장실, 그 밖에 이와 비슷한 것

08 ① 농업진흥지역 밖의 농지를 마을회관 부지로 전용하려는 자는 농지전용신고를 하여야 한다.
③ 농지의 타용도 일시사용허가를 받는 자는 농지보전부담금의 납입대상이 아니다.
④ 「산지관리법」에 따른 산지전용허가를 받지 아니하거나 산지전용신고를 하지 아니하고 불법으로 개간한 농지를 산림으로 복구하는 경우에는 농지전용허가의 대상이 아니다.
⑤ 농림축산식품부장관은 농지전용허가를 받은 자가 거짓이나 그 밖의 부정한 방법으로 허가를 받은 것이 판명된 경우에는 그 허가를 취소하거나 관계 공사의 중지, 조업의 정지, 사업규모의 축소 등 필요한 조치를 명할 수 있다.

09 ⑤ 농지를 농축산물생산설부지인 연면적이 33제곱미터 이하인 간이저온저장고로 사용하는 경우에는 농지의 전용으로 보지 않는다.

10 ④ 농지전용허가를 받은 자가 관계 공사의 중지명령을 위반한 경우에는 허가를 취소하여야 한다.

MEMO

연구 집필위원

김희상	이석규	박희용	이경철
이유종	정원표	박종철	

제37회 공인중개사 시험대비 **전면개정**

2026 박문각 공인중개사

합격예상문제 **2차** 부동산공법 정답해설집

초판인쇄 | 2026. 4. 5.   **초판발행** | 2026. 4. 10.   **편저** | 박문각 공인중개사연구소
발행인 | 박 용   **발행처** | (주)박문긱출판   **등록** | 2015년 4월 29일 제2019-000137호
주소 | 06654 서울시 서초구 효령로 283 서경 B/D 4층   **팩스** | (02)584-2927
전화 | 교재 주문 (02)6466-7202, 동영상문의 (02)6466-7201

판 권
본 사
소 유

비매품
ISBN 979-11-7519-982-8 | ISBN 979-11-7519-980-4(2차 세트)

박문각 공인중개사

합격예상문제 2차

부동산공법

박문각 공인중개사
온라인강의 www.pmg.co.kr
유튜브　　박문각 클라쓰

박문각 북스파
박문각 공식
온라인 서점

동영상강의 무료제공 | 방송시간표 수록

기본이론 방송　2026. 1.12(월) ~ 7. 1(수)
문제풀이 방송　2026. 7. 6(월) ~ 8.19(수)
모의고사 방송　2026. 8.24(월) ~ 9.30(수)

2026 올해의 교육 브랜드파워 1위
교육서비스 부문 1위

2025 고객선호브랜드지수 1위
교육(교육서비스)부문

2024 고객선호브랜드지수 1위
교육(교육서비스)부문

2023 고객선호브랜드지수 1위
교육(교육서비스)부문

2022 한국 브랜드 만족지수 1위
교육(교육서비스)부문 1위

2021 조선일보 국가브랜드 대상
에듀테크 부문 수상

2021 대한민국 소비자 선호도 1위
교육부문 1위

비매품

9 791175 199828
ISBN 979-11-7519-982-8
ISBN 979-11-7519-980-4 (2차 세트)

www.pmg.co.kr　교재문의 02-6466-7202　동영상강의 문의 02-6466-7201

04 기출문제풀이

기출문제 풀이로
출제경향 체크!

—

핵심기출문제 총 2권
회차별 기출문제집 총 2권
저자기출문제

| 핵심기출문제 |

| 회차별 기출문제집 |

| 저자기출문제 |

05 예상문제풀이

시험에 나오는
모든 문제유형 체크!

—

합격예상문제 총 6권

06 핵심마무리

단기간 합격을 위한
핵심만을 정리!

—

핵심요약집 총 2권
파이널 패스 100선

| 핵심요약집 |

| 파이널 패스 100선 |

실전모의고사

합격을 위한
마지막 실전 완벽 대비!

—

실전모의고사 총 2권
THE LAST 모의고사

| 실전모의고사 |

| THE LAST 모의고사 |

박문각
공인중개사

합격예상문제 시리즈

1차 부동산학개론 │ 민법·민사특별법
2차 공인중개사법·중개실무 │ 부동산공법 │ 부동산공시법령 │ 부동산세법